聖嚴研究 第十七輯
Studies of Master Sheng Yen **Vol.17**

二○二五年四月

聖嚴研究

第十七輯

目錄

聖嚴法師默照禪法禪修次第建構歷程初探 .... 釋果幸 7
  一、前言 9
  二、聖嚴法師默照禪法次第化之背景 11
  三、聖嚴法師默照禪法層次化演變歷程 16
  四、結論 55
    參考文獻 57
    英文摘要 60

消費與可持續性發展
  ——探討聖嚴法師「心靈環保」對當代可持續性發展與經濟生活之意義 .... 許永河 63
  一、前言 65
  二、從主流經濟理論看消費活動 68
  三、從人類歷史的發展看消費活動以及其問題 71
  四、可持續性發展與可持續性消費 84
  五、「心靈環保」與當代可持續性經濟生活 88
  六、結語 107
    參考文獻 112
    英文摘要 116

當佛法遇到經濟學
——用「心」對話與了解　　　　　　　　江靜儀 119
　一、前言　　120
　二、經濟學與佛法的交集　　124
　三、當佛法遇上經濟學　　144
　四、結論　　182
　　參考文獻　　184
　　附錄　　189
　　英文摘要　　192

企業領導人應用佛法之企業文化與社會影響力
　　　　　　　　　　　陳定銘、蔡康正、鄭逢緯 193
　一、前言　　195
　二、文獻探討　　196
　三、研究設計　　208
　四、企業領導人結合佛法的企業文化與社會價值　　214
　五、C公司社會影響力評估　　221
　六、問卷調查結果　　232
　七、結論與建議　　239
　　參考文獻　　244
　　附錄　　251
　　英文摘要　　256

兒童宗教參與對父母宗教親職的影響
——以法鼓山悟寶兒童營為例　　　　　　　　釋演本 259
　一、緒論　　261

二、文獻回顧：探討宗教親職 267
　　三、研究方法 273
　　四、研究結果與討論 280
　　五、研究結論 299
　　　　參考文獻 304
　　　　附錄 310
　　　　英文摘要 313

法鼓山僧團瑜伽焰口施食儀之傳承發展研究

陳省身 315

　　一、前言 316
　　二、瑜伽焰口施食儀在法鼓山的師承緣起 320
　　三、瑜伽焰口施食儀在法鼓山的傳承教學 328
　　四、法鼓山瑜伽焰口施食法會的教育功能 346
　　五、結語 354
　　　　參考文獻 357
　　　　英文摘要 361

從自我到他者
——聖嚴法師宗教交流與對話之典範

劉韋廷 363

　　一、前言 365
　　二、聖嚴法師與臺灣宗教學發展 369
　　三、聖嚴法師《比較宗教學》之時代意義 382
　　四、結論：促進宗教交談 396
　　　　參考文獻 399
　　　　英文摘要 404

A Transnational Comparative Study of Fasting and Monetary Precepts in Contemporary Chinese Buddhism:
Taiwan, Mainland China, Myanmar, and Thailand
　　　　　　　　　　　　　　　　　　　Tzu-Lung Chiu　407

 1. Introduction　409
 2. Research Site and Data Collection　412
 3. The Precept of Fasting after Midday in Taiwan and Mainland China　415
 4. The Precept of Fasting after Midday in Myanmar　417
 5. The Precept of Fasting after Midday in Thailand　424
 6. The Precept of not Accepting Gold, Silver and Money in Taiwan and Mainland China　426
 7. The Precept of not Touching Money in Myanmar　427
 8. The Precept of not Touching Money in Thailand　432
 9. Conclusion　434
  References　439
  中文摘要　443

清虛休靜儒佛會通論的特點及意義
——以〈儒家龜鑑〉為主　　　　　　　任清廷　445

 一、前言　447
 二、十六世紀朝鮮佛教與休靜對儒佛思想的理解　449
 三、休靜的〈儒家龜鑑〉與朱熹的《中庸章句》　458
 四、休靜以《中庸》會通儒佛兩家　465
 五、小結　471
  參考文獻　474
  英文摘要　476

聖嚴法師默照禪法
禪修次第建構歷程初探

釋果幸
法鼓文理學院佛教學系助理教授

▌摘要

　　本文以聖嚴法師（1930－2009）默照禪法為研究對象，考察其默照禪法禪修次第建構歷程。做為曹洞法脈的傳承者，聖嚴法師復興已失傳近八百年的默照禪。為了弘揚默照禪，他將頓法的默照禪法層次化，以因應現代人修習默照禪法。本文以聖嚴法師指導默照禪法的紀錄材料來梳理聖嚴法師默照禪法實踐次第之建構歷程，以助於理解聖嚴法師其獨特的默照禪法的詮釋特色和操作方法。

　　本文以聖嚴法師默照禪法之次第化建構為研究對象，考察其自一九八〇年開始指導默照禪至一九九九年，將頓法的默照禪次第化之建構歷程。本文首先討論聖嚴法師將禪修次第化之背景，包含自身學習禪法的經驗，其對次第化的理論，以及其將禪修次第與禪修功能層次的整合。其次，考察他自一九八〇年開始指導默照禪至一九九九年，將頓法的默照禪層次化之演變。進而探究法師在此層次化的默照禪法演變歷程中，如何整合不同傳承的禪法，呈現出其默照禪法之獨特處。

關鍵詞：聖嚴法師、禪修、默照禪、層次化

一、前言

聖嚴法師（1930－2009）與默照禪的淵源，始於法師在閉關六年期間所得力的禪法，就是默照禪。法師剛開始並不知道自己所修習的是默照禪，而是在閉關後期，讀到宋朝曹洞宗宏智禪師（1091－1157）的語錄，感覺非常相應。❶之後，法師在留學日本攻讀博士期間，也參加日本曹洞宗類似默照禪的只管打坐的修行。取得博士後，法師於一九七五年到美國，開始教導禪法，初期法師主要指導的方法是數息觀與參話頭，到了一九八〇年法師開始在禪七中教導默照禪。❷在禪七中，一開始法師教導數息，到了禪期中指導禪眾話頭與默照。後來，因應禪眾的要求，從一九九八年開始，陸續舉辦專修默照的禪期。

為復興漢傳佛教、開展佛教未來，聖嚴法師於二〇〇四年創立了「中華禪法鼓宗」。法師提出兩個原因，需要重新立宗：一、因法鼓山傳承中國禪宗臨濟（話頭禪）與曹洞（默照禪）兩個法脈的合流。二、因法鼓山的禪法，吸收不同傳承的禪法，而重新整理漢傳佛教的傳統禪法之後再出發，故在承襲傳統禪法之外又有創新。法師也強調法鼓山存在的意義與使命是承先啟後，將漢傳佛教的禪重新發揚光

---

❶ 釋聖嚴著，單德興譯，《無法之法──聖嚴法師默照禪法旨要》，臺北：法鼓文化，2009 年，頁 16。
❷ 釋聖嚴，《聖嚴法師教默照禪》，收於《法鼓全集》4-16，臺北：法鼓文化，2020 紀念版，頁 3。

大,開啟人間性、生活化的世界禪佛教。❸

聖嚴法師強調不要認為他所傳授的默照禪是來自中國古代的,而是他自身根據現代人的需要,將佛陀和祖師們的教法整合後,所呈現的效果。❹聖嚴法師也曾指出他的禪法既不是中國禪林也不是日本禪宗,而是將佛陀以來鍛鍊身心的方法,加以層次化與合理化後,讓學習禪法的人受用。❺聖嚴法師的默照禪法整合了哪些方法?他如何將默照禪法層次化?本文透過聖嚴法師指導傳授默照禪法的紀錄材料來梳理其默照禪法實踐次第之建構歷程,分析其所整合之禪法,以進一步理解聖嚴法師其獨特的默照禪法的詮釋特色和實踐方法。

由於聖嚴法師自一九八〇年起傳授默照禪法近三十年,相關的文獻,尤其是未出版的資料非常龐大,因而本文的研究範圍以聖嚴法師已出版的資料為主,未出版的紀錄資料為輔。由於聖嚴法師傳授默照禪的資料主要是禪期的指導,對於所指導之學生的相關資料記錄得很少,因此本文的研究限制在於無法完整呈現聖嚴法師教導默照禪之歷史脈絡。

---

❸ 釋聖嚴,《承先啟後的中華禪法鼓宗》,收於《法鼓全集》9-7,臺北:法鼓文化,2020紀念版,頁11、47。

❹ 釋聖嚴,〈默照禪在西方的耕耘與推行〉,《人生》雜誌第245期,2004年1月,頁41。

❺ 聖嚴法師將禪法層次化以讓學禪的人都能獲得利益,他說:「我只是透過自己的經驗,將釋迦世尊以來的諸種鍛鍊身心的方法,加以層次化及合理化,使得有心學習的人,不論性別、年齡、教育程度,以及資稟的厚薄,均能獲得利益。」釋聖嚴,《禪的體驗・禪的開示》,收於《法鼓全集》4-3,臺北:法鼓文化,2020紀念版,頁3。

本文以聖嚴法師默照禪法之次第化建構為研究對象，考察其自一九八〇年開始指導默照禪至一九九九年，將頓法的默照禪次第化之建構歷程。本文首先討論聖嚴法師將禪修次第化之背景，包含自身學習禪法的經驗，其對次第化的理論，以及其將禪修次第與禪修功能層次的整合。其次，考察他自一九八〇年開始指導默照禪至一九九九年，將頓法的默照禪層次化之演變。進而探究法師在此層次化的默照禪法演變歷程中，如何整合不同傳承的禪法，呈現出其默照禪法的獨特處。

二、聖嚴法師默照禪法次第化之背景

　　將禪法層次化是聖嚴法師禪法思想的核心，而法師將禪法層次化的脈絡背景可歸納為四主因：一、一般人需要次第的方法學禪，頓法太困難。二、法師自身學習禪法的經驗，因無方法、無層次讓他覺得很困難。三、法師希望對於想學習禪法的人都能獲得利益。四、法師天台學的背景為他對默照禪法次第化之理論。

　　聖嚴法師認為只有利根的人才能以不假次第的頓法開悟，對於一般的人需要次第禪法，他說：

> 禪宗則以無方法為最上方法，無次第是最高次第。……沒有方法，實在太難了，因此在四祖、五祖都有方法，宋以下的公案話頭及默照，也是方法。現在我所教的方法，也與次第禪有關，因為一般人還是需要次第。如打坐、數息、念佛、拜佛、經行等。……這些都是我目前所用的方

法和次第。❻

　　法師認為禪宗不落階次的頓悟法門，並不能迎合現代人學習禪法，一般人還是需要次第的方法。

　　此外，法師自己學禪的體驗，更促使他在禪修教學中，非常重視禪修的層次與方法。他在美國指導禪修的初期，如一九八一年在密西根大學演講中，提到他自身學習禪修的過程沒有接受到適宜的指導方法，因此當他在美國開始指導禪修時，就決定在禪修教學裡必須包含層次與方法。❼此外，法師也指出對於現代人，指導禪修的層次與方法是很重要的，因此禪修的層次與對應方法成為聖嚴法師禪法的核心。❽

　　聖嚴法師強調禪修方法的實用有效也影響他禪修方法的層次化，❾他將禪法層次化的目的是希望想學禪的人都能獲

---

❻ 釋聖嚴，《漢藏佛學同異答問》，收於《法鼓全集》3-10，臺北：法鼓文化，2020紀念版，頁83。

❼ 聖嚴法師於一九八一年十一月十日講於美國密西根大學 "I recalled how difficult it was for me to learn how to practice, and how many years it took. No one had ever talked to me about the stages of development and the methods of practice. I decided that in my own teaching I would emphasize these two approaches." "Biography of a Chinese Monk (with Q & A)," *Ch'an Newsletter*, No. 110, September, 1995。

❽ 聖嚴法師於一九八一年十一月十日講於美國密西根大學，"In this day and age it is important to teach people about the method and stage of practice," *Ch'an Newsletter,* No. 110, September, 1995。

❾ 聖嚴法師在西方指導禪法，認為實用有效為傳授禪法的原則。一九八六年來自英國的約翰・克魯克（John H. Crook）博士請教聖嚴法師在西方與東方弘揚禪法之不同。聖嚴法師說：「我對西方人多用理性的疏導，在禪理的說明方面，較重於思想的層次，在方法的傳授方面，也重於實

得利益，❿層次化禪修歷程確實對應了不同層次的禪修好處：1. 身體健康；2. 心理平衡；3. 精神昇華；4. 煩惱得解脫。⓫在聖嚴法師弘講禪修的初期，早在一九七七年他於多處演講「坐禪的功能」時，便說明坐禪的功能與好處。⓬在一九八一年〈夢中人的夢話〉中，法師闡釋禪修三層次的進度：一、集中注意力的階段；二、心念統一的階段；三、虛空粉碎的階段，同時也說明三層次所對應的禪修好處。第一，在集中注意力的階段，能達到身體健康與心理平衡。第二，在心念統一的階段，能精神昇華。第三，在證悟虛空粉碎也就是無心時，能解脫煩惱。⓭法師希望層次化的禪法教學能對禪修者在不同的歷程中都能受益。

用有效為原則。」《拈花微笑》，《法鼓全集》4-5，臺北：法鼓文化，2020 紀念版，頁 305。
❿ 釋聖嚴，《禪的體驗・禪的開示》，收於《法鼓全集》4-3，臺北：法鼓文化，2020 紀念版，頁 3。
⓫ 釋聖嚴，〈默照禪在西方的耕耘與推行〉，《人生》雜誌第 245 期，2004 年 1 月，頁 38-39。「禪修期間，我會告訴大家禪修的好處：1. 身體健康；2. 心理平衡；3. 精神昇華；4. 從煩惱得解脫。一般禪眾只要求身體健康、心理平衡，就很滿足，很有用了。如果想進一步追求精神的昇華，他們還會繼續再來，得到統一心之後，精神層面跟普通人就不一樣了。」
⓬ 根據林其賢編著，《聖嚴法師年譜》，民國六十六（一九七七）年：「元旦，講『坐禪的功能』於美國佛教會。根據科學家所見坐禪功效，而後提出：身心安全保障、長壽、愉快、培養完美人格等坐禪效能。」臺北：法鼓文化，2016 年，頁 349。〈坐禪的功能〉收錄在《禪的體驗・禪的開示》，《法鼓全集》4-5，臺北：法鼓文化，2020 紀念版。
⓭ 釋聖嚴，《禪的理論與實踐》，收於《法鼓全集》4-3，臺北：法鼓文化，2020 紀念版，頁 67-80。

聖嚴法師天台學的背景是主要影響他默照禪法次第化之的理論，他說：

> 默照禪跟止觀是同一個系統。譬如天台宗的《摩訶止觀》有十乘觀法，也就是十個階段或十個層次的觀法。事實上，如果是個利根之人，只要觀第一乘的不思議境即夠。不思議境，實際就是無相觀，離開心、意、識，當然也離開語言、文字、句子。心，是佛心、眾生心，根本的心；意，是分別心；識，則是生命主體的流轉心。
>
> 如果第一層次修不成，就從第二層次修起，以此類推，根器最差的人，就要從第十個層次練起，這是有次第的。但是《摩訶止觀》希望大家能依圓頓止觀，不用次第，一開始就觀「不思議境」那也就是菩提達摩的理入，以及六祖惠能的無相。因為一般人無法一下子就觀不思議境，所以需要默和照、止和觀。次第止觀不等於默照，宏智正覺的默照是沒有次第的，直接觀「默照同時」。由於我有天台學的背景，所以我將現在所教之默照，整理出次第。先觀呼吸、觀身體，然後身與心統一，身心與環境統一；再來身心統一和環境統一這兩種統一境，徹底放下，這就是天台《摩訶止觀》的不思議境。天台學有十個層次來觀，但是我提倡默照法門時，只參考而不全部採用。如果有人能直觀無相，那也是很好的。[14]

---

[14] 釋聖嚴，〈默照禪在西方的耕耘與推行〉，《人生》雜誌第 245 期，2004 年 1 月，頁 38-39。

聖嚴法師並不是運用十乘觀法的內容，而是採納十乘觀法的階次觀法，對於無法圓頓不思議境者，須先觀前一境之路徑，運用在無法直接頓悟默照境界者，須次第禪修以進入默照頓悟。

聖嚴法師自身修行體驗方面也是其禪法次第化主因，他曾指出層次化默照禪法，是在文獻中找不到，而來自於自身的修行經驗。他說：「像我所介紹的五個默照禪層次，在書本上是找不到的。那是經過我在修行中的體驗，加以分析條理組織而完成的。」[15] 有關法師對默照禪的修行體驗，他多次提到他閉關修行時，所使用的禪修方法即是默照禪。[16] 另外，在他留學日本期間，也參加日本曹洞宗的禪修，參加「只管打坐」的修行，此是默照禪的別名。[17]

聖嚴法師從一開始在美國傳授禪法就強調禪修層次與對應方法，[18] 禪修歷程三階段：集中心、統一心、無心，成為法師日後，將默照禪法層次化的基本架構。[19]

---

[15] 釋聖嚴，《兩千年行腳》，收於《法鼓全集》6-11，臺北：法鼓文化，2020紀念版，頁113。

[16] 釋聖嚴，《聖嚴法師教默照禪》，《法鼓全集》4-16，臺北：法鼓文化，2020紀念版，頁26。

[17] 釋聖嚴，《承先啟後的中華禪法鼓宗》，《法鼓全集》9-7，臺北：法鼓文化，2020紀念版，頁14。

[18] 有關聖嚴法師禪修層次演變，請參考楊蓓、釋常慧，〈聖嚴法師早期禪修層次演變之研究〉，收錄於聖嚴教育基金會學術研究部編，《聖嚴研究》第十六輯，臺北：法鼓文化，2024年，頁53-134。

[19] 聖嚴法師在〈承先啟後〉說：「我把話頭禪及默照禪整理之後，便在頓中開出次第化的漸修法門，是任何根器的人都適合用來起信實修的好方法。在修證過程中，我也標明了從淺至深的四個階次，那便是散亂心、

三、聖嚴法師默照禪法層次化演變歷程

本小節考察聖嚴法師自一九八〇年開始指導默照禪,到一九九九年錄製默照禪七教學影帶,建構層次化默照禪法的演變歷程,以探究其默照禪法特色。依法師指導默照禪之歷程為其默照禪法的演變之歷史脈絡,筆者將一九八〇年至一九九九年分為三階段。此三階段為:1. 指導默照禪法初期(自一九八〇至一九九〇年);2. 默照禪法層次雛型形成之時期(自一九九一至一九九五年);3. 默照禪法層次精緻化之時期(一九九六年至一九九九年)。以下先說明聖嚴法師在該時期之禪法教學特質,做為該時期之歷史脈絡,接著考察該時期默照禪法之層次與方法。

(一)指導默照禪法初期:清楚沒有妄念(自一九八〇至一九九〇年)

法師自一九七六年在美國開始教導禪法,在禪七期間主要指導是數息觀與參話頭,在一九八〇年十一月接受廣播電台採訪,聖嚴法師第一次講授默照禪,而在同月也是第一次在禪七中教授默照禪。在一九八〇年代,也就是自一九八〇年聖嚴法師第一次指導默照禪至一九九〇年,正值聖嚴法師

集中心、統一心、無心,每一階次各有修行及進階修行的方法。這是經過我幾十年的練習整理以後,把漢傳佛教的禪法重新發揚光大的。」《承先啟後的中華禪法鼓宗》,《法鼓全集》9-7,臺北:法鼓文化,2020 紀念版,頁 14。

在美國指導禪修初期,這一時期聖嚴法師在禪修教學上,在禪七當中沒有公開教授方法,而是在小參時個別指導學生。聖嚴法師指導默照禪法的特徵,是教學生以數息法來集中心念,從散亂到集中,進而進入身心統一。到了身心統一的階段,才指導默照禪。他所教的方法是「清楚知道自己沒有念頭」,「自己沒有念頭」是默,而「清楚知道」是照,而這方法來源是宏智正覺禪師之默照禪法。

1. 默照頓法:無法之法

一九八〇年十一月二十四日接受紐約世界電台(World Broadcast Associates, WABI)《精神世界》(In the Spirit)廣播節目採訪,主題為「默照禪」,內容刊登在《禪通訊》(Ch'an Newsletter)。[20]

聖嚴法師首次講默照禪法是無次第,法師強調默照是最直接的方法,也是沒有方法的方法。當主持人詢問默照禪與其他禪法如話頭禪、數息觀有何不同,以及默照禪的特徵時,他說:

> 默照其實是最直接的方法,因為禪不是可以用心去思考,禪也不是可以用任何語言文字來形容。這個方法就只是不要用任何方法來修行。沒有方法就是它的方法。數息的方法是當心非常散亂,用數息來集中心念。而當心比較

---

[20] 由於 WABI 對於默照禪的訪談與一九八〇年十一月二十六日至十二月三日禪七的內容有很多重疊,有些內容聖嚴法師於禪七中說明較仔細,筆者會將這些內容併在禪七中討論。

安定時，用公案。但這不表示心沒有任何念頭。可以用公案逼拶自己，強迫自己回答話頭，直到沒有任何念頭。默照的方法是當你的心不存有任何念頭的時候，就在那當下，放下所有一切，那就是禪的境界。默不是意味著睡著了，那就是為什麼「默」之後要有「照」，也就是心清楚明白。❷

聖嚴法師指出默照禪的方法是心無任何念頭時，在那當下放下一切，就是禪的境界。也就是默照禪法的前提是心處於無任何念頭的狀態，而方法的關鍵是放下一切。法師此教法呼應於宏智禪師之默照禪，宏智禪師在多則法語中描述透過放捨妄念，到達無念之默照悟境：

> 我宗無語句，亦無一法與人，元是人人自到自肯，始有說話分。但直下排洗妄念塵垢，塵垢若淨，廓然瑩明。無涯畛無中邊，圓混混光皎皎。照徹十方，坐斷三際。一切因緣語言，到此著塵點不得，唯默默自知。靈靈獨耀。❷

宏智禪師禪宗之無法之法，因為眾生本具默與照特質之

---

❷ 俞永峰，〈聖嚴法師與禪宗之現代化建構〉，《傳燈續慧——中華佛學研究所卅週年特刊》，臺北：中華佛學研究所，2010 年，頁 149。俞教授提及聖嚴法師於一九八〇年十一月接受 WBAI 廣播電台主持人海克遜博士有關默照的訪問。此訪問收錄於 "Silent Illumination Chan," in *Ch'an Newsletter,* No. 10, December 1980, p.1-4。
❷ 《宏智禪師廣錄》卷 6，CBETA, T48, no. 2001, p. 78b18-23。

心性。㉓而唯有排除洗淨所有妄念煩惱，才能證入無語言之「默默自知，靈靈獨耀」之默照悟境。雖然宏智禪師並沒有著墨放捨妄念的方法，聖嚴法師吸收其頓悟到無念即無語言的境界，並進而開展從有念到無念，也就是從散亂心到達無心的次第默照禪法。

2. 光明開朗、無散念、無一念：一九八〇年十一月二十六日至十二月三日，東初禪寺禪七

一九八〇年代在禪七開始時，聖嚴法師指出在此禪七之前所講的主題都是臨濟宗的方法，或是不屬於禪宗的禪修方法，而這次是第一次講默照禪。法師說明默照的方法是非常安靜，沒有念頭，且非常清楚。由此可見，非常安靜，沒有念頭是默；非常清楚是照。在闡釋〈默照銘〉「默默忘言，昭昭現前」時，法師說：

> 首先是靜默，然後是觀照。平常人通過連續不斷的語言和形相來表達自己，這是從明靜中移開。在禪七中，我們有禁語的規矩。即使如此，你的心可曾沒有念頭或詞語？在小參時，人們告訴我，他們最大的問題是無法停止思考。即使當你坐在那兒，沒有詞語並安靜無聲，你可能一直顛倒地充滿心理的形相。今天經過了跑香，我要你們放

㉓ 《宏智禪師廣錄》卷6：「默默自住。如如離緣。豁明無塵。直下透脫。元來到箇處。不是今日新有底。從舊家曠大劫前。」眾生原本具有的心性具有默與照的特質。心住在靜默，不為外緣所動，此時心開闊明亮無煩惱。CBETA, T48, no. 2001, p. 74b25-27。

鬆並放下一切念頭,如果你已經可以做到,你便會得到靜默和明朗。❷

聖嚴法師指出放下一切念頭,就會得到靜默和明朗。靜默是默,而明朗是照。在此默照是證悟的狀態。聖嚴法師詮釋「默默忘言,昭昭現前」,心裡無任何念頭,而心是非常清楚。他說:

> 默照禪是一種很平和的禪修風格。當你進入此禪時,你內心裡沒有任何念頭,但你的心還是非常清楚的,我用三個詞句來形容這個境界,第一「光明開朗」,第二「無散念」,第三「無一念」。
> 當內心放下語文的應用,它成為「光明與開朗」,這是第一個特徵;另外沒有散漫的念頭,即是一心──完全集中於方法的意思;最後,你忘掉了方法本身,便不存一念,那就是真正的平靜。基本上,默照禪是沒有方法的方法。數息和隨息是集中散心的方法;公案是施大壓力以獲得頓然突破的法門;而默照禪只是<u>放下所有的念頭和語文</u>,直接走入禪的境界。❷

---

❷ 釋聖嚴講,釋繼程譯,《佛心眾生心》,臺北:東初出版社,1984年,頁 67。Chan Master Sheng Yen, *Getting the Buddha Mind: On the Practice of Chan Retreat*. New York: Dharma Drum Publications, 1982, pp. 77-78。
❷ 釋聖嚴講,釋繼程譯,《佛心眾生心》,臺北:東初出版社,1984年,頁 67-68。

聖嚴法師認為默照禪是「放下所有的念頭和語文」時，心就會「光明與開朗」。

法師將「光明與開朗」做為第一特徵，因為有的人為誤認心空白為光明開朗。

另外，法師所指的無散念到無一念，已呈現修行之階次，從無散念到達無一念，也就是無念之境界。「無散念」是從散亂心到達專注，進而到達統一心。法師所定義之「無散念」就是只有方法這一念，然後到達將方法這一念放下，進入「無一念」也就是「無念」的境界。法師以數息法的第六層次，❷⁶也就是統一心的階段來說明「無散念」，只有方法的一念，然後放下方法這一念，到達數息法的第七層次無念，也就是無心的境界，這就是默照之悟境。❷⁷法師以數息法結合默照法；先以數息法來讓散亂的心集中到統一心之一念，再以放下一念的方法進入無念之悟境。

法師在禪七中提及他比較常教參公案，而不經常指導默照禪法，因為禪眾的心，需要非常集中，幾乎沒有來自外在

---

❷⁶ 聖嚴法師解釋數息法的第六層次：「數呼吸，數到把數目及呼吸都忘掉了，感到身、心、世界的內外間隔沒有了，人、我對立的觀念沒有了，客觀與主觀的界限沒有了，那是一種統一的、和諧的、美妙的無法形容的存在，那是充滿了力量和愉快的感受。此時，至少尚有一個念頭在。也唯有到了此時，始為與定相應的現象。」有關數息法的層次，請參考釋聖嚴，《禪的體驗・禪的開示》，收於《法鼓全集》4-3，臺北：法鼓文化，2020 紀念版，頁 45-47。

❷⁷ 釋聖嚴，「一九八〇年十一月二十六日至十二月三日東初禪寺禪七開示」。

的念頭時,心非常安定,才有辦法修習。㉘

以上是聖嚴法師在根據「默默忘言,昭昭現前」所提出之方法,這兩句話也是他指導默照禪的主要來源,他說:

> 這兩句話,既是禪修的方法,也是禪修的體驗。「默默忘言」就是既無語言,也無對象,乃至沒有心念的活動。先將自己跟環境孤立起來,再將自己的現在跟過去與未來孤立起來,最後要將自己的現前一念跟前念與後念也孤立起來。「昭昭現前」是在忘言之後,所得的明朗與清晰,首先知道有心的念起念滅,其次凡有念起立即發覺,最後唯有朗然獨照的明淨之心,像是一面纖塵不染的廣大明鏡。㉙

法師強調察覺心念是默照禪法的要領。

	層次	對應階次
一	無散念	散亂到統一
二	無一念	統一到無心

3.心裡沒有念頭,與清楚知道心裡沒有念頭,兩個念頭交替使用:一九八九年十一月十二日東初禪寺禪修的次第開示

法師說明禪修的層次:散心、集中心、統一心、無心。

㉘ 釋聖嚴講,釋繼程譯,《佛心眾生心》,臺北:東初出版社,1984年,頁68。
㉙ 釋聖嚴,《禪與悟》,收於《法鼓全集》4-6,臺北:法鼓文化,2020紀念版,頁356。

當身心統一時使用話頭,產生疑團,破疑團後進入無心。或是用默照,對於默照的方法,法師指出心裡沒有念頭,與清楚知道心裡沒有念頭,兩個念頭交替使用。默是念頭不動,而照是清楚念頭不動。這兩念頭一直交互使用,會進入無心之悟境。❸⓪ 換言之,法師指導在身心統一心的階段,以清楚念頭為默照方法進入無心。❸①

除了以上三則資料,在一九八〇年代,根據果谷在《無法之法──聖嚴法師默照禪法旨要》的序文,法師教導默照方法,是心不專注於任何東西(默),僅是維持完全的清楚澄明(照)。在打坐時,將一切放下,心不住於色、聲、香、味、觸、法,心也不住於任何地方。一旦察覺心被什麼盤據,就放下,回到清楚的覺知。❸② 放下心中所盤據的是默,而清楚的覺知是照,是先照也就是覺察,那後默也就是放下。法師的先照後默成為日後指導的原則。

在一九八〇年代,聖嚴法師所指導的默照禪,從最初以「放下」的無法之法,而到「清楚知道沒有念頭」的默照禪法。到了一九九〇年,聖嚴法師所指導的默照禪有二特質,一、學生在禪修方法,特別是用數息法,讓散亂的心集中。二、到了身心統一時,才用「清楚知道沒有念頭」的默照方法。換言之,以數息法銜接默照禪法。數息法對應修行歷程

---

❸⓪ 釋聖嚴,「一九八九年十一月十二日東初禪寺禪修的次第開示」。
❸① 同上註。
❸② 釋聖嚴著,單德興譯,《無法之法──聖嚴法師默照禪法旨要》,臺北:法鼓文化,2009 年,頁 15。

為散亂、集中，到了身心統一時，以清楚知道自己的念頭為默照禪法，進而證入無心。

（二）默照禪法層次雛型形成之時期（自一九九一至一九九五年）

一九九一至一九九五年為聖嚴法師默照法層次化建構期，此時期的特徵是他採納只管打坐為前行方法，此與一九八〇年代以數息法為前行不同。而且，法師開展日本曹洞宗所指導的只管打坐，他將只管打坐，從專注於打坐時身體的姿勢，延伸到察覺心在打坐，進而由身心統一，開展到與環境的統一，也就是內外統一，再以空觀進入無心。

這一時期法師在指導禪修上有三項特質。一、指導禪修時，將默照禪與其他方法並用。在禪七中法師講授多種方法包括數息、念佛數數、參話頭、默照等，並指導禪眾將默照禪法與其他禪法並用，例如，對於參話頭無法起疑情但心非常安定的禪眾，可以使用默照禪法。二、在禪七指導默照禪的時間點，有時在禪期一開始即講授包括默照禪的所有方法；有時在禪七第三、四天禪眾使用數息法，身心較安定後，才開始指導默照禪，方法以只管打坐為核心，透過只管打坐，讓心集中、統一，進入默照悟境。三、因為非專修默照之禪期，法師所指導之默照禪，已具有清楚的層次，而這些層次也成為日後默照禪法層次之架構，但每層次中所引導方法之內容與之後來默照專修之禪期比較起來，不是非常細緻。

1.層次化雛形：一九九一年十一月十六日，中級禪訓師資班

一九九一年十一月十六日於東初禪寺的中級禪訓師資班，聖嚴法師所教授的內容非常豐富，涵括了數息、隨息、觀音、心月觀、四念住、海印三昧、只管打坐、默照禪、公案禪等方法，但這些內容未出版。

法師在說明海印三昧輔助方法時，帶領只管打坐進入默照，再進入海印三昧。這三方法是連續的。法師指出有四層次：一、清楚觀身體，不受身體所影響；二、將環境當身體，不受影響；三、清楚心中念頭，不受也不注意身體或環境的影響；四、海印三昧與空性相應。這四層次的方法，呈現法師默照層次化的雛形，日後默照禪法的層次以此開展。

	層次	對應階次
一	清楚觀身體，不受身體所影響	散亂到身心統一
二	將環境當身體，不受影響	內外統一
三	清楚心中念頭，不受也不注意身體或環境的影響	內外統一
四	海印三昧與空性相應	無心

只管打坐為第一、二層次，在第一層次：清楚觀身體，不受身體所影響，觀身體打坐的姿勢，與打坐的感覺，不受身體任何感覺、情況所影響。當心不受身體的感受、情況所影響時，進入第二層次：將環境當身體，不受影響。將對環境中所發生的狀況，如聽到、看到、聞到的環境，當作自己的身體。對環境所發生的狀況，不受影響。這將環境當身體的方法，是法師對只管打坐從身體延伸到環境的創新。第三

層次:清楚心中念頭,不受也不注意身體或環境的影響,在這層次中,心愈來愈寧靜,同時愈來愈清楚心中的念頭。當心中的念頭不受身體與環境的影響,清楚心中的念頭。這時清楚知道身體與環境存在,但不受影響,這時是默,也是照;照也是默。第四層次:海印三昧與空性相應,在這層次體驗空性為默照悟境。㉝

海印三昧觀法,㉞一開始觀身體在無限空間中,不管身體;然後觀自己就是無限,無限就是自己。或是觀身體、身體所處的環境在地球上,地球在太空裡,太空在無數無盡的世界中。進而觀無限東西在無限空間中,不斷起滅變動,也

㉝ 釋聖嚴,「一九九一年十一月十六日中級禪訓師資班逐字稿」。
㉞ 俞永峰表示藏經很少提及海印三昧的修法,只有蒙山德異(1232-?)提到,但無具體的方法。俞永峰認為海印三昧的方法可能來自聖嚴法師自身對《華嚴經》的詮釋。俞永峰,〈聖嚴法師與禪宗之現代化建構〉,《傳燈續慧——中華佛學研究所卅週年特刊》,臺北:中華佛學研究所,2010 年,頁 148。根據釋慈怡主編,佛光大辭典編修委員會編:《佛光大辭典》,「海印三昧」:「又作海印定、海印三摩地、大海印三昧。華嚴家以此三昧為華嚴大經所依之總定。佛說法前,必先入定思惟法義,以及審查根機。如說法華時,入無量義處三昧;說般若時,入等持王三昧;說涅槃時,入不動三昧。華嚴經七處八會中,每一會均有別定,即第一會入如來藏三昧,乃至第八會入師子奮迅三昧。海印三昧即此七處八會所依之總定。海印者,約喻以立名,即以大海風止波靜,水澄清時,天邊萬象巨細無不印現海面;譬喻佛陀之心中,識浪不生,湛然澄清,至明至靜,森羅萬象一時印現,三世一切之法皆悉炳然無不現。華嚴大經即依此定中所印現之萬有而如實說,故稱此為海印定中同時炳現之說。〔舊華嚴經卷六賢首菩薩品、大方等大集經卷十五虛空藏菩薩品、華嚴經孔目章卷四、華嚴經探玄記卷四、華嚴五教章卷一〕」臺北:佛光出版社,1988 年。取自:https://www.fgs.org.tw/fgs_book/fgs_drser.aspx(檢索日期:2024/10/15)。

就是空。接著觀無限的念頭不斷生起,就像海面泡沫,不要在乎。當念頭生起,放下念頭,觀想無限的空間。漸漸地念頭愈來愈少,體驗到空間與時間是無限,這就在海印之中,就是海印三昧。到了心念不起時,時間空間都不存在,就進入空性的海印三昧。海印三昧是,事事無礙。對任何現象,也就是色,能體驗色即是空。㉟

2.觀身、觀心、悟境三層次:一九九三年十二月二十五日至一九九四年一月一日,東初禪寺第六十三期禪七開示

在禪七第四天,指導默照方法分為三層次:觀身、觀心、悟境。第一層次觀身,將姿勢坐正,練習只管打坐,也就是清楚覺知自己的身體在打坐,同時也要維持放鬆。觀照自己的身體在打坐,但是不要將身體當作自己。因為如果將身體當作自己,會被身體的痛、癢等感受所困擾。當體感消失時,進入第二層次觀心,打坐的心與觀照打坐的心之念頭,這兩念頭交替。如果發生覺察力變弱,體感再出現,就回到觀身的方法。在使用觀心的方法時,會清楚知道環境所發生的狀況如聲音,但不受影響。第三層次是開悟,心非常明朗。㊱

這次法師所教的默照禪,是以只管打坐為主,第一層次,以只管打坐為方法,觀照打坐的身體,進入到體感消逝

㉟ 釋聖嚴,「一九九一年十一月十六日中級禪訓師資班逐字稿」。
㊱ 俞永峰,〈聖嚴法師與禪宗之現代化建構〉,《傳燈續慧——中華佛學研究所卅週年特刊》,臺北:中華佛學研究所,2010 年,頁 150。一九九三年十二月禪七開示,收錄於 "Shikantaza and Silent Illumination" in *Ch'an Newsletter*, No. 106, February 1995。

的身心統一境。❼第二層次，仍是以只管打坐方法，觀照打坐的心，觀心進入到清楚環境，進入身、心、環境合一，即內外統一境。法師指出體感消逝是從觀身到觀心的指標，如果觀照力變弱，身體的感覺會再出現，就必須再回到觀身的方法。

層次	方法	心的階次
一 觀身	清楚身體在打坐	散亂→集中→身心統一
二 觀心	打坐的心與觀照打坐的心之念頭交替	身心統一→內外統一
三 悟境		無心

3. 只管打坐五層次：一九九四年六月二十五日至七月二日，美國紐約東初禪寺六十五期禪七

這次禪七所使用的方法為數息、念佛、參話頭、默照禪等。也指出透過方法，使心安定、集中、統一與放下萬緣。並提醒禪眾用輕鬆、綿密而不著急的態度來用功。❽聖嚴法師在禪七一開始指導數息、念佛，第三天晚坐開示參話頭與只管打坐。法師指出只管打坐，就是不使用任何方法，只管自己正在打坐。有五層次：

1. 管著身體的姿勢，而且，知道坐的姿勢和坐的感覺。
2. 身體已經沒有感覺，只是念頭在看著你打坐。但是，

---

❼ 釋聖嚴著，單德興譯，《無法之法──聖嚴法師默照禪法旨要》，臺北：法鼓文化，2009 年，頁 38。
❽ 釋聖嚴，《禪鑰》，收於《法鼓全集》4-9，臺北：法鼓文化，2020 紀念版，頁 62。

念頭裡已經沒有其他的雜念出現。

3. 對周圍的環境清清楚楚，不論是聽到或者是看到，清楚得就像一面鏡子，鏡子本身是不動的，但是，可以反映出所有的形相。

4. 心中沒有任何雜念，雖然看到、聽到。但是，等於沒有看到、沒有聽到。心不會因為環境在動而受到任何影響。

5. 照而常寂，寂而常照。在平常生活中待人接物，廣度眾生，心中則既不存我想也不存眾生想。❸

	層次	方法	心的階次
一	觀身	知道坐的姿勢和坐的感覺	散亂→集中
二	觀心	念頭看著自己打坐	身心統一
三	觀環境	清楚環境	身心統一
四	觀環境	不受環境影響	內外統一
五	默照悟境		無心

這次法師指導默照的層次方法中，開展觀環境的兩層，從觀打坐的身（觀身）、觀打坐的心（觀心）、觀環境、默照悟境。第一層次是以覺知坐姿與坐的感覺為方法來收心，與前次觀身的方法同。第二層次是以心觀照自己在打坐為方法，與前次的觀心同，進入沒有雜念狀態。這兩層次是以只管打坐為方法來讓散亂心慢慢集中，而進入身體無感覺狀

---

❸ 同上註，頁 74-75。

態，這身體無感受是進入身心統一的特徵。❹⁰所以第一、二層次是以只管打坐為方法，在第一層次讓散亂的心集中。而第二層次，則由集中心進入身心統一。第三、四層次，以環境為所緣境，第三層次是清楚環境，但不受影響，呈現照中有默。而第四層次，心無雜念的靜默，也清楚環境中的狀況，但心不受影響，這是默中有照。第三、四層次是由身心統一，進入身、心與環境的內外統一。❹¹第五層次也就是默照同時的境界，心已經沒有自己與眾生的二元對立的念頭。

聖嚴法師在這五層次，整合只管打坐與默照為方法，第一、二層次以只管打坐中觀身的方法，注意打坐的姿勢與感覺；及觀心的方法，即觀自己打坐的念頭，來收心，讓心集中進入身心統一。第三、四層次，以環境為所緣，清楚環境及環境中的狀況，為照；清楚環境中所發生現象，但不受影響，是默；以默照進入身與環境合一，即內外統一，再由內外統一進入默照悟境。

4. 一九九四年十一月二十五日至十二月二日，美國紐約東初禪寺第六十六期禪七

在禪七一開始，法師就帶領四種方法：一、隨息、數息；二、念佛、數佛號；三、參話頭、參公案；四、只管打坐、默照。聖嚴法師在說明只管打坐、默照時，並沒有層次，但可以看出分為二階段，第一階段為只管打坐，第二階

---

❹⁰ 釋聖嚴著，單德興譯，《無法之法──聖嚴法師默照禪法旨要》，臺北：法鼓文化，2009年，頁38。
❹¹ 同上註，頁39。

段為默照。在這兩階段中,還有二層次。

只管打坐是全心專注於身體在「坐」,坐的姿勢、坐的感覺,心中不作其他的妄想雜念,只曉得是在端坐。若發現妄念時,趕快把念頭回到「坐」,慢慢地妄念便愈來愈少,乃至不再出現,身體的感覺也漸漸地消失;但是,心中明明朗朗地知道還在打坐。這時候,開始產生默照的工夫,「默」是心緒不動,「照」是非常清楚;清楚什麼?清楚心中沒有雜念、沒有妄想,時間久了,跟開悟是一樣的,妄念從此不起,而只是「默照」和「寂照」了。[42]

聖嚴法師整合只管打坐與默照為方法。第一階段只管打坐中有兩層次,第一層次是以坐的姿勢與感覺為方法,讓散亂的心集中。聖嚴法師指出,只管打坐,是以注意自己的姿勢為方法:除了清楚知道自己在打坐外,不要有其他念頭。[43]這相當於之前所教導的觀身。第二層次,當有妄念起,就回到「坐」,讓妄念減少,心漸漸集中,進入身體感受消失的身心統一境。這相當於之前所教導的觀心。第二階段從只管打坐,進入使用默照與證悟默照有兩層次:第一層次以只管打坐為方法,以清楚知道自己在打坐,開始默照工夫。心緒不

---

[42] 釋聖嚴,《禪鑰》,《法鼓全集》4-9,臺北:法鼓文化,2020紀念版,頁101。
[43] 聖嚴法師說:「練習只管打坐的方法時,要不斷地注意自己的姿勢,因為是在用功,不是坐著休息。除了知道正在打坐外,不應有其他的念頭,不能懈怠放逸,必須勇猛精進。」同上註。

動為默,而對一切狀況非常清楚為照。第二層次,當心無雜念、妄想,則證入無心的默照悟境。雖然聖嚴法師在說明這方法時並沒有分層次,但是可以看出含有四層次,整合只管打坐與默照方法。或許因為在禪期一開始即指導默照與其他禪修方法,法師講授的重點在於只管打坐,所以無指導對應身心統一後,以環境為所緣這一層次的方法。

相較於一九八〇年代,在默照禪法層次雛形發展期,也就是一九九一到一九九四年,這時期最大的特色是聖嚴法師以只管打坐為核心方法,但法師所傳授的只管打坐並不是日本曹洞宗所教的只管打坐。在此時期,法師以四念住為基礎,開展日本只管打坐,整合他自己的禪修層次:身心統一,與環境內外統一。

法師本身在留學日本期間,也學習過只管打坐,但為何法師在一九八〇年代卻沒有採納只管打坐。主要原因可能是日本曹洞宗只管打坐不是非常地具體,學生不易學習。而在一九八七年的禪七紀錄中,的確有學生反應只管打坐很難。❹ 此外,聖嚴法師的英國法子約翰·克魯克(John H. Crook)在尚未與聖嚴法師學禪時,即是用只管打坐的方法,他在記錄禪七心得時表達,用只管打坐很難讓心專注。❺ 或許是學生的回饋,促使聖嚴法師發展不同於日本的只管打

---

❹ 一九八七年美國東初第三十六期禪七。
❺ 釋聖嚴著,約翰·克魯克編輯、導讀、評著,薛慧儀譯,《如月印空——聖嚴法師默照禪講錄》,臺北:法鼓文化,2020年,頁208。約翰·克魯克自一九八六年從聖嚴法師學習禪法。

坐。聖嚴法師指出日本的只管打坐的方法，就是用只管打坐這件事來對治妄念：

> 在由道元開創的日本曹洞宗裡，默照的方法被稱為「只管打坐」。實踐「只管打坐」時，一個人要管的就只是打坐，別無其他。當一個雜念生起時，修行者會對自己說：「我只是打坐罷了，沒有其他事要做，沒有其他事要成就。只管打坐。」因為他只管打坐，什麼都不管，就連雜念也是不管的。[46]

只管打坐強調打坐的姿勢，將念頭放在正確、挺直的坐姿，讓雜念漸漸消融。[47]而聖嚴法師所指導的只管打坐，強調清楚知道身體打坐的姿勢與心打坐的感覺。法師運用四念住的總相念，而不是傳統次第的四念住。觀打坐的身體時（觀身），知道身體打坐的感覺（觀受）觀身受，觀心裡的對身受的反應（觀心）、心受。[48]當身體的感覺消失時，融入環境，進入與環境的內外統一。由身心統一進入內外統一，來自法師自身體驗的禪修層次，他將這層次納入只管打坐之層次，因此，法師對只管打坐的方法與日本曹洞禪的只管打坐非常地不同，這是他默照禪法的創新處。

---

[46] 釋聖嚴、丹・史蒂文生著，梁永安譯，《牛的印跡——禪修與開悟見性的道路》，臺北：法鼓文化，2023 年，頁 296-297。

[47] 釋聖嚴，《歸程》，《法鼓全集》6-1，臺北：法鼓文化，2020 紀念版，頁 319。

[48] 釋聖嚴，「一九九一年十一月十六日中級禪訓師資班逐字稿」。

（三）默照禪法層次細緻化時期（一九九五年至一九九九年）

　　這一時期從一九九五年聖嚴法師第一次指導專修默照禪七到一九九九年錄製默照禪七教學影帶，這段時期法師指導默照禪有四特質。一、禪期開示主題以宏智禪師廣錄的內容為主題，所以在講授的同時也會帶入默照禪法。二、因為是專修默照禪期，默照層次與對應方法更細緻與豐富。三、這一時期，禪期也分為初階、中階、高階，初階以數息方法為主，中階為止觀，高階則分為話頭與默照。分階禪期都也錄製影帶，代替聖嚴法師本人親臨現場指導，一則因為隨著法師年邁，無法在禪堂親自指導，所以方法必須講授非常清楚。二則因為錄影開示能推廣禪法，法師不在之處，其弟子也能帶領禪修。尤其一九九七年在紐約上州成立象岡道場，能容納更多人來禪修，讓禪法更普及。

　　1.默照四層次：一九九五年六月三日至六月十日，英國威爾斯禪七

　　這次禪七，法師應英國禪眾約翰・克魯克請求，希望法師能有體系和完整地傳授默照禪，為法師在海外第一次指導專修默照禪。共二十九位男女參加，三分之二以上的禪眾，曾跟隨聖嚴法師打過一次或二次禪七。其中有五、六位曾參加東初禪寺幾次禪七，而大部分的禪眾也學過只管打坐。根據約翰・克魯克的紀錄，一九八九、一九九二年的禪七中，聖嚴法師教導默照，以宏智正覺禪師語錄內容為開示主題，

也認為英國禪眾特別適合默照。[49]

關於聖嚴法師指導此次默照禪七內容，在法師的著作中有不同記載，在《行雲流水》為四層次，內容簡要，而《人生》雜誌第一五四、一五五期中為三層次，但內容較詳細，將其整合為下：[50]

> 1. 只管身體：把姿勢坐好，身心放鬆，以有心無心地注意自己整個的身體；不是只感覺身體的某一部位，而是在同一時間內，觀照整個身體的任何部位，同時要放輕鬆，緊張的話，很快會累。所謂放鬆，是神經、頭腦不要緊張，但是身體及坐姿必須正確，背及後腰不能放鬆，否則馬上彎腰駝背，那就是懈怠了。鬆懈時容易打瞌睡，方

---

[49] 釋聖嚴著，約翰・克魯克編輯、導讀、評著，薛慧儀譯，《如月印空——聖嚴法師默照禪講錄》，臺北：法鼓文化，2009年，頁7。釋聖嚴，《行雲流水》，收於《法鼓全集》6-8，臺北：法鼓文化，2020紀念版，頁303。

[50] 《人生》雜誌第154、155期內容，也收錄於《聖嚴法師教默照禪》，《法鼓全集》4-16，臺北：法鼓文化，2020紀念版，頁222-224。《行雲流水》記：「昨天晚上我對禪眾們的開示是默照禪的四個層次：（一）把姿勢坐好，身心放鬆，以有心無心地注意自己整個的身體。（二）把環境當作身體的一部分，不論有任何影像、聲音都把它當作就是自己。（三）向內觀照，內心無限的深遠；向外觀照，外境無窮的遠大。身心世界，整個宇宙都是我自己。（四）沒有時間，沒有空間，沒有自我，沒有對象。心念不動，但是歷歷分明，萬象宛然。心中無物、無相，但是明淨靈活，可映萬法。到了第四層次就是默而常照、照而常默，默中有照、照中有默。這就是宏智正覺禪師〈默照銘〉中所示的境界。」釋聖嚴，《行雲流水》，收於《法鼓全集》6-8，臺北：法鼓文化，2020紀念版，頁313-314。

法也用不上，頭腦必須保持非常清醒，如果感覺有點懶，並且迷迷糊糊的，這都不是只管打坐或者默照時應有的狀態。(51)

在第一層次，只管打坐的方法，不同於以往以觀打坐的身體（觀身）姿勢、感覺與觀打坐的心為主，這次聖嚴法師特別強調觀照整個身體，而不管感覺身體某一部位。因為透過觀照身體全部，觀整體不觀局部的方法，讓自己不起妄念。(52)另外，相對於觀照身體整體，只專注在部分比較容易生起分別心。而在專注整體的同時，也能減少因各部分而產生妄念。即使在心是散亂時，也能持續保持對整個身體的覺察。(53)因此，透過覺知身體的整體感，心能減少妄念而集中。這是於之前禪期中指導所不同之處，這觀照全身的整體感也成為後來默照層次化方法中，在只管打坐與觀照全身為方法時的要點。他也強調要做到覺察身體整體感，同時也必須要放鬆身體與保持警覺。(54)放鬆與正確坐姿，才不會落入昏沉，而能維持覺醒的心。也許因為這次禪期的禪眾都有禪修的經驗，聖嚴法師對於身心放鬆沒有另外說明，而是在指導只管打坐時提醒保持放鬆。

---

(51) 釋聖嚴，《聖嚴法師教默照禪》，《法鼓全集》4-16，臺北：法鼓文化，2020 紀念版，頁 222。

(52) 同上註，頁 225-226。

(53) 釋聖嚴著，約翰．克魯克編輯、導讀、評著，薛慧儀譯，《如月印空——聖嚴法師默照禪講錄》，臺北：法鼓文化，2009 年，頁 144。

(54) 同上註，頁 139。

關於只管打坐，之前著眼在清楚打坐的姿勢與感覺，在這次禪期，只管打坐中以觀照全身的整體感之方法，是法師融合四念住中的觀身。在一九九一年中級禪訓師資班中，法師在引導從四念住到只管打坐時，在觀身的部分，引導從感覺頭、肩、身體往下，漸漸逐步往下觀。觀完之後，觀身體整體。如果有妄想，再從頭往下觀。然後觀全部的身體，觀整個身體的感覺。透過觀身體從局部到全體，漸漸身體的感受與存在感會消失。❺❺由此可以看出，法師將四念住的觀身融合只管打坐，使心可以進入體感消逝的身心統一境。此方法與之前著眼於知道身體打坐的姿勢、打坐的感覺、打坐的心之只管打坐不同。

　　2. 把環境當作身體的一部分：清楚地知道身體在那裡，但是，它並沒有給你負擔及感覺，雖然身體的痛還在；甚至於，痛也沒有，而周遭之環境如同你身體的一部分，此時有風吹聲、鳥叫聲，在威爾斯偶爾還有羊叫聲，但是，對你來講，環境沒有打擾到你的心，而是很自然地，跟你的身體在一起。身體在、環境在、你的心也在；有主觀的自己、客觀的身體，同時被觀照得很清楚，但是，就是沒有負擔，沒有受到干擾。❺❻

---

❺❺ 釋聖嚴，「一九九一年十一月十六日中級禪訓師資班逐字稿」。
❺❻ 釋聖嚴，《聖嚴法師教默照禪》，《法鼓全集》4-16，臺北：法鼓文化，2020紀念版，頁223。

在第二層次，以只管打坐為方法，清楚知道身體，當對身體的存在沒有特殊感覺，即使特定部位有感覺，也不受干擾，體感消失，進入到把環境當作身體的一部分為方法，為只管打坐的延伸，當身體沒有感覺，而將覺知擴大到環境，將環境做為身體的一部分。用此方法時，對環境所發生的現象清楚，心不受干擾，然後進入到心、身體與環境在一起的統一境。

3. 以空做為觀照：向內觀照，內心無限地深遠，向外觀照，外境無窮地廣大。環境在、身體在，但是自己已經不在；沒有主觀的自己及客觀的環境，一片明朗、清淨，到了這個程度，身心世界，整個宇宙，都是我自己；以為沒有境界，事實上，空境即為觀境。[57]

第三層次，以觀空做為方法，進入更深之內外統一境，體驗內外無限，以整個世界都是自己的大我狀態。

4. 默而常照，照而常默：沒有時間、空間，沒有自我、對象；心念不動，但是歷歷分明，〔萬象宛然〕。心中無物、無相，但是明淨靈活，〔可映萬法〕。此時，就是默而常照，照而常默；默中有照，照中有默，到了這個層次，便是大開悟。[58]

---

[57] 同上註。
[58] 同上註，頁224。此引文中，「萬象宛然」、「可映萬法」，記載於

第四層次默照悟境，默照共運，心中無念、無我，但靈活回應一切現象。

這四層次默照禪法，展現與以往很多不同處，主要有三點：一、第一層次只管身體或只管打坐，以前指導著眼在覺知打坐身體的感覺與觀照打坐的心，此次強調清楚知道身體的「整體感」，這可視為聖嚴法師在指導日本的只管打坐中，加入新的要點。二、第二層次將環境當作身體的方法，做為只管打坐的延伸，將心所緣的方法，從打坐的身體擴展到環境，將環境視為打坐的身體。這層次進入心、身、環境在一起的統一感，也就是內外統一。❺ 三、第三層次以空做為觀照，進入內外無限，比前一層次之內外統一境更深，這是之前的指導中，所沒有的層次與方法。第二、三層次中，呈現內外統一境的不同階段。這四層次，整合只管打坐、觀空進入默照悟境，方法較之前更細緻而具體。

2. 默照五層次：一九九八年五月十五日至十七日，在美國麻省巴瑞（Barre）內觀禪佛教研究中心，以「禪佛教的理論與修行」為主題，進行兩天半特別講座，並帶領禪三指導默照禪。

以內觀禪學社（Insight Meditation Society）的老師和工作人員為主要參加成員。內觀禪佛教研究中心修行內觀的

《行雲流水》。釋聖嚴，《行雲流水》，《法鼓全集》6-8，臺北：法鼓文化，2020紀念版，頁313-314。

❺ 釋聖嚴著，單德興譯，《無法之法——聖嚴法師默照禪法旨要》，臺北：法鼓文化，2009年，頁39。

南傳上座部禪法已有二、三十年以上的資歷，傳授內觀禪法門，並主持指導內觀禪的長、短期禪修活動。因為他們從聖嚴法師的英文開示及著作中，讀到中國默照禪與禪宗的止觀雙運、定慧一體，感覺頗能與南傳的內觀禪毘婆舍那（Vipassana）相契，而且運用於日常生活中，更有其優越之處，所以邀請聖嚴法師前往演講及帶領禪修。⓺⓪

針對內觀中心的成員，聖嚴法師特別配合南傳內觀禪四念住的方法為基礎，來說明默照禪的修行分為五層次：⓺①

（一）放鬆身心：先有一個正確而自然的坐姿，如果不能盤腿坐，也可坐在椅子上。然後從頭一直到腿部乃至腳趾，逐部放鬆。頭部要把腦神經放鬆，然後眼球放鬆，接著依次是臉部肌肉、肩頭、兩臂、兩手、胸部、背部、腰部，非常重要的是小腹必須放鬆，接著腿部、腳部不要用力。⓺②

不同於前文所討論的層次，這五層次以放鬆身心為第一個層次。之前法師指導默照禪法，在禪期開始也教禪眾放鬆身心，因此並沒有特別將放鬆納入禪修層次中。另外，上文討論威爾斯默照禪，在只管打坐方法中也提醒要放鬆。由於

⓺⓪ 林其賢編著，《聖嚴法師年譜》，臺北：法鼓文化，2016 年，頁 1167。
⓺① 釋聖嚴，《兩千年行腳》，《法鼓全集》6-11，臺北：法鼓文化，2020 紀念版，頁 99。
⓺② 同上註，頁 110-111。

在內觀禪中心舉行禪三,可能因禪期較短,一開始主題就是默照禪,所以將放鬆身心做為第一層。然而,此次指導放鬆身心較以往更詳細。這一層次,配合四念住的觀身與觀受,觀身每一部位,與觀放鬆的感受。❻❸

　　關於放鬆身心之方法,之前法師比較是帶領重點式的放鬆,例如強調頭部放鬆、眼球放鬆、肩膀放鬆、小腹放鬆。❻❹此次引導從頭到腳逐部放鬆,也許是參考弟子學習南傳禪修中的放鬆方法。❻❺

---

❻❸ 聖嚴法師指導四念住的部分,收於:釋聖嚴,麻省巴瑞(Barre)內觀禪佛教研究中心,演講主題「禪佛教的理論與修行」,一九九八年五月十五日至十七日。在此將法師指導四念住的部分,一起說明。

❻❹ 一九九一年一月二十五日至二月一日,農禪寺第四十期禪七中,法師指導,頭部、眼球、臉部、兩肩、兩臂不用力,以及小腹放鬆。在一九九二年六月二十七日至七月二日,東初禪寺第五十七期禪七中,法師教導身心放鬆為禪修主要原則,指導要點為,從頭到手到小腹要放鬆。一九九三年十一月二十六日至十二月三日,東初禪寺第六十二期禪七中,法師教導放鬆身心,僅提示身體放鬆、頭腦放鬆。一九九二年十二月二十五日至翌年一月一日,東初禪寺第五十九期禪七,法師較詳細說明放鬆身心。法師說:「先練習把身體的肌肉及神經放鬆,然後將頭腦及心情放鬆。所謂身體放鬆,是把通身的每一個細胞都放輕鬆,由臉部、眼球、肩、臀、手、小腹、腿、腳,凡是能用意志指揮的每一寸神經所到之處,都讓它們放鬆。」釋聖嚴,《禪的體驗・禪的開示》,《法鼓全集》4-3,臺北:法鼓文化,2020紀念版,頁242、306、326-327、358。

❻❺ 根據果元法師表示,在他一九九二年去泰國法身寺參學前,在農禪寺與一位多年學習南傳系統的禪修學員交流,學習到很多有關放鬆的操作,強調一步步身體的放鬆。果元法師也向聖嚴法師報告此逐步放鬆的方法。

（二）觀照全身：把放鬆身心的方法，從上到下練習三次之後，就用心觀照整個身體。曉得身體是在打坐，也感覺到身體上某些部位有痛、癢、麻、緊等等的覺受。但是，不要把注意力放到特別有覺受的某個部位，只要曉得整個身體是在打坐；清清楚楚、明明白白，知道全體而不特別注意局部，漸漸地身體的負荷感就會消失。但是，還是知道身體正在打坐。❻❻

法師指導第一層次的放鬆三次，第一次是放鬆，第二次確定是否已經放鬆，第三次知道自己放鬆，對於無法放鬆的部位不管，然後進入第二層次，對整個身體的觀想。這一層次，仍然配合四念住中的觀身、觀受。❻❼觀身即觀整個身體在打坐的整體感，觀受即清楚知道身體特定部位的覺受，但是以觀整個身體在打坐的整體感為方法，進入身體負擔感消逝，但清楚知道身體正在打坐，也就是身心統一。其實，觀照全身就是以只管打坐為方法。

（三）觀照環境：把身體所存在的環境，也就是自己當前的經驗世界，做為自己的身體，清清楚楚地觀照，觀照全體而不注意局部。當聽到聲音，看到影像，感覺到冷暖

---

❻❻ 釋聖嚴，《兩千年行腳》，《法鼓全集》6-11，臺北：法鼓文化，2020紀念版，頁111。
❻❼ 釋聖嚴，麻省巴瑞內觀禪佛教研究中心，演講主題「禪佛教的理論與修行」，一九九八年五月十五日至十七日。

或者聞到氣味,不要去特別留意它和跟蹤它。出現時讓它出現,消失時讓它消失,如果處於沒有任何影響、任何觸受,也就是一片寂靜的狀況下,還是知道身體是環境的一部分,整個環境就是自己的身體。[68]

第三層次與之前所教的將環境當作自己的身體方法一樣,與只管打坐或觀照全身方法要點一致,觀照整體環境而不注意局部,指出觀環境「全體」,是之前指導中沒有強調的。清楚六根觸境的覺受,知道六根觸境,而心不起分別,不起第二念。這一層次是配合四念住中的觀法,也就是通觀一切法,一切法都在自己的覺照中。[69]這一層次進入身體與環境合而為一,也就是內外統一。

(四)內外無限:向心內觀照,是無限地深遠;向身外觀照,是無限地廣大。盡虛空,遍法界,至內無內,至外無外,內外交融不可分割。這個時候,不要想像心中有多少的念頭,也不要想像宇宙之中有多少天體。但是,在無限深遠的心內,如果產生幾個妄念,等於一片大海中的幾個泡沫,不需要為它牽掛和動心。心外則包括身體、環境、整個宇宙,若有各種各樣的物體現象,在觸受中出

---

[68] 釋聖嚴,《兩千年行腳》,《法鼓全集》6-11,臺北:法鼓文化,2020紀念版,頁111。
[69] 釋聖嚴,麻省巴瑞內觀禪佛教研究中心,演講主題「禪佛教的理論與修行」,一九九八年五月十五日至十七日。

現，把它們擺在無盡的法界大海之中，也是微小有如滄海之一粟，沒有必要去在乎它、牽掛它。❼⓿

第四層次，當觀心內無限深遠，與觀身外環境為自己身體無限廣大時，即是無限的我，也就是「大我」。此時，法師指導觀無常，觀無常之中沒有我，觀無我。法師進而用海印三昧的觀法，將無限深遠心內所生起之妄念，視為大海中泡沫。將身外無限環境中所發生之現象，放入無盡法界大海中。也就是清楚知道現象，但心不會住於現象。❼❶前文討論到一九九一年法師在中級禪訓師資班，也指導學員以只管打坐方法，從觀身體、環境，進入與空性相應之海印三昧。

（五）由內外無限，自然進入惺惺又寂寂，寂寂又惺惺：這時候，一切都有，明明朗朗，就是沒有和境界相對的我之存在，這就是默而常照，照而常默，無我我所，定慧均等，悲智相應的禪境。❼❷

第五層次，是由內外無限的內外統一境中，進入默照悟境。

---

❼⓿ 釋聖嚴，《兩千年行腳》，《法鼓全集》6-11，臺北：法鼓文化，2020紀念版，頁111-112。
❼❶ 釋聖嚴，麻省巴瑞內觀禪佛教研究中心，演講主題「禪佛教的理論與修行」，一九九八年五月十五日至十七日。
❼❷ 釋聖嚴，《兩千年行腳》，《法鼓全集》6-11，臺北：法鼓文化，2020紀念版，頁112。

這次與以往不同的是，將身心放鬆做為第一層次。另外，雖然法師在其他禪期也會強調身心放鬆，但這次的指導較以往細緻。這五層次整合南傳內觀四念住、只管打坐、海印三昧、默照。有關四念住，在第一層次放鬆身心，與第二層次觀照全身，為觀身、觀受。第三層次觀照環境為觀法，第四層次觀內外無限為大我時，觀無常與觀無我。但法師所指導與傳統四念住次第法不同，是同時觀身、受、心、法，而不分次第。第二層次觀照全身，即是只管打坐。在第四層次，觀內外無限時，採用海印三昧的觀法，最後是證得宏智禪師的默照境界。

　　3. 默照四層次：一九九八年八月二十七日至三十一日，於俄國聖彼得堡五日禪修

　　禪眾計二十一人，大多來自一南少林派武術學校。因為有武術基礎，禪修效果甚佳。❽ 這五天之中，起初法師教導放鬆身心、體驗呼吸、數呼吸。第三天教默照禪的五層次：1. 觀呼吸，2. 觀全身，3. 觀全境，4. 觀內外無限，5. 放下自我中心。❽ 由於在禪五初期，聖嚴法師已經講授放鬆身心，沒有將放鬆身心做為第一層次，而是以五停心觀中的觀呼吸做為第一層次。

　　在第四天時，大部分禪眾已經全部採用法師所指導的方法，也從默照的方法得到了一些體驗。然後法師講默照禪的

---

❽ 林其賢編著，《聖嚴法師年譜》，臺北：法鼓文化，2016年，頁1180。
❽ 釋聖嚴，《兩千年行腳》，《法鼓全集》6-11，臺北：法鼓文化，2020紀念版，頁174-175。

四層次:「1. 觀全身,2. 觀全境,3. 觀內外無限,4. 絕觀默照;❼❺不以能觀和所觀為境,但是默而常照,照而常默。」❼❻在第四層次,以絕觀為方法進入默照。

到了第四天下午,聖嚴法師整合直觀與絕觀,以指導默照四層次:

> 從第一觀身,第二觀境,第三觀內外無限,都是直觀整體,不是只管任何一個局部;也就是說,從第一到第三個層次,是用直觀法。第四層次,是用絕觀法,即是沒有對待,沒有彼此,沒有內外,而且默照同時,那就是〈默照銘〉所說的:「默默忘言,昭昭現前。」真正的默照是第四個層次,觀想成功,就是悟境,就是開悟。❼❼

以直觀「整體」,不管任何一局部,來觀全身、觀環境、觀內外無限,最後,以絕觀法來進入默照同時的悟境。

---

❼❺ 聖嚴法師解釋絕觀:「絕觀(又叫中觀):是超越於主觀及客觀,不執左右,也不執中間,稱為中觀;這也是自在運用的一種智慧功能。我們的常識、認知、經驗、技術是全部需要用的,因為它們是工具;但是不要將自己的私心立場放進去,而是清楚地了解對方這個人、這樁事,以及什麼樣的一種狀況,究竟需要以什麼來適應它、幫助它?這就叫作無我的智慧。是多了解、多互動、多溝通,然後以各是其是、各得其所的方式決擇判斷,這就叫作中觀。因為這不是主觀也不是客觀,絕相對、斷相待,所以又名為絕觀。」釋聖嚴,《佛法的知見與修行》,收於《法鼓全集》5-8,臺北:法鼓文化,2020 年,頁 109-110。
❼❻ 釋聖嚴,《兩千年行腳》,《法鼓全集》6-11,臺北:法鼓文化,2020 紀念版,頁 176。
❼❼ 同上註。

在這次禪五，聖嚴法師依照禪眾身心狀況，做不同的調整。其默照層次化方法整合了五停心觀中的觀呼吸、只管打坐中的觀身、直觀與絕觀。其中觀呼吸的部分，在下文會討論。

4. 默照三層次：一九九八年十一月二十七日至十二月五日，象岡道場第八十二期禪七

聖嚴法師首次在紐約象岡道場指導專修默照禪七，共有來自十一個國家七十位東、西方人士共同參與。[78]

將默照方法，分為初階的默照，與默照三層次。初階的默照，包括以放鬆身心或隨息，進入只管打坐。有關於放鬆身心，強調默照的基礎是放鬆，也說明放鬆身心，心較不散亂。[79]因此，放鬆身心是讓心集中之方法。而在引導放鬆時，與以往不同的是，法師以用心想像掃遍全身每一部位的方式帶領放鬆：

> 從頭開始，一個部位、一個部位地放鬆，一路向下直到腳部。在心裡想像往下一個部位、一個部位地掃遍全身，放鬆每個部位，只要有需要，就一直做，以便放鬆。[80]

逐步掃遍全身的方法，可能是參考葛印卡內觀的方法。[81]

---

[78] 林其賢編著，《聖嚴法師年譜》，臺北：法鼓文化，2016年，頁1195。
[79] 釋聖嚴著，單德興譯，《無法之法——聖嚴法師默照禪法旨要》，臺北：法鼓文化，2009年，頁29-30。
[80] 同上註，頁24。
[81] 根據果光法師表示，聖嚴法師於一九九七年六月派多位弟子參加葛印卡

聖嚴法師指出放鬆身心,是進入只管打坐的方法。此外,法師也指導以隨息,來進入只管打坐。從覺知呼吸的進出,然後將覺知呼吸轉為全身感受的一部分,進入只管打坐覺知身體整體。聖嚴法師也強調從放鬆開始,再覺知呼吸進出,然後覺知整個身體在打坐。❽❷在默照的初階,聖嚴法師整合放鬆身心、傳統五停心觀的隨息,與覺知全身的只管打坐。

在初階的默照後,有默照三層次,第一層次以只管打坐,覺知整個身體打坐,而進入身心統一。第二層次是將環境當作身體打坐,進入身、心、環境合而為一的內外統一。第三層次是由體驗內外無限開闊,以觀空,即中道觀,保持捨的狀態,進入默照悟境,心是靜止,而能「清楚反映萬事萬物」。❽❸

此次默照禪整合放鬆身心、只管打坐、觀環境與空觀的方法。與以往指導不同的是,在放鬆身心的指導上較細,以掃全身的方式,引導學員逐步放鬆。另外,在層次方法與身心的對應階次,法師清楚以「身心統一」、「內外統一」來標示使用方法時,與身心對應的階段。另外,也在這三層次中說明「默」與「照」的方法。

在第一層,只管打坐中的默照,清楚知道整個身體在打

內觀中心十日禪。葛印卡在指導觀身之觸受時,教導從頭到腳逐部掃描全身的方法。因為參加十日禪之弟子可能與聖嚴法師分享,所以法師採用掃全身的方式,來指導放鬆。

❽❷ 釋聖嚴著,單德興譯,《無法之法 —— 聖嚴法師默照禪法旨要》,臺北:法鼓文化,2009 年,頁 65。

❽❸ 同上註,頁 65、117。

坐是照,而對身體特定部位有明顯的感受,如痠、痛、癢,不回應,就是默。[84]第二層次,將環境當作身體打坐中的默照,不受內外環境所影響,是默;而清楚知道環境,是照。也就是,清楚環境中所發生的事物,而心不被這些發生的事物牽引、控制。[85]第三層次的默照悟境中,心靜止是默,而心澄明能反映萬事萬物是照。[86]

5. 默照五層次:一九九九年一月三十一日至二月六日,於農禪寺第一次默照禪七

這次為第一次在農禪寺舉辦的專修默照禪七,因要製作成教學影帶,所以特別詳盡。以影帶指導禪修可能受葛印卡內觀禪影響,他是以播放影帶來指導禪修。[87]隨著法師年紀老化,無法親自指導,其弟子用影帶來帶領禪修。另外,影帶指導禪修能普及化推廣禪修。

在禪七初始,聖嚴法師特別指出默照開始練習時,無法同時「默」與「照」,而是先從「照」著力,是先照後默。照是觀照自己的心,然後再「默」,不隨境動,有念頭就馬上停止。默照在開始入手的時候,是以「照」為方便,照的同時,念頭不要有其他的東西出現,這叫「默」。[88]

---

[84] 同上註,頁 32。
[85] 同上註,頁 117、144。
[86] 同上註,頁 40。
[87] 根據果醒法師表示,聖嚴法師於一九九七年六月派多位弟子參加葛印卡內觀中心十日禪,葛印卡是以影帶來指導禪修,弟子們向法師報告此點後,法師覺得可以學習。
[88] 默照開始入手時是先照後默的原則,在一九九五年英國威爾斯禪七,與

此次禪七包含五層次：一、放鬆身心；二、觀全身；三、觀環境；四、內外無限；五、默照的悟境。❽❾

　　第一層次放鬆身心中，法師引導身體逐部放鬆，放鬆的層次，由一開始感覺不容易放鬆，漸漸到要哪一個地方放鬆，那個地方就能放鬆。進而說明放鬆的程度要到身體鬆軟如棉花，同時心要雜念少而安定明朗。法師也說明，練習到身體無負擔，而頭腦非常清楚，心非常安寧，就是默照。頭腦清楚「照」，非常地安寧是「默」，默和照同時。這是默照初步方法。進而在放鬆時保持默與照，身體放鬆時沒有其他的念頭是「默」，很清楚自己正在放鬆身體是「照」。❾⓪ 這次放鬆身心的指導較以往細膩，或許是隨著時代，身心愈來愈緊張。另外，與以往不同的是，指導放鬆身心中的默與照。

　　法師說明當身心能放鬆、安定，就能進入第二層次觀全身，以只管打坐為方法，觀全身時保持默與照，心中不起第二念，不起聯想，不起前後、左右、上下的想像，沒有思考的念頭，而只知道自己在打坐，是默。很清楚知道自己打坐，是照。❾① 這層次方法要點與以往相同，主要有兩點：一、觀全身在打坐，二、不留意任何一部位，回到整體。透

　　一九九八年劍橋內觀禪中心指導默照禪時，皆有提到此原則，但沒有說明具體原因。釋聖嚴，「八十八年度默照禪七聖嚴師父開示」，一九九九年一月三十一日至二月六日農禪寺默照禪七。
❽❾ 同上註。
❾⓪ 同上註。
❾① 同上註。

過觀全身的方法,進入身心統一。法師指出身心統一時,身心會產生柔、軟、暖、輕、安。身體沒有負擔,心很明朗、安靜,明而靜,明是非常明朗,靜是非常安靜,明靜就是默照。這時有兩種方式進入觀環境,一是當心維持在明靜的狀態下,當身體沒有負擔,清楚知道環境狀況下,自然進入。另一,是身體沒有感覺,心沒有寄託,將覺知的範圍從照身體,轉到照環境。❷這層次與以往不同之處:一、法師標示出身心統一時,身心所具有的特徵為柔、軟、暖、輕、安。二、進入觀環境的二種狀況,一是心明靜,身體負擔消逝;一是當身無體感,心無寄託時,將覺知從身體擴大到環境。三、法師以「明靜」來說明默照,並指出心要保持明靜,也強調每一層次都要明與靜。❸

第三層次觀環境,所觀的環境,是現前當下現前境。與觀身體是一樣的,把整個的大環境當做自己的身體來觀,是照。大環境裡產生任何事,是局部現象,不受影響,是默。法師指出觀環境原則:不選擇、不檢查、不主動、不對焦、不受影響。觀環境的層次從大、近、粗,到小、遠、微細。最初,只能觀到大的聲音、近的聲音,看到近的東西。以及感覺到比較近的而粗重的東西,如皮膚接觸到的冷熱。當觀環境層次較深時,眼睛能看到比較細膩、更小的東西。然

---

❷ 同上註。
❸ 有關默照與靜明,聖嚴法師:「默時無雜念、照時不散亂,默時心靜,照時心明。這種經驗只有在默照互資時,才能發生。」釋聖嚴,《禪與悟》,收於《法鼓全集》4-6,臺北:法鼓文化,2020紀念版,頁359。

而,心不被這些景象占據,而清楚知道剎那剎那的現在。當達到觀環境的明與靜,進入環境就是自己,自己就是環境,這時心胸廣大無限。繼續觀環境,會將整個環境當成自己,自己就融入於環境,而環境就進入自己的心,心跟環境是打成一片。心中就有環境,環境時時在自己心中,環境就是自己。[94] 比以往的指導更詳盡,法師說明觀環境的原則、層次、觀環境層次中的明與靜。

第四層次觀內外無限,從上層次中,達到環境就是自己的境界時,心變成無限。因為心沒有想像有多大的環境,沒有選擇聽或看的對象,在心外實際上有境已經等於無境,跟全宇宙統一,宇宙就在自己心,整個的心就是宇宙。這時心胸廣大無限,法師提醒,這不是想像,也不是感受,而就是當下的一種經驗。到達這程度時,從個體的小我而產生經驗到無限的宇宙的大我。這時內外統一,達到內外無限時,進入下一層次。[95]

第五層次以空觀、中觀、絕觀證入默照悟境。觀空是境在、身體在,但沒有我,不把自己放進去。中觀、空觀是現實所存在的境有,但自己沒有,沒有把自己放進去。絕觀是斷絕自己的所有一切,不用自己。默照悟境,「照」是沒有一定對象,「默」是不受任何限制,不受影響,也沒有對象,但一切都是現成。[96]

---

[94] 釋聖嚴,「八十八年度默照禪七聖嚴師父開示」。
[95] 同上註。
[96] 同上註。

這次禪七默照禪層次與之前相同，不同之處在於方法更詳細。此外，法師在開始是先照後默為下手，然後每一層次都有指導默與照，如放鬆身心這層次說明默與照。在每一層次的方法，也說明所對應禪修經歷心的階段，也清楚標示身心具備進入下一層次的特徵。

　　聖嚴法師的默照禪法，從一九八〇年開始時無層次，到一九九九年，近二十年間，開展不同層次。層次化的方法，主要都是對應禪修歷程心所經歷的階段：散亂、集中、統一、無心。法師默照禪法的演變歷程，從較無形式的無法之法，演變到更細緻與具體的方法。初始，在教授方法時，並沒有說明方法所對應心的階段。但在後來的層次中，法師不僅說明方法與對應身心階段，也清楚指明身心進入下一層次的特徵。

　　聖嚴法師在建構層次化的默照禪法中，呈現其整合性與適應性。在整合性上，法師在整合不同傳承的禪法的同時，又別於他們傳統的用法，展現法師之創新處。法師整合五停心觀的數息觀中體驗呼吸的隨息，與四念住中觀身、受、心、法，和日本只管打坐，大乘禪觀包括海印三昧、空觀、絕觀。

　　在數息與隨息法應用上經歷不同的操作，在指導默照禪初期之一九八〇年代，法師以指導學生以數息法收攝散亂心、集中心到身心統一時，再以清楚知道無念頭，進入默照無念之悟境。而在一九八〇年代，以隨息法，做為只管打坐或觀全身的下手處，也就是由觀呼吸這一點進入觀照全身。

　　在四念住的運用上，法師不採傳統次第的觀法，而是

無次第之總相念,也就是同時觀身、受、心、法。將此總相念的理論運用在默照禪入手的只管打坐,是不落次第,面對身、受、心、法的一切現象,都以不管它的態度,只是清楚知道自己正在打坐。❼

在只管打坐上,法師所指導也比初始所教的方法更詳細,初期時以打坐姿勢與觀照打坐的心為方法,而在一九九五年英國禪七中,法師指導清楚知道身體的整體感,而不受特別部位的感受影響,以觀整體為方法。另外,在日本的只管打坐方法,僅可以達到身心統一的階段。❽而法師將只管打坐的方法,延伸至對應於內外統一階段的方法,也就觀環境,將環境當作身體打坐的方法。這是法師對日本只管打坐的創新處。

此外,法師對於傳統的默照禪法也有其創新處,宏智禪師默照的頓法是默照同時,法師教導一開始以先照後默為下手。而在每一層次,包括放鬆身心、只管打坐、觀環境,在這些層次中,法師皆有對應的默與照之方法,這是對宏智禪師默照禪法之開創。

---

❼ 釋聖嚴,《聖嚴法師教默照禪》,《法鼓全集》4-16,臺北:法鼓文化,2020紀念版,頁38-39。
❽ 一九九八年五月十六日在內觀禪中心演講默照禪時,有一位日本曹洞宗禪師向聖嚴法師表示,日本曹洞宗只管打坐,相等於觀照全身。法師說:「一位出身於日本曹洞宗大本山永平寺的禪僧藤田先生,有了回應。他說在日本的曹洞宗,只知道只管打坐就是頓悟法門,而只管打坐的方法,好像僅僅相當於我介紹的第二個層次。」釋聖嚴,《兩千年行腳》,《法鼓全集》6-11,臺北:法鼓文化,2020紀念版,頁112。

聖嚴法師的默照禪法在整合不同傳統禪法有其創新處外，其禪法也呈現對禪眾的適應性。如教導內觀中心禪眾時，法師結合內觀禪法。另外，對法師指導放鬆身心的演化歷程，最能呈現其適應性。在迎合時代改變，隨著生活步調緊湊，人們所承受的身心壓力也變大，順應生活型態改變，法師指導放鬆身心的方法，從早期帶領重點式放鬆，到後來引導身體每一部位放鬆，這展現法師為適應現代人所調整的方法。[99]

四、結論

聖嚴法師從一九八〇到一九九九年指導默照禪修，從一開始無層次之默照頓法，開展次第化默照禪法的歷程，展現涵融性、適應性與普化的特質。

涵融性的特質，顯現在將默照頓法層次化中，建構對應禪修歷程四階次：散亂心、集中心、統一心、無心的次第化修行方法。法師涵融古今中外大、小乘禪法以建構其層次化默照禪法，其所整合的禪法，涵括南傳五停心觀的數息觀、四念住、日本只管打坐，以及大乘禪觀的海印三昧、空觀、絕觀、默照。法師在融合這些多元性的禪法，應用這些不同傳承的禪法時，又開創新的用法，以建構其默照禪法。法師在涵融不同傳承的禪法，展現其禪法能與世界佛教接軌。

---

[99] 聖嚴法師法子果鏡法師於一九八四年剃度出家，法師在大學期間就跟隨聖嚴法師打禪七。果鏡法師表示，聖嚴法師在一九八〇年代，在指導禪七時並無指導放鬆身心。

適應性的特色，呈現在將「無法之法」的默照禪法演化為禪眾能接受、適應的方法。法師將默照同時的修行方式次第化，以先照後默為下手處。在頓悟的默照禪中，開出每一層次皆有其對應的默與照的修行方法。而法師對身心放鬆的引導的方法，最能展現其禪法適應性的特色，其對身心放鬆的指導的演化歷程，愈來愈細化，呈現其順應現代人忙碌與壓力的生活。

聖嚴法師默照禪之涵融性與適應性，目的皆在使禪法能普化。不落階次的默照禪頓法不易修習，尤其是現代社會與古代修行禪法之環境不可同日而語，聖嚴法師對應心所經歷階次的層次化禪法，使默照禪法普及化，能接引不同根基及不同需求的修行者有效地學習。

本文限於時間與篇幅，本研究所使用的文獻僅專注在聖嚴法師指導默照禪期的開示內容，對於其文獻的歷史脈絡僅限於法師指導默照禪修的歷程，無法深入以歷史視角來研究，這是日後可探究之方向。另外，聖嚴法師曾對筆者說其默照禪法與現代各派結合，這是日後可以深入研究的議題。

參考文獻

一、中文

《宏智禪師廣錄》，CBETA, T48, no. 2001。

林其賢編著，《聖嚴法師年譜》，臺北：法鼓文化，2016 年。

俞永峰，〈聖嚴法師與禪宗之現代化建構〉，《傳燈續慧——中華佛學研究所卅週年特刊》，臺北：中華佛學研究所，2010 年，頁 139-176。

楊蓓、釋常慧，〈聖嚴法師早期禪修層次演變之研究〉，聖嚴教育基金會學術研究部編，《聖嚴研究》第十六輯，臺北：法鼓文化，2024 年，頁 53-134。

釋慈怡主編，佛光大辭典編修委員會編：《佛光大辭典》，臺北：佛光出版社，1988 年。

釋聖嚴，「一九八〇年十一月二十六日至十二月三日東初禪寺禪七開示」。

釋聖嚴，「一九八九年十一月十二日東初禪寺禪修的次第開示」。

釋聖嚴，「一九九一年十一月十六日中級禪訓師資班逐字稿」。

釋聖嚴，「八十八年度默照禪七聖嚴師父開示」。

釋聖嚴，〈默照禪在西方的耕耘與推行〉，《人生》雜誌第 245 期，2004 年 1 月，頁 34-41。

釋聖嚴，《漢藏佛學同異答問》，《法鼓全集》3-10，臺北：法鼓文化，2020 紀念版。

釋聖嚴，《禪門修證指要》，《法鼓全集》4-1，臺北：法鼓文化，2020 紀念版。

釋聖嚴，《禪的體驗・禪的開示》，《法鼓全集》4-3，臺北：法鼓文化，2020 紀念版。

釋聖嚴，《拈花微笑》，《法鼓全集》4-5，臺北：法鼓文化，2020紀念版。

釋聖嚴，《禪與悟》，《法鼓全集》4-6，臺北：法鼓文化，2020紀念版。

釋聖嚴，《禪鑰》，《法鼓全集》4-9，臺北：法鼓文化，2020紀念版。

釋聖嚴，《聖嚴法師教默照禪》，《法鼓全集》4-16，臺北：法鼓文化，2020紀念版。

釋聖嚴，《禪的理論與實踐》，《法鼓全集》4-18，臺北：法鼓文化，2020紀念版。

釋聖嚴，《佛法的知見與修行》，《法鼓全集》5-8，臺北：法鼓文化，2020紀念版。

釋聖嚴，《歸程》，《法鼓全集》6-1，臺北：法鼓文化，2020紀念版。

釋聖嚴，《行雲流水》，《法鼓全集》6-8，臺北：法鼓文化，2020紀念版。

釋聖嚴，《兩千年行腳》，《法鼓全集》6-11，臺北：法鼓文化，2020紀念版。

釋聖嚴，《承先啟後的中華禪法鼓宗》，《法鼓全集》9-7，臺北：法鼓文化，2020紀念版。

聖嚴法師、丹・史蒂文生著，梁永安譯，《牛的印跡──禪修與開悟見性的道路》，臺北：法鼓文化，2023年。

釋聖嚴著，單德興譯，《無法之法──聖嚴法師默照禪法旨要》，臺北：法鼓文化，2009年。

釋聖嚴著，約翰・克魯克編輯、導讀、評著、薛慧儀翻譯，《如月印空──聖嚴法師默照禪講錄》，臺北：法鼓文化，2009年。

釋聖嚴著，釋繼程譯，《佛心眾生心》，臺北：東初出版社，1984年。

二、西文

Chan Master Sheng Yen, *Getting the Buddha Mind: On the Practice of Chan Retreat*. New York: Dharma Drum Publications, 1982.

Master Sheng Yen, "Silent Illumination Chan," *Ch'an Newsletter*, No. 10, December 1980, pp. 1-4.

Master Sheng Yen, "Biography of a Chinese Monk (with Q & A)," *Ch'an Newsletter*, No. 110, September, 1995.

Master Sheng Yen, "In this day and age it is important to teach people about the method and stage of practice," *Ch'an Newsletter*, No. 110, September, 1995.

Master Sheng Yen, "Shikantaza and Silent Illumination," *Ch'an Newsletter*, No. 106, February 1995.

A Preliminary Study on the Construction Process of Master Sheng Yen' Silent Illumination Chan Meditation Stages

Guo-Xing Shi
Assistant Professor, Department of Buddhist Studies, Dharma Drum Institute of Liberal Arts

▌ Abstract

This paper examines Master Sheng Yen's (1930–2009) Silent Illumination Chan teachings, with a focus on the development of its sequential stages of meditation. As a holder of the Caodong lineage, Master Sheng Yen revived the practice of Silent Illumination, the actual teaching which had been lost for nearly eight hundred years.

To promote this practice, he stratified the otherwise sudden method of Silent Illumination Chan to accommodate the needs of modern practitioners. Using recorded materials of Master Sheng Yen's teachings, this study traces the construction of the practice's stages, shedding light on his unique interpretation and methodological innovations.

The paper explores Master Sheng Yen's systematization of Silent Illumination Chan between 1980 and 1999, detailing his efforts to transition the practice from a sudden method to a staged approach. It begins by examining the context for his systematization, including his personal experiences with Chan meditation, his theoretical perspective on sequencing, and his integration of meditation stages with their corresponding functional levels. It then delves into the evolution of his gradual approach to Silent Illumination Chan during this period. Finally, the paper investigates how Master Sheng Yen incorporated elements from different traditions to develop a distinctive approach to Silent Illumination Chan, highlighting its unique features.

Keywords: Master Sheng Yen, Chan practice, Silent Illumination, stages

消費與可持續性發展
——探討聖嚴法師「心靈環保」對當代可持續性發展與經濟生活之意義

許永河

法鼓文理學院人文社會學群教授

▎摘要

「可持續性發展」蔚為當代社會的重要議題，本文以聖嚴法師「心靈環保」及「建設人間淨土」思想為基礎，嘗試將「心靈環保」理念應用在當代經濟生活中。以佛法對世間生活的觀點，結合世間「總體經濟學」的分析方法，整合佛法的思想與總體經濟的論述邏輯及分析架構，並與聯合國可持續性發展目標相呼應，探討佛法對當代可持續性議題的可能貢獻處。

本文係筆者心靈環保經濟生活的系列研究之一，當前研究著重於消費行為分析。由於廠商之生產與消費者之消費具有密切的經濟與社會關係相關連動性，因此本文擬以「心靈環保個人社會責任」論述消費者行為，而與此前討論廠商行為之「心靈環保企業社會責任」相呼應，做為實踐「建設人間淨土」與實現可持續性發展的核心論述。鑑於過去消費主義風潮所帶來的社會及自然環境問題，筆者提倡以「心靈環保個人社會責任」的正念消費，避免欲望滿足追求過程中對社會環境和自然環境破壞的現象，並減少「為了利己而損

他」的行為。如此一來，除了保障自身生活幸福的可持續性，又能達成「自利利他」的人與環境雙蒙其利的結果，促進經濟富足可持續性的實現。

關鍵詞：心靈環保、可持續性發展、個人社會責任、消費主義、自利利他

一、前言

　　從人類文明的發展歷程來看，西方資本主義社會的自由市場經濟制度，不僅改變了人類的經濟生活，也改變了人類在地表上的生活面貌。在資本主義的市場制度下，所有的市場參與者，各盡所能、各取所需，追求每人最大的經濟福祉；在市場中不但可以追求生活滿足的實現，也藉由市場交易追求財富的累積。

　　然而，市場經濟活動也是今天人類社會問題的來源。十七世紀以來市場經濟的發展，以及其後的產業革命，帶來人類社會大量生產、大量消費的現象。此一改變，豐富了人類物質生活的內容、改變了人類在地球表面活動的樣貌，也帶來了巨大的社會變遷。人類社會長期追求經濟成長，不僅出現所得分配不均的現象，而且市場經濟活動及經濟全球化的結果，也使得人類賴以生存的地球出現溫室效應、全球暖化；同時，環境破壞與資源耗竭的現象也一直在持續進行中。

　　因此，從人類文明近二百年來的發展結果來看，所得與經濟生活的豐富程度提高，並不必然帶來生活幸福的提高，而人類社會在追求眼前物質豐富的同時，也破壞了地球環境，出現了全球性之氣候變遷、環境汙染、資源耗竭、社會失衡，進而影響到人類社會之可持續性發展（sustainable development）。因此，聯合國二〇一五年標舉經濟、社會與環境三個面向之十七個關鍵議題，希望在二〇三〇年達成全球可持續性發展目標（2030 Sustainable Development Goals,

SDGs）。

　　本文以「心靈環保」及「建設人間淨土」為核心，將聖嚴法師「心靈環保」理念應用在當代經濟生活中。以佛法的世界觀為基礎，結合「總體經濟學」的分析方法，整合佛法的思想與總體經濟的論述邏輯與分析架構，並與聯合國可持續性發展目標相呼應，探討佛法對當代世間問題的可能貢獻處。

　　在生產過程中會產生生產廢棄物（包括資源開採所產生的廢棄物），而在消費行為中也會產生生活廢棄物，這些廢棄物對社會自然環境造成傷害，而且生產與消費活動均影響到地球的資源蘊藏量水準與環境的承載力，因此最終威脅到人類社會的可持續性發展。因此，在人類追求經濟成長與生活富足的生產與消費活動中，需要以「心靈環保」的正念來過生活。在經濟活動中，廠商追求利潤、家計單位追求欲望滿足，固然是生存的基本需求之一，但應避免在私人欲望滿足的追求中，傷害、破壞社會和自然環境，減少「為了利己而損他」，以保障生活幸福的可持續性，進而「自利又利他」，促進經濟富足可持續性的實現。

　　在一個整體性的環境中，眾生的經濟生活是相互關聯影響的。世間經濟活動的主體，是廠商（生產者）與家計單位（消費者）。生產與消費是整體經濟活動的上下游關係，生產者與消費者在社會環境中從事經濟活動，兩類經濟個體之經濟活動目標雖不一樣，但彼此互動才完成市場交易，因此不論從經濟理論來看，或就「心靈環保」的經濟行為討論，對此二經濟活動主體，除了分開論述說明其行為決策與影響

外,對其互動的整體影響也應一併討論。

關於廠商的經濟行為,筆者此前提出「心靈環保企業社會責任」的觀念,說明廠商承擔企業社會責任對廠商經營的可持續性及社會環境的可持續性影響(許永河,2022)。至於家計單位的心靈環保經濟生活探研,則為本文之研究主題。關於消費角度的探討,將分就消費對生活的必要性、過度消費的消費主義(consumerism)之批判,以及消費與可持續性關係研析,並探討「個人社會責任」(personal social responsibility, PSR)在消費活動中的角色,最後帶入佛法的觀念,討論以「心靈環保」為價值核心的可持續性消費生活方式與社會環境的可持續性發展之關聯。本文章節架構如次:

第二節中,介紹主流經濟理論對於消費者如何追求效用最大化,並藉由消費者在市場的自由選擇,達成資源分配效率。第三節則從人類歷史的發展看消費活動,介紹消費主義及消費者社會的興起之影響,並討論反消費主義浪潮及「可持續消費」概念的興起,同時從跨學科角度,談社會背景(social context)下的消費行為,以了解今日人類社會消費行為的面貌。在第四節中,筆者討論近代熱門的議題,即「可持續性發展」與「可持續性消費」,分別介紹可持續性發展與可持續性消費的概念。第五節為本文之核心,討論「心靈環保」與當代可持續性經濟生活的關聯。本小節中先介紹聖嚴法師的「心靈環保」思想,再對當代「可持續性消費」理論做說明,最後結合兩者,討論「心靈環保」對當代「可持續性消費」思潮之啟示。本小節以佛法的理論做基

礎,提出以「幸福」做為「可持續性消費」動機之看法,繼而介紹「心靈環保」的「消費者社會責任」,在個人追求「幸福可持續性」的同時,實踐可持續性消費及可持續性發展的目標。最後,第六小節則為本研究結果之總結。

二、從主流經濟理論看消費活動

人類從事消費活動的基本原因,不外乎攝取生活所需之營養,然而消費也帶來欲望滿足之樂,因此經濟學中說消費影響個人的福祉(well-being)。在主流新古典經濟學(neoclassical economics)的市場分析中,消費的目的在追求欲望的滿足。每個消費者都是理性的經濟人,其經濟活動的目的在追求經濟福祉的實現。消費者在已知的個人喜好(preferences)、個人所得、市場價格等條件下,追求消費滿足的最大化。在新古典經濟學的消費分析中,消費者無異曲線(indifference curve)和預算限制線是主要的分析工具。

消費者面對生活必需品與非必需品的選擇,可以選擇這兩類物品不同的消費數量組合,如圖一(A)中之 A 點的組合消費較多的非必需品,或 B 點的組合消費較多的生活必需品,但 A、B 兩個組合帶給消費者的滿足度都是一樣的。將這些能帶來同等滿足的組合點連線,得到消費者滿足水準相同的無異曲線。兩條不同的無異曲線,其距離原點愈遠的線所代表的滿足程度越高($U_1 > U_0$)。

限制消費者欲望滿足能力的是所得高低,以及物價水準。如果必需品(x)和非必需品(y)的價格分別為 p_x 與

消費者滿足程度的衡量：消費者無異曲線

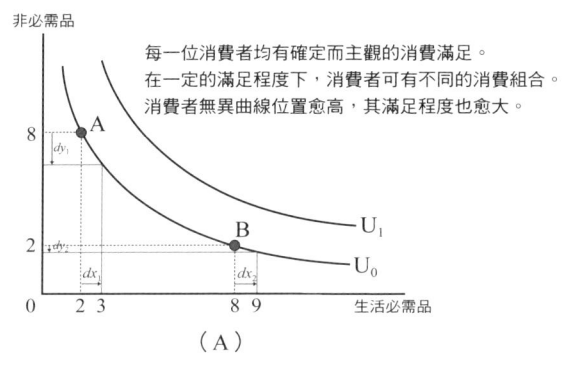

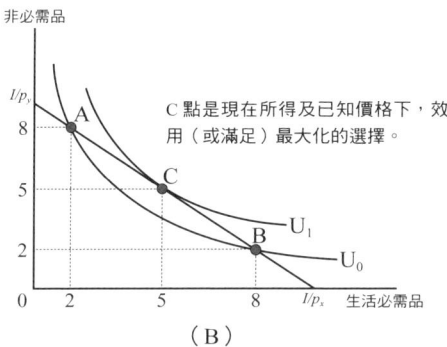

（A）圖：縱軸為非必需品，橫軸為生活必需品。圖中標示 A 點（2, 8）與 B 點（8, 2）位於無異曲線 U_0 上，U_1 為較高之無異曲線。圖中並標示 dy_1、dy_2、dx_1、dx_2。

說明：每一位消費者均有確定而主觀的消費滿足。在一定的滿足程度下，消費者可有不同的消費組合。消費者無異曲線位置愈高，其滿足程度也愈大。

（B）圖：縱軸為非必需品，橫軸為生活必需品。預算線由 I/p_y 至 I/p_x。A 點（2, 8）、B 點（8, 2）位於 U_0 上，C 點（5, 5）位於 U_1 上並與預算線相切。

說明：C 點是現在所得及已知價格下，效用（或滿足）最大化的選擇。

圖一：新古典經濟學之消費者效用最大化決策分析（筆者繪製）

p_y，所得為 I；若將全部所得拿來購買生活必需品，其所能購得的最大數量為 I/p_x，將所得全部拿來購買非必需品，其所能購得的最大數量為 I/p_y。因此，消費者的預算限制線為圖一（B）之 I/p_x 與 I/p_y 兩點所連成之直線。

在預算限制下，消費者可以消費 A、B、C 三點所代表的任一組合，而將預算充分用盡。A、B 兩組合雖將預算用盡，但其所處的無異曲線效用水準 U_0 較 U_1 低，表示用盡所

得仍未獲最高的滿足。理性的消費者會追求預算限制下的最高滿足,亦即預算用盡所可能得到的滿足,因此會往 C 點的組合移動,達成其受限條件下的最高消費滿足。

主流經濟學的消費者理論,認為消費者受無窮欲望和自利心的驅使,透過市場活動追求欲望滿足的目的,而自利心則是推動市場達到最佳化的「一隻不可見的手」;市場參與者的自利心,以及生產者和消費者在自由市場從事自由選擇的結果,不僅個人利益最大化的目標可以達成,市場中所有參與者的共同利益也達到最大化。消費者在市場活動中的選擇結果,不僅顯示其偏好,也提供衡量經濟福祉所需的訊息(如所得、物價等),因此透過市場經濟活動可以衡量經濟福祉。

主流經濟理論的前述立論合理嗎?Robins(1932)認為「經濟學的理論,是從一序列的假設推論而來,而所有的假設都是建立在人類簡單而不容爭辯的事實經驗上」。❶ 經濟學的「科學研究」,探討如何配置有限的資源,用在各種不同的替代用途,追求個人及群體滿足最大化的目標,❷ 主流

---

❶ "The propositions of economic theory, like all scientific theory, are obviously deductions from a series of postulates. And the chief of these postulates are all assumptions involving in some way simple and indisputable facts of experience relating to the way in which the scarcity of goods which is the subject-matter of our science actually shows itself in the world of reality." 見 Robins (1932), p. 78。

❷ Robins 對「科學研究」的經濟學內容定義,成為近代教科書所援用的標準定義。其原文內容為:"Economics is the science which studies human behaviour as a relationship between ends and scarce means which have

經濟學對社會現象的研究方法及推論，自有其可取之處，然而建構經濟理論基礎的假說是否具有足夠的合理性，則是另一個爭議性的問題。❸ 對於主流經濟理論的效用最大化是否能說明現實世界的經濟活動問題，請參考 Karaçuka & Zaman（2012），該文回顧整理了數十年來挑戰消費者「追求效用最大化」假說之研究。

三、從人類歷史的發展看消費活動以及其問題

（一）消費者社會的興起

「消費」，是一種生活中滿足需求的活動，但也是複雜的社會現象，而「消費者社會」（consumer society）的出現則與資本主義的市場發展有密不可分的關係。「消費者社會」是建立在資本主義社會消費品的生產、分配、消費和再生產的周而復始體系上，且隨著資本主義市場的發展，出現消費文化和生活型態的改變，包括生活中對「需要」（needs）的消費轉變成對「渴要」（aspirations）的消費、必需品內容的不斷重新定義、社會價值的改變、消費態度的

---

alternative uses." 見 Robins (1932), p. 6。

❸ Robins（1932）的經濟學概念性定義提出之後，在經濟學界和其餘社會科學領域對此概念有許多的挑戰與批判。Backhouse & Medema（2009）追溯整理所有爭議的焦點，認為一直到一九七〇年代經濟學的觀念開始被廣泛地應用在其他社會科學的其他領域，處理整合性的經濟議題（如能源經濟、環境經濟等）之後，對於經濟學的核心概念的定義爭議，亦即「資源有限、欲望無窮」假說與理論的合理與否的問題，才逐漸被忽略。

改變等。消費者社會的特徵是大量生產、大量消費、大量商品廣告,以及不斷地推陳出新等現象。

任何時代,人都需要以工作來換取生活之所需,滿足溫飽是消費的主要目的。十八世紀產業革命之後,儘管產出增加,但社會大多數人仍處於堪足溫飽或難以溫飽的狀況,此時節儉和儲蓄才是王道,「大量消費」觀念的普及,必須人類社會的發展出現時空環境下的契機方能實現。McKendrick et al.(1982)等三位歷史學者在《消費者社會之誕生》❹一書中,說明了人類社會第一個消費者社會是如何在十九世紀英格蘭出現的時空因素。

十八世紀的產業革命為新市場、新商品的發展帶來了契機,但如果需求無法增加,資本主義的生產和利潤的追求均無法實現。儘管十九世紀的歐洲和英國的大多數人仍然處於堪足溫飽的狀態,但資本家透過市場區隔,首先將消費產品的銷售目標,盯在貴族和新興的中產階級身上,並在激增的商店和百貨公司中,展售光鮮的奢侈品,為有限的城市中產階級提供服務,開拓市場需求。生產者藉由新產品的展示、廣告和促銷等活動,刺激了新興中產階級的需求,而新興中產階級對新產品和奢侈品的炫耀性消費,則對社會大眾帶來了消費的示範效果,刺激了整體經濟對類似產品的需求,帶來巨大的整體需求增加效果。

---

❹ McKendrick, N., Brewer, J. and Plumb, J. H. (1982). *The Birth of a Consumer Society: The Commercialization of Eighteenth-Century England.* Bloomington: Indiana University Press.

對產業資本家而言,如果能夠持續產品穩定銷售,或增加銷售,則產品的大規模生產便能實現;生產與銷售能保持穩定的節奏,才能確保產業資本盈利的實現。因此,從生產者的角度來看,必須積極尋求創造產品的需求,而且不能被動等待大眾對其產品的需求。為了達到這個目的,必須透過廣告和宣傳等手段來做刺激;只有確保自身產品的持續需求動能,才能確保盈利的機會。因此,在資本主義的市場活動中,啟動和保持資本主義引擎運轉的動力來源,是追求利潤的動機,但為了實現銷售與利潤,資本主義企業只有不斷開發新消費者、創造新商品、新的生產方式或運輸方法,開發新的市場、產生新的產業組織形式。這個資本逐利而不斷求新的壯大過程,是一種「創造性毀滅」的無盡循環。

　　在十八世紀英國產業發展的初期,僅有極少數的富裕菁英階層能夠購買如瓷器和時尚服裝等產品,對這類產品的消費,是普羅大眾心有餘而力不迨的羨慕對象。生產者意識到普羅大眾模仿上層階級生活型態是英國社會強烈的潛在衝動,以此開發新的需求。行銷人員一方面向上層階級客戶銷售新設計的時裝和瓷器,同時也為其他人生產更便宜的仿製品,藉由市場區隔、差別價格,達成市場擴大的目標,並獲取利潤。

　　對生產者來說,家庭需求的潛力是巨大的,如能巧妙地操縱來實現需求,就可以產生利潤的動能。然而對一般大眾而言,「羨慕」是產品消費的「社會動力」,大眾對新產品的消費,代表的是進步、是生活水平的提昇。對整體社會而言,消費不僅是無盡欲望的追求方式,同時也是一種社會

認同（social identity）的手段。因此，在十八世紀的英國社會，新產品的消費不僅提昇生活水平，也是進步的表徵，而對社會階層中高於自己階層的羨慕，也刺激了家庭的消費，推動了經濟增長，這是「消費的社會學」。

以「進步」為特徵的消費者欲望不斷擴大，為英國現代化製造業提供了一條新的道路，也創造出一種延續經濟增長的手段。在這樣的消費經濟體系中，所謂「進步」的概念，是用新產品替換舊產品、用新產品的需求替換舊需求，而以足夠的生產水準滿足每個人的需求。此一社會變化，造就了人類社會第一個大量生產、大量消費、商業化的「消費者社會」。

隨著產業資本主義的發展，「消費者社會」的現象普遍出現在西方的工業化國家，而在十九世紀傳播到美國和歐洲大陸的大部分地區，並在二十世紀傳播到亞洲。在一九三〇年代經濟大恐慌年代及第二次世界大戰期間，大量消費（mass consumption）的消費者社會稍微沉寂，但隨著戰後的經濟復甦，消費文化在整個工業化國家再次起飛。歷經大蕭條的壓抑和戰爭期間配給的經濟剝奪，戰後的復興帶來消費的增長，尤其戰後電視機等新媒體的出現，將資訊和娛樂帶入一般家庭，更刺激了消費行為的熱度。

電視的出現，放大了廣告及商品資訊的潛在影響。電視廣告比過去報紙印刷和收音機廣播更熟練地利用圖像和符號來影響大眾。電視所帶來的廣告刺激效應，以及分期付款等消費信用制度的出現、購物中心和大百貨公司紛紛設立，均刺激了大眾的消費熱情，使消費者社會更加蓬勃發展。先

消費後付款的分期付款信用制度,不僅使美國社會的消費大增,對民眾而言,成功獲得分期付款信用,不僅完成其物品消費的目的,更是一種成功的社交地位表徵,因為只有所得達到某些門檻者才有機會獲得分期付款的信用。

美國歷史學家 William Leach(1993)在其《欲望之地:商人、權力和新美國文化的崛起》一書 ❺ 中,有幾句話對美國的消費者文化,說明得淋漓盡致。他說:「消費文化的主要特徵,是以獲取和消費做為獲得幸福的手段;是對新事物的崇拜;是欲望的民主化;貨幣價值則是衡量社會所有價值的主要標準。」❻ 在此一消費主義模式中生活的大多數人,不知不覺中將生活的幸福,建立在獲取和花費的物欲目標追求上,除了不斷地追求欲望的滿足,對物質和財富的追求,也變成生活的熱情和動力來源,而物質成就不僅是夢想,也儼然成為生命「成功」與否的標準。

在商業主義的消費者社會,巨大的生產力經濟將消費變成一般家庭的生活方式,商品的購買和使用,彷彿變成一種儀式;人們在消費中尋求精神上的滿足,並追求自我的滿足。在這樣的社會中,人們以愈來愈快的速度,購買、消耗、更換和丟棄物品。不斷消費,彷彿成為社會轉動的巨輪。大量消費,變成大量浪費。

---

❺ Leach, William (1993). *Land of Desire: Merchants, Power, and the Rise of a New American Culture.* New York: Pantheon.
❻ "The cardinal features of this culture were acquisition and consumption as the means of achieving happiness; the cult of the new; the democratization of desire; and money value as the predominant measure of all value in society."

在這樣的消費者社會中,零售商為了創造需求,莫不投入巨大的努力,設法說服廣大的消費者去購買一些實際並非真正需要的物品;而製造商也故意設計無法耐久的「計畫性過時」(planned obsolescence)商品,❼來達到增加產品銷售的目的。其實,近代消費者社會的製造商,不僅是新產品製造者,同時也是「廢物製造者」。產品的計畫性過時,實際上包括產品元件迅速磨損的「功能過時」,以及產品在消費者心中的「心理過時」兩個面向。

這兩種為了增加銷售而出現的「過時」現象,在近代手機市場可以明顯觀察到。我們注意到,手機製造商每年均推出功能微細差異的新產品,並透過廣告製造新品風潮,誘引消費者購買。手機產品或其他商品在消費者心目中的「心理過時」,甚至比製造元件耗損的「功能過時」來得更快、更確定。因此,資本主義的商品生產體系所創造出來的消費者文化,出現了大量生產、大量消費、大量浪費、大量廢棄物的現象,對人類社會與生態環境的可持續性,帶來巨大的挑戰。

總結來說,「消費者社會」的發展帶來物質生活內容的多樣性,而購買生活物資的便利性提高,帶來更豐富與舒服的物質生活,此為消費者社會之利益。然而,一如前述,消費者社會的發展帶來大量生產、大量消費、大量浪費、大量廢棄物,以及生態足跡(ecological footprint)的惡化,導

---

❼ 如有名的「電燈泡的陰謀」(The Light Bulb Conspiracy),見 *The Light Bulb Conspiracy* – Top Documentary Films。

致對人類社會可持續性發展的威脅,而且物質消費內容的改善與生活滿意度亦非保持同方向變化的關係。因此,我們需要改變我們的消費與生活方式,以提昇物質與精神生活的品質,促進可持續性發展的實現,此亦本文介紹「心靈環保」消費行為之動機。

(二)消費主義及其影響

「消費主義」是指生活在資本主義經濟中的民眾傾向於從事過度物質主義的生活方式,這種生活方式離不開本能的浪費,或明顯的過度消費。從這個意義上來說,消費主義被廣泛理解為破壞傳統價值觀和生活方式、產生大企業剝削消費者,以及造成環境惡化和負面的心理影響等效果。

縱觀人類歷史發展過程,在產業革命前的部族或農業社會,人民僅得溫飽或難得溫飽一直是常態,生活物資若有餘裕則是例外。這些傳統社會如果被稱為富裕,通常是統治者生活富足和奢侈,而尋常百姓頂多是小康。然而,今日除了非洲地區的貧窮國家之外,世界上大多數國家的人民已脫離難得溫飽的狀態(圖二),日常生活所需之最低標準營養、住宅和禦寒衣物並不缺乏。而且,除了最低的生活所需之外,半個世紀前被視為奢侈消費的品項,如吸塵器、洗衣機、電話、電視、冰箱、汽車、冷氣空調、旅行、休閒娛樂等,目前在全球中所得國家(Middle-Income Country, MIC)幾已被普遍視為生活必需品。

十八世紀產業革命後的世界,帶來市場的擴展,市場的開展則帶來大規模生產與大量消費。大量消費者購買標準化

Cost of a healthy diet as a share of average expenditure on food, 2021

The cost of a healthy diet is the lowest-cost set of foods available that would meet requirements in dietary guidelines from governments and public health agencies.

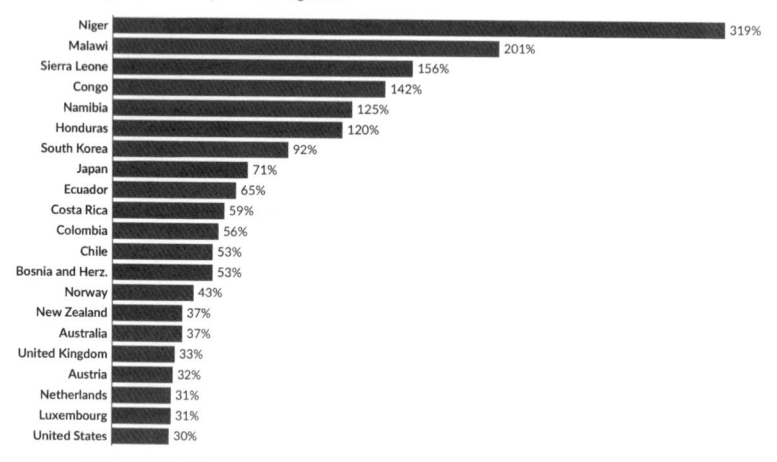

Country	%
Niger	319%
Malawi	201%
Sierra Leone	156%
Congo	142%
Namibia	125%
Honduras	120%
South Korea	92%
Japan	71%
Ecuador	65%
Costa Rica	59%
Colombia	56%
Chile	53%
Bosnia and Herz.	53%
Norway	43%
New Zealand	37%
Australia	37%
United Kingdom	33%
Austria	32%
Netherlands	31%
Luxembourg	31%
United States	30%

Data source: FAO and World Bank (2024), using data and methods from Herforth et al. (2022)   OurWorldinData.org/food-prices | CC BY

圖二：生活必需之營養飲食占平均食物支出百分比
說明：圖中百分比低於100％者，表示其平均每日攝取食物之花費高過基本營養需求之成本。
資料來源：Cost of a healthy diet as a share of average expenditure on food, 2017.（ourworldindata.org）

的產品或服務的現象，被稱為消費主義，而此一現象與大規模生產（mass production）和福特主義（Fordism）的生產技術革新所帶來的生產力提高有密切關係。❽ 大量消費與生產力的提高有雙向互為因果的關係；首先是生產力的提高帶來

---

❽ 福特主義說明二十世紀經濟發展的一個特定階段，通常被拿來說明福特汽車公司在二十世紀初開創的大規模生產體系，或者被用來說明二次世界大戰後典型的經濟增長模式，以及西方資本主義經濟體中相關的政治和社會秩序現象。

消費品的價格下降，而消費品價格下降又帶來市場需求增加和市場規模擴大的效果，進一步誘發生產力的提高，創造了生產力提高和市場擴大的良性循環。

如前所述，大量消費的出現，從十八世紀產業革命之後即已出現，然而此現象明顯的增加趨勢，則要追溯到第二次世界大戰之後。二戰之後，由於零件和勞動力成本下降、製造效率飆升、自由貿易壁壘減少，以及全球供應鏈迅速發展等因素，導致一般消費品的價格下跌。此外，二戰後全球經濟復甦，經濟成長速度增加，帶來所得增加（圖三），伴隨著消費者信用貸款等金融創新，因此對消費的增加產生推波助瀾的效果，帶來消費主義的浪潮。

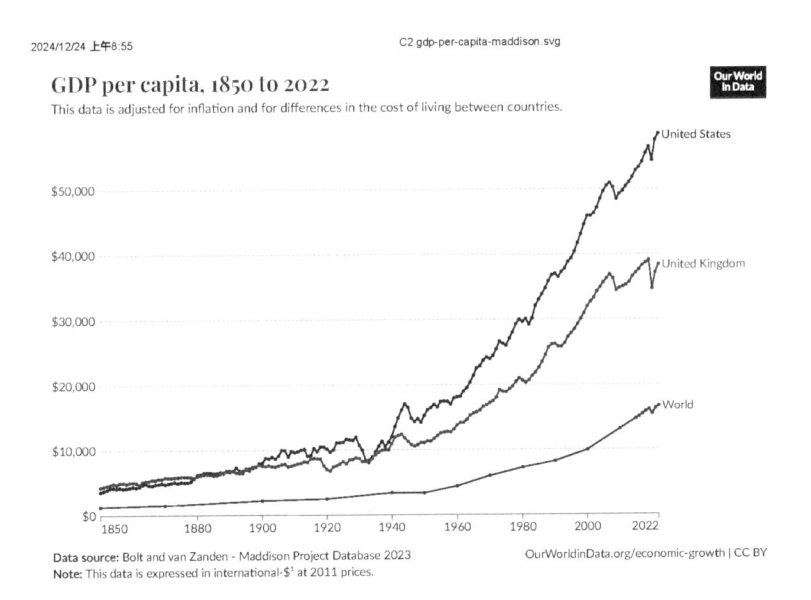

圖三：美國、英國和全球每人國民所得（1775-2022）
資料來源：Economic Growth – Our World in Data

消費主義是不斷地過度消費的現象，也是現代社會的特徵之一。「消費」一詞意味著「用盡」（use up）和「破壞」（destroy）；過度消費對環境是具有破壞性的，並且是以犧牲窮人及下一代的欲望滿足機會為代價來享受眼前消費。由於對消費主義的反思，因此出現關心環境問題的「綠色消費」（green consumption）或與道德、倫理有關的道德消費（ethical consumption）思潮。

（三）反消費主義浪潮及「可持續消費」概念的興起

消費行為是人類社會對自然環境影響的關鍵因素之一；人類為了生活而做的選擇以及選擇後的決定，例如以某種方式消費某類產品和勞務，這些經濟生活的決定，都直接或間接對環境、個人和群體的生活福祉產生影響，這也是「可持續消費」議題成為關注焦點的原因。

反消費主義運動，並非提倡絕對不消費，而是反對過度消費，指責過度消費物質財富以追求物質幸福的消費主義現象。世人追求新潮與虛幻的欲望的滿足，是造成消費主義擴張的一個很大的原因，而這類消費活動往往與全球資源枯竭和環境惡化、消費者債務負擔增加、炫耀性消費、財富分配不均，以及全球貧窮現象的擴散等有密切關係。因此，當代對消費主義的批評，都涉及對自然環境與社會問題的關注，而這些問題通常被視為是消費主義擴張所帶來的結果。

綠色消費是許多反消費主義的社會運動之一。綠色消費係指購買製造時或使用後不會傷害人體、不破壞地球環境或自然生態的商品。雖然環境惡化問題日益引起輿論的注意，

然而，對環境的關注度並未伴隨綠色消費而平行增長。雖然消費品的生產過程需要使用自然資源，而且產生廢棄物和汙染。然而消費者對產品生產過程所產生的生態影響，通常無法意識到其嚴重程度之高低，更遑論看到真相，因為購物中心的產品和其生產相關的礦山、水井、農場、工廠、有毒垃圾場和垃圾掩埋場間的距離，有時甚且距離半個地球之遙。此外，生產者與消費者間訊息的不對稱，或產品標示不明，也削弱了人們對問題的認知。此外，在量化消費主義所產生的生態影響時，大多數人關注的是家庭和企業產生的「垃圾」數量，但消費社會中所產生的大多數廢物都發生在資源開採、加工或製造階段，這些影響通常消費者是無法得知的。因此，Testa等（2020）試圖找出綠色消費的主要驅動因素，並嘗試將以前的研究結果系統化，構思如何推動綠色經濟轉型。其歸納出來的綠色消費主要驅動因素，包括行為因素、社會人口學因素、環境與非關環境的個人內在價值、個人能力、產品和生產者相關因素，以及環境相關因素等。

以關心生態環境為出發點的諸多反消費主義運動，如負責任的消費（responsible consumption）、道德消費及其餘消費主張，將於日後研究中補強論述。

（四）社會背景下的消費行為

消費的基本目的，是為了滿足基本的生存需求。然而在現代的消費社會中，消費既是一種經濟活動，也是一種社會交際活動；消費與個人身分緊密相連，消費也成為傳達社會資訊的一種手段，而且愈來愈多的社交互動受到消費者價值

觀的影響。

　　消費活動與日常生活密不可分，消費活動也構建了人們日常生活中的社會關係。此外，人是社會性生物，慣於將自己與他人進行比較，而收入和消費水準則是與他人比較時的重要依據。因此，一般人評估自己是否富足，不完全考慮其所得或財富的絕對水準，而自認是窮人與否的關鍵，往往取決於周圍人的相對狀況。

　　Schor（1999）認為與消費相關的社會比較，其性質在過去幾十年中發生了變化。第二次世界大戰之後的數十年，經濟繁榮帶來生活水準的提高，人們追求新的消費品和生活水平。因此，在一九五〇年代和一九六〇年代的美國，「跟上瓊斯一家人」（keeping up with the Joneses）是一般人比較的準則，強調收入和背景相似的個人或家庭之間比較。然而，從一九八〇年代開始，由於新的消費主義❾出現，人與人比較的條件發生了變化。新消費主義下的消費品售價更高，消費定位更具侵略性。與過去「跟上瓊斯一家人」的「水平比較」相對而言，新消費主義下的比較方式是「垂直比較」，人們將自己與那些在經濟生活遠高於自己者的生活方式做比較，或者嚮往他們的生活方式。造成這種比較差異

---

❾ 「新消費主義」具有「消費主義」的內涵和表現方式，但另有新時代的生產和消費的特徵。換言之，除了和過去一樣的大量消費之外，消費內容已逐漸脫離功能性的範疇，消費品不再是滿足基本生活需求而已，而是具有新潮、奢侈等特徵，而且產品售價偏高，推陳出新的速度更快，並且通常配合廣告來推銷或建立商品形象。近代生活中的手機，即是新消費主義下的一種商品與消費形式。

的原因之一,在於一九七〇年代開始,全球大部分國家的所得分配不均情況逐漸惡化所致(圖四)。此外,媒體對富裕生活方式的報導也扮演重要的角色。在一九五〇和一九六〇年代,大多數電視節目描繪的是中產階級的生活方式。然而從一九八〇年代開始,愈來愈多的電視節目和廣告描繪高端收入者的生活日用與休閒生活方式。密集接觸媒體對財富或富裕生活的描述,人們的價值觀和消費模式便不知不覺受其影響。

總結而言,影響消費者行為的因素,可約略分成三類:個人因素、心理因素和社會因素。其中,(1)個人因素指受到年齡、性別、文化等因素影響的個人興趣和意見。(2)心理因素,則視個人受市場訊息影響的消費態度,如

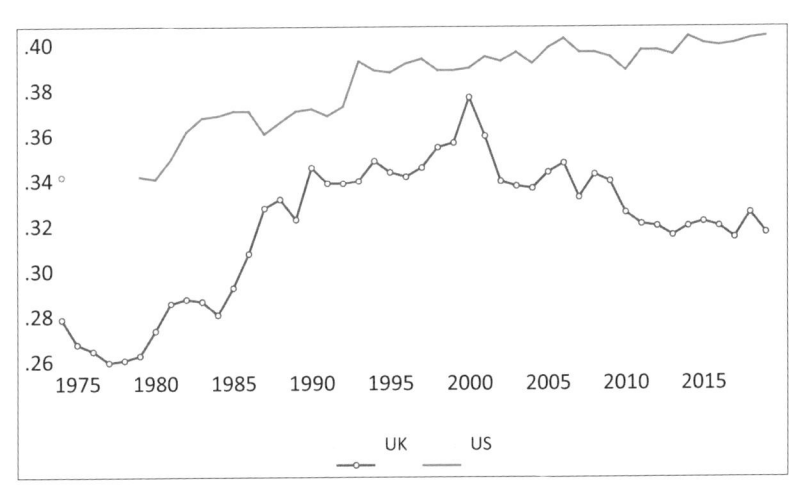

圖四:歐美國家的吉尼係數(Gini Coefficient),1975-2020。
說明:一國之吉尼係數隨時間變化而走高,代表該國所得分配不均情況逐漸惡化。
資料來源:Our World in Data; https://ourworldindata.org/search?q=gini。

廣告或大眾傳播媒體等訊息。（3）社會因素，包括家庭、朋友、教育程度、社交媒體、所得等，均影響消費者行為。

主流經濟理論中追求效用最大化的理性經濟人假說，難以處理目前人類社會所面臨之可持續性發展問題的挑戰，因此需要不同的思維面向來做思考。社會科學領域中對前述三大類影響消費行為的因素與可持續性消費的關係，也需進一步做整體性的論述，此將在後續「心靈環保」與可持續性發展中繼續深入論述。

四、可持續性發展與可持續性消費

（一）可持續性發展

可持續性發展或永續發展一詞於一九七〇年代開始被廣泛使用，然而其意涵有點鬆散混淆，因為常被引用並賦予定義。最常見的定義出自一九八七年聯合國布倫特蘭委員會的《我們共同的未來》：「既能滿足我們現今的需求，又不損害後代子孫滿足其需求的發展模式。」❿然而此一定義，僅傳達世代間發展機會平衡的概念，對可持續性發展的意涵也欠缺具體的說明。由於其概念的鬆散，與其說是發展理念，卻常淪為各取所需的政治口號。然而，可以確定的是此理念與特殊資源的保存有密不可分的關係。近代可持續性

---

❿ "Sustainable development is development that meets the needs of the present, without compromising the ability of future generations to meet their own needs." *Our Common Future*, Brundtland Report, 1987.

（sustainability）一詞，約略包括四個面向資源的保護，即人類（human）、社會（social）、經濟（economic）與環境（environmental）可持續性等四項。

1. **人類可持續性**

其意義為維持和改善社會的人力資本，包括對衛生和教育系統的投資、獲得公共服務、營養、知識和技能等，都是人類可持續發展框架下的項目。尤其是知識、技能和人員能力的發展，是支持人類社會組織的職能和可持續性的重要資源，並且是促進社區和社會福祉的重要因素。

2. **社會可持續性**

旨在透過投資和創造構成社會硬體建設的服務，達成保護社會資本的目的。社會可持續性在於確保社區和社會能夠以健康、公平和平等的方式蓬勃發展，並持續存在。其目的在創造一個更美好的社會，讓每個人都可以享受良好的生活品質、擁有平等的機會，並成為相互支援性社區的一分子。

3. **經濟可持續性**

在不對社會、環境和文化方面產生負面影響的情況下，支援長期經濟成長的努力。換言之，是在追求經濟成長、創造利潤與財富的過程中，降低對自然環境和人類社會不利的衝擊，並創造更宜居的未來。

4. **環境可持續性**

指在地球自然環境中保持生態平衡和保護自然資源，以支援今世和後代創造福祉的能力，其主要的內容包括對不可再生資源的保護，降低或避免枯竭，其次是對生態環境（biosphere）的保護。

簡要言之，可持續性發展的理想，是維持人類社會的穩定發展，使人類社會的生活條件和資源，既能滿足當前與未來人類的需求，又不破壞自然生態和地球的完整性。然而，此一理想的實踐仍然需要許多的努力，目前人類社會仍有許多人正在遭受經濟或社會性的苦難，自然環境也仍在進一步惡化，當世和後代的生命支持系統也持續受到嚴重損害。

（二）可持續性消費

可持續消費（sustainable consumption）是以負責任的態度，以對環境影響最小化的方式消費產品和勞務，此一消費結果，能夠滿足現在和未來的需求，而不會對環境造成負面影響。可持續性消費是從可持續性發展衍生出來的概念，由於消費與生產是一體兩面之事，因此可持續消費通常與可持續生產及經濟政策一併討論。

可持續消費概念的發展，最初是對消費者社會的過度消費現象（over-consumption）批判而來，而且與可持續性發展政策有關（Jackson, 2014）。可持續消費關心兩個面向的消費，其一是物質資源的消費（material resource consumption），另一是經濟性消費（economic consumption）。物質資源消費關係到資源的稀少性和環境惡化問題，因此長期以來是可持續發展政策辯論的焦點。但家計單位的經濟性消費雖僅購買財貨和勞務，其消費本身雖很少購買原材料，但消費對象通常使用各種不同的原材料投入，消費的結果也會產生一系列的物質（如二氧化碳），並且產生環境的影響（如垃圾及汙水）。因此，不管是哪一種消費，都會對可持續性發展產生

直接或間接的影響。然而，如果家計單位為了可持續發展而減少消費支出，則經濟成長將停滯不前，同時出現經濟衰退的陰影和失業增加的恐懼，這些現象都會破壞政府的政治信譽。因此，任何抑制消費水準做為可持續性發展的政策，都是現代政府走鋼索的施政挑戰。

近代可持續性消費的研究，試圖將消費動機（motivations）與可持續性相關聯。此一關聯性研究，有兩大主流，其一訴諸「環境友善的消費」或「對環境負責的消費」（de Young, 1996; Thøgersen and Ölander, 2002; Kasser, 2002），另一則是譴責過度消費，視之為社會病態現象（Durning, 1992; Frank, 1999）；前者偏重於總體經濟面的可持續性消費探討，後者側重社會學與心理學的可持續性消費行為分析。除前述兩大主流外，Lim（2017）從負責任消費（responsible consumption）、反消費（anticonsupmtion）和正念消費（mindful consumption）三個面向切入，試圖為未來可持續消費的市場研究奠定基礎，說明探討對每一面向消費行為的理解，如何幫助研究者深入理解消費者如何從事可持續消費的實踐，並藉此建構相對應的理論見解。

聯合國環境規劃署（UN Environment Programme, UNEP）認為「可持續消費不是減少消費，而是以不同的方式消費、有效地消費，並提高生活品質」❶（UNEP, 1999）。可持續

---

❶ "Sustainable consumption is not about consuming less, it is about consuming differently, consuming efficiently, and having an improved quality of life" (UNEP, 1999).

消費概念著重於消費活動,強調人們對商品和勞務的選擇(choosing)、使用(using)和處置(disposing)等經濟活動能夠改變,並藉由這些經濟活動的改變,對社會和環境帶來效益。儘管人類社會目前對於「什麼是可持續性消費?」尚未達成共識,對於「可持續性消費」也難達成一致性的明確定義,但這不能做為人類社會對此議題可以緩慢處理的藉口。不論「可持續性消費」或「可持續性發展」,都需集思廣益,建構一個可以說服大眾改變「不可持續性行為」的理念藍圖。

五、「心靈環保」與當代可持續性經濟生活

(一)聖嚴法師的「心靈環保」思想

一九六二年美國海洋生物學家瑞秋・卡森(Rachel Carson)出版了《寂靜的春天》(*Silent Spring*)[12]一書,列舉濫用DDT殺蟲劑所造成的環境汙染和危害,引發了民眾的環境保護意識,催生了現代環保運動與土地關懷,並將十九世紀以來的自然生態保育運動推上了一個新的高潮。全球環境保護運動(environmental movement)蔚為風潮,參與者眾多,包括普通公民、專業人士、宗教人士、政治人物、科學家、非營利機構和獨立人士等,運動的議題包括跨科學的、社會性的、針對環境問題的政治運動。環保團體的社會運動,通常由民眾或社團發起,以示威遊行、靜坐、抗爭等

---

[12] Carson, R. et al. (1962). *Silent spring.* Boston: Cambridge, Mass., Houghton Mifflin.

方式,迫令對立方做出改變,以達到社會變革的目的。然而,由於運動參與人數眾多,各個參與團體的理念上也有分歧,因此運動的目標有時並不一致,過程中不僅運動內部出現紛亂,也導致社會紛亂的現象。環保運動本意良善,但前述環保運動的亂象,卻是為紛亂的地球環境更添紛亂。聖嚴法師做為宗教師,對世間亂象溯本清源,提出處方:

> 一九九三年我曾提出「心靈環保」這個名詞。當時因為社會脫序,出現了許多的亂象,而環保人士一連串抗爭的結果,非但未能改善環境,反而使得環境更形惡化。因此我就提倡了「心靈環保」的運動,我深切地感受到,人心如果不能淨化,社會也就不可能得到淨化;人的內在心理環境若不保護,社會的自然環境也沒有辦法獲得適當的保護。❸

聖嚴法師在二〇〇四年七月二十四日世界青年和平高峰會臺北論壇主題演說中,對「心靈環保」有更具體的解說。他以「認識心靈環保——闡明心靈環保的精義,以及與心靈貧窮的關聯」為主題,先點出世間的環保觀念必須突破,而「心靈環保」能夠彌補世間環保觀念的不足,化解心靈貧窮所帶來的災難和危機。❹

---

❸ 釋聖嚴,〈心靈環保〉,《致詞》,《法鼓全集》3-7,臺北:法鼓文化,2020 紀念版,頁 9。
❹ 釋聖嚴,〈認識心靈環保——闡明心靈環保的精義,以及與心靈貧窮的

他點出現代文明的環保觀念，雖追求保護自然資源的可持續性使用、保護自然生態的永久平衡，但是以科技開發的手段來保護地球環境是不夠的，因為科技的開發有其副作用。科技進步雖然帶來了物質生活進步，但是否也消耗了自然資源、破壞了自然生態，此一問題值得關注。另外，二十一世紀的現代人物質生活豐富的同時，是否生活得更快樂？是否有了更多免於恐懼和苦難的自由？這也是另一個值得關注的問題。

　　因此，聖嚴法師認為人類社會應該要突破既有的環保觀念，著眼於全人類的普遍幸福及永恆利益，應從改革人類的飲食觀念和生活態度做起，亦即：以珍惜自然資源取代不必要的浪費和汙染；以尊敬自然界的各種生命取代控制性的生態保護；以珍惜自然資源、尊敬自然生命的立場來發展科技生產。「環保觀念的突破及改革，便與我們法鼓山所提倡的心靈環保是相一致的。因為心靈環保便是著重在舊觀念的檢討和新觀念的建立。」❺

　　聖嚴法師的「心靈環保」觀念，是以佛法的觀念及禪修的體驗所開展出來的日用行持。以觀念的導正，來提昇人的素質，達成身體的、心理的、精神的健康；以身、心、靈的健康為基礎，在生活中實踐，完成自我平安、人我平安，以及人與萬物和諧平安的實踐。「心靈環保」的實踐次第，是「從心做起」的改變：

關聯〉，《致詞》，《法鼓全集》3-7，臺北：法鼓文化，2020紀念版，頁76。

❺ 同上註，頁78。

心靈的層面可有三種：那就是心理的、思想的、精神的三個層面。心理的層面是屬於情意的，思想的層面是屬於理智的，精神的層面是屬於情意和理智的昇華，也就是把我們從自我中心的束縛之中釋放出來，所出現的慈悲和智慧，那是平等而無條件的愛。因此，心靈環保是以情意及思想為基礎的著力點，使得我們淨化或轉化成為具有高尚的品德標準，並有無限愛心的偉大人格。❶⓰

　　心靈的事實表現可有三種：那就是對於自然世界充滿了平等而無私的愛心，對於每一個生命都抱持崇高的敬意，在和任何人相遇相處之時，都能絕對地真誠與絕對地謙卑。⓱

　　「環境保護」的基礎在於「心靈環保」，而心靈環保的積極作法就是「淨化社會、淨化人心」。由「心靈環保」為核心，開展出四種環保，亦即「心靈環保」、「生活環保」、「禮儀環保」和「自然環保」。

　　我們這個僅有一百多萬成員的佛教小團體法鼓山，近十年來，正在推展一個共有四大項目的環保運動：一、自然資源的愛惜及生態環境的保護。二、家庭生活的整潔及日常用品的簡樸。三、人際禮儀的提昇及社會禮俗的改良。

⓰ 同上註，頁 79。
⓱ 同上註。

四、不以一人一族及一時一地的立場做考量,當以全時空的全人類,都受到生存的保護,都擁有生活的權利,都感到生命的尊嚴,做為考量的立場。❶⓼

聖嚴法師指出,一般人士的環保工作,大多偏重於第一、二項的物質層面,而法鼓山環保工作,是從物質層面深入到社會及觀念等的精神層面,只有深入精神層面,心靈環保才不至於流為口號,而且「人類心靈的淨化,比環境的淨化更重要。如果我們的心靈能夠沒有罪惡的意圖也不受環境的汙染,我們的生活環境也不會被我們破壞及汙染。不過,對於一般人,當從養成保護物質環境著手做起,然後次第昇華而深入到精神層面的環保修養。」⓵⓽

聖嚴法師以「心靈環保」為核心,發展出「建設人間淨土」的思想。整體的思想實踐,是以「心五四」來處理每個人自己內心的問題,達到情意、觀念與精神的淨化,實踐「心靈環保」。進而以「心靈環保」為核心,落實生活的節儉、整潔和簡樸的「生活環保」。再從個人的生活,往外擴充到與人相處的心靈環保;以真誠、相互尊重和禮貌的態度與人相處,實踐增進人與人和睦關係的「禮儀環保」。最後,更以「心靈環保」的生活,保護自然資源及自然生態,

---

⓵⓼ 聖嚴法師,二〇〇〇年八月三十一日「千禧年世界宗教暨精神領袖和平高峰會」環保小組討論會講詞,原刊於《人生》雜誌第 26 期。收錄於〈環境保護〉,《致詞》,《法鼓全集》3-7,臺北:法鼓文化,2020 紀念版,頁 19。

⓵⓽ 同上註,頁 20。

實踐「自然環保」。[20]

世間的和諧，需要倫理。將四種環保落實在世間的個人生活、人際關係，以及人與自然環境的關係中，而開展出「心六倫」的新生活。「心靈環保」是以「心五四」為實踐的綱要，而「心六倫」是以「心靈環保」為基礎的六種倫理關係，包括「家庭倫理」、「生活倫理」、「校園倫理」、「自然倫理」、「職場倫理」和「族群倫理」等六種人在生活中的倫理關係，這六種倫理的實踐，可以保障世間幸福與和平的實現。圖五簡要說明聖嚴法師「四種環保」、「心六倫」及「建設人間淨土」理想之實踐。

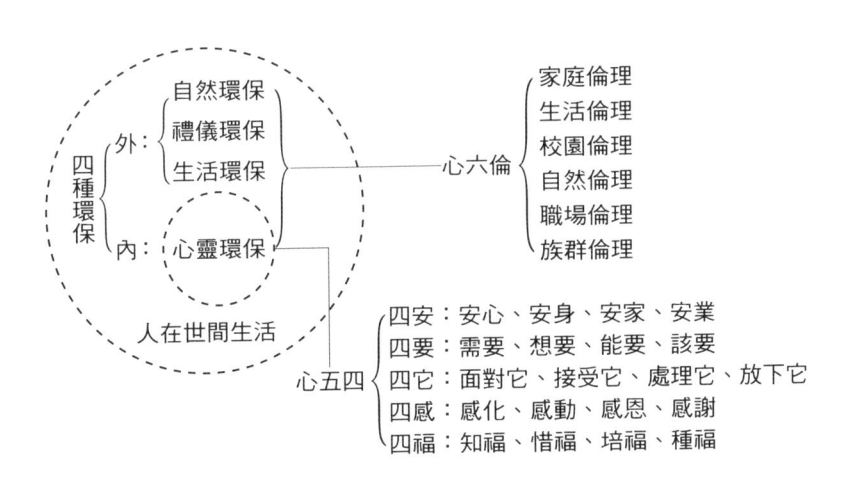

```
              ┌ 自然環保 ┐                ┌ 家庭倫理
    ┌ 外：  ┤ 禮儀環保 ├                │ 生活倫理
四種│        └ 生活環保 ┘──── 心六倫 ────┤ 校園倫理
環保│                                    │ 自然倫理
    └ 內：   心靈環保                    │ 職場倫理
                                         └ 族群倫理
       人在世間生活

              ┌ 四安：安心、安身、安家、安業
              │ 四要：需要、想要、能要、該要
         心五四┤ 四它：面對它、接受它、處理它、放下它
              │ 四感：感化、感動、感恩、感謝
              └ 四福：知福、惜福、培福、種福
```

圖五：「心五四」、「四種環保」、「心六倫」與「建設人間淨土」理念的實踐

---

[20] 請參閱許永河（2020, 2022）對聖嚴法師「建設人間淨土」理念的詳細說明。

（二）當代「可持續性消費」理論概述

聯合國「可持續發展目標」之第十二項為「確保可持續的消費和生產模式」，而提倡可持續消費和生產的目的，「在促進資源和能源的使用效率、提供可持續的社會硬體建設、提昇基本服務的可近性、促進環保和妥適的工作機會，以及更好的生活品質。其實施有助於實現總體發展計畫，並降低未來的經濟、環境和社會成本，加強經濟競爭力，減少貧窮。」㉑為了促進可持續發展目標十二之實現，聯合國為制定了十一項具體目標，以及十三項指標。然而，要讓民眾對於消費主義的消費行為模式做出改變，勢必要從消費者最根本的觀念進行改變。

如何促進可持續性消費及可持續性發展的實現？主流經濟的思維是倚賴自由市場制度，藉由提高生態效率（eco-efficiency）或對環境友善的綠色消費，促進資源使用效率，並達成經濟的持續成長。主流經濟學者可持續性消費的思維著眼在消費者的「環境友善消費（eco-friendly consumption）」，認為維持經濟體制和社會硬體設施的自由市場制度下，可以保證經濟效率的實現。在一個展現充分經濟效率的市場，「綠色需求」的增加會改變生產者的生產方式，進而帶來產品和生產過程的創新。消費者需求的「綠色改變」，在市場中個別消費者自由行使「消費者主權」，

㉑ 請參考聯合國網頁說明：https://sdgs.un.org/topics/sustainable-consumption-and-production。

可以帶來進步與提昇經濟福祉的效果。主流思維假設自由市場的綠色需求增加會帶來可持續性發展目標的達成，但對於「綠色消費」增加的原因，僅訴諸消費者的環保意識抬頭，但對於環保意識如何變成普遍的消費行動，並無解釋。

晚近可持續性消費的發展，將「個人社會責任」（individual social responsibility, ISR）帶入消費行為的決策中。個人社會責任是一種道德信念，強調個人自覺其行為對社會的影響，並對其結果負責。換言之，ISR強調個人行為應符合道德，並認為行為之時，行為人對其行為所產生的社會、經濟和環境議題的影響，具有高敏感度。

個人社會責任認為每個人對自己行為有責任，每個人的行為也都應該不影響周圍其他人，更應該致力於提昇各種社會事業。個人不能僅是追求物質生活的滿足，更應關注他人的福祉。只有對大多數人利益的關注高過於自己利益時，個人社會責任方能發揮作用；每個人都可以以任何形式為社會做出貢獻，從節省自然資源、慈善捐款、擔任義工，到關心弱勢等。個人社會責任強調同情心、公平、正義、正直等道德感，是對社會與他人的關心，不僅是「己所不欲，勿施於人」，更是「以希望他人對待自己的方式，來對待他人」（Treat others how you wish to be treated）。

在研究文獻中，Bénabou與Tirole（2010）探討市場失靈的情況下，社會對企業社會責任（corporate social responsibility, CSR）和個人社會責任（ISR）需求的動機，並探討社會責任行為的得失和限制，以及以之做為進一步實現社會目標手段的可行性。

「具有社會意識的消費者」（socially conscious consumer, SCC）則是與「個人社會責任」類似的一種消費道德觀。Webster（1975）認為具有社會意識的消費者是「考慮到其私人消費的公共後果，或者試圖利用其購買力帶來社會改變的消費者」。Roberts（1993）關注環境，並對社會有更普遍的意識，定義具有社會意識的消費者為「購買被認為對環境有正向影響或極少不利影響的產品和勞務者，或者光顧試圖實現正向社會改變的企業消費者」。Prendergast and Tsang（2019）的研究發現消費者具有三類主觀心態和行為認知，會影響其從事社會責任的消費行為。這三類心態分別是（1）向具有企業社會責任（CSR）績效的公司購買產品的意圖，（2）具有產品回收再利用的意圖，以及（3）試圖避免或盡量減少對環境不利影響產品的使用意圖。其實證結果顯示，這三種意圖對消費者的社會意識消費行為具有顯著的預測能力。

　　不論個人社會責任（ISR）或具有社會意識的消費（SCC），均從道德的角度，將個別消費者的消費決策中帶入對環境與社會的思考，說明了消費態度與可持續性發展的關聯，雖彌補了主流理論中假設「環境友善消費者」存在的不足，但仍有缺陷。

　　長期以來，人類社會消費主義的發展，大量生產、大量消費產生了許多「不可持續性消費」的現象。如何消費，是一種經濟決策；消費行為，是一種經濟行為。要不要消費、如何消費，不僅受個人欲望、習慣、所得、社經地位所左右，也受社經環境因素、市場訊息等因素所影響，而個人

的消費決策和消費行為,也是人類社會對自然環境影響的關鍵因素之一。因此,從個人而言,欲望牽動消費,而個別的消費對經濟體系、社會及自然環境均產生影響。因此,討論「可持續性消費」與「可持續性發展」,必須將個別消費者的心態、行為,以及社經和自然環境做整體性思考。

　　觀念決定行為,行為結果決定幸福或苦難,這又影響觀念與行動。因此欲將「不可持續性消費」行為變成「可持續性消費」行為,需要建立行為的價值體系,由心中價值體系的轉變,進而改變行為,朝向「可持續性發展」的目標前進。學者 Sivapalan 等(2021),對此一方向提供了可參考的想法與架構。他們將消費者的價值觀區分為消費價值觀(consumption value, CV)以及個人價值觀(personal value, PV),其中消費價值觀包含了滿足人類生存的基本消費與追求欲望滿足的消費,而個人價值觀則是個人心中對於消費的想法和看法等價值觀念。

　　在過去消費主義時代,消費者往往只在乎自己欲望是否得到滿足。這種自私、自我中心,甚至帶有炫耀性質的消費行為,往往對社會與環境造成不良的影響。如果要改變這種消費態度與行為,則必須幫助消費者認清自己的個人價值,這可以從 PV 的三種價值觀面向來進行探討,亦即利他價值觀(altruistic values)、生態價值觀(biospheric values)、利己價值觀(egoistic values)。

　　利他價值觀是一種無私的價值觀,對他人、其他物種或社會友善;生態價值觀是對於環境的關心與友善;利己價值觀則是一種自私、欲望滿足的價值觀,也是過往我們面對消

費的態度。唯有此三種個人價值觀的結合，才得以強化福祉並使整體福祉最大化，並且讓環境、他人福祉不惡化，甚至反饋回來讓個人的滿足與幸福也得以提昇。換言之，人們在消費時不能只重視自己的欲望滿足，更要關心自己的消費行為對他人和生態環境的影響；不能只是不傷害環境，而且更要有意識地去保護環境，並讓環境得以再生，如此一來才可以在自利的同時又能對環境有利，使消費行為對環境的破壞最小化。

總結來說，消費者須要認清三種個人價值觀面向，即利他、利己、生態關心，而當這三種價值觀建立後，會進一步影響消費者的行為與態度，譬如消費者更加願意購買綠色相關環保產品，從而實現綠色消費、實現可持續消費的目標。

Sivapalan等（2021）對可持續性消費的論述，與佛法的部分觀念不謀而合，但其論述中仍缺乏精神核心的論述：價值觀何在？如何建立一體性的精神價值？此一部分，是「心靈環保」的因果因緣觀可與世間學術相呼應，也是佛法可以對世間學術做補充的部分。

（三）「心靈環保」對當代「可持續性消費」思潮之啟示

聖嚴法師「心靈環保」思想，強調在日常生活中，從每個人身、心、靈健康的照顧做起的「心環保」平安幸福的營造，進而推己及人的「心六倫」實踐，營造群體的幸福，達成「心淨國土淨」的可持續性人間淨土。故而，聖嚴法師「心靈環保」理念對當代可持續性發展與經濟生活有其意義。因此，本文將「個人社會責任」與聖嚴法師「心靈環

保」理念結合，提出以「心靈環保的個人社會責任」為核心的「可持續性消費」❷，探討聖嚴法師「心靈環保」思想的當代可持續性發展與經濟生活意義。由於生產與消費的緊密相關性，筆者此前研究中（許永河，2022）已討論廠商行為，並提出「心靈環保企業社會責任」為實踐構想。本文探討消費者行為，故以「心靈環保個人社會責任」相呼應，以「心靈環保」串起廠商與消費者之可持續性經濟行為。

1. 以「個人社會責任」為基礎的可持續性思維

心靈環保個人社會責任的實踐，應從知見上建立可持續性思維（sustainability mindset），對自己的生活、生命和大環境的關係建立整體觀。以此整體可持續性的認知思維框架，建立每個人以「個人社會責任」為基礎的關懷意識（圖六）。人在世間，不可能獨立於社會關係之外而活，不可能不靠自然資源以維生，個人的生活與社區、自然互倚，共榮共存。以覺知、覺察的心靈鍛鍊為開展基礎，關心自己的生活安樂，同時養成關心生活周遭的社區與自然環境平安的整體思維習慣。有此可持續性思維的認知意識，其負責任的消費行為自然容易實現。在可持續性之思維模式下，個人消費

---

❷ 謝俊魁、顏美惠（2017）依據聖嚴法師「心靈環保」理念中的「四要」（需要、想要、能要，該要）觀念，配以傳統經濟學的效用函數分析，探討「四要消費者」的需求函數，著重於需求函數的求導。本文以佛法的觀念為基礎，提出以「心靈環保個人社會責任」的消費行為做為支撐「幸福可持續性」及「經濟發展可持續性」的基礎。雖均討論心靈環保經濟行為，但前者以經濟學的分析工具帶入佛法的觀念探討，本文則以佛法為基礎，從消費與生活，推演「可持續性」議題。

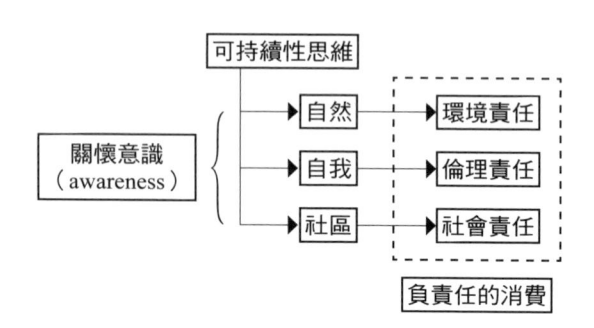

圖六：可持續性思維及負責任的消費示意圖

時便容易做到少欲知足、不過度消費、減少浪費、廢棄物回收，促進可持續性生活方式實踐的倫理責任，同時關懷自然資源的耗竭、減少廢棄物及汙染排放，達成與大自然和諧共處的生活方式之環境責任。此外，生活中關懷社會的弱勢、尊重一切生命，對於消費品的購買、使用和處置，盡可能達到對社會不利的影響最小化，或使長期有利的社會影響達到最大化目標的消費社會責任。

2. 以「幸福」為核心價值的「可持續性消費」

傳統可持續發展觀念以環境、社會和經濟為三個主軸，其可持續性發展的追求過度依賴於經濟成長或「綠色成長」的實現。然而，此一消費為主導的持續成長道路，因為更多消費帶來必然更多資源的使用，此現象的出現似乎與可持續發展目標相衝突。再者，誘發可持續性消費，需要有內在的誘因，傳統經濟理論以「追求消費滿足最大化」的思維，有利於消費主義的發展，但與可持續性發展相衝突，因此無做為「可持續性消費」的誘因。

消費的目的，是為了滿足物質的欲望。欲望的滿足，

雖然可以帶來愉悅感，但為了追求欲望的滿足，則會產生煩惱或苦惱，這類煩惱都與貪欲或貪婪（greedy）有關。欲望有「需要」與「想要」兩類；需要是為了滿足維生的基本需求，想要則是和無窮的貪欲有關。需要無法滿足固然會產生煩惱，但大多數時候，煩惱與欲貪離不開關係。能夠減少不必要的貪欲，就能夠降低煩惱，帶來平安快樂。世間經濟學的快樂，是感官滿足的欲樂，是受外在因素所左右的、短暫的快樂，也是最低層的快樂。心靈環保的消費經濟學，從釐清欲望是「需要」與「想要」開始，生命中真正需要的東西並不多，但想要的東西太多，所以煩惱無盡。有此理解後，懂得做心靈環保，減少欲望對心靈的汙染，不造作招感苦惱的行為，就會少憂少惱，福樂增上。因此，從幸福的角度來看，世間的幸福是外在、短暫的，是不可持續的；佛教「心靈環保」的幸福，是內在心靈的幸福，是可持續性的。個人「身、口、意」三業如果能夠清淨，則「環保」工作一定能做得非常好，煩惱減少，幸福增上。因此，從事「心靈環保」的「個人社會責任」消費，不僅可以使個人幸福持續，也可以帶來社區和自然環境的幸福可持續性實現。

聖嚴法師提到「心靈環保」要從「身、口、意」三業的清淨開始做起。他說：

> 「身業」清淨是指身體的行為不但要做到「不殺生」、「不偷盜」、「不邪淫」，更積極的是「護生」和「布施」，以淨化我們的行為。
>
> 「口業」清淨是語言的行為「不妄語」、「不綺語」、

「不兩舌」、「不惡口」，積極的更要以「誠實語」、「尊敬語」、「讚歎語」、「慰勉語」來跟他人互動。如果能淨化我們的口業，我們的環境裡就會減少很多的口舌是非。

「意業」的清淨就是「不貪欲」、「不瞋怒」、「不邪見」、「不多疑」、「不妒嫉」、「不驚恐」，積極的則是能「少欲知足」、「懺悔業障」、「慈悲喜捨」、「感恩慚愧」，以智慧來幫助自己，用慈心來利益他人。

以上所說的三業如果能夠清淨，即能產生環保的功能，也才能夠真正地從破壞變成建設，從罪惡轉為修福。[23]

圖七說明心靈活動層次與幸福的關係。圖七（A）說明心靈活動的層次，從低到高，分別是心理的層次，屬於情意的活動；思想的層次，屬於理智的活動；最高的是精神的層次，是情意和理智的昇華，自我中心束縛之解脫，是與智慧和慈悲相應的心靈狀態。藉由心靈環保來提昇心靈活動的層次，可以提昇人類的幸福。

從人類的心理狀態來說，心中煩惱愈重，幸福感就愈少。世間的幸福，是心靈最底層的物質或感官欲樂滿足的情意之樂，這類的情意之樂通常伴隨著許多的苦惱，因為外在欲樂境界追逐的過程，充滿不確定性，充滿人我對立競爭的苦惱，即或得到了，也是短暫的。因此，感官希求滿足之

---

[23] 釋聖嚴，〈心靈環保〉，《致詞》，《法鼓全集》3-7，臺北：法鼓文化，2020紀念版，頁10-11。

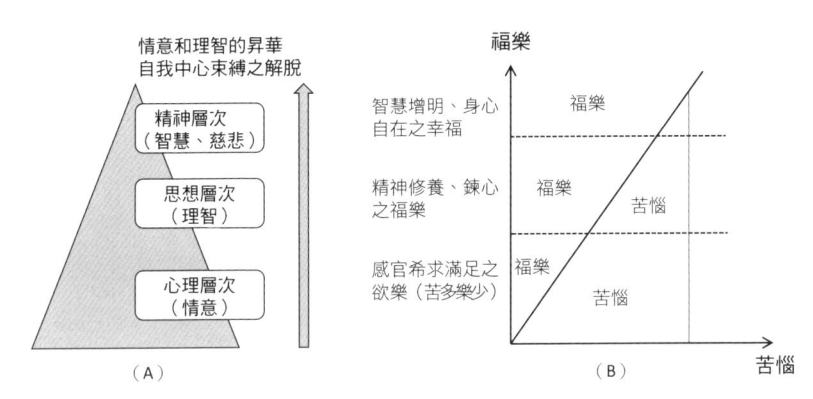

圖七：心靈活動層次與幸福

欲樂，苦多樂少，並不是真正的快樂，如圖七（B）最底層所示。

然而如果從情意的層次開始練習鍊心、制心，從觀念上來疏通貪欲與煩惱，以攝心的方法來安頓身心，便能開始享受內心的平靜。此時，心內對世間少了怨害，多了包容，有了內在的幸福，這是從良好、平和的心態，生出慈悲喜捨心，從對他人的付出或分享中獲得快樂，而非從自我利益的積累中得到安樂。這種幸福，是圖七（B）第二層精神修養、鍊心的福樂。這類幸福，不僅是個人得到利益，也有益於社會發展和社會幸福的增進，對可持續性發展也是有益的。

隨著鍊心、制心工夫的深入，以及智慧通達，自我中心逐漸減少，便會進到第三層的心靈層次，情意和理智的逐漸昇華，從自我中心束縛之解脫，心與慈悲智慧相應，這是智慧增明、身心自在，此時能真正的自利利他，是真正的幸福，也是幸福可持續性的極致（圖七（B）第三層）。

前述三種心靈幸福的層次，從情意的、理智的，一直

到與慈悲智慧相應的無我無執的幸福,是可以努力達成的,是可以說服人去體驗、實踐的。在世俗經濟生活的消費活動中,藉由清淨身、口、意三業的心靈環保,可以自利利他,提昇人我的幸福,也能達成幸福的可持續性發展。因此,以心靈環保為核心幸福觀,為「個人社會責任」的可持續性消費及當代可持續性發展的實踐,提供了合理性的內在誘因,這是聖嚴法師「心靈環保」對當代可持續性發展理念的貢獻。

在心靈環保的可持續性幸福實踐過程中,儘管人們可能無法完全達到最高層次的幸福水準,但從最低物質基礎的層次中來鼓勵人們超越苦惱、清淨身心,也能使人從思想的發展和智慧的開展中獲得內在的幸福快樂。有一項實證研究也顯示,從事可持續性消費與幸福感的提昇有顯著的正相關關係。Guillen-Royo(2019)以挪威二〇一七年的民眾網購消費資料,探討可持續性消費和幸福感(經濟福祉)的關係。其幸福感包括享樂(快樂)、認知(滿足)和幸福(主觀生命活力)等面向。作者設定一個可以反應主觀幸福感的變數,以問卷方式進行研究,收集受訪者在旅行、家庭能源使用和食品等方面選擇可持續替代品的程度,以及對幸福感的影響。其回歸分析結果顯示,挪威民眾的可持續消費與挪威民眾的幸福感和生活滿意度呈正相關。

以聖嚴法師的話來為心靈環保的可持續性幸福做總結:

> 佛法又稱為「內學」、「內明」;內明即「智」,以智慧消除煩惱就叫「超度」,也即是出離苦海而到達解脫的

層次。相反地,我們稱世間的學問為「外學」,因為世人都想在心外求法、心外求道,從心外去追求幸福平安的保障。在佛法來說,這些都是不可靠的。……只有將內在的「貪瞋癡」三毒止息以後,才能真的得到自在、自由和安全、安定。❷

3 以「心靈環保」為核心的可持續性消費

若想要止息煩惱,增進幸福,必須藉助「戒、定、慧」三無漏學,從內心世界著手去做「心靈環保」的工作。可持續性發展的目標,在於對治人類社會長久以來的「不可持續性」生產與消費行為,這是淨化社會、淨化人心的工作。因此,可持續性消費的實踐,一定要從每個人自己的「內心」開始,而後往外實踐。由「心靈環保」而推演出四種環保:「心靈環保」,讓我們的心安定;「禮儀環保」,在於人跟人之間的和諧相處;「生活環保」,在生活中愛惜自然資源,少用、重複使用自然資源;最後,「自然環保」則在減少破壞自然資源。

消費行為,是生活型態的顯現,以四種環保為核心的可持續性生活,「心靈環保」在離卻貪、瞋、癡、慢、疑等煩惱心,開發智慧心及慈悲心;以慈悲心及智慧心來利人利己,兼顧身、心、靈健康的生活態度。「生活環保」在於少欲知足、簡樸節約的生活;知福、惜福、培福、種福,才是

---

❷ 同上註,頁15。

「有福」。「禮儀環保」重在利己利人,智慧與慈悲兼顧的社會生活;以心儀、口儀、身儀保育社會生態。最後,「自然環保」則要知福惜福、感恩大地及一切生命,保護生態及自然環境免受汙染破壞(圖八)。

4. 以「社會學習理論」的架構推廣「心靈環保」的可持續性生活

令大眾積極參與可持續性消費,需要觀念的建立到生活實踐方法的配合。在觀念上,建立一套邏輯清晰的想法,了解訴求之對象;其次,以即時性和直接性的訴求吸引對方歡喜接受,並令大眾自覺地改變生活方式(life-style),從事可持續性消費行為。

建立可持續性的消費行為需要學習,一如我們從小學習新知識般,記憶提取(memory retrieval)是非常重要

「心靈環保」為核心的「四環」消費

行為:
- 自然環境:知福惜福、感恩大地及一切生命,保護生態及自然環境免受污染破壞。
- 禮儀環保:利己利人,智慧與慈悲兼顧的社會生活;以心儀、口儀、身儀保育社會生態。
- 生活環保:少欲知足、簡樸節約的生活;知福、惜福、培福、種福,才是「有福」。

心:
- 心靈環保:離卻貪、瞋、癡、慢、疑等煩惱心,開發智慧心及慈悲心;以慈悲心及智慧心來利人利己,兼顧身、心、靈健康的生活態度。

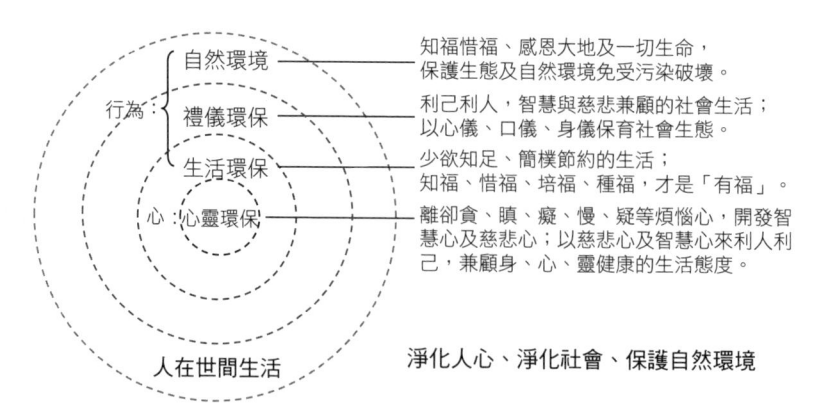

人在世間生活　　淨化人心、淨化社會、保護自然環境

圖八:以心靈環保為核心的可持續性生活

的，而教育與社會學習在可持續性消費過程中扮演極為重要的角色。人的行為，顯露其心中價值觀。從佛法的觀念來說，身、口、意三業以意業為先，心意動了而後身、口行為隨之。因此，可持續性消費的習慣建立，要從心開始，而教育則是核心工作。有一套完整的理念，透過教育與學習，藉由回憶（recall）、重建記憶（recollection）、確認（recognition）和再學習（relearning），來形成深刻的行為意識與習慣，藉由教育推廣與宣傳，可以形成社會普遍性的可持續性消費價值體系。依據 Bandura（1977）之「社會學習理論」（social learning theory）也說明人們可以通過觀察、模仿和模範（model）而相互學習，藉由社會學習鼓勵討論，並形成知識共享的文化。人是社會性的生物，儘管每個人在生活上有其個性和獨立性，但在社會的群體生活中，為了解決生命和生活的問題，根據社會學習理論，我們可以透過周圍的榜樣來學習，而且最有效的學習方式，是從對我們有吸引力或對我們有影響力的榜樣來學習，或者從「像我們一樣」的人學習。因此，教育與推廣，是一種社會學習運動，也是改變舊習慣、形成可持續性消費社會氛圍的重要手段。至於教育與推廣如何推動，涵蓋問題極為廣泛，將另文探討。

六、結語

關於人類活動和文明發展的大趨勢所造成的自然環境之負面衝擊，其後果變得更加嚴峻，因此近年頗受關注。如果人類社會不改變其生活習慣，則無法逆轉的生態體系將對

人類社會反噬，人類將無法在地球上安穩生活。因應當前人類社會所面臨的問題，許多學者相繼提出生活習慣改變的建言，期望達成可持續性的目標，例如建議慢生活（slow living）、聰明活（smart living）、低碳生活方式（low-carbon lifestyle）等。儘管這些生活方式均與可持續發展有關，但沒有一種生活方式是可以普遍推及所有人的。維繫可持續性發展的消費行為，必須是有意識、負責任的消費行為，需要長時間才能養成，其關鍵因素很大程度上取決於個人、市場與社會環境的影響。

任何時代的人類活動中，攝取物資來維持生命的存續，是一種本能，也是生存的一種技能。然而，自從市場經濟活動興起後，消費行為就個人角度而言，是一種維持生命的行為，此一行為可以是維生所必需，也可以是超越維生所需後的物質囤居活動。消費行為對人類社會而言，則是一種文化現象，是人類生存活動的整體性表現。群體的消費，既是經濟性的，也是社會性的、群體性的活動，而消費行為不僅是為了滿足欲望，也有更深層的心理動機。因此，可持續性發展是一個跨學科領域的議題，如果純以經濟福祉的角度來處理人類社會當前所面臨的挑戰，必然無法處理周延。

消費行為是人類社會對自然環境影響的關鍵因素之一，人類為了生活而做的選擇，以及選擇後的決定，都直接或間接對環境、個人和群體的生活福祉產生影響，這也是「可持續消費」議題成為關注焦點的原因。因此，了解消費動機，對於如何維持社會與環境的可持續性，是相當關鍵的因素。

主流經濟學對消費行為的研究方法，以數學模型來尋求

經濟問題的「最佳解」,在其消費者理論中,假設理性的消費者在給定的預算或所得限制下,選擇商品消費的組合,追求效用(utility)或消費滿足的最大化。在效用分析中,消費者偏好假設的三大公理,分別是完整性(completeness)、遞移性(transitivity),及愈多愈好(more is better)。此一科學化的數學模型分析,係建立在某些公理或假設之上,而這些公理或假設無可避免地帶來經濟分析結果的局限性。換言之,如果賴以建立分析的公理在經驗上是不周延或錯誤的,則其析論結果便無法解決經濟問題。

「理性選擇」是主流經濟學探討市場經濟問題的核心假設,但這些公理和據以衍生的分析架構無法有效解釋「理性經濟選擇」面對自然環境破壞與經濟發展的抉擇、公共財外部性和諸多社會問題時的選項。特別是面對消費者選擇問題時,通常人們永遠無法對消費什麼和不消費什麼進行深思熟慮的選擇,因為在很多時候消費者被「鎖定」某些情境中而限制了決策的自由。這些「鎖定」消費者選擇的因素包括制度障礙、機會不平等和選擇受限等制度面因素,但很多也受消費習慣、慣例、社會規範、社會期望,以及主流文化價值觀等因素所左右。

其次,儘管消費者可以完全自由地做選擇,其理性選擇的結果也不必然就是效用最大化的選項,這是埃爾斯伯格悖論(Ellsberg paradox)所說明的現象。埃爾斯伯格悖論說明人在面對不確定性情況下而做選擇時,其理性決策的結果與主觀預期效用理論所預測者不一致的現象。在面對兩個具有風險的選項而做抉擇時,假若選項之一的風險概率是

可預知，而另一選項的風險概率為不可知，此時儘管不可知風險概率選項的主觀預期效用比較高，人們還是傾向選擇效用較低、風險可知的選項。換言之，面對具有不同風險的選項時，人們更喜歡選擇具有可計算風險的選項，即使其所獲得的效用較低。此一結果，與主流經濟學的效用最大化的理性選擇不一致。因此，主流經濟學的「理性選擇」假設，並非完全無瑕，若以之為基礎籌謀可持續性消費之道，宜須再三斟酌，或另建構其他方略，或思考跨科技整合（interdisciplinary studies）之研究，此亦「心靈環保經濟學」可提供參考之處。

儘管人類社會長期經濟發展的結果帶來了社會進步，但全球長期面對著來自人類、社會和自然環境等方面問題的挑戰，這些問題彼此息息相關。謀求當代可持續性發展問題的解決，需要整體性的思考，以免顧此失彼，對可持續發展目標造成不利的影響。主流經濟理論並無法對這些問題提供理想的解決之道，而衡諸過去數十年國際可持續發展運動的軌跡，我們注意到地球環境仍持續惡化，而可持續發展策略仍出現理想與現實難以磨合的困境。

此類問題，不免令人捫心自問：何以可持續發展的理想，難以出現顯著效果？人類社會是否應該重新考慮追求可持續發展的方法？佛法的教義，對當代人類社會問題能否有所貢獻？本文試圖從佛法的觀念為當代問題提供不同角度思考的解方。

本文以佛法的「依正不二」的觀念，建構「社會責任消費者」的「整體性可持續性思維」（holistic sustainability mindset），繼則以聖嚴法師「心靈環保」理念，建構幸福觀，以「幸福」做為改變「不可持續性行為」為「可持續性行為」的核心價值與動機，並說明「心靈環保」的幸福，除了可以使個人的幸福可持續性實現外，也可促進整體性社會環境的「可持續性消費」、「可持續性發展的理想」。有了可持續發展的整體性思維與行動核心價值，本文繼續介紹四種環保的經濟生活實踐，並建議以「社會學習理論」的架構推廣「心靈環保」的可持續性生活。走筆至此，聖嚴法師「心靈環保」理念對當代可持續性發展的啟示，已有完整的說明。至於如何推動「個人社會責任」的「心靈環保」經濟生活、經濟生活細節樣貌如何，以及如何建構社會學習網絡來推動此一理想，所涉龐雜，將日後另為文探討。

參考文獻

一、中文部分

許永河（2020），〈經濟富足與心靈安樂――聖嚴法師「心靈環保」思想對「佛教經濟學」理論之啟示〉，聖嚴教育基金會學術研究部編，《聖嚴研究》第十三輯，臺北：法鼓文化，頁129-223。

許永河（2022）〈經濟富足與心靈安樂――「心靈環保」、廠商經濟行為與永續發展〉，聖嚴教育基金會學術研究部編，《聖嚴研究》第十五輯，臺北：法鼓文化，頁247-307。

謝俊魁、顏美惠（2017），〈「四要消費者」的需求函數〉，聖嚴教育基金會學術研究部編，《聖嚴研究》第九輯，臺北：法鼓文化，頁113-195。

釋聖嚴，《法鼓全集》，臺北：法鼓文化，2020紀念版。網址：https://ddc.shengyen.org/?doc=main。

二、英文部分

Bandura, A. (1977). *Social learning theory*. Englewood Cliffs, NJ: Prentice Hall.

Bénabou, R. and Tirole, J. (2010). Individual and corporate social responsibility. *Economica,* 77: 1-19.

de Young, R. (1996). Some psychological aspects of reduced consumption behaviour. *Environment and Behaviour,* 28(3): 358-409.

Durning, A. (1992). *How Much is Enough?* New York: W.W. Norton.

Elgin, Duane (2000). *Voluntary Simplicity*, Second Edition. Harper, New York.

Ellsberg, Daniel (1961). "Risk, Ambiguity, and the Savage Axioms". *Quarterly Journal of Economics* 75 (4): 43-669. DOI:10.2307/1884324.

Frank, R. (1999). *Luxury Fever – Money and Happiness in an Era of Excess*. Princeton: Princeton University Press.

Giddens, Anthony. (1984). *The Constitution of Society: Outline of the Theory of Structuration*. Berkeley, University of California Press.

Gregg, R. (1977). Voluntary simplicity. *The Co-Evolution Quarterly,* Summer, pp. 20-27.

Jackson, T. (2014). Sustainable consumption. In *Handbook of sustainable development*. Edward Elgar Publishing, pp 279-290.

Karaçuka, M. & Zaman, A. (2012). The empirical evidence against neoclassical utility theory: a review of the literature. *Internal Journal of Pluralism and Economics Education,* 3:366-414. DOI: 10.1504/IJPEE.2012.052695.

Kasser, T. (2002). *The High Price of Materialism*. Cambridge, Mass: MIT Press.

Leach, William (1993). *Land of Desire: Merchants, Power, and the Rise of a New American Culture*. New York: Pantheon.

Lim, W.M. (2017). Inside the sustainable consumption theoretical toolbox: Critical concepts for sustainability, consumption, and marketing. *Journal of Business Research,* 78: 69-80.

McFadden, D. L. (2013). The New Science of Pleasure. *National Bureau of Economic Research Working Paper*, No. 18687, 2013 January. Available at: http://www.nber.org/papers/w18687

McKendrick, N., Brewer, J. and Plumb, J. H. (1982). *The Birth of a Consumer Society: The Commercialization of Eighteenth-Century England*. Bloomington: Indiana University Press.

Miller, D. (1995). Consumption and Commodities. *Annual Review of*

Anthropology, 24(1): 141-161.

Prendergast, G.P. and Tsang, A.S.L. (2019). Explaining socially responsible consumption, *Journal of Consumer Marketing*, 36(1): 146-154. https://doi.org/10.1108/JCM-02-2018-2568

Robbins, L. (1932). *An essay on the nature and significance of economic science*, 2nd ed. London: Macmillan. Available at https://milescorak.files.wordpress.com/2020/02/robbins-essay-nature-significance-economic-science.pdf

Schor, J. B. (1999). "What's Wrong with Consumer Society?" In *Consuming Desires: Consumption, Culture, and the Pursuit of Happiness* (Roger Rosenblatt, editor). Island Press, Washington, DC.

Schwartz, S. H. (1977). Normative influences on altruism. In L. Berkowitz (ed.), *Advances in experimental social psychology* (Vol. 10, pp. 221-279). New York: Academic Press. http://dx.doi.org/10.1016/s0065-2601(08)60358-5

Shama, A . (1981). Coping with stagflation: Voluntary simplicity. *Journal of Marketing*, 45: 120-134.

Sivapalan, A., Heidt, T. von der, Scherrer, P., & Sorwar, G. (2021). A consumer values-based approach to enhancing green consumption. Sustainable Production and Consumption. *Sustainable Production and Consumption*, 28:699-715.

Testa, F., Pretner, G., Iovino, R. et al. (2021). Drivers to green consumption: a systematic review. *Environment, Development and Sustainability*, 23: 4826-4880. https://doi.org/10.1007/s10668-020-00844-5

Thaler R. H., Sunstein C. R. (2008). *Nudge: Improving decisions about health, wealth, and happiness.* New Haven, CT: Yale University Press.

Thøgersen, J. and Ölander, F. (2002). Human values and the emergence of a sustainable consumption pattern: A panel study, *Journal of Economic Psychology*, 23: 605-630.

Webb, D.; Mohr, L.; Harris, K. (2008). A re-examination of socially responsible consumption and its measurement. *Journal of Business Research*, 61(2): 91-98. DOI: 10.1016/j.jbusres.2007.05.007.

Webster, F. (1975). Determining the characteristics of the socially conscious consumer. *Journal of Consumer Research*, 2: 188-196.

World Commission on Environment and Development (1987). *Our Common Future*. Oxford: Oxford University Press. https://sustainabledevelopment.un.org/content/documents/5987our-common-future.pdf

Consumption and Sustainable Development:
Exploring the Significance of "Protecting the Spiritual Environment" to Contemporary Economics Life and Sustainable Development Goals

Yuan-Ho Hsu
Professor of Graduate School of Humanities and Social Science,
Dharma Drum Institute of Liberal Arts

▌ Abstract

"Sustainable development" has been an important issue in the global society, this paper aims to contribute to the current sustainable development studies by incorporating Master Sheng-Yen's "Protecting the Spiritual Environment (PSE)" and "Establishing a Pure Land on Earth" into contemporary economic life. Current economic theories have been segregated into two major subjects Microeconomics and Macroeconomics; consumption is one of the key fields of microeconomic study. In microeconomics-related studies, utility or satisfaction maximization is a major axiom in daily life. The pursuance of mass consumption leads to waste, economic inequality, social tension, and environmental degradation. The fact indicates pursuing individual material happiness doesn't necessarily enhance overall happiness.

The Buddhists' worldview considers individual daily life and its surroundings and environment as integrated. This distinct view of the "oneness of life and its environment," or "non-duality of life and its environment" provides a clue to the development of the theory of sustainability study. Production, consumption, and economic growth are integrated into sustainable development studies. Only integrated "healthy" production and consumption can guarantee the goals of sustainable development and responsible production and consumption are keys to these goals.

The goal of consumption is to fulfill the needs of daily life but it is difficult to differentiate needs and wants while engaging in consumption activities. Consumption that fulfillment the human basic needs yields life satisfaction. However, an excessive pursuit to meet greedy wants beyond the existing needs leads to individual vexation, societal annoyance, and environmental degradation. A proper manner of consumption is required for the attainability of sustainable development. A responsible consumer is aware of the effects of his consumer activity on himself and the environment; individual social responsibility (ISR) is the cornerstone value of this responsible consumer.

The current paper discusses consumer behavior in terms of individual social responsibility based on Master Sheng-Yen's "Protecting the Spiritual Environment." The author incorporates PSE, individual social responsibility, mindful consumption, and sustainable happiness to develop new thinking of economic life. Mindful production and consumption based on PSE can reconcile self-interest and altruism to promote the realization of sustainable economic prosperity. Economic activities based on PSE can also improve oneself and bring benefit to others so which helps the ultimate goal of "establishing a pure land on earth."

Keywords: Protecting the Spiritual Environment (PSE), Individual Social Responsibility (ISR), Sustainable Consumption, Sustainable Development, Establishing a Pure Land on Earth

當佛法遇到經濟學
——用「心」對話與了解

江靜儀

銘傳大學金融學系助理教授

▎摘要

　　本論文嘗試以整體佛法架構來凸顯佛法是以「心」做為安身立命的關鍵，因此物質面經濟生活的安排也必須從「心」著眼，才能收事半功倍之效。本文以導論性的佛典來理解「心」的概念和重要性。同時，本文藉由經濟學家對於經濟行為的觀點來理解經濟現象，並找尋佛法和經濟學可以連結和會通之處。

關鍵詞：佛法、經濟學、佛教經濟學、原人論、米塞斯

一、前言

佛教經濟學（Buddhist Economics）是將二大思想體系結合的一個研究領域，佛教專注內在精神與心靈世界的改善，經濟學擅長探索外在經濟世界的改善之道，二者的結合，是希望各自所長能夠發揮加乘的效果。「佛教經濟學」一詞首先由 E. F. Schumacher（1966）所提出，在其著作 *Small is Beautiful*（1973）一書中的一章即是以「佛教經濟學」為題論述。❶ 此文以佛法的價值觀和洞察來思考如何解決當代過度生產與消費，以及濫用自然資源所衍生的全球環境和人類發展的危機，批評現代經濟學對勞動、生產、消費、資源、經濟目的狹隘的認知和態度。Schumacher 指出佛教重視解脫的問題，雖然強調對於財富或事物不執著的心態，但不會反對享受事物的美好，他認為佛教經濟學的基調是簡單與非暴力，可貴之處是能以很少的手段而收到極大令人滿意的成果。

當時「佛教經濟學」在書中就是一個單純的概念，作者在文章的開頭以一個很簡單的說法創造了「佛教經濟學」這個詞彙：「正命是佛陀教法的八正道中的一支。因此，必定有佛教經濟學這樣的東西。」佛教經濟學顯然是一個複合物，對於它的內涵，起初是模糊的。此文章之後愈來愈多的佛教

---

❶〈佛教經濟學〉一文最早在一九六六年出版，重新修改成為 *Small is Beautiful*（1973）一書中的第四章，https://centerforneweconomics.org/newsletters/a-marvel-of-simplicity/。

徒和學者也開始以佛教經濟學為主題，從佛法的角度來思考現代經濟問題。例如，P. A. Payutto（1994）；Pryor（1990, 1991）；Piboolsravut（1997）；Puntasen（2004）；Daniels（2005, 2010a, 2010b）；釋果光（2014）；許永河（2015）；Drechsler（2016）；Brwon（2017）；詹場（2018, 2019）；池祥麟（2018）；Wangchuk 與 Subba（2018）；謝俊魁與顏美惠（2019）；Magnuson（2022）；。江靜儀（2022）指出佛教經濟學領域研究的方法和模式有幾點特色：1. 佛教經濟學強調經濟活動的倫理價值；2. 佛教經濟學重視行為的善惡／染淨動機與後果；3. 佛教經濟學對傳統經濟理論賦與新的詮釋和內容；4. 佛教經濟學是心智與行為導向的知識體系；5. 佛教經濟學強調個人觀念與行為的轉化。佛教經濟學在經濟現象的層面上並沒有創造額外的探討主題，多數都是在傳統的理論之中發現其觀點的局限和不妥適，進而以佛法的倫理原則提出批判和警語。這有助於熟悉傳統經濟理論者了解佛法的觀點。

　　然而，在佛教經濟學研究的探討中，傳統經濟學承受諸多批評，好像這學科單獨造成了當今經濟問題叢生，諸如人性貪婪，物質主義至上，所得和財富不均擴大，分配不正義，資源過度使用而衝撞地球限度，導致人為的地球暖化，啟動人為氣候變遷，導致生態危機，極可能的地球第六次生物大滅絕……。「悲慘的科學」（dismal science）一詞經常被拿來揶揄經濟學和經濟學家對於解決這些問題提不出一套有效的對策，而現實生活中實際施行的經濟政策也無法撲滅人類的苦難和飢餓，根絕經濟危機和失業問題。

　　可以理解人們在經濟生活面向的不如意和憂慮，因此

期待有一帖經濟的萬靈丹來增進自身和集體的福祉。然而，我們也必須認清人類經濟知識的有限性，以及有效性。經濟學是門年輕的社會科學，自亞當・斯密的《國富論》一七七六年出版成為有系統的學科至今僅二百五十年，對於不同時空經濟現象的理解仍在演化和累積中，當然有許多的未知等待解答。儘管如此，經濟學中的科學理論和研究，有些的確有助於我們對於現象的了解，並已經實際應用，而使人類全體福祉大大提昇，例如，自由市場經濟制度讓社會成員自動合作互助，個人得以展現最好的表現來服務他人，同時也從中獲得他人最好的服務，「若非實際應用經濟學的教導，堅定實施了自由經濟的政策，生產技術的巨大進步，以及財富和物質幸福的增加是不可能的。」（Mises, 1949；謝宗林譯，2018，頁39）極其自然，學科之內本身存在許多學術觀點的競爭，相互批評和自省（Mises, 1949, 2018; Landreth and Colander, 2002; Scitovsky, 1976, 1996; Frey and Stutzer, 2002）。學科發展未臻完善，本也是世俗學問的常態和問題，不單只屬於經濟學學科的缺陷。

佛教經濟學嘗試將二大思想體系結合，希望發揮加乘的效果，藉助彼此所長，同時互補彼此不足。然而，二者卻有南轅北轍的內涵。佛法的思想體系以心智染淨問題為探討核心，明白揭示人類面臨生、老、病、死的窘境，應該要如何安身立命，以獲得長遠究竟的安樂。經濟學標榜科學方法來探索，在資源相對缺稀的情況下，個人經濟行為和集體經濟現象的一般法則，以促進彼此合作，提昇福祉。因為強調科學理性的原則，經濟學建立邏輯一致的理論來描述事實、診斷問題，再用

很少的價值標準（效率—公平）來建議改善之道。表面上看起來，佛教採取內在取向路徑，關注心靈、心智的發展，而經濟學關注外在物質的發展，似乎二者沒有太多共通的地方，佛法和經濟學要如何結合成為一個學門，令人感到興趣。

　　江靜儀（2022）建議二者結合的方式，是以佛法的觀點來透視經濟問題，在經濟學探討的架構下，加入佛法的倫理價值判斷以及實踐方法。一方面可以彌補經濟學規避道德倫理和缺少行動指引的缺失；一方面，也可強化佛法在世俗生活中的實用性。延續同樣的問題，本論文試問佛教經濟學做為一個專門的知識體系應該是什麼樣貌？是傳統經濟學的倫理道德補充說明？還是有自己獨特的分析模式？將佛法引進經濟學領域中，並不是要建立額外的學理來解釋經濟現象，而是希望應用佛法的觀念與實踐方法在經濟決策之中，引導個人從事良善的經濟行為，讓資源的配置能夠提高真正的經濟福祉，使社會的分工合作更為和諧，所得分配更加公平、更符合正義，將彼此衝突極小化。簡言之，經濟的活動應與學佛的目的相應，支持身心的永續發展。本論文嘗試以整體佛法架構來凸顯佛法是以「心」做為安身立命的關鍵，因此物質面經濟生活的安排也必須從「心」著眼才能收事半功倍之效。例如，聖嚴法師提倡的以心靈環保為核心理念的四種環保、心五四運動，以及心六倫等，顯示出心的重要性與下手處。釋果光（2014）闡釋心靈環保經濟學的意義與源流以及具體生活實踐方法。本文以導論性的佛典來理解「心」的概念和重要性。同時，本文藉由經濟學家對於經濟行為的觀點來理解經濟現象，找尋佛法和經濟學可以會通之處。

本論文以下包括三個部分：第二節以《原人論》介紹佛法的整體架構，第三節以經濟學家米塞斯（Ludwig von Mises）的著作進行經濟學與佛法的對話，第四節為結論。

二、經濟學與佛法的交集

經濟學是一門社會科學，研究在資源相對缺稀之下，如何分配資源來滿足社會成員的需要。人類歷史上處理資源缺稀問題的社會機制有四種，包括武力、傳統、權威（教會或政府）以及市場。現代經濟學主要探討市場經濟的運作法則和問題（Landreth and Colander, 2002, pp. 1-2）。為了探索佛教與經濟學可以如何地連結和會通，發揮加乘的效果，本論文以奧地利學派（The Austrian School of Economics）經濟學家米塞斯《人的行為：經濟學專論》（Mises, 1949；謝宗林譯，2018）一書對市場經濟的說明來理解經濟學中特有的觀念，做為佛法觀照經濟行為與現象的著力點。米塞斯在本書中力倡自由主義市場經濟思想，他從一般廣泛行為學的角度將經濟學原理方方面面做完整的論述，從人的行為基本模式的剖析，人際間的社會分工與合作行為的洞察，自由市場經濟基本元素和運作的描述，以及對社會主義、社會制度與受干擾的市場經濟的批判。米塞斯畢生的成就在於發展整合的推論性經濟學科學，其所根據的基本公理，認為個人有目的地行動來達到想要的目標。❷

---

❷ 一九六九年米塞斯獲得美國經濟協會推舉為傑出學士（the American Economic Association elected him a Distinguished Fellow），他的著作範圍

聚焦一本書的原因之一是考量經濟學理論眾多，許多學派對經濟現象的觀點或是政策各有主張（Landreth and Colander, 2002），若佛法要一一與其對話恐過於龐雜，也超過作者的能力。鑒於本書是一部約一千頁的經濟學專論，書中米塞斯從認識論、方法論、經濟概念、經濟理論、政策主張，以及對其他學說的批判都有詳細的鋪陳說明，這有助於本論文捕捉其思想的內涵。❸另一個更重要原因是，本書中米塞斯分析經濟學的方式較貼近佛教強調「心」的角度，因為他將經濟或市場交換問題擺在人的一般行為理論的架構下探討，而他認為經濟學是行為學（Praxeology）中發展得最完整的部分（Mises, 1949；謝宗林譯，2018，頁33-34）❹。例如，他定義：「行為是有意的動作。」「行為是

涵蓋了「經濟歷史、思想史、方法論與政治哲學，特別強調貨幣理論、國際金融、經濟波動、價格與工資理論、產業組織、經濟制度。特別有貢獻的領域包括貨幣理論，應用邊際效用理論來解釋貨幣需求；景氣循環理論中，修正 Wicksell 累積過程理論，說明能夠穩定物價指數的政策並不能同時穩定經濟活動；社會主義經濟計畫理論中，發現使資源分配有效率所需的經濟計算種類，無法在沒有競爭市場價格的制度中進行。有一些蘇聯型態的經濟體轉向分散計畫型態，此為米塞斯在五十年前的洞察添加了歷史驗證。」（American Economic Association, 1969）米塞斯是新興奧地利學派（neo-Austrian School of economics）的創建者。有關米塞斯學說與奧地利經濟學（Austrian Economics），請參閱 Mises Institute: https://mises.org。

❸ American Economic Association（1974）紀念米塞斯的短文說到：「米塞斯的十六本書（包括修正版共二十七本）書中的三本被視為經濟思想史上的里程碑。」三本之一即《人的行為：經濟學專論》。

❹ 米塞斯的行為學（Praxeology）與行為經濟學（Behavioral Economics）二個學派所根據的方法論並不相同。米塞斯認為，人的行為科學是先

意志付諸實施，成為手段，去達成目的。」「個人有意識的自我調整，藉以適應制約其生命的宇宙狀態。」行為涉及偏好、取捨、選擇，以努力達到目的。一般行為的概念包括目的和手段、價值排序、交換等，都與心智活動有關，甚至說商品和財富是意圖和行為的成分。「外在世界的一些成分，只有透過人心的操作和人心的衍生物——人的行為，才會變成手段。」「貨物、商品和財富……，不是自然界的成分，而是人的意圖與行為的成分。想要研究它們的人，絕不能看向外在世界，而必須在行為人的意圖中尋找它們。」（Mises, 1949；謝宗林譯，2018，頁135）此外，經濟面向的現象，諸如商品價格、利息、勞動工資等也都與人（心）的價值評量有關。米塞斯甚至洞察到生產是精神的和意識型態的現象，不同意經濟學是對物質生活的論述：「俗話說：經濟學論述人的物質生活情況；這完全是錯誤的理解。人的行為是人心的展現。就這個意思來說，行為學可以稱為一門道德科學。」（Mises, 1949；謝宗林譯，2018，頁195）如此看來，經濟學和佛法似乎有會通可能，值得透過彼此了解

驗的（Mises, 1949；謝宗林譯，2018，第二章）。根據米塞斯的繼承者Rothbard（1951）解釋，「行為學」主要包括二個部分：1. 基本公理（the fundamental axioms），2. 從公理推演的命題（the propositions successively deduced from these axioms）。「行為經濟學」結合心理學與經濟學，代表人物如Kahneman and Tversky（1979）、Thaler（1980, 2018）等。不像新興古典經濟（Neoclassical Economics）理論假設行為人是理性的，行為經濟學家使用問卷與實驗來觀察個人面臨選擇時實際的行為，引進心理因素如過度的信心、框架化、自我控制、公平，以及趨避損失等到經濟分析中，是有關實證的研究（Thaler, 2016）。

來分別其中的同與異。然而，米塞斯也坦白指出，經濟學對於「心」一無所知，只知道心可以成就事物，在經濟學中似乎是一個隱形但重要的東西：「當然，我們不知道人心是什麼，就好像我們不知道運動、生命和電流是什麼。人心，不過是一個詞，被我們用來代表一個我們不知道的因素，這因素使人們成就所有已經成就的事物，包括：理論和詩篇、大教堂和交響樂、汽車和飛機。」這也顯示佛法與經濟學有合作的空間，而佛法的內容正可填補經濟學缺少的部分，並將經濟學融攝起來。

本節先介紹整體佛法的層次；筆者以中國唐代華嚴宗五祖宗密《原人論》來理解整體佛法的概要，並根據聖嚴法師《華嚴心詮──原人論考釋》來整理要點。

（一）佛法的目的和佛法的層次

佛陀說法的內容幫助個人了解宇宙人生的真相，進而建立正確的人生觀，並引導良善的行為，去除不善的行為，以避免苦果的發生，使個人能獲得快樂福祉的提昇。佛法最終的目的不僅讓個人擁有智慧能夠脫離生死輪迴的苦果，也培養個人具備大菩提願行能夠幫助眾生得以解脫生死，得到究竟的涅槃大樂。佛陀說法的本懷是開、示、悟、入佛之知見，佛法因此稱為成佛之道。根據眾生不同的根性，佛陀應機說法，一音演說，眾生各自得解，眾生根據發心的不同，學佛的目的因此有所差別。

佛陀說法為了讓眾生都得到恰到好處的實益，會因應眾生的根性和需要給予適當的教法。眾生雖都有本具的佛性，但

因迷悟、染淨的差別，顯現出不同的因緣果報種種現象的差別，因此佛陀說法也就有深淺廣狹的層次。佛法浩瀚但只有一種一味，所謂解脫之味，都是為了讓眾生能離苦得樂。祖師大德為了讓整體的佛法能夠層次分明以彰佛法的大用，讓學佛者可以依循次第循序漸進地深入佛法，對於佛法有不同的歸納整理的作法。例如，聖嚴法師（2003）指出大乘佛教有判教的需要，「為了處理小乘教及大乘次第教和圓頓教的問題」。法師以佛經、大乘論典，以及中國宗派這三大面向來呈現判教的源流（頁 26-29）。當代的太虛大師則將佛法判為五乘三等：五乘共法、三乘共法、大乘不共法。印順導師則以此次第著述這三個層次的教理和實踐的方法，統攝為「成佛之道」的次第。宗喀巴大師的《菩提道次第廣論》也有類似的區別，分為共下士道，共中士道，以及上士道（達賴喇嘛，2020）❺。如此區分是佛陀和大善知識的善巧方便，一味佛法雖區分為三，但它們是相依相攝的關係，依下起上，依上攝下。判教的方法並非唯一，各個宗派或同一宗派之間，甚至同一位大師都提出不同的判法（釋聖嚴，2006，頁 126）。

---

❺ 菩提是覺悟的意思，可分為聲聞、獨覺和大乘，《菩提道次第廣論》所說的菩提是指大乘菩提。這部論點所說的三士道是依願心而區分：下士道所願是圓滿暫時利益的增上生，或後世的人天善道，中士道與上士道所願的是圓滿暫時利益的決定勝，中士道所願是別解脫，上士道所願是大菩提。共下士道者不僅追求增上生，更追求決定勝。共中士道者不僅追求別解脫，更追求大菩提。《菩提道次第廣論》明確指出在追求大菩提的成道過程中，必須經過共下中二道，圓滿共下中二道的成就，才可成就大菩提。然而，對於不具足廣大願心，只求後世安樂的下士道者，或只求個人解脫的中士道者，仍可從本論中滿足其心願（達賴喇嘛，2020，頁 10）。

（二）以《原人論》介紹全體佛教

　　知道佛法的次第有助於學佛者對於佛法有整體的認識，知道學佛的目標、方向和階段，在實踐上可以務實地選擇相應的法門循序漸進地向前，因此學佛者經濟生活的價值觀必然以此為背景，以此為指引。人們經濟生活中的買賣行為、取捨選擇，無不牽涉到價值的判斷與相應的作為，佛法內容可以充實我們對於人生宇宙正確的觀點，導正並擴大我們的視野，加深我們的洞察力。本節以中國華嚴宗五祖圭峰宗密大師《原人論》的架構來描述整體佛法的基本內容和層次。本論言簡意賅，文字雖僅有約四千九百字，但此論將整體佛法由淺至深，從偏至圓，層層駁斥和釋疑，並向根本探究以揭示宇宙萬有的起源，最後更統攝淺深偏圓而會歸於同源，展現佛法善巧和包容的特色。聖嚴法師（2006）在《華嚴心詮──原人論考釋》中開示到：「《原人論》是一部大格局、大架構的佛學導論，論主撰寫它的目的，是對儒、道二家、佛教的人天善法、小乘法、大乘的法相宗、中觀學派，一一評論，逐層引導，最後攝歸於直顯一乘的佛性如來藏；乃是會通世間的各派宗教、各派哲學、各派佛教的差異點，而成其一家之說。」

　　《原人論》共分五大章探究宇宙人生的根本源頭，先論儒、道二教的缺失，再由淺漸深評斥不了義佛教的不完整，不夠深入的地方，包括人天教、小乘教、法相教、破相教，最後窮理盡性直接顯露真如佛性為萬物的本源，稱為一乘顯性教。《原人論》最重要的是最終章的會通本末，以最高的

一乘顯性教來統攝所有的大、小乘佛法的權教,並將儒、道二教也以佛法會歸其中,建構出包容、完整、層次分明的佛法架構。《原人論》以探究宇宙人生的根源為題,從內、外典籍發現了其中的答案(圖一與圖二)。儒、道二教與佛教最大的差異在於是否向「心」尋求答案。聖嚴法師(2006)指出中國的儒、道二教,向人心之外的宇宙大道去探求答案,因此無法對萬物現象提出合理和周全的說明,儒、道的教說會產生諸多矛盾和對於不合理的現象無法自圓其說;相反地,「佛教是從人的立足點來以人的身心,做為宇宙萬物的濫觴,人的身心是正報,人處的環境是依報。」(頁104)

宗密大師揭露窮理盡性最高的法教是一乘顯性教,人身和宇宙的根本是真如佛性,其他的大、小乘佛教和儒、道二教都屬於偏、淺的教說,未能看到真實的根源。儒、道說人身的根源是虛無大道(元氣、自然),人天教說業為身本,小乘教說以色心為我,起三毒,因此造業受報,生死循環。大乘法相教說身命為識所變,識為根本源頭。阿賴耶識變現

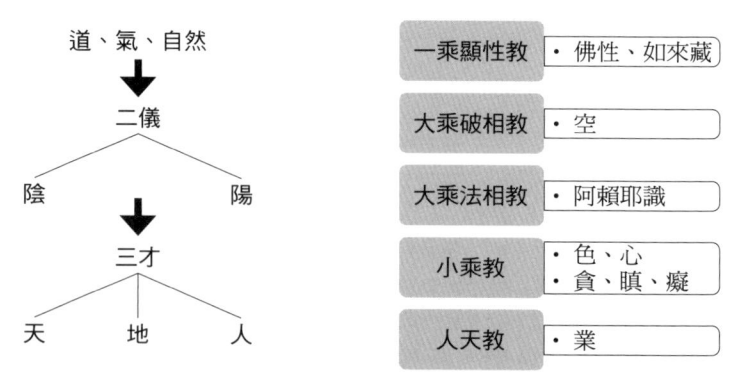

圖一:儒、道二家宇宙人生的根本　　圖二:佛教宇宙人生的根本

根身、器界和種子,轉生七識。大乘破相教說心境皆空,空是身本;因緣所生法皆是空,一切諸法,依妄念而有差別。表一整理各教法的重點與被評斥之處,並分別說明如下。

表一:《原人論》中各教法揭示的宇宙人生根本一覽表

教法	宇宙人生根本	內容	教法特點	教法不圓滿處
儒、道	• 道、元氣、自然	• 道生萬物		• 心外求法 • 自然生化無因論 • 無法解釋萬物差別之相: ・人的差異:愚智、貴賤、貧富、苦樂、壽夭、賢暴、禍福、凡聖、生死、鬼神 ・萬物的種類差異
人天教	• 業為身本	• 三世業報及善惡因果 • 六道輪迴: ・地獄、餓鬼、畜生:造上中下品十惡業 ・人道:修五常、持五戒 ・六欲天:上品十善、布施持戒等 ・色、無色界:四禪八定	破儒、道二教無因緣論	• 無法回答: ・業由身造? ・業由心造? ・身是什麼? ・心是什麼? ・此身死後,誰來受報?
小乘教	• 色心、貪瞋癡 • 器世界的形成:成、住、壞、空,周而復始,永無止境。	• 執我為實法,起三毒煩惱,造一切業,惑、業、苦循環不已,三世流轉,五道輪迴,苦樂交替,三界浮沉。	破斥人天教對我身執著	• 無法說明業力如何持續 • 三世因果關係以什麼做為無間斷的自體? • 不知有第七、第八識

		• 阿羅漢果：以無我觀智斷盡三界見思二惑，灰身滅智。		
大乘法相教	• 阿賴耶識	• 眾生持續流轉於三世五趣的主體 • 無始以來有八種識，身命是唯識所變。 • 第八阿賴耶識頓變為根身、器界、種子，轉變而生七識，由於迷而未悟，執為有我並一切境界。由此起煩惱惑，而造種種業。	• 破斥小乘的法我執	• 萬法唯識，虛妄不實，八識也是虛妄，其本體既不是真性，又何以能成為真性，所謂轉八識成四智？ • 也沒有說明第八識是如何能由妄轉真？
大乘破相教	• 空	• 心與境皆空 • 未曾有一法，不從因緣生，是故一切法，無不是空者。 • 因緣所生法，我說即是空。 • 諸識亦是眾緣生法，並無識的自性，因緣所生法，我說即是空。 • 一切諸法，唯依妄念而有差別，若離心念，即無一切境界之相。 • 凡所有相，皆是虛妄，離一切相，即名諸佛。	• 破斥大、小乘教對法相的執著	• 既然心境皆無，究竟是誰知道是無是空的？ • 虛妄的諸法，必定是依真實法產生的，若無真實法，豈有虛妄法？ • 在妄心及妄境的背後，到底又是誰呢？ • 未明顯真靈之性

| 一乘顯性教 | ・真如、佛性、如來藏 | ・一切有情,皆有本覺真心,常住清淨,亦名為佛性,亦名為如來藏。無始以來,久被妄想翳覆,有情不自覺知而但認得凡夫性質,因此耽著於煩惱結業,而受生死苦報。
・大覺世尊憐憫有情,說一切皆空;又開示有情的靈覺真心,說其清淨,全同諸佛。 | ・破斥大乘破相教不知真如佛性 | |

資料來源:本研究整理製表。

1. 儒、道二教

儒、道二教認為人和萬物的根本是道、自然、元氣,由此分為陰、陽兩儀,由此生天、地、人,再生萬物。人的愚智、貴賤、貧富、苦樂、壽夭、賢暴、禍福、凡聖都是稟於天,由於時命。死後回歸於天地,還復虛無(如圖一)。《原人論》詰問儒、道二教無法自圓其說的問題:(1)虛無大道若長存,所生的萬物和生死賢愚、吉凶禍福等現象應該也無法更改,那二教的教法就沒有任何教化的功能。(2)萬物自然化生無因緣:萬物的生成無法追溯根源,無法解釋為何同類相生規律的現象。(3)若大道無知,怎會出生有靈有知的人或動物。(4)若大道有知,怎會出生愚賤貧夭殘暴的人,而不出生富貴仁賢的人呢?(5)若大道沒有好惡之情,怎會出生福報際遇不同的人?若大道有好

惡，為何會有不公平的對待之道？（6）若大道善惡不分，賞功罰過的道理不明，降禍於賢，致福於惡，導致有道者喪，無道者興，那聖人設教策勵眾生修善止惡、修身齊家的道理何在？（7）若人稟氣忽然而生，人怎會憶知前生往事，若死後氣散忽然而無，則知有鬼神以及祭祀鬼神等的行為，根據聖教要如何解釋？

宗密大師評論指出儒、道二家指萬物皆以大道為本，而沒有說明其中的順逆、起滅、染淨的因緣。聖嚴法師解釋本論指出（2006，頁 104-105）此教說無法處理合理性和公平性的問題。「儒、道二教是自然主義的泛神論或唯物論，不會以人的生命現象為中心，來推求人生生死的順逆、起滅、染淨等問題的。」「泛神論者的道、天、神，只能接受人敬愛而不能被人要求，所以無法滿足人的公平待遇及因果觀念。一神論者的神、上帝，是宇宙的主宰，他有權威施恩於人，普世救人，也有權威懲罰於人，可是，人不得向神要求善惡因果的公平合理」。唯有佛教能夠合理公平地提出這些問題的解答，因為「宇宙萬物的本源，不在於眾生心外，乃在於隨著眾生心的染淨而有起滅的。這是一種因緣果報觀的真現實論，真正能夠處理宇宙萬物、形上形下、或始或終、合不合理、公平不公平的各種問題。」

2. 人天教

佛陀為初心人說三世業報及善惡因果道理。人天教說明人、天和三途的善惡果報來自修習五戒十善與否的原理。修持上、中、下的十惡之業會墮地獄、餓鬼和畜生的三途苦趣，修五常（仁、義、禮、智、信）和五戒可生人道，不墮

三途,修上品十善及布施持戒等道德行為,可生六欲天,若修四禪八定可生色界和無色界天。儒、道可歸屬於人天道,因為就實際的治世功能,儒、道的聖人設教的目的是為懲惡勸善,成聖成賢,因此與佛法並不相違。論中說:「策萬行,懲惡勸善,同歸於治,則三教皆可遵行。」佛法中的業有幾種分類(如表二),其內容可參閱聖嚴法師(2001a,頁 84-88),印順法師(2003,頁 67-80)。

表二:佛法中「業」的分類

分類原則	類別
依感果	引業、滿業
依成立	意業為故思業,身語業為不故思業
依價值分	善、惡、無記
依性質	福業、非福業、不動業
依造業輕重	定業、不定業

資料來源:本研究整理製表。

人天教以業為此身命的根本,認為各人所造的善惡業將導致相應的果報。然而人天教無法說明造業和受報者是誰的問題,也無法回答今生造業後世受報者是誰的問題,所以有必要進一步探究「業由身造?或是心造?身是什麼?心是什麼?此身死後,又由誰來受報?」(聖嚴法師,2006,頁 151)。就策勵萬行、懲惡勸善同歸於治世之道而言,儒、道、釋三教皆可遵行。

3. 小乘教

小乘教說明造業是因我執,起我愛等煩惱而啟動身、

口二業而成的,所謂惑、業、苦循環不已。此教教導眾生要知三界生死輪迴之苦,探尋苦因,並修習離苦之道,以解脫生死。

小乘教揭示身心是因緣的假合,但眾生因執著此一身心以為是我,由於珍愛寶重這個身心假合的我,因此生起貪、瞋、癡三毒,引發情意繼而發動身口的功能,造作一切善惡業,而無可逃避地遭受五道的苦樂身心正報,以及三界或勝或劣的環境依報。對於所感受到的三界果報身,再執著它以為是我,又生起三毒煩惱惑心,繼而再造業,再受報。有了果報身體,必然經歷生、老、病、死的過程,周而復始,無窮無盡,三世十二因緣說明人生死的因果與相續過程,如表三所示。所處的三界,也必然會有成、住、壞、空的過程,輪迴流轉,相續不斷。關於器世間的生成,《原人論》中小乘教與儒、道二教會通如附錄一所示。

眾生「由於有身見,便在生死之中,頭出頭沒,雖有苦有樂,卻是苦多樂少,終究是在生死的苦海之中浮沉。於是便警覺到必須要超脫三界有漏善惡,才能解決終極的問題。」(釋聖嚴,2006,頁171)因此當知苦、斷集、修道、證滅,以徹底解脫生死輪迴之苦並專志於無我觀智的修習,斷三毒等煩惱,止息諸業,證得我空真如,乃至由此證得第四阿羅漢果,灰身滅智,斷一切苦而得解脫,如表四。

表三:小乘法人根身的生死相續

三世十二因緣因果			生死輪迴過程	
支	配屬三世因果	四諦	支	業因業果的要素
無明	過去世二種業因	集諦	無明	引起貪、瞋的主力
行			行	
識	現在世所受五種果報	苦諦	識	
名色			受	
六入			愛	
觸			名色	今世造作有漏善惡諸業的工具和行為
受			六入	
愛	現在世所造三種業因	集諦	觸	
取			取	
有			有	有了滯心於三界有漏善惡的業力
生	未來世所受二種果報	苦諦	生	造作善惡三業的生命過程

資料來源:此表根據聖嚴法師(2006,頁172-173)的簡表與內容整理。

表四:小乘法的教理與修行

小乘法	對治:妄執色、心/五蘊假合人身為我	
修學內容	四諦、十二因緣、三十七道品	得證果位
解	知苦諦、苦集諦 生死流轉:三世十二因緣	阿羅漢果:證得我空真如斷盡煩惱,不再造作有漏的善惡諸業,不再接受苦樂的世間果報,出離三界正報的五蘊根身及其依報的器界環境,進入無於涅槃。(釋聖嚴,2006,頁178)
行	修無我觀智,遮斷貪等煩惱,止息有漏善惡諸業。	

資料來源:本研究整理製表。

　　宗密大師提出追問來顯示小乘教的偏淺之處。小乘教以色、心二法及貪、瞋、癡三毒為三世根身及器界的根源,但要如何保持自體沒有間斷呢?因為五識會缺緣不起,意識有時不行,無色界天已無色身,再者要如何持續此身而令之世

世不絕呢？這些問題顯出小乘教的不圓滿，有待更圓融的教理充實以解答。

4. 大乘法相教

大乘法相教以第八阿賴耶識為眾生持續流轉於三世五趣的主體，種子識是我執的本源。根身和器界是唯識所變的虛妄相。

大乘法相教宣說法界之內一切有情，自無始以來，有八種識，第八阿賴耶識為根本識，根身、器界、種子由其頓變，轉變而生的七識，都是能變的八識所現，也是其自分所緣，但其中並無實法。第七意識執著第八意識的見分以為是常是一的實我實法，這是原來不存在的妄執。由於六根的身心與六塵的器界環境互動，產生了六識。阿賴耶識的相分即其現行與種子，現行是現於本識之外的根身和器界，種子則存於本識內部，也是生滅無常的虛妄相。根身與器界是唯識所變，是說有情眾生生死流轉的主軸是為三能變，第一能變的第八識，第二能變的第七識，以及第三能變的前六識（表五）。「三能變的八個識，產生作用時，變現出來的種種相，似乎就是真的我相及法相，這些我相及法相的虛妄執著，雖在心識之內，卻由於分別、思量、計度，又像是有外境出現了。一切愚癡的有情眾生，打從無始以來，就據此而妄執為實我實法了。」（釋聖嚴，2006，頁 197）有關第八意識如何變現根身、器界和種子，《八識規矩頌》有「受熏持種根身器」的描述，可參考聖嚴法師的解說（2001a，頁 121-122）。

表五：大乘法相教

宇宙人生根源	根身與器界為識所變： 三能變的八個識，產生作用時，變現出來的種種相，似乎就是真的我相及法相，這些我相及法相的虛妄執著，雖在心識之內，卻由於分別、思量、計度，又像是有外境出現。		
法教目的	世間眾生，因為愛樂欣喜、執著阿賴耶而住於生死，佛陀說法為令眾生斷滅阿賴耶。		
我執	第六、七識		
法執	前六識及第八識		
八識	功能		別名
五識：眼、耳、鼻、舌、身識	與第六意識各別產生了別作用		了別識 第三能變
第六意識	執著第八識相分的根身器界五取蘊為我 發動身語、造業受報		
第七末那識	執持第八識見分為實我		執持識 第二能變
第八阿賴耶識 （根本識）	眾生持續流轉於三世五趣的主體	能藏：能攝藏染法種子	藏識 第一能變
	頓變根身、器界、種子	所藏：為被雜染法所熏所依	
	轉變為七個識	我愛執藏：無始以來有情執為自內我	

資料來源：本研究整理製表。

5.大乘破相教

大乘破相教是在破斥之前大、小乘教對於法相的執著，也隱密地顯示之後要開展的真性空寂之理。此教開顯身命之根本是空。

宗密大師提問：「所變之境，既是虛妄的，能變之識，豈會是真實的？」並指出大乘破相教如《中觀論》、《起信論》、《金剛經》等都破斥諸識也是假託眾緣和合，而無自

性,心與境皆空。因緣所生的事物,似有暫有、現象有,而非真有、非常有、非自性有。因為眾生起了生滅的妄念心,才見有種種法相的差別。「若能出離這種虛妄生滅的心念,就不會見一切的善惡好壞、千差萬別境界之相了。」(釋聖嚴,2006,頁233)

然而,大乘破相教還未能回答的問題是,雖說心境皆無,但知道這個無的又是誰?如果都無實法,虛妄是依據什麼顯現的呢?此有待一乘顯性教來回答。

表六:大乘破相教

宇宙人生根源	空:心境皆空。 未曾有一法,不從因緣生,是故一切法,無不是空者。因緣所生法,我說即是空。 一切諸法,唯依妄念而有差別,若離心念,即無一切境界之相。
法教的目的	離相:凡所有相,皆是虛妄,離一切相,即名諸佛。 心真如性,是不生滅的,是沒有差別的,之所以凡夫執著有一切諸法的各種境界,只因起了生滅的妄念心,才見有種種法相的差別,若能出離了這種虛妄生滅的心念,即不會見有一切善惡好壞、千差萬別的境界之相。
境空	萬法唯識:虛妄的八識種子,現行而為五蘊、十二處、十八界的外境。唯識法相既然承認所變的根身、器界為虛妄,能變的八識種子豈會是真?既不是真,又何能回轉為真?諸識亦是眾緣生法,並無識的自性可言。
心空	三界唯心:三界的虛妄境界,唯分別的妄念心所造。 一切諸法,唯依妄念而有差別,若離心念,即無一切境界之相。

資料來源:本研究整理製表。

6. 一乘顯性教

一乘顯性教「直顯如來真性,亦名法性,一切萬法皆

是由此如來的真性所展現，一切萬法也皆入於此如來的真性。」（釋聖嚴，2006，頁258）

一乘顯性教開示「一切有情，皆有本覺真心，從無始以來，就是常住清淨，昭昭不昧的，就是了了常知的，這個本覺心，亦名為佛性，亦名為如來藏，由於打從無始以來，久被妄想翳覆，所以有情不自覺知而但認得凡夫性質，因此耽著於煩惱結業，而受生死苦報。大覺世尊憐憫有情，說一切皆空；又開示有情的靈覺真心，說其清淨，全同諸佛。」（釋聖嚴，2006，頁241-242）

《原人論》論主評論到：「我等歷劫以來，未能遇見真宗，不解如何返回自己原有的佛性之身，但知執著虛妄之相以為我身，還甘願認定下劣的凡類幻質之軀為自身，或為畜生，或為人。今依華嚴至教，來考究此身，方自覺知，本來是佛。因此必須行依佛行，心契佛心，返還本源心地，斷除凡夫的習性。因此，不可不知：不論是迷時的眾生，以及悟後的諸佛，都是同具一個本覺真心。這真是偉大而又絕妙的法門！至此才是探究人之根本源頭的至極之說。」（釋聖嚴，2006，頁243-244）如表七。

表七：一乘顯性教

宇宙人生根源	本覺真心：佛性、如來藏。 一切萬法皆是由此如來的真性所展現，一切萬法也皆入於此如來的真性。 久被妄想翳覆，不自覺知本具佛性，但認得凡夫性質，執著虛妄之相以為我身，因此耽著於煩惱結業，而受生死苦報。大覺世尊憐憫有情，說一切皆空；又開示有情的靈覺真心，說其清淨，全同諸佛。

| 法教的目的 | 依華嚴至教，來考究此身，方自覺知，本來是佛。因此必須行依佛行，心契佛心，返還本源心地，斷除凡夫的習性。……因此，不可不知：不論是迷時的眾生，以及悟後的諸佛，都是同具一個本覺真心。 |

資料來源：本研究整理製表。

7.本末會通

本末會通是將佛法的全體，由最高的一乘顯性教層層往枝末的四教推展，說明根身和器界的種種現象，整理如表八。

表八：一乘顯性教與大、小乘不了教以及儒、道的會通與融攝

	一乘顯性教		
	不生不滅、不增不減、不變不易		
大乘破相教	真如隱覆：如來藏	生滅妄想心	
	阿賴耶識		
	覺	不覺	
大乘法相教	轉識成智	能見之識	所見境界相
		法執	
小乘教	證阿羅漢果，出三界	我執	
		貪、瞋、癡	
人天教（會通儒、道：自然大道屬一念能變見分。所稟之元氣，亦為心之所變，阿賴耶相分。）	得生人、天，不墮三途	惡業	善業
		中陰，入母胎	
		稟氣受質	
		三途	人（天等）
			色	心
			頓具四大漸成諸根	頓具四蘊漸成諸識
			十月滿足，生而為人	
			滿業果報	
			善業：仁、施、敬	惡業：殺、慳、慢
			福報：壽、富、貴	罪報：夭、貧、賤

資料來源：本研究整理製表。

此部分「在節節會通以上的五教,乃至儒、道二家,是以第五的一乘顯性教為本,因為是『萬法唯心』所現,是從性顯現。唯心的心,在凡夫是八識虛妄心,在諸佛是真如心,又名真常心;從性顯現的性是佛性,又名如來藏。」「以前四教及儒、道二教為枝末,以一乘顯性教為根本。《原人論》雖將儒、道二教列於佛門的五教之外,然其目標,是要將內外諸教,全部攝歸一真法界的心真如門。因為《大般涅槃經》說,一切眾生悉有佛性,豈能說儒、道二教之人沒有佛性;若對今日世界多元宗教的社會環境而言,此一思想正是最具說服力的,也是最具包容性及適應性的。」(釋聖嚴,2006,頁287-289)。附錄二整理聖嚴法師(2006)《原人論》語體譯說明會通本末的內容。在此也以聖嚴法師(2001b)精要的說明來理解本末會通的整體佛法大意:

　　佛教的唯心是從已經解脫了的佛菩薩的立場而言,認為世間一切現象都是佛的心中事物,所謂眾生是諸佛心內的眾生,諸佛是眾生心內的諸佛,此「心」即是佛與眾生平等同有的真如佛性。所謂唯識,則是從凡夫眾生的立場而言,每個眾生從無始以來,由於無明煩惱而有生死活動的現象,有了生死活動就有人我之見的分別執著,由此而造業受報。所造之業不論是善、是惡,是無記,都有它的力量,稱為業力或種子,也就是業因。種子和因所集合成的中心稱為識,梵文叫「阿賴耶」,也就是藏識的意思,它儲藏著這些種子,然後再由種子而現行,即是果報的顯

現。由此可見,佛教的唯心也好,唯識也好,都是說明諸佛菩薩以及一切眾生在世間活動的現象;而這些現象都是變化不已,只是暫時的有,並非持續的有,佛教名之為「空」,或叫「諸法空相」,又叫「空性」。(釋聖嚴,2001b,頁243)

(三)小結

由上可知,宇宙人生的根本是佛性,也就是清淨的真如心,因此佛法強調對「心」的認識與轉化,若要改善所處的環境,必須從心開始,否則捨本逐末,難收實效,甚至會墮落於三途。如《原人論》中宗密大師的勸勉:「若欲成佛的話,必須洞明心識之麁細,以及五教之本末,方能棄末而歸本,方能反照心之源頭。當在六麁盡而三細除之時,便是靈性顯顯,無法不達,即名為法報身佛,又能自然而然地應現無窮,即名為化身佛了。」

三、當佛法遇上經濟學

本節探討經濟學與佛法可以如何地連結和會通,以米塞斯的著作(1949;2018)做為佛法與經濟學對話的對象。

論文中先摘要米塞斯書中的部分論點,再以佛法進行觀照基本的經濟概念,希望透過佛法倫理價值觀而能夠在個人行為上起引導的作用。也藉助經濟學對於外在經濟現象的洞察,讓佛法的正見可以切入其中,使受到扭曲的市場力量得以導正。

（一）狹義經濟學的範圍是在分析市場現象

米塞斯（Mises, 1949；謝宗林譯，2018）認為經濟學的範圍很難精確界定，有些學者根據引起行為的動機，有的是根據行為要達到的目標，例如，物質的動機，或是理想的動機，然而，都無法劃分出明確的界線（頁303）。他定義狹義經濟學主要是分析市場上交易的那些商品與服務，看它們的貨幣價格是如何決定或形成的。米塞斯認為行為的動機與目的對於研究所有商品在市場上的實際價格是無關緊要的。經濟學對於行為人想要達成的目標或目的保持中立，不表示可否，只針對行為人所選手段是否可達成目的，建立因果關係，或看出謬誤，例如，若勞工想要為所有渴望賺取工資者提高工資率（目的），經濟分析得到的結論是，工會理論（手段）並不是一個適當的手段（頁999）。

這一門知識的任務是研究市場現象，亦即，研究市場上買賣的那些財貨與服務彼此的交換比率如何決定，研究這些交換率如何根源於人的行為，這些交換率又如何影響後來的行為。然而要精確界定經濟學的範圍，卻是一個錯綜複雜的問題，其原因不在於它研究的現象、範圍不確定，而在於要解釋市場現象，事實上必須跨越市場和市場交換的範圍。（Mises, 1949；謝宗林譯，2018，頁303）

經濟學是一門理論性科學，因此避諱任何價值判斷。告訴人們應該追求什麼目的，不是它的任務。它是一門研

究手段科學,研究什麼手段適合用來達成人們所選定的目的;它肯定不是一門研究如何選擇目的的學科(Mises, 1949;謝宗林譯,2018,頁40)。

佛法關切行為的善惡動機與行為形成的業力,以及遭受的業果,也重視行為是否符合學佛的最終目的。在市場上交易行為不僅須符合現實社會的法律規範以及普世價值外,也要符合佛法的倫理價值觀;交易過程不只是生存、生活的問題,更需要考慮的是,經濟活動是否有助於身心永續發展,是否能夠離執,達成長養慈悲與智慧的學佛目的。市場決定的價格並非交易行為的所有報酬或是代價,佛法關心行為所留下的業力,這會引發未來的業報苦樂。趨樂避苦是眾生的天性,若要真正的離苦得樂,首先要辨識苦樂是什麼,以及學習離苦得樂的方法。以下我們會進一步詳述學佛者正確的經濟行為的原則。

(二)市場經濟的特徵是生產手段私有制下的自動社會分工體系

米塞斯指出有兩種社會分工合作的方式,一是採行個人自由參與,一是依照一個人或極少數人的意志去命令絕大多數人服從來達成。前者仰賴生產手段私有制,稱為資本主義市場經濟,後者將生產手段社會所有制,一般稱為社會主義、共產主義、計畫經濟,或國家資本主義,屬於非市場經濟,這是一種沒有市場的社會合作。(Mises, 1949;謝宗林譯,2018,頁331-332)

市場經濟運作的特色是個人自由。市場經濟中生產要素的擁有者自由交換原料、設備和勞動，企業家控制生產過程，生產消費者需要的東西，雙方自由地根據自身的利益，透過貨幣進行間接交易，交換的過程也確立了交換率。交換的結果是互利的，自己在滿足自己需要時，同時也滿足了對方需要。市場經濟分工的結果是彼此各取所需，互增利益。米塞斯描述市場運作如何引導個人進行互利的分工：

> 　　每個人都為自己利益而行為，但是每個人的行為除了滿足自己，也滿足了別人的需要。每個人在行為中幫助同胞，而另一方面，每個人也獲得同胞的幫助。（Mises, 1949；謝宗林譯，2018，頁331）

> 　　這個分工體系接受市場操控、引導。市場引導個人活動進入對別人的需要最有效用的路徑。每個人都是自由的；沒人必須服從他人的命令。個人出於自願和別人合作，把自己融入社會合作體系。市場引導他，向他透露：他該怎麼做，除了最適合增進別人的幸福，也最適合增進他自己的幸福。（Mises, 1949；謝宗林譯，2018，頁331）

　　市場是一個過程，是眾多分工合作的個人行為、相互作用所驅動的一個過程。市場狀態是不斷變化的；人們個別的價值判斷，以及這些價值判斷所引發的個人行為，是決定市場狀態的力量。任何時刻的市場狀態，是指當時的價格結構，亦即，渴望買賣的人們彼此互動所確立的所有交

換率。……市場過程完全是眾多個人行為的結果。每個市場現象,都可溯源至市場社會成員的某些確定選擇。

市場過程是市場社會眾多個別成員為了適應互相合作所進行的行為調整。市場價格告訴生產者生產什麼、如何生產和生產多少。(Mises, 1949;謝宗林譯,2018,頁332)

佛法關心在市場中販賣的商品對於消費者的身心永續發展是否有利,生產過程是否產生汙染而影響生態。消費者是否能夠明辨商品對自己的身心有正面的效用,若選對了商品,會引導企業家將資源導向清淨的用途上。然而,市場價格無法引導個人做有智慧的選擇,而佛法的觀念可提供個人價值觀的指引。

在自由市場中,行為除了受到市場力量以及政府或社會制度的外在規範約束外,個人的道德自律可以使資本主義市場經濟最為人詬病的「制度性貪婪」(institutionalization of greed)受到根本性的約束(Magnuson, 2022, p. 41),而減少投機性經濟事件的發生,避免經濟不必要的動盪和引發經濟危機。市場也許能夠提供夠多的商品,但無法保證這些商品是否都是有益身心永續發展的東西,個人的明智選擇才辦得到。佛法的價值觀能引導個人從事良善的交易,使市場具備良善的效率性。例如,詹場(2018)以佛法「無常觀」、「因果觀」及「慈悲觀」洞察股票市場的價格行為和效率性,闡述金融危機的發生與投資人遭受損失根源於「貪欲」、「瞋恚」、「愚癡」及「恐懼」。論述「慈悲觀」與「因果觀」可以根治「逆選擇」、「道德風險」、「利益衝

突」、「代理問題」、「搭便車」等阻礙金融市場發揮良善功能的問題。

（三）市場交換中的角色功能

米塞斯指出，經濟理論使用企業家、資本家、地主、工人和消費者這些名詞，代表市場操作中一些不同功能的化身。任何一個行為人，可以兼具這些不同的功能於一身。（Mises, 1949；謝宗林譯，2018，頁 324-328）

1. 生產過程的參與者

企業家（或首倡者）的功能，是把生產要素配置到各種特殊用途的那個人，他控制生產過程，調整生產、盡可能供應消費者最迫切需要的財貨。企業家出於他想賺取利潤和累積財富的私利考量，他以提供消費者最好的服務來取得成功；他的利潤取決於消費者贊同他的作為。在市場上企業家是領頭羊，推動市場，使之趨向不斷創新、改善。

資本家以貨幣貸款的方式借給沒有資本的企業家，使其得以購置生產工具，進行企業活動（Mises, 1949；謝宗林譯，2018，頁 326）。地主是土地的所有人。此二者是生產工具（資本財或土地）的所有人，賺取本源利息（Mises, 1949；謝宗林譯，2018，頁 327）。

勞動者是某些天生能力的所有人，其固有的能力，是一種生產手段，比較適合某些種類的工作，比較不適合另外一些種類的工作，而完全不適合其餘的工作。工人是指行為人利用人的勞動做為生產要素的這個面向（Mises, 1949；謝宗林譯，2018，頁 327）。

2. 消費者——權力至上

市場經濟中，消費者購買企業家生產的商品，然而，企業家須聽命於消費者來決定要生產什麼，如何生產。因此，消費者是消費財價格以及所有生產要素價格最終的決定者，也決定經濟中成員的所得。消費者可以決定企業家、資本家、地主是享有利潤或蒙受虧損，以及哪些工廠或勞動者可以留在市場，哪些是必須離開。

> 在市場經濟裡，管理所有經濟事務，是企業家的任務，他們控制生產過程。然而，他們必須無條件服從消費者，決定必須把什麼生產出來，既不是企業家，也不是農夫或資本家。做這種決定的，是消費者。如果某位商人不嚴格遵守消費大眾以市場價格結構傳遞給他的那些命令，他就會損失、就會破產。取代他的，會是對消費者的需求滿足得比較好的人。消費者的買不買，決定了誰該擁有並經營工廠與農場。消費者使窮人變富，也使富人變窮。他們嚴格決定該生產什麼東西、什麼品質和什麼數量。他們是無情、自私、自利的老闆，滿腦子反覆無常的奇怪念頭和幻想，隨時可變、且無法預測。對他們來說，什麼都不重要，除了自己需求的滿足。（Mises, 1949；謝宗林譯，2018，頁343）

> ……消費者可以放縱自己的任性與奇思怪想。但是企業家、資本家和農夫不可以隨意行動。他們在生意操作方面必須順應消費大眾的命令。……資本家、企業家和地主只

能以最佳方式滿足消費者的命令,藉以保持和增加自己的財富。(Mises, 1949;謝宗林譯,2018,頁 344)

消費大眾不僅是消費財價格的最終決定者,同樣也是所有生產要素價格最終決定者。他們決定市場經濟裡每一個成員的收入。……有人把市場稱為一個民主體制,每一分錢都有權投下一張選票。……在市場上,消費者投下的每一張選票,都不會是無效的;花出去的每一分錢,都發揮影響生產過程的力量。……富有,在一個純粹的市場經濟裡,是以最佳方式成功滿足消費大眾需求的結果。一個富有的人,只有繼續以最有效率的方式滿足消費大眾,才能保持他的財富。(Mises, 1949;謝宗林譯,2018,頁 345)

在市場經濟運作中,資產階級,只有在一種情況下,不完全受制於消費大眾的最高權力:「獨占性價格侵害消費者至上的權力。」(Mises, 1949;謝宗林譯,2018,頁 345)

3. 學佛者如何做好每一種角色

每個人都會在市場交易,至少會是消費者的身分,其中有些人也在生產過程中扮演某種角色,可能是勞動者,可能是資本家,可能是地主,或是企業家。如果他剛好是學佛者,除了在市場上取得報酬外,他如何根據佛法來行為呢?由前一節《原人論》得知佛法教理的深淺層次,而修行關鍵在於「心」的轉染成淨,由迷向悟。至於如何運用佛法修行,根據發心不同,有不同的修持方法;印順導師(2003)

開示有三種不同的學佛發心,包括:增上生心、出離心、菩提心。根據印順導師《成佛之道》的內容,我們將這三類發心者,所需具備的正見與正行,彙整於表九。以下略述這三類人可以如何扮演經濟生活上的角色。

表九:成佛之道修行的層次

成佛之道	五乘共法	三乘共法	大乘不共法
依下起上 依上攝下		建立在五乘共法的基石上,成就人天功德,進修出世間三乘共法。	在人、天、聲聞、緣覺乘的共德上,進明佛菩薩的因行果德。
法門	人乘、天乘、聲聞乘、緣覺乘、菩薩乘	聲聞乘、緣覺乘、菩薩乘	菩薩乘
發心	增上生心	出離心	菩提心
中間目標	人天福報,不落惡道。	了脫生死,得涅槃的解脫樂。	行菩薩道
目的	求人而得人, 修天不生天。 勤修三福行, 願生佛陀前。	迴入於大乘	成佛度眾生,得最極究竟的大涅槃樂。
修行重點	離惡行善: 諸苦由惡業, 樂由善業集。 苦樂隨業盡, 修善宜積極。	一切行無常, 說諸受皆苦; 緣此生厭離, 向於解脫道。 破我:無我解脫。	斷一切見: 盡一切戲論。
理解—正見	世間正見	出世正見	出世正見
	正見有善有惡 正見有業有報 正見有前生,有後世。 正見有凡夫,有聖人。	正見四諦:苦集滅道。 正見緣起法:十二因緣甚深般若。 緣起義甚深——此有故彼有,此生故彼生;無常空無我,惟世俗假有。	眾生有佛性: 理佛性、 行佛性

		此無故彼無，此滅故彼滅；緣起空寂性，義倍復甚深。 緣起中道義，不著有無見，正見得解脫。	
行為—正命	三福業	三學八正道	六度四攝
	布施：物資的布施。 持戒：克己以利他。 修定：不著欲樂、不散亂。	三增上學： 增上戒學、 增上心（定）學、 增上慧學	六度： 布施、持戒、忍辱、精進、禪定、般若
		八正道： 正見、正思惟、正語、正業、正命、正精進、正念、正定	四攝： 布施、愛語、利行、同事

資料來源：內容摘錄自印順導師（2003），本研究整理製表。

（1）以人天福報為目標——增上生心

此種學佛者，希望獲得現生樂，更求來生樂，願未來生天或生人間。為了能如願，必須勤修三福業——布施、持戒、修定。因為人生物質的福樂，來自物質的資生具，而資生具依於布施的福業。因此可知，個人從事生產活動以獲取金錢利益為目的之外，也要多布施，廣種福田。然而，比布施更難得的是持戒，例如，持守五戒，行十善業，力行止惡行善，經濟活動必然良善，未來將獲人、天善果。印順導師以下的開示清楚指示了良善經濟活動的原則：

> 衣食住行等一切經濟生活，合法的得來受用，就名為正命。正常的經濟生活，是非常重要的；大部分的罪惡，都是從經濟生活的不正常而來。學佛的在眾，不但要是國法許可的，而且還要不違佛法的。如以殺生（如屠戶、獵

戶等)、盜、淫(如賣淫,設妓院等)、妄語(以欺騙為生,走江湖的,多有這一類)、酒(如釀酒,設酒家等)為職業的,佛法中名為不律儀,是邪命,障礙佛法的進修。出家眾,凡依信眾布施而生存的,是正命。如兼營醫(完全義務,不犯)、卜、星、相等為生,或設法騙取信施,就是邪命。如法的經濟來源,不奢侈不吝嗇的消費態度,是正命。要這樣,才能與佛法相應,否則人身也許不保,還說得上了生死嗎?學佛法,一定要職業合法,寧可短期內因職業改變而受到苦痛,決不能長此邪命下去,自害害人。(釋印順,2003,頁65)

除了布施和持戒的福業外,修定可以對治欲樂的貪求心以及散亂心,「修定才能不受欲樂的繫縛,不為散亂所嬈亂,心地明淨安定,而有自主的自由。」(釋印順,2003,頁118)因此市場的參與者不會對於金錢財富貪戀追逐,成為奴隸;修定使心安定,個人在營利事業或工作上更能做出明智的決策,生活中能避免盲目和過度的消費模式。

(2)以了脫生死得涅槃的解脫樂為目標——出離心

除了上述人天福報的行持之外,個人若能進一步認識到世間的一切,是不永恆的,不徹底的,不自在的,也就是世間——眾生是苦的,就能引發出離心,向於離欲及解脫。此等發心的人,會勤修戒、定、慧三學與八正道,因此對於經濟活動逐利的行為會減少或甚至避免。

(3)以上成佛道,下化眾生的目標——大菩提心

若學佛者在以上的共德上,發上求下化的大菩提心,

可以進修佛菩薩的因行。所謂「菩薩之所乘,菩提心相應,慈悲為上首,空慧是方便。依此三要門,善修一切行;一切行皆入,成佛之一乘。」(釋印順,2003,頁272)可知不論是企業家、資本家、勞動者、地主、消費者的所有經濟行為都根據這三要門行事。例如,勞動工作時,首先要與菩提心相應,個人工作是為了上求下化的志願,同時也要從慈悲心而勞動,再者勞動要三輪體空,沒有勞動者,沒有為誰勞動,也沒有勞動這件事,因此勞動能讓人練習無所著,和體驗工作即修行的不二態度。

(四)經濟行為的原理

1. 行為的通則

(1)行為

米塞斯對於行為的定義有以下的描述:有意的動作;意志付諸實施,成為手段,去達成目的;自我對外來刺激,或外在情況所做的有意義的反應;個人有意識的自我調整,藉以適應制約其生命的宇宙狀態。行為不只表示偏好,行為人選擇、決定,並努力要達到某一目的。在兩件不可兼得的事物當中,選擇其一、而捨其他。(Mises, 1949;謝宗林譯,2018,頁45-47)

促使一個人有所行為,有三個先決條件,亦即,感到不適的感覺,想到某個更滿意的情況,預期有意的行動能夠去除或減輕自己感到的不適。(Mises, 1949;謝宗林譯,2018,頁48)

佛法中代表「行為」的觀念是「業」,是指動作,由意

志力推動（釋印順，2003，頁69）。根據表二，業有幾種分類的概念，「身業、語業、意業」；「善業、惡業、不動業」「福業、非福業、不動業」，善（福）、惡（非福）業能招感欲界生死，不動業是與禪定相應的業，能招感色界和無色界的生死。（釋印順，2003，頁156）善業又分為無漏業和有漏業；無漏業，是指修行佛法以離苦得樂，依照三十七道品，次第修習，而能斷除煩惱，得究竟解脫。有漏業是修人、天善法，在人間或天上享受福報。（釋聖嚴，2011，頁125-126）「引業、滿業」是從受報五趣和勝劣情況分，引業能招感五趣的總報，滿業能招感五趣的別報。「定業、不定業」是以造業輕重程度分別，定業是造作重大的善、惡業，必定會受特定福報或苦報的因；不定業是善業或惡業由於業力微弱，不必感受果報，屬於滿業。（釋聖嚴，2001，頁86-88）

因為佛法的目的在消除惑、業、苦的循環，因此非常關心行為的善惡因緣和因果關係。要注意的是，佛法的因果和因緣關係主要是針對人，而非物質現象的因果關係，例如，十二因緣說明人的生與死的前後關係。（釋聖嚴，2001b，頁244）

（2）手段與目的的因果關係

行為追求的結果，稱為行為的目的或目標（Mises, 1949；謝宗林譯，2018，頁135）。行為學和經濟學並不評論行為人的價值判斷，視行為的最終目的，總是在於滿足行為人的欲望，因此對於目的的具體內容保持中立（Mises, 1949；謝宗林譯，2018，頁49）。

行為的最終目的，總是在於滿足行為人的欲望。要分辨較多、較少的滿足，沒有別的標準，除了個人的價值判斷；這個價值判斷，人人不同，即便是同一個人，也會因時、因地而異。究竟是什麼會讓一個人覺得不適或較少不適，是由這個人根據自己的意志，和判斷標準來認定的，也就是由他根據自己主觀的價值排序來認定。（Mises, 1949；謝宗林譯，2018，頁 49）

　　手段，是指有助於達到任何目的或目標的事物。把外在事物轉變為手段的是人的意圖和行為。例如，經濟學中財貨（goods）或服務可以是滿足人需要的手段，或是需要其他財貨或服務互補配合間接滿足需要的手段。手段必然總是有限的，這是說從有意使用某一手段的人所期待於該手段的服務而言，數量總是缺稀的。（Mises, 1949；謝宗林譯，2018，頁 135-137）

　　手段，是指有助於達到任何目的或目標的事物。嚴格來說，我們這個給定的宇宙裡，不存在手段；在這宇宙中，只有事物。一件事物將變成一個手段，如果某人的理智打算利用該事物以達到某一目的，而該人的行為，基於這個打算，也真的使用了它。運用理智思考的人先看出一些事物的功能，知道它們能幫助他達到目的，而該人後來的行為則使它們變成手段。在這裡，頭等重要的是，必須知道：這外在世界的一些成分，只有透過人心操作和人心的衍生物──人的行為，才會變成手段。（Mises, 1949；謝

宗林譯，2018，頁 135）

經濟學是一門研究手段的科學，研究什麼手段適合用來達成人們選定的目的。然而，行為學不處理行為的最終目的，對於目的，行為學和經濟學保持價值中立。行為學的一切發現，對各種行為，不管目的為何，都同樣有效。（Mises, 1949；謝宗林譯，2018，頁 48-49）

行為的必要條件是行為人預設因果關係，亦即預設某些手段可以達成目的。人要有所行為，必須知道某些事件、過程或事態之間的因果關係，亦即知道必須在什麼地方，怎樣出手干預，才能改變事態的發展，從沒干預時，事態原本會繼續的方向，轉移到一個比較符合願望的方向（Mises, 1949；謝宗林譯，2018，頁 57-58）。可知，經濟學的因果關係是手段與目的而論的，關注外在的因果現象，與佛法著重人心不同。

（3）價值排序──選擇

米塞斯認為行為的目的或目標都是想減緩某種不自在的感覺或不適感。行為人會選擇一些手段來達成此種目的。所謂的手段是指有助於任何目的或目標的事物，這些事物透過人心的操作及人的行為成為手段。行為人想要知道，它必須怎樣利用可供使用的手段，以便最佳可能地或以最經濟有效地去除他所感覺到的不舒適。

個人對於不同的選擇機會中，會偏好其中一個，而捨棄其他。選擇是根據價值排序的高低來做取捨。當行為人在安排行為時，心中會有一價值或需要的排序。他會去滿足一個

較高的價值,或者滿足最迫切的需要,而捨棄較低的價值不予滿足,或捨棄較不迫切的需要不予滿足。

各種手段的價值,則是按照它們對最終目的的達成有多少貢獻,而推演出來的;某一手段的價值評估,是從該手段適合用來達成的哪些目的的價值評估引申出來的。對個人來說,各種手段的重要性全在於它們讓他有希望達成一些目的。價值不是固有的,不是事物內在的什麼性質。價值存在於人的心中,是人對環境情況進行反應的方式。價值反映在人的行為上。(Mises, 1949;謝宗林譯,2018,頁138-139)

價值排序取決於各人的價值觀,而個人的價值觀如何建立呢?學佛者的正當行為是根據對佛法的正見而產生的,若能有正確的人生觀,如《原人論》、《成佛之道》所揭示的知見,就能具備明確的行為價值判斷,和正確的選擇。學佛者能深知善惡業的因果關係,就能有明智的抉擇力。

根據學佛發心的不同,所修學的世間和出世間正見,幫助學佛者能明辨善惡行為的功德與過患,因此可做為個人建立價值排序的基礎。我們依照學佛的三種發心分別陳述正見如下:

A. 以人天福報為目標——增上生心

佛說的世間正見有四類:正見有善有惡,正見有業有報,正見有前生、有後世,正見有凡夫、有聖人。所謂的善惡根據自心的清淨與否,以及行為對於他人的利損來判斷。自心清淨,行為利他則為善,反之則惡。業報是善惡行為的價值,行善感得樂報,做惡則得苦報。學佛者也能信受有前生與後世,在做價值判斷時,能善觀察行為的短期與長期的

效果。最後則是確信有凡聖的差別,凡夫在六趣中不停地生死流轉,苦不堪言,然而,轉凡成聖的解脫生死是可能的。

可知,正見指引個人的排序原則必然是擇善、擇聖而為。經濟行為的買、賣交換,不僅考慮到金錢的價格問題,以及行為達成的眼前利益,也必須考慮行為後續所可能產生的連鎖效果,簡言之,違反五戒的交易絕對不做,與十善相應的交易則應為。

B. 以了脫生死得涅槃的解脫樂為目標──出離心

出世解脫道的正見為四諦和緣起法。能夠正見苦、集、滅、道的世間、出世間二重因果,以及正見十二因緣法,亦即甚深般若,正見緣起的甚深義,「此有故彼有,此生故彼生;無常空無我,惟世俗假有。此無故彼無,此滅故彼滅;緣起空寂性,義倍復甚深。緣起中道義,不著有無見,正見得解脫」。

學佛者能明辨致苦的相貌和致苦的業因,必能選擇厭離苦因苦緣,避免會增長無明和貪愛的行為,勤修三學八正道。簡擇經濟行為時,除了依照上述所說思惟業果關係,也觀照心的運作,對於苦樂的感知,對於外在事物的好惡程度(偏好),正念觀照六根與六塵的接觸,以四念處──觀身不淨,觀受是苦,觀心無常、觀法無我,來降低對我的珍愛與執著,如此可以降低物欲和金錢的貪愛,將重心放在與解脫道有關的活動上。

C. 以上成佛道,下化眾生為目標──大菩提心

學佛者了知自己和眾生皆有佛性,只要修行菩薩道,最終必然能成佛。如〈四弘誓願〉所說,有關度眾、斷煩惱、

學法門、成佛道無量無邊的事業,都會積極參與。饒益有情利他的事必然排在自利事務之前,捨己利人的事會盡力而為在所不惜。經濟行為以利他、服務為指導原則,例如,工作、經營事業以合法經濟獲利為基礎,並大力回饋社會,擔負更多的社會責任,救濟弱勢。

(4)行為即交換

行為是一種取捨、交換的意思,是指在兩個選擇機會中,會挑選令人感到比較滿意的機會。那個被捨棄的事物的價值稱為成本。所謂行為的利得是達到目標的價值與成本的差距,這是行為人幸福增加,純主觀的心理現象。

> 「行為是一個嘗試,嘗試以一個比較滿意的事態取代另一個不滿意的事態。」此故意引起的改變稱為交換。「為了得到某個比較滿意的事物,比較不滿意的事物捨棄了。那個捨棄的事物稱為代價。」「這代價的價值,稱為成本。所需付出的那個代價的價值(實際的成本),和所達到的那個目標的價值,兩者之間的差距,稱為利得、利潤或淨收益。這個最原始意義的利潤概念,是純主觀的,是行為人幸福感的增加——一種既不能測量,也不能秤重的心理現象。」(Mises, 1949;謝宗林譯,2018,頁140-141)

學佛者以佛法來衡量何者當為何者不當為,並非以個人的喜好厭惡的感覺或情緒做為判斷。所謂的成本或價值,利益與行為的善惡特性有關,因為不同的業因,會得不同的業

果。三十七道品中七覺支的擇法覺支可以幫助學佛者依智慧簡擇法的真偽，取真實而捨虛妄。聖嚴法師（2004）開示擇法覺支是根據四聖諦來簡擇善不善法：

> 擇法覺支，依智慧簡擇法的真偽，取真實而捨虛妄。也就是依四聖諦法，如實簡擇而得道法無漏——簡擇善法、不善法。
> 擇法，是依據釋迦牟尼佛所說的觀念和方法，做為基本原則，來簡擇修行的方法。知道簡擇，才會知道修行是否正確。如果不知道方法和觀念的正確或錯誤，修行不可能離苦得樂，反而會招致更多的煩惱與痛苦。
> 擇法覺支的法，是指真實法或虛妄法，善法或不善法。善與不善，有分世間及出世間兩類。世間的善法是五戒十善，不善法是五逆十惡；出世間的不善法是諸煩惱心，善法是道品次第的解脫法。
> 此處是指對於出世間的善、不善法，如果能夠清楚地了解，辨識離開煩惱的虛妄法，而朝真實的解脫法努力，或者是離開不善法而朝著善法的方向走。依四聖諦法，從愚昧走向智慧，從瞋恨走向慈悲，從執著走向解脫；也即是從世間苦集的有漏因果，轉化為出世道滅的無漏因果。如果能夠隨時如此抉擇，就是步步接近解脫的道路。（釋聖嚴，2004，頁 31-33）

（5）小結：行為概念的比較

表十比較上述有關「行為」在行為學和經濟學以及佛

法中的概念和特徵。在行為學和經濟學探討的人類行為概念局限是由「意志」推動的動作,不包括「本能」(Mises, 1949;謝宗林譯,2018,頁63)。行為涉及偏好、價值排序、取捨、選擇等特性,經濟學對這些概念都採主觀主義,尊重行為人的價值取向,不予評斷。然而,在佛教中對於行為有倫理價值的客觀原則,特別是推動身、口的意志,亦即「心」的行為,是焦點所在,因為「心」是眾生上升或下墮的源頭,如前文《原人論》所說。

表十:行為概念:經濟學與佛教的對照

經濟學概念	佛教概念
行為: 有意的動作	業:動作,意志力推動的 第六識透過身、語表現於外(第七、八識同時作用),其功能: 1. 了別:六種識與外境接觸,有了「了別之思」。心知於己有益或有損,有利者立即身、語回應,有損者立即以身、語抗拒。 2. 審慮:遇到繁複重大境界時,第六意識必於此當前的境界,生起「審慮知思」,衡量其利害、輕重、得失、是非,以及採取何種必要行動的次第先後。 3. 決定:審慮之後,起「決定之思」,下定決心,採取一定的身業、語業來完成其行動,以因應處理當前境界的狀況。 4. 謀斷:第六意識所起的「謀斷之思」,即是意業對於某一境界的完成。(釋聖嚴,2001a,頁84-86)
意志	遍行心所——思 造業的心所是「思」。思心所法生起時,後面的心所法也隨之而起,故思心所是所有心所中最強的一個,它能推動心與其他的心所法造業,故它是「令心造作為性」。與其他的心所法同時生起時,便會起善惡的造作。(釋繼程,2009,頁86-87)

偏好	**別境心所——欲** 「於所樂境，希望為性」 欲望生起時，發生在自己所喜歡的外境，並不是任何時候都有。對外境（色、聲、香、味、觸、法塵）的喜愛或不喜愛，與我們的習氣有關。當欲望心所生起時，就會有勤依的業用：對某種外境有了希望，就希望那種境持久。勤的作用依欲望而有，有欲望才會有追求。欲心所法不屬善，亦不屬惡。隨它而起的心所是善或是煩惱心來決定它的善惡。（釋繼程，2009，頁 88-89）
選擇，取捨	**別境心所——慧** 「於所觀境，揀擇為性」。 所觀境即對某一件事物或事理加以觀察。慧是對所觀的境生起揀擇的作用並加以揣度。慧也會與染慧一同生起，因為觀境有了問題。佛法的聞、思、修三慧是正的，如所觀的是無常、苦、空的正理，所得的智慧就一定是正的；若所聽或所觀的是錯誤的，如外道觀有「我」而接受了「我」的觀念，便會對世界起常、樂、我、淨四種顛倒的見解。有了這些觀念，又對這些境加以思考，所得的慧即是顛倒的，也屬於煩惱心所法裡的惡見或邪見。由此可知，揀擇時所起的見解若是不正確，所得的結果也將不正確。佛陀為了使眾生除去顛倒，所以教令修四念處。依四念處住時，世間的見解就能正確。見解是引導我們走路的眼目，沒有正見，所走的路就會變成邪道，所以佛陀很強調正見。八正道裡第一個就是正見——四念處的觀察，使我們知道世間是無常、不淨、苦、無我的；如果能把心安住在這四種念，心有就能安住佛法了。依正念（四念處）而行，可得正定，進而得到正慧，這三者的關係非常密切。有了這樣的觀念，以後不論做什麼事，正慧都會幫助抉擇。慧心所法，「以斷疑為業」。（釋繼程，2009，頁 96-99）
努力達成目的	**善心所——精進** 「於善惡品，修斷事中，勇悍為性」 對善的應修，對惡的應斷。當我們在實踐行善止惡時，最重要的是以勇悍的力量來自行策化，以無懼的精神與刻苦耐勞的力量行善法。因為「勇」猛的力量，能打倒我們的懶惰使往上進；「悍」能使心堅固，使我們不屈不撓地一直向前、向目標行去。（釋繼程，2009，頁 117-118）

表十（續）：行為概念：經濟學與佛教的對照

	經濟學概念	佛教概念
行為的目的	減輕或去除不適感	離執去障
對目的的態度	採主觀主義： • 由行為者決定，經濟學保持價值中立，不予評斷。 • 只關切選用的手段是否合適達成選定的目的	明辨業的果報： 佛法關切行為是否能消除惑、業、苦的因果循環
行為的三個先決條件	感到不適的感覺	遍行心所 作意：注意 觸：根、境、識三者和合的心理感覺。 受：感情，感受苦、樂、捨等三受及五受（苦、樂、捨、憂、喜）。
	想到某個更滿意的情況	愛、欲
	預期有意的行動能夠去除或減輕自己感到的不適	取
因果觀	• 以手段達成目的 • 行為的一個必要條件	因緣法、因果法
手段價值	行為人按照它們對最終目的的達成有多少貢獻，而推衍出來。	因緣果報，不可思議。
價值排序	• 選擇是根據價值排序的高低做取捨 • 滿足一個較高的價值，或者滿足最迫切的需要，而捨棄較低的價值不予滿足，或捨棄較不迫切的需要不予滿足。	• 擇法覺支揀擇真實法 • 與佛道相應的活動為迫切 • 由下而上的佛法層次：人天道、解脫道、菩薩道

資料來源：本研究整理製表。

人透過六根接觸六塵而產生六識，而行為造作背後推動的力量是心，特別是第六識。第六意識能造作善、惡業，是使我們流轉或出離生死的功臣或禍首，八識中唯它可以發動

身、語二業。佛法說人的身、口行為，是第六識和遍行中的思心所所推動，第六意識具有了別、審慮、決定、謀斷的功能（釋聖嚴，2001a，頁 84-86）。例如，佛法的十二因緣告訴我們，當六根接觸六境時，產生六識，而後有合意的（樂受、喜受）、不合意的（苦受、憂受）、非合意不合意（捨受）的反應。觸對境界後，就會依自我中心的執取，起貪著憎惡的心理，既而造種種的善惡行為，墮入循環不已的生死輪迴。學佛者時時面對境界時，要保持正念正知的覺照，守護六根，就能不起貪著，不會為情感的苦樂所惑亂。

可知，佛教經濟學關心經濟行為的善惡問題，也會觀照起心動念是否與貪、瞋、癡等煩惱相應，以減少對物質的愛欲和執取，並觀照交易的因緣假合現象和虛妄不實。

2. 邊際效用法則

「效用」是指，行為人認為某件事物能提供的服務，可以增進他本人的幸福，因此稱該服務為該事物的「效用」。對行為學來說，效用一詞，等於一件事物──人們相信該事物能去除不適感──被認為有多重要的程度。效用的行為學意義是主觀的使用價值。主觀使用價值並非是以真正客觀的使用價值為基礎，例如，一公升汽油能使車子跑十公里，這是客觀價值。有些事物被賦予主觀的使用價值，因為人們誤以為該等事物能產生某些他們想要的效果；有些事物能產生人們想要的效果，卻未被賦予主觀的使用價值，因為人們不知道那客觀的事實。（Mises, 1949；謝宗林譯，2018，頁 169）

行為人在不可兼得的選項之間做抉擇，並非根據總效用或總價值。價值判斷永遠指涉具體的選擇動作所關切的那

個供應量。當行為人面對某一同質的供應量中，一個單位價值大小問題時，他會根據全部供應量的各個單位的用途中，最不重要的那個用途的價值來做決定；也就是根據邊際效用來做決定。人們根據各個事物的邊際效用，來判斷事物的價值。例如，獨自生活的農夫有七頭牛和七匹馬，他可能認為一匹馬的價值高於一頭牛的價值，若必須放棄一匹馬或一頭牛時，他寧可放棄一頭牛。若同一個人、同一時間，在面對要放棄全部的馬或全部的牛時，卻可能寧可保有全部的牛。（Mises, 1949；謝宗林譯，2018，頁 167-179）

邊際效用原理是根據單次主義原則的論點，說明人的行為有不間歇的特性，每一個行為都是一串行為的一個環節，因此論述確定人的行為時，須確定人事物在某個時間、某個確定的地點，確定完成某個具體行為。因此行為是根據當時的狀態來判定行為的效用。

可知，個人的價值判斷因時、因地、因事、因物不同而不同，就算相同的事物，個人的主觀評價也會不同。佛法教人「觀心無常」，可以了知所謂價值的虛幻不實。

3. 勞動是手段

米塞斯說明勞動的意涵，分辨勞動和非勞動的情況；他指出勞動是為達到某些目的的手段，本身不是目的。人使用自己的各種力量與能力做為手段，以去除所感覺到的不適，這稱為支用勞動。行為人認為勞動的支用是痛苦的，不工作是比工作更令人滿意的狀態，因此勞動或工作會使人產生負效用，因為與閒暇相比，其他條件不變，人們會偏好閒暇，而只有在勞動報酬的價值高於休閒減少而導致的滿意度下降

時，才會去工作。工資是對勞動成就的報酬，而不是對用掉的勞動報酬。勞動者放棄閒暇，同時忍受勞動的負效用，以便享受勞動成果，或者享受別人為了換得該勞動成果，而願意交給勞動者的東西。勞動支出，對勞動者來說，是為了達到某些目的的手段，是他付出的代價、承受的成本。

雖然勞動產生負效用，但也有可能勞動的執行可以直接滿足勞動者；亦即，勞動者從勞動的支用中直接獲得滿足。這時，勞動的收穫是雙重的：包含勞動獲得的產品，以及執行勞動本身給予勞動者的滿足。然而，有些活動導致直接滿足，因此是快樂和喜悅的直接來源，例如無憂無慮地划船，這些活動本質上是目的，不同於勞動和工作。

此外，勞動這種生產要素，對任何生產過程和生產模式來說，是可用來執行這些過程和模式，而且是不可或缺的（Mises, 1949；謝宗林譯，2018，頁 179-188）。可知，只有人能夠利用聰明才智來結合各種生產要素而從事生產。

學佛者選擇工作的標準會符合正命的原則，例如，選擇不違反五戒的職業，也會選擇不障礙解脫道的工作，例如，股票交易員等高風險的投機性工作者，或是樂於參與志工的勞動。學佛者會將工作當成是修學佛法的機會，努力敬業外，著眼於身心的淨化，對於工作報酬不貪著，並將其善加利用於法身慧命的發展。如此，勞動不必然會產生負效用，相反地，它是累積功德的工具。當然，工作若會阻礙修行，要顧及工作與休閒的平衡，用閒暇來從事修行的活動。

4. 生產

米塞斯指出當行為成功地達到所追求的目的，會生產出

產品。生產是就一些給定的人力和非人力原始元素，運用設計（配方、公式、意識型態），予以安排、並結合的改造行為。生產是精神的、心智的現象，行為人選擇一些目的，並使用一些手段，企圖達到這些目的。他也認為說經濟學是論述人的物質生活情況，完全是錯誤的理解。他強調人的行為是人心的展現。（Mises, 1949；謝宗林譯，2018，頁 190-192）

如同上述勞動的論點，產品的生產要符合五戒與十善的原則，並且能促進社會成員身心良善的發展。此外，企業的生產要能以最有效率的方式結合人力物力，節省物資，循環使用資源，也須盡量不產生汙染而毒害生態。在追求利潤之外，企業應積極擔負更大的社會責任，擴大企業的社會回饋，追求企業永續發展的同時，也配合普世的永續發展。此外，個人提供資金間接參與生產活動，也可根據創新的投資概念來支持良善的生產事業，例如，社會負責任的投資（Socially Responsible Investment, SRI）會注重企業社會責任（Corporate Social Responsibility, CSR），以及環境―社會―治理（Environmental, Social, and Governance, ESG）。自覺資本主義（Conscious Capitalism）正在崛起。相關的研究請參閱池祥麟（2018）以佛法探討企業社會責任與社會責任投資；謝俊魁與顏美惠（2019）以四福連結 SDGs、CSR、ESG、SRI 探討企業的永續發展；詹場（2019）論述佛法與公司財務管理之關聯；詹場（2018）以佛法洞察股票市場，以佛法建立良善金融。

(五)市場經濟中的行為

1. 經濟計算

市場經濟中的一個特點是人們大量使用經濟計算。米塞斯指出每一個行為都能應用序數，對各種價值進行排序。然而，僅有在使用共同交易媒介——貨幣——的間接交換的經濟中，才能以基數和根據基數的算數計算，應用於行為的事前思考和事後記錄。各種財貨的貨幣價格是經濟計算的唯一媒介。經濟計算可以涵蓋每一件和貨幣交換的事物。計畫經濟因為沒有市場交換，所以無法進行經濟計算來決定最佳方式以達成計畫的目的。

經濟計算的任務是幫助行為人調整行為，盡可能適應他現在對於未來的需求滿足情況所持的看法。個人渴望盡可能去除不適感，以改善處境，他必須知道，和目前的事態相比，以及和其他技術上可能實現的計畫完成後的預期利益相比，他想要完成的計畫，結果是不是一個改善。這只有使用貨幣價格，才可能進行這些比較。

經濟計算固然幫助人們甚大，然而，也有一些限制，經濟計算不能納入不是用貨幣買賣的事物。因為有些事物是不供出售的，要取得它們所必須付出的犧牲，並非金錢、也非可換成金錢的事物。例如，名譽、美德、光榮、活力、健康和生命本身，在行為中所扮演的角色，既是手段，也是目的，它們不在經濟計算之列。儘管如此，這不會減損任何經濟計算的功能。因為那些不能列入會計和計算的事物，屬於行為的目的，或是第一順位的財貨，人們不須計算就可充分

地認識到它們的重要性,行為人只須拿它們和取得或保存它們的總成本相比較,便可做出選擇。(Mises, 1949;謝宗林譯,2018,頁260-299)

米塞斯指出市場經濟中的諸多機制,例如貨幣、貨幣價格、市場買賣,以及以它們為依據的經濟計算,往往受到誤解而被抨擊,特別是有些人認為貨幣和經濟計算是重大罪惡的根源這樣的看法。事實上,這只是人們發展出一個方法,來弄明白自己行為是否合宜,而得以進行適當的行為。歸因經濟計算造成人們偏好和選擇,或歸咎犯罪來自經濟計算,米塞斯並不以為然,他舉例說:「群眾偏好偵探小說甚於欣賞詩篇,因而寫作偵探小說比創作詩篇更為有利可圖,這固然是事實,卻不是使用貨幣和貨幣計算所造成的事實。這世界上有流氓、小偷、殺人兇手、娼妓、易腐敗的官員和法官,並不是貨幣的過錯。說誠實『划不來』,是不對的。」(Mises, 1949;謝宗林譯,2018,頁283)

雖然經濟計算有它在現實生活的必要性和方便性,米塞斯指出除了資本主義社會中企業家、資本家、地主和賺取工資者使用價格來計算他們所追求的事物外,用貨幣衡量沒有在市場上買賣的東西,或任意使用沒有任何現實做為參照的數值來計算,是沒有意義的。例如,人命和健康,在自由人的社會中,是不能進入任何計算手段的程序,因為它們是目的,不是手段(可參閱桑德爾,2013,《錢買不到的東西》)。此外,個人的總財富或總收入可以根據貨幣價格來確定,但以其計算一國收入或一國財富,是沒有意義的。(Mises, 1949;謝宗林譯,2018,頁284)

此外，米塞斯指出經濟計算是在生產手段私有制為基礎的社會與分工的經濟體制下的行為，它只能幫助在這種社會秩序、這種制度背景下的那些人民或人民團體，思考它們的問題。因此，它是一個計算私有利潤，而不是計算「社會福利」的方法。在社會主義制度中無法經濟計算，因為社會主義是寡頭決策的資源分配型態，所有的生產要素的用途，由特定的機關（社會、國家、政府等）指揮、監督。社會主義只有一個意志，在選擇、決定、指揮、行為、發布命令；所有其他人僅遵守命令和指示。在此種社會中，並沒有自由交易的市場經濟，因此也就不會有交換所產生的價格，監督者沒有辦法比較各種計畫所需支出的成本和預期的獲利，這是社會主義頭痛的地方。例如，無法評估不同生產方法何者最適當，也無法評估該計畫執行後是否會增加物質幸福等等。在社會主義中的計畫經濟，談不上任何經濟計算，談不上理性手段的選擇，也談不上以最佳方式達成最終目的。（Mises, 1949；謝宗林譯，2018，頁791-794）

　　對於經濟計算而言，市場價格是最終的事實和標準。對於行為的問題，如果考慮的標準不是市場裡實際顯現的消費者需求，而是管理整個國家或塵世事物的某個獨裁團體核定的假設性價值，那就不能應用經濟計算來幫助思考。一個人若想從某個冒稱「社會價值」的觀點，亦即，從所謂「整個社會」的觀點來審判行為；或者想以某一虛構的、以他自己的意志為最高決策的社會主義體制中某個虛構情況為標準，來批評行為，那也用不著經濟計算。以貨

幣價格為依據的經濟計算，是企業家的計算，這些人組織生產活動，以供應市場社會裡的消費者需求。對於其他任務，經濟計算是無濟於事的。（Mises, 1949；謝宗林譯，2018，頁 283-284）

以貨幣（金錢）來經濟計算是人類為使日常生活更加便利的方式，出自於需要，它本身並非貪婪的行為。但我們須知，在市場中雖然可以用金錢購買到很多東西，也可以賣很多東西來取得錢財，不代表所有的交易都符合佛法的原則，而對人們產生良善的影響。同理，在市場沒有交易的東西，也不意味它們不值得存在。經濟計算所根據的市場價格其高低對於個人沒有道德指引的功能，因為市場交易和價格是大眾根據自己的價值觀共同決定的，是社會集體的現象，並非指向個別或特定的價值觀。經濟計算是否能正確算出事物的利益和成本是值得用佛法深思的。

2. 資本

米塞斯指出市場經濟的思考工具是經濟計算。經濟計算的根本概念是資本和相關收入的概念，資本是手段，收入是目的。行為人區分二種財貨的概念，一是消費品，一是非消費品的資本財。資本財是用於生產未來更多商品的財貨，是用來增加收入或財富的財貨。企業家、資本家、農夫根據利用資本來思考事業經營獲利虧損的問題。資本這個概念，不能和貨幣計算的情境分離，也不能和市場經濟的社會結構分離，因為唯獨在市場經濟裡才可能執行貨幣計算。在市場經濟的情境之外，資本這個概念是沒有意義的。雖然社會主

義政府迫切需要資本和收入的概念來引導它的經濟運作，然而，在一個沒有生產手段私有財產權、沒有市場和沒有生產手段價格的經濟體系裡，資本和收入概念只是學術性的假設，沒有任何實際應用意義。在一個社會主義經濟裡，有資本財，但沒有資本。（Mises, 1949；謝宗林譯，2018，頁334-337）

> 行為人計算心靈，在兩種財貨之間畫下一條界線，一邊是消費品，他計畫用於立即滿足自己的需要；另一邊是所有順位的財貨，他計畫用來照應更多、更遠的行為以滿足自己未來的需要。手段和目的的區分，於是變成追求財富和消費的區分、事業和家庭的區分、事業用財貨和家用財貨的區分。所有各式各樣、預定用於事業經營、追求財富的財貨，按貨幣當量予以估價、加總，得出總和——資本——是經濟計算的起點。追求財富的行為，直接目的是增加資本，或至少保持資本。在一定期間內，能消費掉而不致使資本減少的那個金額稱作收入，如果消費超過收入，這差額稱作資本消費。如果收入大於消費掉的金額，稱為儲蓄。確定收入、儲蓄和資本消費的大小，是經濟計算三個主要任務。（Mises, 1949；謝宗林譯，2018，頁334）

> 對於商人和會計人員而言，資本係指：在某依確定時日，用來經營某一確定事業單位的所有資產項目的貨幣當量總計數，減去所有負債項目的貨幣當量總計數。

（Mises, 1949；謝宗林譯，2018，頁 335）

　　僅僅在市場經濟裡，資本概念才有意義。對於市場經濟體系裡自負盈虧操作的人們，以及他們所組成團體的行為考量和計算，資本是一個有用的行為概念。資本概念是那些渴望獲得利潤和避免虧損的資本家、企業家和農夫的思考工具。（Mises, 1949；謝宗林譯，2018，頁 337）

　　經濟學著重的財貨和服務是物質的、有限的，資本有產生未來財富的功能，但佛法揭示各種世間的財富是虛假無常的，而且又為水、火、盜賊、苛政、不肖子孫五家所共有。佛法教人重視七聖財，信、戒、慚、愧、聞、施、慧等七種道德的、心靈的、精神的、永恆的財產。學佛者應該善用物質的資本助成功德法財的累積。

　　3. 利潤極大化
　　米塞斯認為利潤極大化是個人行為很自然的一般表現，是指一個人在所有市集交易中以盡可能獲益為目的，當然，目的是由當事人主觀決定。例如，在市場交易中，希望出售某件商品的人，在面對售價時，如果其他情況相同，會選擇比較高的售價而出售商品。對賣主來說，較高的售價意味他的需要將可獲得比較好的滿足。在最便宜的市場買進，在最昂貴的市場賣出，其他情況相同下，這種行為模式並不需要以行為人的動機或道德的特殊假設為前提；它只不過是任何行為，在市場交換的情況下，必然會衍生出的一個面向。經濟學處理每一種行為，不管行為的動機究竟是某個人渴望自

己享受、抑或是渴望他人享受，利潤極大化的意思，如果是指一個人在所有市場交易中以盡可能獲益為目的，這只是單純地陳述一般行為概念所隱含的意思。（Mises, 1949；謝宗林譯，2018，頁 312-314）

學佛者面對每天需要的買、賣問題，仍須精打細算，用最小的代價，獲取最大的利益，不浪費資源。個人從事經濟活動，以佛法做為經濟行為的指引；正確理解佛法的因緣、因果法則，布施守戒，起心動念不與貪、瞋、癡相應，與人商業往來，只要是合乎佛法的正命和正業原則，合法、合理、合情的利益往往會不求而至。若能如此，利潤最大的經濟決策必然是佛法原則的體現。

（六）價格

米塞斯強調價格最終取決於消費者的價值判斷，價格反映的是偏好 A 甚於 B 的價值判斷或評值的結果。價格是一種社會現象，因為價格是由所有參與市場操作的人們各自的評值、互動形成的。每個人的抉擇，買或不買，賣或不賣，對市場價格的形成，都發揮了一份影響，當市場愈大，每個人的影響分量就愈小。因此，對每個人來說，市場價格結構是一個既定事實，是個人必須自我調整、去適應的事實。（Mises, 1949；謝宗林譯，2018，頁 403）可知，個人的行為影響價格，但也受到價格的影響和制約。

每個人都認為自己換得價值比付出的高，交易才會發生。因為形成價值的那些評值，是彼此不同的，因此交換比率，也就是價格，是評值互異的結果，並非評值相等的結

果。最終決定價格的形成的,永遠是人們的主觀價值判斷。在構思價格形成的過程時,交換學必須回溯至行為的根本元素——對某 A 的偏好甚於對 B 的偏好。交換學所處理的價格,是那些在確切的交易中被支付的真實價格,而不是什麼假想的價格。公平的或合理的價格概念,完全沒有任何科學意義;它是某種希冀的偽裝,希冀有一個和現實不同的狀況。現實的市場價格,完全取決於人們的實際行為表現的價值判斷。(Mises, 1949;謝宗林譯,2018,頁 404)

生產要素的價格,最終取決於消費品的價格。前者基於依附關係,最終取決於市場社會所有成員的主觀評值。生產要素的價格是參照產品的價格獲得估價的,亦即,各種生產要素,透過它們共同產品——消費品——的價格做為媒介,和人們的評值發生關係,它們和人們的評值只有間接的關係。(Mises, 1949;謝宗林譯,2018,頁 406)

米塞斯指出所有價格的形成、資源配置和所得分配都是相互關聯,一起決定的,這都是社會成員互動的結果,並非可分割的現象。

> 價格的形成過程是一個社會過程。它是由所有社會成員的某種互動關係完成的。在分工的架構裡,所有社會成員都各自在自己選擇的特定崗位上和別人通力合作。每個成員都起作用,在合作中競爭,在競爭中合作,於是形成市場的價格結構,同時把生產要素配置在各種不同的需求滿足用途上,並且決定每個成員所獲得的產品分額。這三件事不是三件不同的事項。它們只是一個不可分割現象的

不同面向,被我們拆成三部分進行分析。在市場過程中,它們是一舉完成的。只有心懷社會主義傾向、忍不住嚮往社會主義方法的一些人,才會在論述市場現象時,說有三個不同的過程:價格形成、生產手段的配置和生產成果分配。(Mises, 1949;謝宗林譯,2018,頁 406)

此外,因為個人「價值判斷純粹是人為的、唯意志的性質」,價值並非客觀的東西,因此價格是不停變動的;期望價格穩定是一般人習慣的謬見。(Mises, 1949;謝宗林譯,2018,頁 285-286)

佛法基本原則是因果法和因緣法,因果法是從因到果前後關係的時間相,現象彼此之間的賓主關係是空間相。現象都是眾緣合和所成,時刻都在變動,並無真實不變的現象,而因緣本身是假法。上述米塞斯對於價格具有社會性和易變性的特質,可以從佛法「諸行無常,諸法無我」來理解,聖嚴法師(2001)解釋這二句話是在說明時間相的非永恆和空間相的非實在:

> 諸行是指身心的行為,且以心理的行為為主。念頭剎那生滅,所以無常;前後之間雖不無軌跡可循,但前念不是後念,所以任何一念是時間上的暫時現象。所謂諸法,是指存在於空間的一切現象,包括語言文字和思想觀念。雖然諸現象彼此之間互有關聯,然而凡是現象,無一不在此消彼長、互為增損之中;眾生(人)所以為的「我」,除了這些現象外,別無所指,別無所據。既然一切現象都

變遷不已,不論在心相、事相,或物相中,就沒有真實的我,這是無庸置疑的。(釋聖嚴,2001,頁 245-246)

個人依此來洞察經濟現象的無常、無我,將個人強烈貪愛執著的心轉變得淡薄,相信不會因此自尋煩惱。價格變動是市場中的常態,妄想保持不變,強勢而為要改變市場的結果,可能往往造成更大的波動,和更大的混亂和衝突,更不利市場的參與者。

關於競爭性價格和獨占性價格的評析,米塞斯指出前者是賣方調整行為,完全適應消費者需求的結果,而後者對於消費者至高無上的權力和市場民主而言是一種侵害,(Mises, 1949;謝宗林譯,2018,頁 430)因篇幅限制此議題留待未來研究說明。

(七)市場經濟的所得分配

市場經濟中人們彼此合作的互惠模式,能使每個人獲得更高的生活利益。雖然市場供應人類物質的能力無庸置疑,然而,市場經濟在一些地方並不令人滿意。例如,所得和財富分配不均是市場經濟的特徵。雖然在既定的財產權結構下市場具有整合的功能,使人們可以自由交易,增加此最初權利的價值,但市場無法解決不可接受或不正義的最初財產權和配置。若要彌補市場分配的問題,社會可以透過民主的過程來解決。民主是一種政府制度,允許人民投票決定政府政策或修正現存財產權,以使制度夠公正而人們願意接受。在資本主義中透過課稅、規範與賦權修正財產權,同時維持基

本的市場結構。（Landreth and Colander, 2002, p.358）

　　米塞斯也點出財富與收入不平等，是激勵每個人負責任地做出貢獻的一種社會分工的機制。市場給每個人提供一個誘因，激勵他盡量發揮自己的各種天賦。市場價格依照每個人完成的工作價值，報答其努力，市場也讓每個人自由選擇，讓他決定要把自己的各種天賦能力使用到什麼程度。若社會要消除任何的財富或收入以及天賦上的優劣勢，就必須犧牲個人自由，唯一可能的手段只能靠警察權力實施直接的強制，強制人們負起責任。

> 　　人們彼此的財富與收入不平等，是市場經濟的一個基本特徵。財富與收入平等，和自由是不相等的。放棄自由是否就足以保證確立財富與收入平等，以及一個社會是否能在這種平等的基礎上持續存在的問題。不平等在市場社會裡所發揮的作用。促使個人為社會合作生產貢獻出他的力量，所需的壓力來自市場的價格結構。這種壓力是間接的。市場，按照消費者認為每個人的貢獻有多大的價值，劃分貢獻等級、給予個人報酬。一方面，市場按照每個人完成工作的價值，報答他的努力；另一方面，則讓每個人自由選擇，讓他決定要把自己的各種天賦能力使用到什麼程度。這個方法，當然不能消除個人因天賦較差而導致的競爭劣勢；不過，市場給每個人提供一個誘因，激勵他盡量發揮自己的各種天賦。
>
> 　　任何社會分工體系都不能沒有某個辦法，藉以促使每個成員為自己在社會生產過程中所做的貢獻大小負起責任。

> 如果激起這種責任感的辦法,不是市場價格結構,以及這個結構所產生的財富與收入不平等,那麼,社會就必須利用警察權力實施直接的強制,強制人們負起責任。(Mises, 1949；謝宗林譯,2018,頁 359-360)

　　自由市場經濟促成人們願意彼此分工互相合作,這種巨大的神奇效率是明顯易見的,個人參與其中都得到比自給自足的情況下還要更多的結果。然而,市場經濟結果的分配不一定令每一個人都滿意,往往有強者多拿,弱者少拿,不均等的必然後果。市場經濟的效率性帶來和諧,但市場分配的結果通常也是群體衝突的原因,因此市場獲益少的人希望政府介入調節,有些激進主義者則訴求用暴力手段推翻現有的市場制度,改以共產或社會主義制度用專制分配和強制的社會分工代替。共產主義和社會主義基本上與個人自由是不相容的。

　　佛法強調因果法則和因緣法則,個人的福報大小與修行精進程度成正相關。現在的福報來自過去生的努力,未來的福報則依據現在的勤惰。勤修五戒十善則能獲得人天福報,發出離心與菩提心則能獲致解脫以及成就佛果,對於修行,佛法具有自由個人主義的特色,強調自力,然而,這不代表人是自私的,貪著財富。大乘佛法強調菩薩道的修持,勸發菩提心,上求下化利他主義,以及六度四攝的法門,都在在顯示,捨私利為大眾的奉獻精神,這是佛教主張的分配原則。有關佛法對於所得分配的觀點,例如,許永河(2015),從佛法觀點探討高齡化社會的所得分配問題。

　　社會如何建立一套多數人能夠接受的分配制度有賴社

會成員理性討論,透過和平的手段加以協調。社會成員若愈多人有菩薩心量,社會制定出來的社會規範與律法,將更具包容性,更加能照顧到相對弱勢的族群,社會資源的分配會更為普遍大眾視為是合理的。不管個人最後分配到怎樣的結果,都是個人的福報,若能知福、惜福、培福、種福,怎樣的分配都不會有不甘心的想法。佛法能使市場經濟的社會分工更和諧,社會包容更強化。

四、結論

　　本論文嘗試以整體佛法的架構會通經濟學原理,藉由佛法觀照經濟學家米塞斯的觀點來探索佛教與經濟學可以如何地連結。經濟學說經濟現象追根究柢是由人的意志所推動,行為是人心的產物;佛法揭露「萬法唯識,三界唯心」,「真如心」是宇宙人生的根源,因此佛教經濟學主張從「心」來探討人的經濟行為和經濟現象。經濟學擅長分析市場經濟現象,探究形成價格的社會過程,以及價格對個人行為的影響,揭露價格、資源配置以及所得分配的關聯性,企圖發現手段與目的的因果關係;雖然佛法主要針對人類生死的問題提供整體的因果、因緣理論,但不會否定經濟學所揭露的經濟法則,佛教經濟學關切經濟行為是否與學佛的目的相應,透過經濟學對於外在現象的洞察,佛法可以提供經濟行為的指導。

　　經濟學家米塞斯在行為學的架構下探討經濟學,揭示人的行為是意志所推動,為了達到行為人設想的目的,這些有目的的行為稱為手段。個人根據不同的價值排序,會選擇最

佳的手段來去除自身的不適感或滿足最迫切的需要。經濟學並不評論個人任何主觀價值的判斷，只根據一般行為法則來探索手段與目的的因果關係，研究什麼手段適合達成既定的目的。狹義經濟學探究市場現象，主要研究商品價格是如何形成的，繼而價格又如何影響後來的行為。不同於經濟學採取價值中立的態度，佛法關切行為的善惡動機與後續業力形成而顯現的業果，也重視行為是否對於身心的永續發展有所助益，佛法正見能夠提供個人正確的價值觀，有助於個人進行經濟選擇。

　　經濟學關切人們如何使用資源，如何合作可以過得如意一些。個人很容易可以發現互相交換比起自給自足所獲得的方便和利益巨大許多，因為這樣的認識，自由交易的規模愈來愈擴張，自然而然形成市場經濟制度。經濟學對於市場經濟的因緣和合的現象有深入和廣泛的探討，佛教經濟學可以思考何種行為模式可以更加改善市場經濟的效率性和公平性。

　　佛教經濟學並非要推翻經濟學，而是透過「了解」彼此（Mises, 1949；謝宗林譯，2018，頁86-98），幫助個人建立實用的經濟價值觀和行為法則，使個人能夠善用資源來提昇生命的品質和福祉。經濟學與佛法連結的關鍵就在於「心」，聖嚴法師的四種環保理念揭櫫了現代人永續發展的整體架構，強調以心靈環保為核心，在生活中推展個人、家庭、社會和自然環境的永續淨化。心五四運動與心六倫提供了具體的實踐指引。良善的經濟行為依賴良善的價值觀和心的品質，佛法正好彌補經濟學缺漏的部分。

參考文獻

一、中文

江靜儀（2023），〈佛教經濟學 101：佛教經濟學原理〉，《心靈環保學報》第 1 期，2023 年 9 月，頁 77-104。

池祥麟（2018），〈佛法、企業社會責任與社會責任投資〉，聖嚴教育基金會學術研究部編，《聖嚴研究》第十輯，臺北：法鼓文化，頁 317-368。

許永河（2015），〈從佛法觀點探討高齡化社會的所得分配問題〉，聖嚴教育基金會學術研究部編，《聖嚴研究》第六輯，臺北：法鼓文化，頁 279-308。

麥可・桑德爾（Michael J. Sandel）著，吳四明、姬健梅譯（2013），《錢買不到的東西：金錢與正義的攻防》（What Money Can't Buy: The Moral Limits of Markets），臺北：先覺。

詹場（2018），〈佛法、股票市場和良善金融〉，聖嚴教育基金會學術研究部編，《聖嚴研究》第十輯，臺北：法鼓文化，頁 255-315。

詹場（2019），〈佛法與公司財務管理〉，聖嚴教育基金會學術研究部編，《聖嚴研究》第十二輯，臺北：法鼓文化，頁 149-196。

路德維希・馮・米塞斯（Ludwig von Mises）著，謝宗林譯（2018），《人的行為：經濟學專論》（Human Action: A Treatise on Economics），臺北：五南。

達賴喇嘛（2020），《覺燈日光 ── 道次第講授　成滿智者所願》，臺北：商周。

謝俊魁、顏美惠（2019），〈四福與企業永續發展〉，聖嚴教育基

金會學術研究部編,《聖嚴研究》第十二輯,臺北:法鼓文化,頁 197-233。

釋印順(2003),《成佛之道》,新竹:正聞出版社。

釋果光(2014),《心靈環保經濟學》,臺北:法鼓文化。

釋聖嚴(2001a),《探索識界——八識規矩頌講記》,臺北:法鼓文化。

釋聖嚴(2001b),《禪與悟》,臺北:法鼓文化。

釋聖嚴(2003),《天台心鑰——教觀綱宗貫註》,臺北:法鼓文化。

釋聖嚴(2004),《七覺支講記》,臺北:法鼓文化。

釋聖嚴(2006),《華嚴心詮:原人論考釋》,臺北:法鼓文化。

釋聖嚴法師(2011),《三十七道品講記》,臺北:法鼓文化。

釋繼程(2009),《百法明門論講錄》,臺北:法鼓文化。

二、西文

American Economic Association (1969). "Ludwig Von Mises: Distinguished Fellow: 1969," *The American Economic Review*, 59(4), Part 1.

American Economic Association (1974). "In Memoriam Ludwig von Mises 1881-1973," *The American Economic Review*, 64(3), 518.

Brown, Clair (2017). *Buddhist Economics: An Enlightened Approach to the Dismal Science*. New York: Bloomsbury Press.

Daniels, Peter L. (2005). "Economic Systems and the Buddhist World View: the 21st Century Nexus", *The Journal of Socio-Economics,* 34, 245-268.

Daniels, Peter L. (2010a). "Climate Change, Economics, and Buddhism — Part I: An Integrated Environmental Analysis Framework", *Ecological Economics*, 69, 952-961.

Daniels, Peter L. (2010b), "Climate Change, Economics, and Buddhism — Part 2: New Views and Practices for Sustainable World Economies", *Ecological Economics*, 69, 962-972.

Drechsler, Wolfgang (2016). "The Reality and Diversity of Buddhist Economics (With Case Studies of Thailand, Bhutan and Yogyakarta)", The Other Canon Foundation and Tallinn University of Technology Working Papers in *Technology Governance* and *Economic Dynamics* 69, TUT Ragnar Nurkse Department of Innovation and Governance.

Frey, Bruno S., and Alois Stutzer (2002). *Happiness and Economics: How the Economy and Institutions Affect Human Well-being*. Princeton: Princeton University Press.

Kahneman, Daniel, and Amos Tversky 1979. "Prospect Theory: An Analysis of Decision under Risk," *Econométrica*, 47(2): 263-291.

Landreth, Harry and David C. Colander (2002). *History Of Economic Thought*, Fourth Edition. Boston: Houghton Mifflin Company.

Magnuson, Joel (2022). *The Dharma and Socially Engaged Buddhist Economics*. Cham: Palgrave Macmillan.

Payutto, P. A. (1994). *Buddhist Economics: The Middle Way for the Market Place*. Bangkok: Buddhadhamma Foundation.

Piboolsravut, Priyanut (1997). *An Outline of Buddhist Economic Theory and System* Ph.D diss., Ottawa, ON: National Library of Canada.

Pryor, Frederic L. (1990). "A Buddhist Economic System—In Principle: Non-Attachment to Worldly Things is Dominant but The Way of The Law is Held Profitable," *American Journal of Economics and Sociology*, 49, 3:339-350.

Pryor, Frederic L. (1990). "The Buddhist Economic System-in Practice: The Rules of State Policy Making of the Ideal Kings Sought a

'Middle Way' between Right and Left," *American Journal of Economics and Sociology*, 50, 1:17-32.

Puntasen, Apichai (2004). *Buddhist Economics, Evolution Theories, and Its Application to Other Economic Subjects*. Bangkok: Amarin Publisher.

Roncaglia, Alessandro (2017). *A Brief Economic Thought*. New York: Cambridge University Press.

Rothbard, Murray N. (1951). "Mises' "Human Action": Comment", *The American Economic Review*, 41(1), 181-185.

Schumacher, Ernst F. (1973). *Small Is Beautiful: Economics As If People Mattered*. New York: Harper and Raw Publishers.

Smith, Adam (1776). *An Inquiry into the Nature and Causes of the Wealth of Nations*. Oxford: Oxford University Press.

Scitovsky, T. (1976). *The Joyless Economy: An Inquiry into Human Satisfaction and Consumer Dissatisfaction*. New York: Oxford University Press.

Scitovsky, T. (1996). "My Own Criticism of *The Joyless Economy*," *Critical Review*, 10(4), 595-605.

Thaler, Richard H. (1980). "Toward a Positive Theory or Consumer Choice," *Journal of Economic Behavior & Organization*, 1(1), 39-60.

Thaler, Richard H. (2016). "Behavioral Economics: Past, Present, and Future," *The American Economic Review*, 106(7), 1577-1600.

Thaler, Richard H. (2018). "From Cashews to Nudges: The Evolution of Behavioral Economics," *The American Economic Review*, 108(6), 1265-1287.

Wangchuk, Dorji and Tara Subba (2018). "A Global Approach of Buddhist Economics: The Middle Way Paradigm to Sustainable

Well-Being and Happiness," https://www.researchgate.net/publication/328980011_A_global_approach_of_ Buddhist_economics_the_middle_way_paradigm_to_sustainable_well-being_and_happiness, 2023.1.31.

附錄

附錄一：小乘教器世界的緣起與儒、道二教的會通

小乘教	生滅有無因果、因緣法	儒、道	自然無因緣論
器界	成住壞空，劫劫生生。	道	道生萬物
成劫	空劫初成世界者頌曰：空界大風起，傍廣數無量，厚十六洛叉，金剛不能壞。此名持戒風，光因金藏雲，布及三千界，雨如車軸下，風過不聽流，深十一洛叉。	道	空界劫中，是道教指云虛無之道，然道體寂照靈通，不是虛無。老氏或迷之或權設，務絕人欲，故指空界為道。空界中大風，即彼混沌一氣，故彼云「道生一」也。
	始作金剛界，次第金藏雲，注雨滿其內，先成梵王界，乃生夜摩天。風鼓清水成，須彌七金等，滓濁物為山地，四洲及泥犁，鹹海外輪圍，方名器界立，時經一增減，乃至二禪福。	天、地	從議曰：金藏雲者，氣形之始，即太極也。雨下不流，陰氣凝也。陰陽相合，方能生成矣。梵王界乃至虛彌者，彼之天也。滓濁者地，即「一生二」矣。
	盡下生人間，初食地餅林藤，後耕米不銷。大小便利，男女形別，分田立主求臣佐，種種差別。	人	二禪福盡下生，即人也。即「二生三」，三才備矣。地餅已下，乃至種種，即三生萬物。此當三皇已前，穴居野食，未有火化等。但以其時無文字記載故，後人傳聞不明，展轉錯謬。
	經十九增減，兼前總二十增減，名為成劫。		
住	住者住劫，亦經二十增減。		
壞	壞者壞劫，亦二十增減；前十九增減，壞有情，後一增減壞器界，能壞是火水風等三災。		
空	空者空劫，亦二十增減中，空無世界，是諸有情也。		

資料來源：本研究整理製表。

附錄二:《原人論》本末會通文義整理

一心開二門	聖嚴法師(2006)語體譯
1. 真如門	原本唯有一個真靈之性,那是不生不滅、不增不減、不變不易的。(頁280)
2. 心生滅門	由於眾生從無始以來,迷睡而不自覺知,由於這個真靈知性,被覆隱住了,故名為如來藏,依此如來藏而有生滅的心。(頁280)
(1) 大乘破相教會通	所謂以不生滅的真心與生滅的妄想心和合,非一亦非異,名為阿賴耶識,此阿賴耶識,有覺與不覺之二義。(頁280)
(2) 大乘法相教會通	依於不覺之故,最初動念,名為業相,又以不覺此念本來無故,轉變而為能見之識及所見之境界相出現了。又不覺此境界相是從自心的妄想所現,而執著以為定有,便名法執。(頁280-281)
(3) 小乘教會通	由於執此等法故,遂見主觀的自己與客觀的其他,是彼此殊異的,因之而生起了我執。執著自我相故,便對於順情諸境生起貪愛,欲求滋潤自我;並對於違情諸境,生起瞋嫌,唯恐給自我造成損害與困擾。由於這樣的緣故,愚癡的迷情,便持續地增長起來了。(頁281)
(4) 人天教會通	由於愚癡之情輾轉增長,便生起殺生偷盜等的心神而造諸惡業,乘此惡業之因,便須皆受果報而生於地獄、餓鬼、畜生道中。又有眾生,恐懼墮落三惡道中受苦,或因根性善良之人,便修布施、持戒的善業,彼等心神,乘此善業,運用死後的中陰生,投入母胎中。(頁281-282)
(5) 儒、道二教會通	
①以氣為本會通	儒、道二教,謂以氣為根本,秉受天地之氣,而受人間的體質。由於氣而頓具四大,漸成諸根;由於心而頓具四蘊,漸成諸識。在母胎中十月滿足,出生為人,即是我們的這個身心。由此可知,身與心各有其根本,二類和合,方成為一個人,天人、阿修羅等的身心,也大致與人相同。(頁282-283)
②道教的自然為本說會通	然而,雖由於引業而受得此一身心,又由於滿業的原因,出生之後,即有貴賤、貧富、壽夭、病健、盛衰、苦樂等的不同;由於前世時的或敬或慢為因,今世便感得或貴或賤的報應;乃至於前世仁者今生壽、前世殺者今生夭,前世施者今生富、前世慳者

	今生貧，類此種種別報，無法一一具述。是以此一身命的過程中，或有人未做惡而自有禍事發生，或有人不仁而得長壽，或有人未曾殺生而竟夭亡等現象，皆是由於前生所造滿業已定之故。如果今世的所作所為沒有看到立即因果，應該知道是前世今生，自然而然的關係。外教儒、道二家學者們，不知有前世，但據現世的目睹，唯有執著自然之說了。（頁283-284）
③皆由天命會通	復有人於前生中的年少時期修行善業，老年時期造作惡業，或者有人前生中的少年時期造作惡業，老年時期修行善業，是故到了今世之中，少小富貴而享樂，老大貧賤而受苦，或者少小貧苦而老來富貴等。因為外教學者不知有前世今生的因果相循，唯執人生否泰是由於時運。（頁284）
④會通儒、道總說	然而，彼教的所稟之氣，若輾轉推究其根本，即是混一之元氣也。所起之心，若輾轉窮探其根源，即是真一之靈心也。若推究其實際而言，心外的確沒有別法，彼教所謂的元氣，亦是心之所變現，乃是屬於前述的轉成能見之識的轉識，所現之境界相，乃是阿賴耶識的相分所攝，是從最初一念的業相，分為主觀之心及客觀之境而成為二了。 此主觀之心，既是從細至麁，輾轉妄計，乃至造作了種種之業。此客觀之境，亦是從微至著，輾轉變起，乃至出現了天地。 當業力成熟之時，即從父母稟受赤白二氣，以之與業識和合，變成就了人的身命。依據這樣的道理，可知由心識所變現知境界相，乃分成二分，其中一分與心識和合的，即成為人，另一分不與心識和合的，即成為天地、山河、國土。天、地、人的三才之中，唯人是萬物之靈的原因，是由於跟心神相合之故。佛所說的內四大與外四大之不同者，正是這個道理了。可悲可哀的是，寡學之士，異執紛然而不達真性也。（頁285-286）

資料來源：本研究整理製表。

When Buddhadharma Meeting with Economics:
A Dialogue and Understanding

Ching-yi Chiang
Assistant Professor, Department of Money and Banking, Ming Chuan University

▌ Abstract

The study tried to discover the importance of the "mind" to our countless lives from the whole Buddha's teachings. Buddhist dharma reveals that "buddha mind" is the origin of man and that economic agents should focus on mind when arranging economic affairs. Besides, the study investigated how economics can be linked with the Buddhadharma by establishing a dialogue between the two.

Keywords: Buddhadharma, economics, Buddhist Economics, the Origin of Men, Mises

企業領導人應用佛法之企業文化與社會影響力[*]

陳定銘
法鼓文理學院校長

蔡康正
華梵大學東方人文思想研究所博士生（通訊作者）

鄭逢緯
法鼓文理學院社會企業與創新碩士學位學程碩士

▎摘要

本研究探討企業領導人融合佛法於企業經營管理，產生的社會影響力，並以生產電子零組件的臺灣上櫃公司為個案公司（C公司），探討C公司篤信佛教的董事長將佛法融入企業文化中，對公司及社會所產生之效益及影響力。本研究採取深度訪談、焦點團體及問卷調查，蒐集C公司利害關係人之資訊，進行歸納分析及推論。

本研究發現，佛法應用不僅促進企業領導人個人成長與領導能力提昇，同時也為企業創造正面社會價值與外部效應，對個人、組織及社會整體均產生正向影響力。特別是在新冠疫情帶來的經濟衝擊，C公司不僅業績增長、員工流動率降低，並提高員工的凝聚力，佛法融入企業文化，對促進企業永續發

---

[*] 本文發表於聖嚴教育基金會「2023第九屆漢傳佛教與聖嚴思想國際學術研討會」，國立臺灣大學集思會館。

展與實踐社會責任,具有顯著的正面效益。基於上述發現,本研究建議,企業領導人能積極學習與實踐佛法於企業經營管理中,可以促進企業與社會的共榮共生,實現「利己與利他」的雙重目標。

關鍵詞:企業領導人、佛法、企業文化、社會影響力

一、前言

　　自二十一世紀伊始，人類文明凸顯全球化趨勢，此一趨勢已然成為當今世界在政治、經濟、社會科學，以及環境保護領域的關鍵議題。達賴喇嘛、勞倫斯・穆增伯格（鄭淑芬譯，2010）認為世界的關係愈來愈密切，必須培養普世價值，接受全世界擁有相同的人權標準，尊重基本人權，應該是每個社會的先決條件。而在全球化過程中，全球整合性企業，必須以宏觀的視野、企業公民的意識、承擔社會公民的責任，決策時考慮所有相關國家利害關係人的利益，這是相互依存的結果。

　　至於通信網絡和新興傳播技術的迅速演進，以及全球資本快速流動，雙重推動下，全球化過程進一步加速（黃俊傑，2015）。全球化不只是影響到國家及區域經濟體，更還影響企業在環境快速變遷，迫使企業必須提昇競爭力（黃政仁、廖欣甫，2017）。由於全球化的結果，產生愈來愈激烈的競爭，但競爭是手段而非目的，真正的目的是要為所有人創造利益，並且依循正觀、正行，創造正面的競爭環境（鄭淑芬譯，2010）。

　　然而企業在追逐核心競爭力的同時，卻往往忽視企業文化的重要性，沒有認知到企業文化與企業核心競爭力兩者之間的關係，企業文化是核心競爭力的核心部分，企業資源必須在企業文化整合，才能塑造成企業的核心競爭力（楊英賢、潘佳駿、林柏年，2018）。Edgar 與 Lockwood（2021）認為企業核心競爭力，不只包含產品、服務、技術、品質等

元素,也應包含企業文化,才能共同組成企業核心競爭力。Akpa、Asikhia 與 Nneji(2021)認為企業文化會影響員工行為和組織運作,積極向上、適應性強的企業文化能促進創新,提高組織靈活性,更佳地利用人力資本,實現持續卓越目標。並且企業要不斷創造、改變和豐富文化,以確保組織的成功。

全球在二○二○年起受新冠肺炎疫情(COVID-19)影響,四年多來企業面臨前所未有的挑戰。對於企業領導人而言,能否樹立良好的企業文化,指導員工應對疫情與工作,關係著企業能否正常有效運轉。既然企業文化對於企業核心競爭力扮演著孕育的角色,而對於華人企業,應該要建立起何種企業文化,才能發揮更大的企業核心競爭力?佛教在華人地區是主要的宗教信仰,是否有可能把企業文化結合佛法?為企業帶來價值?本研究探討 C 企業領導人將佛法導入企業經營管理,塑造企業文化,以及產生的社會價值與影響力。

本研究以社會影響力評估個案,其社會效益與社會影響力。研究發現,佛法的應用不僅促進企業領導人領導能力提昇,同時也為企業創造正面的社會價值與外部效益,對個人、組織均產生正向改變,而將佛法融入企業文化,對於促進企業永續發展與實踐社會責任,具有顯著的正面影響。

二、文獻探討

本節針對企業文化與佛法進行文獻探討。從企業文化定義、組成元素與類型進行分析與歸納,探討佛法慈悲與企業

管理文獻，以及論述社會影響力評估的研究途徑，對於企業領導人應用佛法的社會價值與影響力。

（一）企業文化

企業文化概念，最早始於一九八一年日裔美國管理學家威廉・大內（William G. Ouchi）出版的《Z 理論》。當時背景為二十世紀八〇年代初，日本經濟持續多年增長，大量日本企業進入美國市場，搶走美國企業在本土的就業及市場占有率，引起全世界矚目。大內比較美、日二國企業管理，發現日本企業具有一種特殊元素是美國企業不具備的，這個元素被稱為「企業文化」。大內研究發現，日本經營管理方式比美國的效率更高，因此，提出美國企業應該結合美國優勢，向日本企業的管理方式學習，形成自己管理特色，稱為 Z 理論（Ouchi, 1981）。

Z 理論強調人性化的工作情境，不但能增加生產力、創造盈餘、且能提高員工自尊。Z 理論的文化特性，主要由信任、微妙性和親密性組成，可以提高勞動生產力。管理者對員工信任，激勵員工以真誠態度對待企業、對待同事，為企業工作。

Ouchi（1981）指出企業文化是象徵物、儀式及傳說，將企業的基本價值和信仰，傳輸給組織裡的成員。Smircich（1983）認為企業文化是群體內成員，在彼此互動時創造出來的認知。Schein（1992）論述企業文化是某一團體在學習解決外部調適與內部整合問題時，創造、發現或發展的基本假設模式。Daft（1998）說明企業文化是價值觀、信仰、意

識、思想的集合,是企業成員所認同的,並教導給新成員。Kotter(2008)指出企業文化是成員共享價值,企業價值被成員視為理所當然。

曾文鑑(2019)「以人為本」的企業文化,組織以滿足員工需求、發展員工潛能、員工參與、團隊合作等人性化管理導向,將人視為組織最重要資產,當員工發覺自己的價值被重視時,就能受到激勵為組織發展貢獻心力。ÜNAL與BOZKURT(2022)指出以人為本的企業文化,成為現代企業的文化理念和重要軟實力,企業領導人應該培養以人為本的企業文化,對於提昇企業凝聚力、創造力與核心競爭力具有重要意義。

Akpa等(2021)認為企業文化是企業成員擁有共同價值觀,能夠體現在共同行動,企業具有獨特競爭力,並獲得強有力的發展。企業文化是組織不可或缺的靈魂和基因,優秀的企業文化能凝聚人心、激發潛能,成為推動企業進步的動力。獨特而優秀的企業文化難以模仿,企業文化塑造價值取向、規範行為準則、員工共識、激發員工的主動性和創造力,使其自覺為組織目標努力。沒有良好文化基礎,企業很難基業長青,培育適應時代需求的企業文化,是企業生存發展的關鍵所在。

綜言之,企業文化為「以人為本」的文化,企業領導人觀念、能夠尊重員工、關心員工、培育員工,讓員工覺得受到重視,而願意與企業同舟共濟一起努力。員工能夠跟企業同心,企業工作環境穩定、流動率降低、工作績效提昇,強化核心競爭力,企業營運朝向正向發展。

（二）佛法教理與工作

1. 佛法教理：慈悲心與六度

龍樹菩薩《大智度論》卷二十七云：「大慈與一切眾生樂，大悲拔一切眾生苦。大慈以喜樂因緣與眾生，大悲以離苦因緣與眾生。」大乘菩薩行菩薩道者是以慈為與樂，悲為拔苦。菩薩發慈悲願力廣行六度，可從利他的六度中完成自利。以下論述慈悲心與六度之關係。

（1）慈悲心行布施

提婆羅菩薩造《大丈夫論》「施主體品」第三中云：

> 菩薩悲心以施為體，世間眾生以結使為體，純以眾苦以為一味，為得樂故行悲心施。日以照明為用，月以清涼為性，菩薩以悲為體，智慧及財施安樂於一切，如從歌羅邏乃至老時十時差別，雖至於老不捨嬰孩之相。菩薩虛渴施心救濟眾生亦不捨凡夫，離欲至於非想，不離凡夫之相；菩薩不捨施心救濟眾生亦復如是。欲除施渴當飲大施之水，施渴暫息餘渴不已，愛樂施故。……欲向菩提以眾生為伴、悲心為體，施無厭足，如海吞眾流無有止息。

亦即菩薩所有的財物，不管是多或是少，只要有貧苦眾生來求財物時，皆很歡喜地布施，且時時渴望有行布施的機會，能使令眾生離苦得樂。悲心布施不但對布施者有很大的福德，甚至連接受布施的對象也同時可以獲得利益。

（2）慈悲心行持戒

菩薩持戒是以慈悲心為出發點，尤其是發心受持五戒十善時，是本著不惱害眾生生命的菩薩心腸。連日常生活當中，所有的一切動作行為都非常地小心，深怕傷害到一切眾生的生命，可見持戒不僅能自利，而且又能使令眾生遠離被殺害的恐懼。

在《菩薩善戒經》卷四中有說到：

> 菩薩受持菩薩戒者，至心專念自省己過，不訟彼短。見行惡者心不瞋恨，見破戒者心生憐憫，無有瞋惱。

（3）慈悲心行忍辱

菩薩發心行菩薩道，度化眾生時，常會遇上許多障礙。行布施時，遇到剛強難調的眾生，惡言相待及種種批評毀謗，這時菩薩應要安忍逆境，並以慈悲心包容他。在《大智度論》卷十四云：

> 若眾生加諸瞋惱，當念其功德；今此眾生雖有一罪，自別有諸妙功德；以其功德故，不應瞋。復次，此人若罵若打，是為治我；譬如金師煉金，垢隨火去，真金獨在；此亦如是。若我有罪，是從先世因緣，今當償之，不應瞋也，當修忍辱！

菩薩行者常行慈悲心，雖有惱亂逼身，要憶念忍辱功德及瞋恨的過惡。亦如《金剛經》上說，佛陀宿世在修菩薩道

時,被歌利王以利劍割截身體時,內心不動瞋恚,並生起慈悲心發願來世成佛時要度化他。

(4)慈悲心行精進

精進是菩薩行五度最重要的動力,不管追求佛道或度化眾生都要有精進不懈的精神。如《大智度論》卷十五云:

> 復次,菩薩知一切諸法皆空無所有,而不證涅槃,憐愍眾生,集諸善法,是精進波羅蜜力。……復次,菩薩欲脫生、老、病、死,亦欲度脫眾生,常應精進一心不放逸。

(5)慈悲心行禪定

菩薩發心行菩薩道,廣行一切善法,成就利益眾生的種種事業。如菩薩沒有具足禪定力,容易被外在的名聞利養及世俗欲樂所染汙。若內心散亂及貪染深重,就不能引生無漏智慧。既不得真實智慧,就很難觀眾生種種差別因緣,而以應機說法,使令眾生得到利益。如《大智度論》卷十七云:

> 菩薩身雖遠離眾生,心常不捨,靜處求定,得實智慧以度一切。譬如服藥將身,權息家務,氣力平健,則修業如故;菩薩宴寂亦復如是,以禪定力故,服智慧藥,得神通力,還在眾生——或作父母妻子、或作師徒宗長,或天、或人,下至畜生,種種語言,方便開導。……世世利益眾生,令得快樂。此樂無常,還復受苦。菩薩因此發大悲心,欲以常樂涅槃利益眾生。此常樂涅槃從實智慧生,實智慧從一心禪定生。

(6) 慈悲心行般若

佛法「悲智雙運」，以智慧為體，慈悲為用，唯有真智中才有大悲。假如只有慈悲，沒有智慧，則無異於凡夫；只有智慧，沒有慈悲，則容易墮入二乘，所以菩薩應該是悲智一如。菩薩行布施、持戒、忍辱、精進、禪定時，要以般若為前導，才不會執著有一個實有的眾生可度與諸法可得。菩薩觀一切法如幻如化，了不可得，即從空性中生起大慈大悲，遍及一切眾生，無有障礙。如《大智度論》卷四十八云：

> 菩薩到七住地，外觀諸法空，內觀無我；如人夢中縛渡河，中流而覺。作是念：「我空自疲苦，無河無栰，我何所渡？」菩薩爾時亦如是，心則悔厭：「我何所度？何所滅？」且欲自滅倒心。是時，十方佛伸手摩頭：「善哉！佛子！莫生悔心！念汝本願！汝雖知此，眾生未悟，汝當以此空法教化眾生。汝所得者，始是一門；諸佛無量身、無量音聲、無量法門、一切智慧等，汝皆未得。汝觀諸法空故，著是涅槃；諸法空中無有滅處，無有著處；若實有滅，汝先來已滅。汝未具足六波羅蜜乃至十八不共法；汝當具足此法，坐於道場，如諸佛法。」

2. 佛法與工作

宋躍華（2018）認為西方企業管理的種種模式，是以基督教文化做為企業文化的文化源泉；東方的華人企業，則應以佛教，尤其是大乘佛教為企業管理的文化源泉。因此，企

業文化可以結合佛法,如黃光國(1999)「諸惡莫做的消極義務」,意即遵守佛法的根本戒律(不殺生、不偷盜、不邪淫、不妄語、不飲酒),在管理意涵即是要遵守國家法律,即使法律規範灰色地帶也不可鑽漏洞,以逞一己之私利,而傷害到廣大公眾之利益。另如「眾善奉行的積極義務」,意即如傳統的作法,提撥基金行善(捐給孤兒院、弱勢民眾、慈善團體等公益項目),或是最近重視的永續發展目標、環境保護公益活動等。

領導人若能把佛法引入企業內部,員工在心靈上因為有了依託安頓,待人處事亦較寬和、協調性高、合作性強,對工作也不會有排斥感,當然就有助於組織內部整合,同事間如果有共同信仰、共同修行活動,自然情誼也較濃厚。公司裡若有共同的宗教語言,在其間工作,價值感、認同感亦顯著增進(龔鵬程,1996)。

鄭振煌(2015)認為佛法悲智雙運、自利利他,指導企業正派經營,避免資本主義流弊,發揮企業社會責任。佛法應用在企業議題上,佛法是體,企業經營是相,企業責任是用。企業主經營企業時,以佛法的戒定慧、八正道、三十七道品、慈悲喜捨、六和敬、十波羅蜜為依歸,善盡企業責任,照顧到股東、員工、上下游廠商、顧客、生態環境等利害關係人的整體利益。

釋濟群(2007)認為佛法的修行,是為了將生命潛在品質開發出來,成就佛陀的智慧和慈悲。無限的智慧,解脫煩惱;無限的慈悲,關愛並幫助一切眾生。佛法提倡的是大慈大悲,是和一切眾生融為一體,這種虛空般包容一切、沒

有任何對立的慈悲，才是圓滿的慈悲。時時想著他人，慈悲心會得到發展，眼裡沒有自己只有眾生時，就與佛菩薩無差別了。

達賴喇嘛（2012）論述心生慈悲時，將不再專注於狹隘的一己之利，能讓人暫時忘卻自身的困境，還能降低不信任感，能敞開心胸接納別人，同時帶來一種與他人的連結感，以及人生的使命感與意義。慈悲心分為兩種層次，一種是生理層次的小我慈悲心，一般人通常會先關心與自己最親近的人，之後再擴展到更疏遠的社群，如語言、居住地或宗教與自己相同的人。另一種是延伸層次的普世慈悲心，普世慈悲心根據的不是利己的出發，而是不願看到他人受苦、希望他們快樂。普世慈悲心要慢慢擴大自己的關懷圈，乃至廣披全人類，需要不斷培養、運用智慧，相信慈悲的必要與價值，就能學著慢慢擴大、延展自己的關懷。

Karakas（2010）認為在職場引入靈性（spirituality），已經成為一個新興的管理範式，愈來愈多的組織開始重視員工的內心生活和精神需求。Karakas 從三個面向論證職場靈性，提昇員工績效和組織效能：1. 靈性提昇員工幸福感和生活質量，同時降低壓力和倦怠。2. 靈性給予員工工作意義和使命感。3. 靈性帶給員工歸屬感與建立社區互動關係。

Weerasinghe 等（2014）佛法的概念與實踐，如中道、無常、無我、五戒、八正道、正念、自律等，都可以體現在現代組織管理的各個領域。佛教的團隊建立、為共同利益犧牲小我價值觀，以及六和敬理論，都可為建立高效能團隊提供指引，強調團隊協力、和諧、互相尊重，符合現代企業的

目標。佛教重視個人修養與自我提昇，對員工發展要求是一致的，員工實現自我管理與完成工作任務。

　　Marques（2012）提出佛法概念，包括：無常、業力、道德、慈悲、布施，以及八正道中的正命、正思維、正念和正業在工作場所的應用。1. 在職場中運用正念，可以幫助員工提高專注度、活在當下、保持冷靜，以及實踐組織目標。2. 佛教的無常、正念，有助於員工在變動的工作環境中保持鎮定和專注，提高工作效率。3. 運用佛教慈悲、智慧、中道觀念，可以克服商業中的輸贏思維，營造更加和諧的工作氛圍，提高團隊績效。4. 佛教提倡的正命觀念，強調工作應該有利於自身和他人福祉，可以激勵員工投入工作，產生更高的工作動機和績效。5. 佛教的因果觀和正業觀，員工在工作中做出符合道德的選擇、減少不道德行為，從而提昇組織績效。

　　Vu 與 Gill（2018）訪談越南的二十四位佛教企業領袖，佛教正念修行，是一種個人的、依情境而定的方法，而非放諸四海皆準。這種方法需要建立在對佛法原則的理解，以及智慧、慈悲、無我的修行。受訪的領袖們採取多元、彈性的方式在企業中，推廣正念、強調員工自願參與、尊重員工不同的需求，而非自上而下的制度化要求，希望正念修行能夠開發員工智慧，而非僅止於減壓。

　　聖嚴法師（2008）主張修行有兩個路徑，一個是修慧、一個是修福。修慧是減少自己煩惱，比如誦經、拜佛、懺悔、打坐、拜懺等方法，都可以用來反省自己、改善自己內在的觀念和習氣，以及內在的煩惱，幫助我們增長智慧。修

慧的同時還要修福，就是多幫助其他眾生，眾生就是跟我們在一起生活、工作，共處在一個大環境之中的人。做任何事時，如果都投以全心的真誠，那就是修行，修行與工作原來就是不相牴觸的。當然，也可以利用工作之餘，做比較專門的、持續的修行，工作中與修行應該是相輔相成的。

總之，企業領導人若能把佛法修行引入企業，可以提昇自我覺察與情緒管理能力，讓自己成為更睿智的領導人，對組織績效有正面影響。同時也能助於提昇員工的專注力、工作滿意度和身心健康，間接增進工作表現。

（三）社會價值與社會影響力

社會價值是指個人或組織的活動，對社會所產生的正向影響，產生的社會價值可以是物質面向，也可以是精神面向。物質面向的社會價值包括經濟效益、環境保護、社會福利，例如，提供商品和服務等；精神面向的社會價值包括文化傳承、社會公平、道德建設，如提供情感支持、教育與創意成果等（Felício et al., 2013）。

Schwartz（1992）認為社會價值是普遍存在的價值觀，涵蓋各種文化和社會，種類有跨文化價值觀、自主性、普世主義、安全、功利主義、和諧共處、維護傳統價值觀。Abma等（2017）定義社會影響力為社會、文化、生活品質、社區服務或公共政策的效果，這種影響力是科學研究，尤其是健康研究領域的重要需求。Kuratko等（2017）將社會價值定義為組織創造，超越其創造者獲得的利益，即組織外部的積極影響，社會價值的創造被視為組織戰略的一個重

要組成部分,不僅非營利組織關注社會價值的創造,營利性企業也愈來愈重視。

基此,社會價值是指人們對其福祉變化的理解,並利用這些理解來做出更好的決策,可以確保所做的決定,集中在對人們有價值的事物上,並能增加正面影響力、減少負面影響力,最終提昇整體社會價值。

而在評估社會影響力,並不像衡量財務狀況一樣簡單明瞭,盈虧從數字上便可一目瞭然,員工做志工服務所付出的心力,或者企業提供實習機會給在學青年,該如何評估其社會效益?Manetti(2014)認為,在社會企業運作過程中,大量的商業性質收入與社會公共利益,在部門中進行非互惠的轉讓,而社會企業嘗試某些可計算的行為,不僅是測量經濟表現,也有社會效益取得的各項產出和投入指標。

Barraket與Yousefpour(2013)透過行動研究,澳洲的五個中小型社會企業個案,採取社會影響評估方法。研究發現,在組織層面,社會企業增加價值實踐、組織文化與高階領導人積極態度時,其容易達成高的社會影響力。Nicholls(2009)認為社會企業影響力策略,建立在績效的改善、資源的取得,以及組織正當性三者。

Grieco(2015)專書與Grieco等(2015)社會影響力測量、評估、模型,歸納七十六個社會影響力評估模型。第一類質化篩選模型(二十六個),目標是以質化方式評估、基本價值觀的釐清、特定結構的質量、社會投資報酬、社會相容性等。第二類管理模型(十四個),目標是評估環境影響力、提供優質服務品質、評估組織績效、管理組織和評估

社會影響力等。第三類複合式模型（二十個），目標是可信度、永續性、社會貢獻、效率，其內容包含社會影響力、商業要素、正面影響和自我評估等。第四類簡易社會數量的模型（十六個），目標是測量、量化社會影響力、評估經濟影響、貨幣化社會投資報酬等（陳定銘，2018）。

三、研究設計

（一）研究架構

有關社會影響力評估架構，Thornton 等（2017）透過社會改變模式的改變理論（theory of change），引導思考專案或組織的社會性。改變理論又稱為邏輯模型，是協助設計、規畫解決方案的工具，清楚定義想解決的社會問題，以及建立解決方案（林以涵，2014）。Arena 等（2015）提出流程架構、模型，基於三個要素，投入、產出和成果。投入是使用資源從事某一項特定的活動；產出為成果的轉換過程；成果則為產出的長期與外部環境影響產生顯著變化（Galan-Muros & Davey, 2019）。Grieco 等（2015）也提出類似的看法，在影響力價值鏈中，社會影響力代表部分成果，這個定義強調社會價值，如何藉由區分產出和成果而被創造，辨認組織在社會改變的實際貢獻。而 Clark 等（2004）認為產出是組織直接測量或評估，成果則是較廣的改變（陳定銘，2015）。

本研究架構採用 Clark 等（2004）、Ariza-Montes 等（2021）、Grieco（2015）、Arena 等（2015）評估架構（如圖一）。

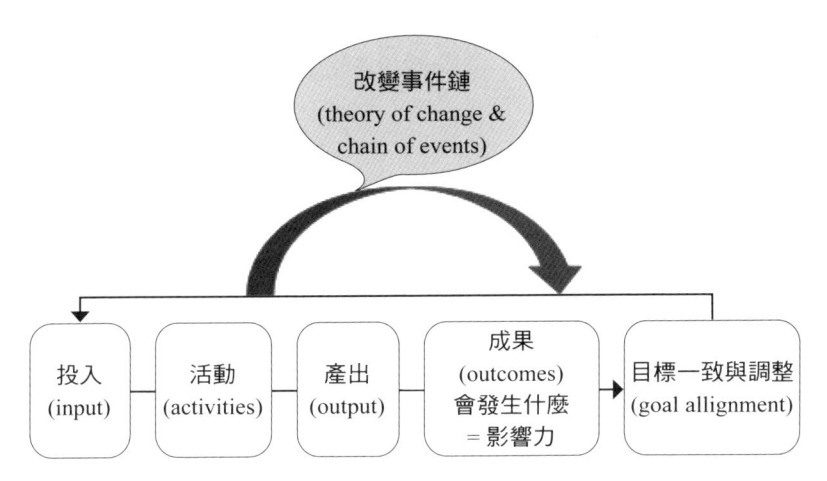

```
                          改變事件鏈
                   (theory of change &
                     chain of events)

   ┌─────────┬─────────┬─────────┬─────────┬─────────┐
   │  投入   │  活動   │  產出   │  成果   │目標一致與調整│
   │ (input) │(activities)│ (output)│(outcomes)│(goal allignment)│
   │         │         │         │會發生什麼│         │
   │         │         │         │ ＝影響力 │         │
   └─────────┴─────────┴─────────┴─────────┴─────────┘
```

圖一：本研究架構圖

資料來源：修正自 Clark 等（2004）、Ariza-Montes 等（2021）。

（二）研究方法與實施

1. 研究方法

本研究採取深度訪談、焦點團體法與問卷調查等方法，以蒐集 C 企業相關利害關係人的資訊，予以分析歸納整理而得到成果。

（1）深度訪談

深度訪談（In-depth interview）是一種透過「訪問」蒐集原始資料的質性研究方法，常用「半結構式」訪談大綱，問題以開放式為主、封閉式為輔。深度訪談與一般訪談有很大的不同，深度訪談是要深入人心，探究受訪者真正的想法，得到更真實的資訊（文崇一、楊國樞，2000）。深度訪談的目的主要是為了解受訪者的意見與經驗，是一種訪談者藉著面對面言語的交換，引發對方提供資料或表達對某項

議題的意見與想法，被訪談者針對訪談者提出問題做論述（Henderson, 1991）。

（2）焦點團體

焦點團體（focus group）或稱「焦點團體訪談法」，是一種常用的質性研究方法，它涉及組織一小群人進行討論，以蒐集關於特定主題或問題的見解和資訊。在主持人帶領之下，透過團體討論的方式，以確保討論的相關問題和內容，對參與者是相關和有意義的。這種方法可以使研究者深入了解受訪者的經驗、觀點與需求，同時促進參與者之間的互動。然而，這種方法也有局限性，如可能受到群體動態的影響，某些參與者可能主導討論，而其他人可能不願意發言。因此，引導者需要具備良好技巧來確保訪談的品質和包容性（James & Buffel, 2023）。

（3）問卷調查

問卷調查法（questionnaire survey）是一種量化研究方法，它通過設計和分發問卷來收集與研究問題相關的資訊，這個過程包括識別和關聯問題中的不同變數，通過發展假設和測試假設核對改進模型，以解釋現實世界的現象（Regmi et al., 2016）。問卷調查通常用於蒐集消費者、客戶、患者等的定量資料，而進行問卷調查的步驟：①問題設計：根據研究目標和需求，設計問卷中的問題，確保問題清晰、相關且無偏見。②預測：在較小的樣本群體上進行問卷預測試，以檢查問題的理解度和問卷的整體有效性。③可靠性測試：通過內部一致性、重測可靠性等方法來評估問卷的一致性和穩定性。④有效性驗證：確保問卷能夠準確測量它所設計要

測量的構念，包括內容有效性、構念有效性和標準有效性的評估。⑤最終問卷開發：根據預測試和驗證結果，對問卷進行必要的修改和完善。⑥資料蒐集：通過分發問卷並蒐集資料，準備進行資料分析。⑦資料分析：使用統計方法分析蒐集到的資料，並根據結果得出結論（Aithal & Aithal, 2020）。

2. 研究實施

本研究以訪談、焦點團體與問卷調查做為和研究個案的溝通，並實地參訪 C 公司臺灣總公司個案，做為研究對象。透過訪談中口語的描述、輔以問卷調查資料佐證，以深入了解其利害關係者之改變與互動關係。深度訪談題綱（參閱附錄一）與問卷調查（參閱附錄二）重點為企業應用佛法的作法，聚焦 C 公司設立佛堂所產生的社會效益與影響，以做為個案呈現社會價值與影響力分析。

（三）C 企業個案析探

1. 背景介紹

C 公司創立於一九八三年、以「CCP」品牌行銷海內外，主要營業項目為探針式連接器及測試探針模組之研發、生產及銷售，其中，探針式連接器主要應用於真無線藍芽耳機（TWS）、手機、筆記型電腦及平板電腦等 3C 電子產品，而測試探針模組主要為半導體晶圓、IC、印刷電路板及邏輯電路等測試用。專注於探針行業，不僅生產行業標準探針，還為企業提供訂製服務。產品應用領域廣泛，包含消費性電子、電動車、半導體、航太工業等，在半導體領域方

面,目前客戶為封裝測試廠商、筆電、手機、平板電腦等消費性電子產品,隨著未來半導體業持續持成長、消費性電子採用公司產品的趨勢成長,這兩區塊將是業績成長的動力(參閱表一)(C公司,110年度年報)。

表一:C公司主要產品及用途

涵蓋產業	產品名稱	用途
3C電子	測試探針、POGO PIN連接器	PCB空板及實板測試、其他電子元件、手機、平板、筆電及充電座、產品測試
半導體	晶圓晶片測試針及SOCKET	載板測試、IC、晶圓、邏輯電路測試
通訊	同軸高頻針	通訊測試、高速訊號傳輸
	POGO PIN連接器	應用於手機、耳機等無線通訊產品
電池	大電流針	電池活化設備及電池測試、耐電流訊號傳輸、電動汽機車動力系統、綠能電力系統
汽車產業	POGO PIN連接器	GPS、影音系統連接器、電動汽車充電座

資料來源:C公司官網

C公司在大陸東莞、晉江設置生產據點,採取臺灣開發利基性產品、成熟產品移往大陸生產的分工模式,除降低生產成本,提高產品價格競爭力外,大陸生產據點還可就近供貨與服務當地客戶。目前使用C公司產品的客戶,有蘋果、微軟、華為、三星、中興、步步高等品牌大廠、內外知名品牌等,二○二○年產品組合為POGO PIN占75%、半導體測試探針占15-20%、新能源(主要為電動機車等應用)占5%。二○二○年內銷占14.69%,外銷(主要在亞洲地區)占85.31%。POGO PIN連接器及測試探針,由上游金屬材料廠商提供原料,經加工成針軸、內管、外管及彈簧等各項零

件後組裝而成，它們的可耐用性、高耐受性和多功能應用，使其成為現代智慧電子設計的首選連接器方案。廣泛應用於印刷電路板、半導體及電子、通訊零件等產業相關產品及功能測試消費性電子產品之連接器使用，下游包括印刷電路板製造商、電子產品製造商、LCD 製造商、筆電、手機及 GPS 製造商、IC 封裝測試廠商、晶圓測試代工廠商（C 公司，110 年度年報）。

　　POGO PIN 連接器目前國外主要競爭對手為日商 YOKOWO、美商 QA、ECT、IDI Mill-Max、瑞士商 Preci-Dip；測試探針方面，主要競爭對象為日商 YOKOWO、美商 ECT、IDI 及韓商 LEENO 等。客戶包括 Apple、Kingston、WD、Skyworks 等電子大廠。產品在臺灣可說是獨門獨市，競爭對手都是歐、美、日、韓等廠商，少了臺廠慣性的殺價搶單，更沒有紅色供應鏈的威脅，未來的成長空間無限深遠。❶

　　2. 領導人篤信佛教

　　古德云：「為別人點燈，明在我前。」企業是生命目的投入，將心比心展現生命的厚度。該公司領導人二〇〇四接受中台山道場三皈五戒，開始茹素學佛，成為虔誠的佛教徒，而他擔任董事長的 C 公司，是一家用佛學思想進行經營管理的公司。C 公司的企業文化用「三力三學」概括。「三力」是創造力、吸引力和生命力；「三學」是指「中學

---

❶ 資料來源：Cmoney 研究報告，〈Pogo Pin 製造商，卡進電動機車供應鏈，2022 年有高成長！〉，網址：https://www.cmoney.tw/notes/note-detail.aspx?nid=308732。

為體、西學為用、佛學為根」,「中學為體」是吸引力,就是孝道思維,「西學為用」是創造力,學習西方的科學知識、技術,產生創新、技術與服務的差異化。「中學為體,西學為用」引用明末清初張之洞提出之思維,公司藉以文化匯合,勉勵員工培養自信精進與奉獻。「佛學為根」是生命力。C企業領導人(2019)受訪中表示,一個人的根是不忘初心,方得始終。佛家講求心字,萬物皆歸於心,達摩祖師說:「若欲求佛但求心,只這心是佛。」修禪的人應該從心地上下工夫,方能融於道。管理好這個心、保持正念,觀照與覺知當下的起心動念,才能真正識得這顆心,認得本來面目。以慈心為人點燈、以利行攝諸有情、以孝為先,奉獻利他無我,是C領導人聞法修行、利他菩薩行。

四、企業領導人結合佛法的企業文化與社會價值

本研究透過與C企業領導人深度訪談,以及與三位C企業員工的焦點團體❷,論述C企業結合佛法,對於C公司的企業文化之影響。

(一)企業領導人應用佛法作法

1. 早課誦《心經》、〈大悲咒〉及禪坐

C企業領導人在接受訪談中表示,因見到臺灣遭遇百年大旱、水庫缺水、經濟蕭條以及人心惶恐不安(包含自己企

---

❷ C公司的三位焦點團體訪談成員,經由立意抽樣其高階主管,具有代表性,職務分別是:管理部副總經理、管理部經理及財務部協理。

業員工），他於是起慈悲心、動慈善念。從二〇二〇年二月初開始，發起做早課活動，每天早上八點十分開始，於臺北總公司、東莞虎門與福建晉江二個廠，讓同仁自由發心參與，並親自帶領一起做早課。

二〇二一年端午到中秋節，召集一百零八位同仁，一起發起「誦《心經》一百天護臺灣」活動，與禪坐四十分鐘，以佛事功德迴向疫情早日消退，天下眾生安康。這樣日復一日，不曾中斷，即使（在二〇二二年三月十日訪談當天）經過一百天了，至今也還在繼續祈求風調雨順、瘟疫消散，也期望能藉由佛法來安定企業員工的心。

2. 敦請高僧大德講座

C企業領導人敦請法師及佛教界大德，定期蒞臨公司，於下班後以深入淺出方式對員工分享佛法，指導員工運用佛法與禪修的觀念，應用在職場工作中，讓工作時時充滿禪機活力，處處都是奉獻成長的道場，以佛法智慧修身立業。例如，邀請法鼓文理學院鄧偉仁主任於二〇二一年五月、果光法師於二〇二二年九月至公司演講。也邀請了國立臺北大學薛富井教授每兩週一次蒞臨公司做佛學講座，維持十幾年。

法藏法師曾以佛法的實踐與實證開示，從佛法談企業的本質與實踐，由企業出發建立世界性的和諧共榮，提供可具體操作的佛法理念與方向，透過教育的表現，深入到每一個人生命最真誠、最深層，讓員工逐漸懂得將佛法運用在日常工作及生活。

職場工作千變萬化的疑難雜症，使用佛法做為安心方法，無論遇到的是貪心、瞋心、癡心，都能變成佛心、禪

心,工作不再局限於朝九晚五的有限時間,以無限寬廣開創新格局,超越利益展現生命價值,事業變成志業。

總之,由於受到高僧大德十幾年來佛法的薰陶,於二〇二二年六月十八日當天,臺北總公司二十九位員工接受三皈五戒,追隨企業領導人一起成為篤信佛法的虔誠弟子。

3. 參訪佛寺

以臻知行合一、解行並重,將知識與生活中的實際經驗結合,參訪千年佛剎之旅給予願力人生。C企業領導人於二〇一八年率領一級主管,尋根人間佛教發源地,深刻體會每一段歷程。祖師大德為佛法,艱辛弘法世界度眾的願力,將佛法「無緣大慈、同體大悲」的無私奉獻精神,結合孝道傳播人間。讀萬卷書、行萬里路,藉由參訪增廣見聞、汲取經驗,幫助員工昇華自我。並隨著家訪行程,順道參訪了歷代祖庭,如六祖南華寺與光孝寺、五祖東山寺、四祖四祖寺、正覺寺、廣濟寺、三祖三祖寺、二祖二祖寺(又名無相寺)、達摩祖師嵩山少林寺(達摩洞)、光孝寺(東渡上岸);以及四大名山,山西省五臺山、浙江省普陀山、安徽省九華山與四川省峨眉山。此外,尚參訪下列佛寺:東林寺、龍華禪寺、湧泉寺、龍山寺、西禪寺、雲門寺、顯通寺、真如禪寺、白馬寺、柏林禪寺、西古寺、寶峰寺與佑民寺。

(二)佛法對企業文化可能產生的影響

企業領導人把佛法帶入公司的企業文化,依照文獻探討的成果,整理出可能產生之影響與相應的指標:

1. 企業文化的變革

佛法做為一種精神信仰和修行，強調內心平靜、自我修練和慈悲為懷。引入佛法的企業文化可能會讓公司更加注重員工的心靈成長和身心健康，有助於員工在工作中保持良好的心態，提高工作效率和團隊合作。相應指標為 1. 員工心理健康：定期進行員工心理健康調查，評估員工的壓力水平和心理狀態。2. 工作效率與團隊合作：通過考核員工的工作成果和團隊協作情況，以評估企業文化變革帶來的影響。

2. 企業文化的傳承

創辦人或領導人引入佛法的企業文化，可能對企業的核心價值觀產生影響。這種影響會在企業的發展過程中持續傳承，並成為員工之間的共同信念。相應指標為 1. 公司核心價值觀的普及程度：了解員工對公司核心價值觀的認同度和實踐情況，評估企業文化的傳承效果。2. 新員工培訓和公司活動：通過觀察新員工培訓和公司活動中佛法理念的融入程度，來衡量企業文化的傳承。

3. 領導影響

領導人把佛法帶入公司的企業文化，對公司的領導方式也會產生影響。佛法強調慈悲、平等和包容，這將使得領導人更加關注員工的需求和感受，從而提高員工的滿意度和忠誠度。相應指標為 1. 員工滿意度：定期調查員工對領導人的滿意度，以了解領導人的關注和支持是否符合員工的期望。2. 員工忠誠度：通過觀察員工流失率和留任率，評估員工對公司的忠誠度。

4. 提昇員工滿意度

佛法強調內心的平靜和滿足,這將有助於員工在工作中找到平衡,提昇工作滿意度和幸福感。相應指標為 1. 員工滿意度調查:定期進行員工滿意度調查,了解員工對公司文化、福利、工作環境等方面的看法和感受。2. 員工參與度:衡量員工對公司活動、培訓和其他組織內的參與程度。

5.降低員工流失率

相應指標為 1. 計算員工流失率:計算一段時間內離職員工數量與總員工數量的比例,以了解公司的員工保留狀況。2. 計算平均員工任期:衡量員工在公司工作的平均時長,以評估員工對公司的忠誠度。

6.增強團隊合作

佛法提倡團結合作、相互支持,有助於提昇團隊成員之間的凝聚力,使企業在面對挑戰時更具韌性。相應指標為 1. 團隊績效:衡量團隊在達成目標和完成任務方面的表現。2. 團隊凝聚力:通過調查或觀察了解團隊成員之間的互動和支持程度。

7.強化企業品牌形象

相應指標為 1. 客戶滿意度:通過客戶滿意度調查蒐集客戶對公司產品和服務的評價,以評估公司品牌形象。2. 媒體報導和社交媒體聲量:分析媒體報導和社交媒體上關於公司的討論,以了解公司品牌形象的影響範圍。

8.增強企業的社會責任感

佛法提倡對生命和環境的尊重,這將有助於企業在發展的同時,注重環保和可持續發展,落實企業社會責任。相應指標為 1. ESG 永續報告書:撰寫和發布企業在環境保護、

社會公益及公司治理等方面的努力和成果。2.社會責任獎項和認證：獲得的社會責任獎項和認證，可以做為衡量企業社會責任表現的指標。

然而，將佛法融入企業文化也可能帶來一些挑戰，例如，如何平衡佛法理念和商業目標，以及如何將佛法理念普及和融入到企業的各個層面等。在實踐過程中，企業領導人需要根據企業的實際情況，靈活運用佛法理念，以達到最佳的企業文化建設效果。本研究依據這些評估指標，做為 C 企業領導人將佛法帶入公司企業文化評估其影響力。

（三）企業文化結合佛法的社會價值——利他無我

連續一百天的「誦《心經》護臺灣」活動後，得到的結果是員工流動率變低 ❸，向心力提高。領導人及三位同仁在焦點團體訪談時的心得整理如下：

> 第一位同仁 A 年齡二十五歲，去年剛進入公司，他說到，透過每天二十至三十分鐘的早課，在靜坐時心會靜下來，能更好的思考工作，發覺工作效率更佳。（焦點團體，2022.03.10）
>
> 第二位同仁 B 是在幕僚單位，剛進公司滿一年，他

---

❸ 有關連續一百天的「誦《心經》護臺灣」活動期間的離職率，本研究經徵詢 C 公司行政窗口得到回覆，雖然沒有針對疫情期間特地統計，但由於是在疫情期間舉辦「誦《心經》護臺灣」，讓員工靜心、安定身心，工作效率佳、離職率低。

說這個職位需要很清晰的頭腦,才能正確思維及判斷。在靜坐時,可以讓心情沉澱下來,頭腦比較清楚,再來思維公司策略布局,發覺工作就很順利。(焦點團體,2022.03.10)

第三位同仁D是在大陸東莞工廠,進公司三年多,他說去年疫情剛開始,員工都會擔心害怕,董事長親自帶隊去東莞工廠示範怎麼做早課,早課做完後會迴向給大陸的疫情早日平息,這樣經過一段期間後,大家心都安定下來,比較不會受到疫情起伏而影響。(焦點團體,2022.03.10)

C領導人表示每天早上的禪坐時間,現在已經增加到四十五分鐘,發覺可以讓自己的心安定下來,呼應了前述三位同仁所說,早課能夠帶給大家心安定的說法,他並說到「我們發現境是由心轉,不是心由境轉,如果自己的心能夠定下來,那我覺得就能夠轉動外面的世界」。(受訪者C,2022.03.10)

除了上述成果外,C公司更在疫情期間創下業績新高。二○二一年十二月營收3.05億元,月增11.69%,年增31.81%,帶動第四季營收來到8.25億元,季增1.75%,年增21.5%;二○二一年全年營收達29.63億元,年增23%,單月、單季、全年營收皆寫下新高。二○二二年第一季營收8.24億元,季減0.13%,年增21.89%;毛利率32.78%,季增0.19個百分點,年增0.93個百分點,營益率8.9%,季減0.26個百分點,年增3.63個百分點,在業外挹注下,

稅後淨利 0.74 億元，季增 17.46%，年增 1.31 倍，EPS 1.05 元，單季營收、獲利均創同期高（理財網 MoneyDJ 新聞，2022）。

C 公司二〇二二年全年單月累積年增率皆為正成長，EPS 2.06 元，不過在二〇二三年一月至四月累積年增率是負成長。二〇二三年第一季毛利率 24.29%、營益率 -7.93%、淨利率 10.69%（Yahoo 股市，2023）受到全球景氣環境的影響。

五、C 公司社會影響力評估[4]

（一）利害關係人辨識

本研究參考利害關係人涵蓋群體多元且人數眾多，包括：主要受益對象、其他受益對象、可以受益但卻沒有受益者、可能會受到傷害的對象等（李宜樺等，2017）。而為達資料蒐集的完整性及有效性，將採用不同的方法和途徑，與相關對象保持充分溝通和密切互動，同時確保研究者能夠充分了解利害相關者的觀點，共分為四個階段（Social Value International, 2012）。

第一階段為初步訪談，先透過 C 公司領導人，了解公司設立佛堂過程之關鍵人物，概要性評估公司運用佛堂範圍內的資源運作狀況、使用方式、頻率、預期成果等，以及盤點

---

[4] 本研究途徑為個案研究，採用社會影響力評估的改變理論（改變事件鏈）衡量工具，以求得最終改變成果。

潛在受影響及被影響之相關對象。第二階段針對各群體利害關係人進行獨立的深度訪談，一方面能夠判別該利害關係人最終是否納入評估，另一方面能探究其「改變的故事」，盡可能地確保所收斂的成果事件鏈與事實相符。第三階段基於前步驟所得的成果指標設計問卷，有利於在有限的人力資源及時間，確認成果的發生比率、重要性和影響程度。最後，將問卷統計結果與具代表性的利害關係人討論，確認無重大偏差後，得以進一步評估 C 公司設立佛堂所產生的社會價值與影響力。

（二）改變事件鏈

1. 確定分析範圍及利害關係人

本研究以二〇二一至二〇二二年度 C 公司於疫情期間，藉由公司佛堂設立，安頓員工人心為分析主軸，並根據改變事件鏈評估方法，透過利害關係人的擇定與充分溝通了解，以歸納利害關係人真實的感受與改變。利害關係人群體歸納為 C 公司領導人、部門高階主管、中階主管、基層員工等三類，並自各類利害關係人當中以立意抽樣的方式進行訪談與焦點團體。利害關係人之辨識結果與原因，請參閱表二。

表二：C 公司利害關係人辨識結果彙整表

利害關係人（數量）	是否納入分析	原因
C 公司	是	為 C 公司主要活動執行場地，予以納入。
領導人(1)	是	主要利害關係人，具有重要性，予以納入。
部門高階主管(3)	是	主要利害關係人，具有重要性，予以納入。
部門中階主管(5)	是	主要利害關係人，具有重要性，予以納入。
基層員工（10）	是	主要利害關係人，具有重要性，予以納入。
員工家人(3)	否	次要利害關係人，不在研究範圍內，予以排除。
供應鏈廠商	否	次要利害關係人，不在研究範圍內，予以排除。
訂購企業與客戶	否	次要利害關係人，不在研究範圍內，予以排除。

2. 投入與產出

藉由公司佛堂設立，安頓員工人心，盤點投入資源，產生的影響力。從利害關係人的角度，分析設立佛堂所使用的資源，包含投入於各項活動、建設的預算資金、物資、人力成本、時間，以及其他無償提供資源，如志工、廠商捐贈（參閱表三）。

表三：投入項目彙整表

利害關係人	投入項目	說明
C公司	場地、行政資源	C公司為經費支持單位，負責營運公司相關工作，為公司提供建設與運作資金之來源，並且在公司營利後，將淨獲利部分回饋至公司總務／管理等相關單位統籌運用，因此，予以納入投入分析，但不進行成果分析。
領導人（董事長）	時間、勞動力	為C公司之領導人，也是佛堂成立核心成員之一，判定領導人認同之重要性，以及其本身以身作則投入佛堂獲得影響與改變，故予以納入投入分析。
部門高階主管（總經理、副總經理、協理、處長）	時間、勞動力	為C公司部門之核心成員之一，協助公司營運管理及績效後續追蹤，判定第一線觀察人員，而本身也因與員工同仁接觸，而受到影響與改變，故予以納入投入分析。
部門中階主管（經理、副理、主任、組長）	時間、勞動力	為C公司部門之核心成員之一，協助公司營運管理及績效後續追蹤，判定第一線觀察人員，而本身也因與員工同仁接觸，而受到影響與改變，故予以納入投入分析。
基層員工	時間、勞動力	為C公司員工，包含：行政作業、業務推展、研發生產等員工，負責公司產品生產營運之第一線人員，為此案參與最多之參與者，判定在執行過程中受到影響與改變，故予以納入投入分析。
員工家人	時間	家人與員工接觸時間最多，判定其可觀察到員工的影響與改變，進而被影響與改變，也認同家庭成員在C公司工作，故予以納入參考佐證分析。
供應鏈廠商	時間、勞動力	供應鏈廠商提供C公司之所需材料，判定其在採購交易過程中並未受到明顯影響與改變，故不納入進行成果分析。
訂購企業與客戶	時間、勞動力	C公司產品訂購之對象，判定其在採購交易過程中並未受到明顯影響與改變，故不納入進行成果分析。

3. 成果改變事件鏈

本研究透過訪談、焦點團體與問卷調查，了解利害關係人的改變發生過程，藉由投入、產出到成果這三階段的影響力事件鏈（impact chain of events），推導出利害關係人的因果關係，並予以描繪確認最終成果（outcome）。所謂「事件鏈」（chain of events）是說某些初始事件可能不會直接影響組織實體，但會引發一連串的後續事件，形成事件鏈，最終對組織產生重要影響（Relyea and Diecks, 2008；Morgeson et al., 2015）。事件鏈是方法論，一般用於專案管理或是風險因應處理。在社會影響力評估中，常用的社會投資報酬率（social return on investment, SROI）第二個步驟，就用事件鏈做為專案從投入、產出到成果之間的因果路徑圖，描繪出最終成果（Heady and Keen, 2010）。本研究依據利害關係人的回饋，滾動式的修改討論確認內容，完成成果改變事件鏈（如圖二）。

從成果改變事件鏈可以看到，投入項目為 C 公司員工參與企業內之佛堂活動，產出項目為員工參與早晚課、佛學講座、誦經、禪坐、祈福法會等活動，能夠讓員工減輕工作壓力與焦慮，內心安定下來，不易被外在疫情影響、增進工作專注與穩定，就產生五層不同的初步成果，再往後推演出第二階成果，再推演到第三階成果，於是歸納為最終成果。例如：工作失誤率降低、改善人際關係、成就感提昇、上班心情愉悅、改善與家人相處、改善家庭經濟、工作效率提昇、增強工作知識或技能、作息正常身體健康改善、員工流動率低等十個重要改變成果。

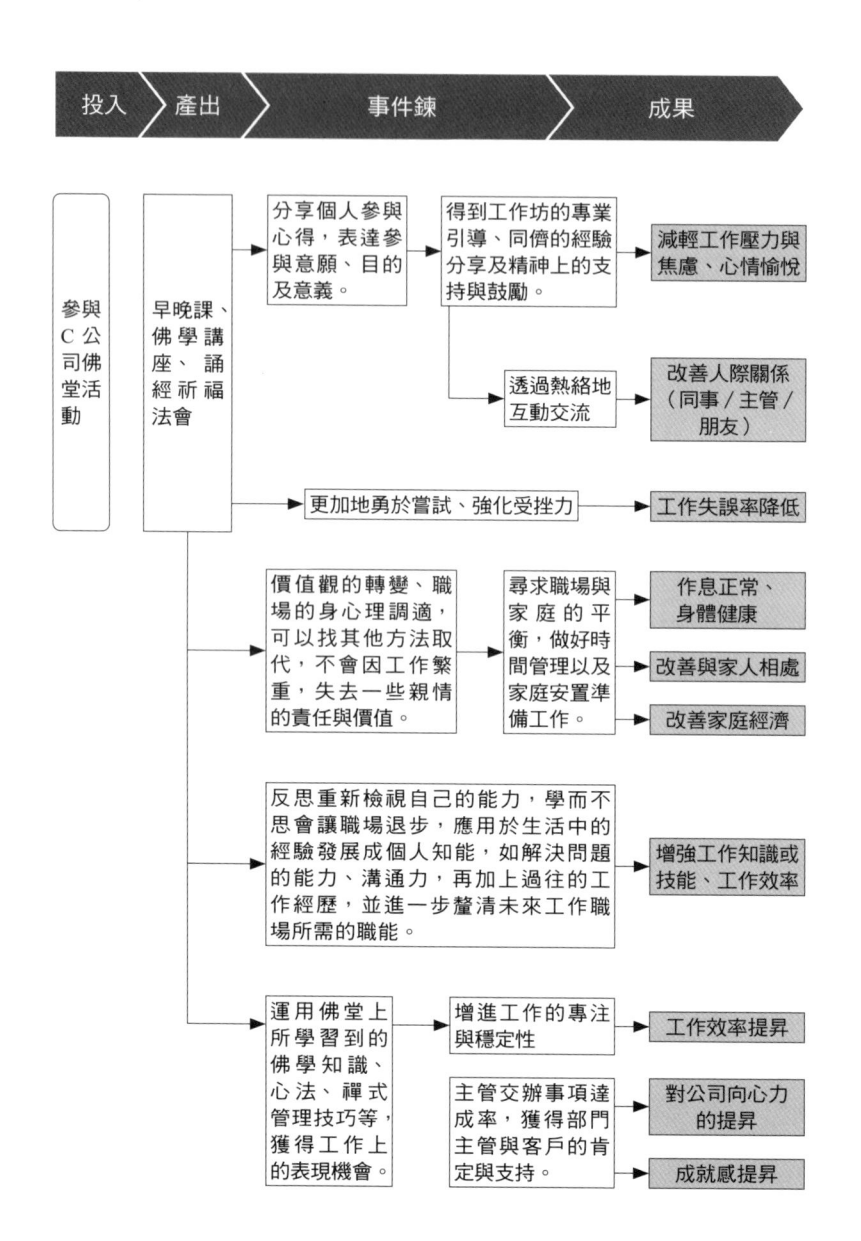

圖二：高中階主管與基層員工成果改變事件鏈

投入	產出	事件鍊	成果
參與C公司佛堂活動	早晚課、佛學講座、誦經祈福法會	分享個人參與心得，表達參與意願、目的及意義。	得到工作坊的專業引導、同儕的經驗分享及精神上的支持與鼓勵 → 減輕工作壓力與焦慮、心情愉悅
			透過熱絡地互動交流 → 改善人際關係（同事／主管／朋友）
		更加地勇於嘗試、強化受挫力	工作失誤率降低
		價值觀的轉變、職場的身心理調適，可以找其他方法取代，不會因工作繁重，失去一些親情的責任與價值。	尋求職場與家庭的平衡，做好時間管理以及家庭安置準備工作。 → 作息正常、身體健康／改善與家人相處／改善家庭經濟
		反思重新檢視自己的能力，學而不思會讓職場退步，應用於生活中的經驗發展成個人知能，如解決問題的能力、溝通力，再加上過往的工作經歷，並進一步釐清未來工作職場所需的職能。	增強工作知識或技能、工作效率
		運用佛堂上所學習到的佛學知識、心法、禪式管理技巧等，獲得工作上的表現機會。	增進工作的專注與穩定性 → 工作效率提昇
			主管交辦事項達成率，獲得部門主管與客戶的肯定與支持。 → 對公司向心力的提昇／成就感提昇

上述改變事件鏈對企業文化成果的分析，二者具有正向關聯性。Heady 與 Keen（2010）說明在最終成果，是透過一系列的事件鏈推導各階段的改變，但是只有推演到有價值的部分，才是最終成果。因此，在推導過程中必須釐清哪些是事件（中間不同階段的改變）或者最後的成果。Ariza-Montes 等（2021）提出「改變理論」與事件鏈的概念有相似之處，改變理論描繪一系列因果相關的事件（成果），這些事件按時間順序排列，共同導向最終成果。因為改變理論與事件鏈意義相近，因此，Social Value International（2022）出版 *Understand What Changes*，做為補充文件，為建立明確定義的成果，分析成果之因果關係，並確定在事件鏈中的成果價值。

4. 預期指標與改變成果比較

經由文獻回顧，歸納整理佛法引入企業後，對企業文化與經營預期指標，以及產生改變成果之比較，如表四所示。

表四：文獻預期指標與改變成果比較說明

文獻預期指標	實際產生改變成果
(一)企業文化的變革 1. 員工心理健康 2. 工作效率與團隊合作	實際產生改變成果，有上班心情愉悅與工作效率提昇等二項。
(二)企業文化的傳承 1. 公司核心價值觀的普及程度 2. 新員工培訓和公司活動	實際產生改變成果，有因公司培訓而增強工作知識技能等一項。
(三)領導影響 1. 員工滿意度 2. 員工忠誠度	實際產生改變成果，有員工向心力提昇等一項。

(四)提高員工滿意度 1. 員工滿意度調查 2. 員工參與度	實際產生改變成果,有員工參與度提昇(大陸員工)等一項。
(五)降低員工流失率 1. 計算員工流失率 2. 計算平均員工任期	實際產生改變成果,有員工流動率降低等一項。
(六)提高團隊合作 1. 團隊績效 2. 團隊凝聚力	實際產生改變成果,有因員工向心力提昇,間接產生團隊凝聚力。
(七)強化企業品牌形象 1. 客戶滿意度 2. 媒體報導和社交媒體聲量	實際產生改變成果,有間接之媒體報導與社交媒體聲量提昇等一項成果。
(八)增強企業的社會責任感 1. 企業社會責任報告 2. 社會責任獎項和認證	此次研究未訪談到企業社會責任項目,故無法反應改變成果。

(三)佛法融入企業文化的討論

C企業將佛法融入企業文化,落實到企業的日常活動中,員工們利用上班前或是週末假日,發心自主參與誦經禪修活動,不占用公司上班時間,還帶來了亮麗非凡的經營績效,證實了佛法的效用,不僅可以讓我們安然度過疫情危機,更能創下新高業績成就。

1. 誦經、持咒、禪坐與靜心

為什麼透過每天的誦經、持咒、禪坐活動,能達到向心力凝聚、業績創新高的成果?以佛法解釋說明之。這就是發揮了共修的力量!聖嚴法師(2016a)在開示共修的力量時說:

我們一定要相信共修的力量,這力量不是迷信,而是

集合了共修者共同的「心」力所成。共修的功能就在於同心協力,當大家的心力方向是一致時,才能成為共鳴,這種共鳴的聲音雖然聽不到,但確有其無形的力量相互支援著。

法師並用燈的數量愈多,所在之處就愈亮的例子,如果僅是一人修行,力量再強也不過只產生一個人的力量;就像一盞燈,再亮也只是一盞燈,若是兩盞、三盞燈放在一起,燈光愈多環境就愈光亮。同樣地,誦經或打坐時,有的人心的力量弱,好像只有一盞燈,亮度不夠;但是當五個、十個心力強的人,聚在一起共修,這光度就增強了,不僅那個心力弱的人沾光了,所有心力強的人也會相互沾光,光光相照,所以共修的力量功能是非常強(釋聖嚴,2016a)。

念誦《心經》可以讓我們去除罣礙、恐怖及一切苦!引用玄奘法師譯《般若波羅蜜多心經》相關經文如下:

> 菩提薩埵,依般若波羅蜜多故,心無罣礙。無罣礙故,無有恐怖,遠離顛倒夢想,究竟涅槃。三世諸佛,依般若波羅蜜多故,得阿耨多羅三藐三菩提。故知般若波羅蜜多,是大神咒,是大明咒,是無上咒,是無等等咒,能除一切苦,真實不虛。

禪坐可以安定人心,綜合三位同仁訪談心得,歸納到公司每天的早課尤其是在靜坐時,參加的人都會靜下心來,達到安定心寧的效果。這也印證了《六祖壇經・坐禪品》所

云:「外若著相,內心即亂;外若離相,心即不亂。」

訪談領導人說「我們一直認為就是境隨心轉,不是心隨境轉」這句話是引用聖嚴法師(2016b)的開示:「在未成佛、未解脫之前,環境影響我們的心,所謂心隨境轉;當然,我們的心也可以改變我們的環境,即境隨心轉。」法師開示之相關經文典故出自《楞嚴經》卷一:「如來常說諸法所生,唯心所現。一切因果、世界、微塵,因心成體。」是所有的一切世、出世間法,都是由我們心中表現出來的。世界上所有一切的因果,和微塵那麼多的世界,都是因為我們這個心而形成的。因此,藉由每天的禪坐,讓我們的心安定下來,那麼我們所處的環境也會跟著穩定,不會快速無常變化,讓我們無暇準備,措手不及。

另外,經文如《維摩詰所說經》:「若菩薩欲得淨土,當淨其心;隨其心淨,則佛土淨。」是說菩薩如果想要成就清淨的佛土,應當先清淨自己的心;隨著自己的心清淨了,佛土自然也就隨著清淨了。因此藉由每天的禪坐,可以讓自己的妄念沉澱下來,妄念止息,心即清淨。

2. 改變事件鏈對企業文化的成果

組織文化是企業的關鍵核心要素之一,源起於共識策略目標,對企業的策略與目標達成、員工表現和效能、績效都具有深遠的影響。如果一個企業的組織文化強調創新和風險承受能力,那麼這家企業可能更願意進行員工身、心、靈平衡與成長的投資,更有可能在市場中脫穎而出。

本研究發現 C 公司企業領導人將佛法帶入經營管理後,塑造了以人為本的企業文化,能夠尊重員工、關注員工的

需求和發展、把員工視為最重要的資產,當員工感受到自己是組織不可或缺的一部分時,就會產生強烈的認同感和歸屬感,願意為組織的成功貢獻力量。因此,有利於提高員工的工作滿意度和積極性,激發創造力,增強組織向心力,從而提昇整體企業績效。C公司的文化不僅重視員工,也能重視客戶的需求和滿意度,塑造了開放和扁平化的管理結構。這種文化得以快速且安定適應市場的劇變,回應客戶需求以推出具有競爭力的產品,優良的組織文化可以幫助企業實現永續發展目標,順勢提高ESG績效。組織文化是影響公司行為和決策的基礎,更是影響員工行為和選擇的重要因素,若企業在ESG方面表現出色,建立符合ESG價值觀的組織文化,就能提高成功機率。

3. 聖嚴法師心靈環保理念知行合一

聖嚴法師(2015)開示,〈四弘誓願〉說「眾生無邊誓願度」,為了慈悲所以要度眾生。如果想要成佛,一定要行菩薩道,行菩薩道的著力點就是利益眾生。在利益眾生的過程之中,自我中心,也就是自我的執著、自私的行為會淡化、減少;自我的執著愈輕,智慧出現的機會愈大,智慧就會增長。因此,度眾生不僅是為了慈悲,也為了開發我們的智慧;慈悲與智慧是一體的兩面。所謂「上報四重恩」是我們身為佛弟子要懂得報答的四種恩,為三寶恩、父母恩、眾生恩及國家恩。佛教是從現生的父母為主,而推及過去、未來的三世父母。所以佛教對於廣度眾生是報父母之恩的擴大,那叫做報眾生恩,是由父母而推及眾生的。所以做為一個佛教徒,首先要孝養父母,然後再去布施放生及供養三寶。

由此總結，本研究個案 C 企業領導人引入佛法，成為企業經營的日常活動，產生了卓越的經營績效。研究探討與發現，印證了企業領導人在公司內提供場地讓員工們每天做早課，不僅能讓員工安定心靈，心安則平安，心能轉境，則能將五濁惡世轉為人間淨土，心淨則佛土淨，如此 C 企業就是紅塵中的淨土，也符合了領導人想要打造成「幸福甜蜜企業」的願景。

六、問卷調查結果

本節就問卷調查分析結果、C 公司員工參與佛堂資訊分析，以及參與佛堂十項成果改變等三個項目，予以陳述並做說明。

問卷調查分析

1. 基本資料

本研究針對 C 公司於臺灣總公司主管與員工實施問卷調查，問卷發放總數 52 份，回收問卷 47 份，回收比率為 90%。大陸分公司問卷發放總數 250 份，回收 44 份，回收比率為 17.6%，基本資料分析如表五。

表五：基本資料

基本資料		臺灣總公司人數 ❺	大陸分公司人數 ❻
性別	男性	38	27
	女性	9	17
婚姻	未婚	23	6
	已婚	23	38
	離婚	1	0
年齡	21-30 歲	9	5
	31-40 歲	24	23
	41-50 歲	9	15
	51-60 歲	4	1
	61 歲以上	1	0
階級	一般員工（作業員、專員、組員、現場代班主管組長、領班）	28	15
	中階主管（中階主管經理、副理、課／科長以上～）	11	26
	高階主管（總經理、副總、協理、處長以上～）	8	3

　　從表五所示，1.臺灣總公司以男性居多，已婚、未婚各半；年齡層較多集中於 31－40 歲，其次為 21－30 歲，以及 41－50 歲各半；職稱分布以一般員工居多。2.大陸分公司以男性居多，已婚居多；年齡層較多集中於 31－40 歲，其次 41－50 歲；職稱分布以中階主管居多。

---

❺ 臺灣總公司員工人數為 144 人，樣本之人數與占比為 47/144=33%。
❻ 大陸分公司員工之人數為 1000 人，樣本之人數與占比為 44/1000=4.4%（C 公司大陸廠區員工當年度約 250 人全部發送，回收部分內容因涉及部分宗教因素，故不勉強填答）。

2. 參與佛堂資訊分析

員工參與佛堂活動的頻率資訊,整理如表六所示。

表六:員工參與佛堂活動資訊

項目		臺灣總公司人數	大陸分公司人數
進入公司前曾經參加類似活動(是與否)	1. 進入公司之前已經參加過類似佛堂活動	19 ❼	5
	2. 進入公司之前不曾參加過類似佛堂活動	28	39
每週參加公司佛堂活動之次數(5次以上、3-5次、1-2次,未曾參加)	每週參與活動5次以上	4	5
	每週參與活動3-5次	15	12
	每週參與活動1-2次	25	24
曾經參加其他公司之類似活動(是、否)	不曾參加	3	3
	以前曾經在其他公司/職場,參與過類似的項目或活動	2	5
	以前不曾在其他公司/職場,參與過類似的項目或活動	45	39
支持公司舉辦佛堂活動(支持、沒意見、不支持)	是否支持公司舉辦佛堂活動	支持:33 沒意見:13 不支持:1	支持:30 沒意見:9 不支持:0
參與公司佛堂內之活動是否為自發性?		是:39 不是:8	是:44 不是:0

---

❼ 其中一位具有四十年學佛經驗。

從表六發現：1. 進入公司之前已經參加過類似佛堂活動以臺灣總公司居多，且更有一位學佛四十年經驗之員工。2. 大陸分公司部分，則進入公司之前不曾參加過類似佛堂活動，以前不曾在其他公司／職場，參與過類似的項目或活動居多。

3. 參與佛堂十項成果改變

C 公司問卷調查，臺灣總公司員工參與佛堂十項成果改變，參閱表七。

表七：臺灣總公司員工參與佛堂十項成果改變

項目	臺灣總公司人數	改變程度
參與公司佛堂內之活動後，對公司的向心力提昇？	有改變：36（76.6%） 無改變：10（21.3%） 反而變差：1（2.1%）	有改變大於無改變
參與公司佛堂內之活動後，改善人際關係（同事、主管、朋友）？	有改變：30（63.8%） 無改變：17（36.2%） 反而變差：0	有改變大於無改變
參與公司佛堂內之活動後，減輕工作上壓力與焦慮，心情較愉悅？	有改變：30（63.8%） 無改變：16（34.1%） 反而變差：1（2.1%）	有改變大於無改變
參與公司佛堂內之活動後，改善與家人相處關係？	有改變：22（46.8%） 無改變：22（46.8%） 反而變差：3（6.4%）	有改變等於無改變
參與公司佛堂內之活動後，作息正常，身體健康改善？	有改變：21（44.7%） 無改變：25（53.2%） 反而變差：1（2.1%）	有改變小於無改變
參與公司佛堂內之活動後，工作失誤率降低？	有改變：20（42.6%） 無改變：26（55.3%） 反而變差：1（2.1%）	有改變小於無改變
參與公司佛堂內之活動後，工作效率提昇（主管交辦任務事項達成率）？	有改變：19（40.4%） 無改變：27（57.5%） 反而變差：1（2.1%）	有改變小於無改變

參與公司佛堂內之活動後，增強工作知識或技能，工作效率提昇？	有改變：18（38.3%） 無改變：29（61.7%） 反而變差：0	有改變小於無改變
參與公司佛堂內之活動後，成就感提昇（增加新客戶或新產品開發）？	有改變：14（29.8%） 無改變：33（70.2%） 反而變差：0	有改變小於無改變
參與公司佛堂內之活動後，改善家庭經濟？	有改變：9（19.1%） 無改變：38（80.9%） 反而變差：0	有改變小於無改變

從表七改變事件鏈的成果分析，臺灣總公司員工參與公司佛堂活動之大幅度改變成果依序為，對公司的向心力提昇76.5%、改善人際關係63.8%、減輕工作壓力與焦慮63.8%、改善與家人相處關係（有改變與無改變相等）為46.8%，此四項改變較為顯著。可見佛堂設立對公司發展的向心力，以及員工工作環境、人際關係與家人相處，具有重要的社會價值與影響力。

至於作息正常，身體健康44.7%、工作失誤率降低42.6%、工作效率提昇（主管交辦任務事項達成率）40.4%、增強工作知識或技能工作效率提昇38.3%、成就感提昇（增進新客戶或新產品開發）29.8%，以及改善家庭經濟19.1%等六項，無改變百分比高於有改變百分比，彰顯佛堂設立對公司及員工之整體發展，其社會價值與影響力尚有改善提昇空間。

而C公司問卷調查，大陸分公司員工參與佛堂十項成果改變，參閱表八。

表八：大陸分公司員工參與佛堂十項成果改變

項目	大陸分公司人數	改變程度
參與公司佛堂內之活動後，對公司的向心力提昇？	有改變：42（95.5%） 無改變：2（4.5%） 反而變差：0	有改變大於無改變
參與公司佛堂內之活動後，改善人際關係（同事、主管、朋友）？	有改變：42（95.5%） 無改變：2（4.5%） 反而變差：0	有改變大於無改變
參與公司佛堂內之活動後，增強工作知識或技能，工作效率提昇？	有改變：42（95.5%） 無改變：2（4.5%） 反而變差：0	有改變大於無改變
參與公司佛堂內之活動後，改善與家人相處關係？	有改變：41（93.2%） 無改變：3（6.8%） 反而變差：0	有改變大於無改變
參與公司佛堂內之活動後，減輕工作上壓力與焦慮，心情較愉悅？	有改變：40（90.9%） 無改變：4（9.1%） 反而變差：0	有改變大於無改變
參與公司佛堂內之活動後，作息正常，身體健康改善？	有改變：39（88.6%） 無改變：5（11.4%） 反而變差：0	有改變大於無改變
參與公司佛堂內之活動後，工作失誤率降低？	有改變：38（86.4%） 無改變：6（13.6%） 反而變差：0	有改變大於無改變
參與公司佛堂內之活動後，工作效率提昇（主管交辦任務事項達成率）？	有改變：37（84.1%） 無改變：6（13.6%） 反而變差：1（2.3%）	有改變大於無改變
參與公司佛堂內之活動後，成就感提昇（增加新客戶或新產品開發）？	有改變：35（79.5%） 無改變：9（20.5%） 反而變差：0	有改變大於無改變
參與公司佛堂內之活動後，改善家庭經濟？	有改變：18（40.9%） 無改變：26（59.1%） 反而變差：0	有改變小於無改變

從表八改變事件鏈的成果分析，大陸分公司員工參與公司佛堂活動之大幅度改變成果依序為，對公司的向心力提昇95.5%、改善人際關係（同事、主管、朋友）95.5%、增強工

作知識或技能,工作效率提昇 95.5%、改善與家人相處關係 93.2%、減輕工作壓力與焦慮 90.9%,此五項改變較為顯著(百分比高達九成以上)。可見佛堂設立對大陸分公司發展的向心力、增強工作知識或技能、減輕工作壓力與焦慮,以及員工人際關係與家人相處,具有重要的社會價值與影響力。至於作息正常,身體健康 88.6%、工作失誤率降低 86.4%、工作效率提昇(主管交辦任務事項達成率)84.1%、成就感提昇(增進新客戶或新產品開發)79.5%,此四項改變的百分比仍然高於無改變,顯示佛堂設立對於大陸分公司具有發揮正向的社會價值。而僅有改善家庭經濟 40.9% 一項,無改變百分比高於有改變百分比。

從表七、表八資訊進一步分析相較之下,C 公司兩岸員工在參與佛堂內之活動後所產生的十項成果改變,有改善人數之比例,以大陸分公司受益居多,而無改變人數之比例,以臺灣總公司偏高,反而變差之人數比例,則以臺灣總公司零星顯著。

對比 C 公司兩岸員工現象說明:1. 顯見公司佛堂設立舉辦各項活動讓員工自發性參與,透過員工實際體驗與感受之回饋,公司善盡福利照顧員工身心,員工也皆有所收穫,有利於 C 公司全面了解佛堂設立發展至今的成效,進而激發員工個人的學習興趣及意願,對於其他成果改變或許有推波助瀾的效果。2. 大陸員工接觸佛法較不容易,所以一旦領導人在企業內引入佛法,員工初次接觸到佛法,在三寶潛移默化的薰陶下,較容易有顯著的改變。3. 大陸分公司員工感受到領導人篤信實踐佛法,對於員工照顧,形成幸福企業。而臺

灣則因為多元化宗教信仰自由，因此較不會有強烈的影響與改變，需要潛移默化的影響。

綜言之，本研究透過問卷發放參與臺灣公司修學佛法活動的員工，回收 47 份，占臺灣公司員工 101 人（2023 年報）之比例為 46%。雖然比例不過半，不過本研究推論 C 公司的績效是受到企業文化結合佛法正面影響所致。依據 Cameron 與 Quinn（1999）指出企業文化的塑造，受到「創辦人與高階領導人」的影響最大，組織的創建者和高層管理者對於塑造組織文化具有重要影響力，因為他們的價值觀和行為模式往往會成為組織文化的一部分，並對組織成員產生指導作用。這種影響程度可以是顯著的，因為領導層的價值觀和期望通常會被組織成員所接受並內化，從而在組織內部形成共同的價值觀和行為準則。由上得知，雖然臺灣公司員工參與佛堂活動占全體員工比率沒有過半，但是因為公司領導人的價值觀影響了企業文化的塑造，因此，推論出企業文化結合佛法產生的成果。

七、結論與建議

（一）研究結論

本研究探討 C 企業領導人，將其培養的佛教信仰，轉化為企業經營的實踐哲學。C 領導人自二〇〇四年加入 C 企業，面對公司財務困境，堅持以佛教的慈悲精神為指導原則，決心挽救企業於危難之中。自二〇〇五年五月起，該領導人正式接管 C 企業，並以「幸福甜蜜企業」為願景，倡導

以「利益眾生」為核心價值的經營理念。

　　C 企業在領導人的帶領下，將佛教文化與企業文化緊密結合，開展了諸如早課誦經、持咒、禪坐等佛事活動，並邀請高僧大德進行開示，這些在業界中極為罕見的創新舉措，展現了領導人深厚的佛學修養，以及將佛法精神貫穿於企業日常運營的決心與能力。而 C 企業將佛法引入公司日常生活，不僅在臺灣實施，亦在大陸的工廠中得到落實，其績效之卓越，在當今企業界中顯得尤為突出。這種社會創新的價值，極具參考意義，故本研究採用社會影響力評估模型進行評估，以期為業界提供借鑒。

　　本研究進一步通過「一百天誦《心經》護臺灣」、「早課禪坐」、「聆聽高僧大德開示」等具體活動，對其社會價值與影響力進行評估。影響力事件鏈的推導結果表明，這些活動對員工的心理健康與工作表現，產生了積極影響。具體表現如影響力事件鏈推導所示，因上述佛法活動而帶來的成果，能夠讓員工減輕工作壓力與焦慮、內心安定下來，不易被外在疫情影響、增進工作專注與穩定性，因此，改善人際關係、員工向心力提昇、上班心情愉悅、作息正常身體健康改善、增強工作知識或技能、工作效率提昇、工作失誤率降低、成就感提昇、改善與家人相處、改善家庭經濟等十個重要改變成果，如圖三。

　　本研究學術貢獻，探討佛法融入企業文化的影響，驗證將佛法融入企業文化，可以有效提昇員工身心健康、工作表現與企業績效，提供企業經營者將佛法融入企業文化之參考。C 企業的案例提供佛教精神與現代企業管理相結合的典

企業領導人應用佛法之企業文化與社會影響力 ・241・

```
┌─────────┐      ┌──────────────┐      ┌──────────────────┐
│ 佛法應用 │ ───▶ │佛法融入企業文化│ ───▶ │社會影響力評估：   │
│         │      │              │      │社會價值與影響力  │
└─────────┘      └──────────────┘      └──────────────────┘
     ▲                  ▲                       │
     │                  │                       ▼
┌─────────────┐    ┌──────────┐    ┌──────────────────┐
│ 佛堂活動    │    │ 佛法     │    │ 十項成果（改善成果）│
│  禪坐       │    │  六度波羅蜜│    │  改善人際關係     │
│  誦《心經》 │    │  慈悲    │    │  員工向心力提昇   │
│  誦〈大悲咒〉│    │  智慧    │    │  上班心情愉悅     │
│  高僧大德開示│    │  利他    │    │  作息正常身體健康改善│
│             │    │  心靈環保│    │  增強工作知識或技能│
│             │    │          │    │  工作效率提昇     │
│             │    │          │    │  工作失誤率降低   │
│             │    │          │    │  成就感提昇       │
│             │    │          │    │  改善與家人相處   │
│             │    │          │    │  改善家庭經濟     │
└─────────────┘    └──────────┘    └──────────────────┘
```

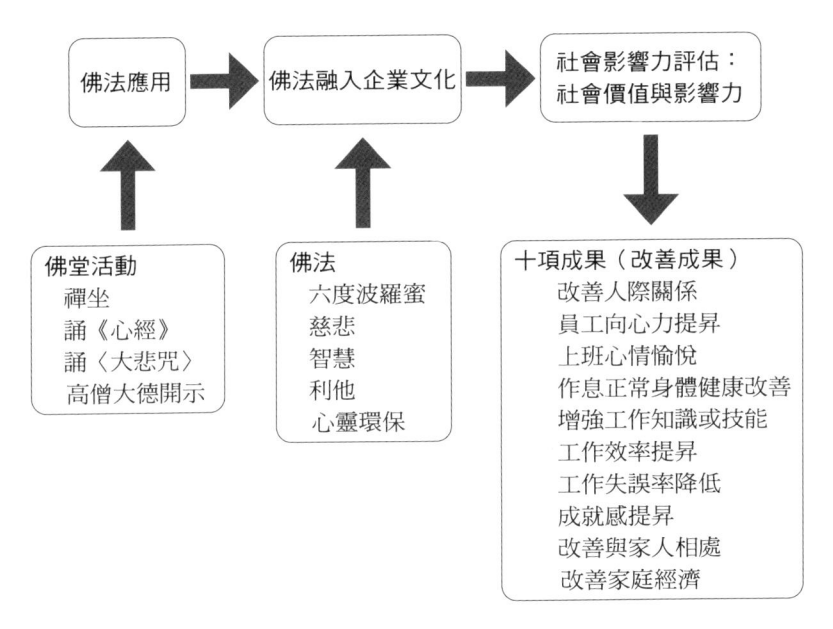

圖三：C 企業領導人應用佛法的社會價值與影響力扎根圖

範，這種結合不僅豐富了企業文化的內涵，更在促進員工個人成長、提昇企業整體績效，以及增強社會責任感等方面，顯示出其獨特的價值與意義。期待未來更多企業能夠參考本個案研究，將佛教慈悲與智慧，融入企業發展之中，為社會創造更多的正面價值。

（二）研究建議

　　企業在實施佛法理念時，能夠獲得社會價值與影響力，本研究建議如下：

　　1. 企業定期檢查和調整策略：企業應根據衡量指標的結果，定期檢查和調整策略，以確保實現預期目標。

2. 與員工進行有效溝通：企業應該與員工保持開放和真誠的溝通，了解他們對佛法理念在公司文化中的運用的看法，並根據員工的反饋進行改進。

3. 提供員工培訓和支持：企業應提供員工培訓，幫助他們更好地理解佛法理念，並提供相應的支持，以便員工能夠將這些理念融入日常工作中。

4. 強化企業價值觀：企業應確保佛法理念與公司的核心價值觀相一致，並將其納入公司的決策過程和業務運營。

5. 與利害關係人合作：企業應與客戶、供應商、員工家屬等利害關係人建立良好的合作關係，共同推廣佛法理念在企業文化中的應用。

6. 進一步分析：未來研究可以進一步分析於企業中參與學佛活動所產生的效益，是否會因性別、職級（高、中、低）、部門（生產、銷售、幕僚）不同而不同。

總之，社會影響力評估可用於衡量佛法理念融入企業文化產生的廣泛影響。此評估不僅能夠揭示佛法實踐對企業組織結構、員工行為及整體績效的正面貢獻，亦能夠揭示在實施過程中，可能遭遇的挑戰與障礙。因此，企業在推行佛法時，必須保持高度的警覺性，密切評估實施過程，並採取適當的策略與措施，以確保佛法理念得以落實，並達到預期的效益。在佛法的引領下，企業領導人應當追求一種利他與自利相結合的經營哲學，即在追求企業經濟效益的同時，亦不忘回饋社會、關懷員工、保護環境，實現企業的社會責任與永續發展。透過這種雙贏的經營模式，企業將能夠在促進經濟增長的同時，亦為社會的進步與和諧做出積極貢獻。期望

未來有更多的企業領導人,能夠認識到佛法在現代企業管理中的重要價值,並將其做為推動企業發展與社會進步的重要力量。

參考文獻

一、中文

《維摩詰所說經》,CBETA, T14, no. 475。
《楞嚴經》,CBETA, T19, no. 945。
《大智度論》,CBETA, T25, no. 1509。
《大丈夫論》,CBETA, T30, no. 1577。
《菩薩善戒經》,CBETA, T30, no. 1582。
《六祖壇經》,CBETA, T48, no. 2008。
文崇一、楊國樞(2000),〈訪問調查法〉,《社會及行為科學研究法(下冊)》,臺北:東華。
宋躍華(2018),〈關於「佛教與企業管理」研究的回顧與預研〉,《禪與人類文明研究》,第 3 期,頁 51-76。
李宜樺、吳佳餘、朱恩言(2017),〈公共服務影響評估工具──「社會投資報酬率(SROI)」介紹〉,《國土及公共治理季刊》,第 5 卷第 1 期,頁 30-41。
林以涵(2014),〈翻轉世界的變革力量〉,載於社企流著,《社企力!:社會企業=翻轉世界的變革力量。用愛創業,做好事又能獲利!》,臺北:果力文化,頁 25-42。
陳定銘(2015),〈臺灣社會企業社會影響力指標之研究〉,《科技部 104 學年度專題研究計畫成果報告(MOST 104-2410-H-008-026)》,臺北市:科技部。
陳定銘(2018),〈臺灣社會企業社會影響力評估指標之分析〉,《第三部門學刊(科技部:MOST 105-2410-H-008-011)》第 22 期,頁 1-35。
曾文鑑(2019),〈校長領導的整合性觀點:多元架構取向分

析〉,《學校行政》第 122 期,頁 3-19。

黃光國(1999),〈論人的素質:人文關懷與社會實踐〉,《國際學術研討會論文集》,頁 16-24。

黃俊傑(2015),《全球化與大學通識教育》,臺北:臺大出版中心。

黃政仁、廖欣甫(2017),〈被投資國家競爭力與企業績效之研究〉,《當代會計》,第 18 卷第 1 期,頁 1-32。

楊英賢、潘佳駿、林柏年(2018),〈產品結構之動態觀點與企業組織能力搭配之研究——以日系 H 公司開發光學讀寫頭為例〉,《經營管理論叢》,第 13 卷第 1 期,頁 1-18。

達賴喇嘛(1998),〈慈悲——人類幸福的基礎〉,《達賴喇嘛文集 1》,頁 137-159。

達賴喇嘛(2012),《超越生命的幸福之道》,臺北:時報文化。

達賴喇嘛(His Holiness Dalai Lama)、勞倫斯・穆增伯格(Laurens van den Muyzenberg)著,鄭淑芬譯(2010),《領導之道:為所有人創造正面的改變》(*The leader's way: Business, Budhism and happiness in an interconnected world*),臺北:時報文化。

鄭振煌(2015),〈佛教與企業經營、企業責任三法一諦〉,《世界佛教企業論壇論文輯》,http://www.lbaroc.org/business_forum_in.php?id=868。

釋聖嚴(2008),《工作好修行——聖嚴法師的 38 則職場智慧》,臺北:法鼓文化。

釋聖嚴(2015),《正信的佛教》,臺北:法鼓文化。

釋聖嚴(2016a),《動靜皆自在》,臺北:法鼓文化。

釋聖嚴(2016b),《禪與悟》,臺北:法鼓文化。

釋濟群(2007),〈佛法對心理問題的解決:慈悲、真正的大愛無疆——佛法對心理問題的解決〉,《中國商人》,第 7 期,頁 96-97。

龔鵬程（1996），〈佛教與企業管理——現代宗教如何面對現代的方法論反思〉，《宗教哲學》，第 2 卷第 2 期，頁 19-30。

二、西文

Abma, T. A., Cook, T., Rämgård, M., Kleba, E., Harris, J., & Wallerstein, N. (2017). Social impact of participatory health research: collaborative non-linear processes of knowledge mobilization. *Educational action research,* 25(4), 489-505.

Aithal, A., & Aithal, P. S. (2020). Development and validation of survey questionnaire & experimental data–a systematical review-based statistical approach. *International Journal of Management, Technology, and Social Sciences (IJMTS),* 5(2), 233-251.

Akpa,V.O., Asikhia, O.U., & Nneji, N. E. (2021). Organizational culture and organizational performance: A review of literature. *International Journal of Advances in Engineering and Management,* 3(1), 361-372.

Arena, M., Azzone, G., & Bengo, I. (2015). Performance measurement for social enterprises. *VOLUNTAS: International Journal of Voluntary and Nonprofit Organizations,* 26, 649-672.

Ariza-Montes, A., Sianes, A., Fernández-Rodríguez, V., López-Martín, C., Ruíz-Lozano, M., & Tirado-Valencia, P. (2021). Social return on investment (SROI) to assess the impacts of tourism: A case study. *Sage Open,* 11(1), 1-16.

Barraket, J., & Yousefpour, N. (2013). Evaluation and social impact measurement amongst small to medium social enterprises: Process, purpose and value. *Australian Journal of Public Administration,* 72(4), 447-458.

Cameron, K. S.& Quinn, R. E. (1999). *Diagnosing and changing organizational culture: Based on the competing values framework.* Upper Saddle River, NJ: Prentice Hall Series in Organizational Development.

Clark, C., Rosenzweig, W., Long, D., & Olsen, S. (2004). *Double bottom line project report: Assessing social impact in double bottom line ventures.* Retrieved from http://www.riseproject.org/DBL_Methods_Catalog.pdf

Daft, R. L. (1998). *Organization Theory and Design*, 6th ed. Ohio: South-Western College.

Edgar, W. B., & Lockwood, C. A. (2021). Corporate Core Competencies' essence, contexts, Discovery, and future: A call to action for executives and researchers. *Sage Open*, 11(1_suppl), 1-96.

Felício, J. A., Gonçalves, H. M., & da Conceição Gonçalves, V. (2013). Social value and organizational performance in non-profit social organizations: Social entrepreneurship, leadership, and socioeconomic context effects. *Journal of business research*, 66(10), 2139-2146.

Galan-Muros, V., & Davey, T. (2019). The UBC ecosystem: putting together a comprehensive framework for university-business cooperation. *The Journal of Technology Transfer*, 44, 1311-1346.

Grieco, C. (2015). *Assessing social impact of social enterprises: Does one size really fit all?* New York, NY: Springer.

Grieco, C., Michelini, L., & Iasevoli, G. (2015). Measuring value creation in social enterprises: A cluster analysis of social impact assessment models. *Nonprofit and Voluntary Sector Quarterly*, 44(6), 1173-1193.

Heady, L., & Keen, S. (2010). *SROI for funders.* New Philanthropy Capital.

Henderson, K. (1991). *Dimensions of choice: A qualitative approach to recreation, parks, and leisure research.* State College, PA: Venture Publishing, Inc.

James, H., & Buffel, T. (2023). Co-research with older people: A systematic literature review. *Ageing & Society*, 43(12), 2930-2956.

Karakas, F. (2010). Spirituality and performance in organizations: A literature review. *Journal of Business Ethics*, 94, 89-106.

Kotter, J. P. (2008). *Corporate culture and performance.* New York: Free Press.

Kuratko, D. F., McMullen, J. S., Hornsby, J. S., & Jackson, C. (2017). Is your organization conducive to the continuous creation of social value? Toward a social corporate entrepreneurship scale. *Business Horizons*, 60(3), 271-283.

Manetti, G. (2014). The Role of blended value accounting in the evaluation of socio-economic impact of social enterprises. *Voluntas*, 25, 443-464.

Marques, J. (2012). Consciousness at work: A review of some important values, discussed from a Buddhist perspective. *Journal of Business Ethics*, 105, 27-40.

Marques, J. F., & Dhiman, S. K. (2011). *Buddhist psychology in the workplace: A relational perspective.* Tilburg University. Marques_Binder_Buddhist_07-11-2011.pdf

Morgeson, F. P., Mitchell, T. R., & Liu, D. (2015). Event system theory: An event-oriented approach to the organizational sciences. *Academy of Management Review*, 40(4), 515-537.

Nicholls, A. (2009). We do good things, don't we? Blended value accounting in social entrepreneurship. *Accounting, Organizations and Society*, 34(6-7), 755-769.

Ouchi, W. (1981). *Theory Z: How American Business Can Meet the Japanese Challenge*. Reading, MA: Addison-Wesley.

Regmi, P. R., Waithaka, E., Paudyal, A., Simkhada, P., & Van Teijlingen, E. (2016). Guide to the design and application of online questionnaire surveys. *Nepal journal of epidemiology*, 6(4), 640.

Relyea, R. A., & Diecks, N. (2008). An unforeseen chain of events: lethal effects of pesticides on frogs at sublethal concentrations. *Ecological applications*, 18(7), 1728-1742.

Schein, E. H. (1992). *Organizational Culture and Leadership: A Dynamic View*. San Francisco: Jossey-Bass.

Schwartz, S. H. (1992). Universals in the Content and Structure of Values: Theory and Empirical Tests in 20 Countries. In M. Zanna (ed.), *Advances in Experimental Social Psychology (Vol. 25)*. New York: Academic Press: 1-65.

Smircich, L. (1983). Concepts of culture and organizational analysis. *Administrative Science Quarterly*, 28 (3), 339-358.

Social Value International (2012). *A Guide to Social Return on Investment*. Social Value International.

Social Value International (2022). *Principle 2: UNDERSTAND WHAT CHANGE*. Social Value International.

Thornton, P. K., Schuetz, T., Förch, W., Cramer, L., Abreu, D., Vermeulen, S., & Campbell, B. M. (2017). Responding to global change: A theory of change approach to making agricultural research for development outcome-based. *Agricultural Systems*, 152, 145-153.

Ünal, H. M., & Bozkurt, Z. (2022). Leadership Styles and Corporate Culture Influencing The Performance of Institutions: A Review of Educational Institutions. *Sosyal Bilimlerde*, 3.

Vu, M. C., & Gill, R. (2018). Is there corporate mindfulness? An exploratory study of Buddhist-enacted spiritual leaders' perspectives and practices. *Journal of Management, Spirituality & Religion*, 15(2), 155-177.

Weerasinghe, T. D., Thisera, T. J. R., & Kumara, R. H. G. W. P. (2014). Buddhism and organizational management: A review.

附錄

附錄一：深度訪談題綱

1. **對企業主管的訪談大綱**（Marques & Dhiman, 2011）

    (1) 請問您皈依佛教的因緣，至今已經多久？

    (2) 請問您在學佛修行後，對自己、家庭與工作上有哪些幫助？

    (3) 請問您當初舉辦這些活動（早課、誦經、禪坐）的因緣及動機？至今已經多久了？

    (4) 請問您在學佛修行後，在制定公司決策方面有什麼幫助？

    (5) 請問您認為佛法如何能促進個人和企業的創新能力？

    (6) 請問您認為佛法如何能幫助企業家和管理者應對挑戰？

    (7) 您覺得把佛法帶進公司，讓員工一起學佛，對於公司有哪些正面或負面的影響？

2. **利害關係人訪談大綱**

    A. 活動參與（早課、誦經、禪坐）

    (1) 請問您在進入 C 公司以前就學佛了嗎？至今已經幾年？

    (2) 請問您進入 C 公司後，從什麼時候開始參加公司學佛的活動？至今多久了？

(3) 您每次投入多少時間在這個活動中？您能簡單描述一下您完成哪些項目嗎？
(4) 您以前是否參與過其他類似的項目或活動？如果您有，您能描述一下這兩個活動之間的區別或相似之處嗎？是什麼促使您加入公司的活動？

B. 成果的變化
(1) 自從您參加活動以來，您個人是否經歷過任何改變或影響（如您的思想、行為、身體狀況、情緒、一般生活態度和人際關係）或您周圍的人和事（如做為您的家人、朋友、同事、主管和社區）？
(2) 請分別說明在個人、家庭與工作上的影響，示例：身體及心理上是否更健康、主管交辦任務是否達成率提昇，工作失誤率是否降低，是否更有成就感，新客戶或新產品的開發，與同事及主管的關係是否改善，是否改善了和家人的關係，或其他。
(3) 是否可以按照您心目中的重要程度，對這些變化進行排序？
(4) 這些變化持續了多長時間？或者您認為這種變化會持續多久？
(5) 如果您沒有參加活動，您覺得自己經歷同樣變化的概率是多少？
(6) 除了公司的活動，您是否通過其他方式獲得相同或相似的資源或機會？
(7) 上述的改變都可能受到許多其他因素的影響。是否有其他人、事件或事物促成了上述變化？如果是，請嘗

試將它們與公司的活動進行比較。您認為公司活動的貢獻百分比是多少？

(8) 假設參加公司活動需要付費，為了參與這個項目，您願意支付多少錢？對於前面描述的每一個改變，為了實現相同的改變，您願意支付（或給予交換）多少錢？

(9) 公司的活動是否對您個人或對您周圍的任何人或對現有工作（環境或情況）產生了負面影響？

(10) 總體而言，請您總結一下，參加公司的活動，對於自己、家庭與公司的影響？

附錄二：問卷設計一覽表

序號	衡量指標	問卷題目
1	員工心理健康	在過去的一個月裡，您的壓力水準如何？（1分：很低，5分：很高）
2		您是否覺得公司提供了足夠的心理支援資源（如輔導、培訓等）？（1分：完全不同意，5分：非常同意）
3	工作效率與團隊合作	您認為自己的工作效率如何？（1分：很低，5分：很高）
4		您覺得您所在團隊的合作氛圍如何？（1分：很差，5分：很好）
5	公司核心價值觀普及程度	您是否認同公司的核心價值觀？（1分：完全不認同，5分：非常認同）
6		您在工作中是否積極實踐公司的核心價值觀？（1分：從不，5分：總是）
7	新員工培訓和公司活動	您認為新員工培訓中是否充分傳達了公司的企業文化？（1分：完全不充分，5分：非常充分）
8		您是否參與了公司舉辦的活動，且在活動中感受到企業文化的體現？（1分：從不，5分：總是）
9	員工滿意度	您對領導人的滿意程度如何？（1分：非常不滿意，5分：非常滿意）
10		您覺得領導人是否關注和支援員工的需求和感受？（1分：從不，5分：總是）
11	員工忠誠度	您對公司的整體忠誠度如何？（1分：非常不忠誠，5分：非常忠誠）
12		您在公司工作的意願如何？（1分：非常想離職，5分：非常想留任）
13	團隊績效	您認為您所在團隊在達成目標和完成任務方面的表現如何？（1分：很差，5分：很好）
14	團隊凝聚力	您覺得您所在團隊的凝聚力如何？（1分：很差，5分：很好）
15		您認為您的團隊成員之間互相支援和合作的程度如何？（1分：很差，5分：很好）

16	客戶滿意度	您認為客戶對公司產品和服務的滿意程度如何？（1分：非常不滿意，5分：非常滿意）
17		您是否了解公司為提高客戶滿意度所採取的措施？（1分：完全不了解，5分：非常了解）
18	媒體報導和社交媒體聲量	您認為媒體報導和社交媒體上關於公司的討論對公司品牌形象的影響如何？（1分：很差，5分：很好）
19		您是否積極參與關於公司的社交媒體討論或分享公司新聞？（1分：從不，5分：總是）
20	社會責任報告	您是否了解公司發布的社會責任報告？（1分：完全不了解，5分：非常了解）
21		您認為公司在環保、公益等方面的努力和成果如何？（1分：很差，5分：很好）
22	社會責任獎項和認證	您了解公司獲得的社會責任獎項和認證嗎？（1分：完全不了解，5分：非常了解）
23		您認為公司在社會責任方面的表現如何？（1分：很差，5分：很好）

Corporate Leaders Applying Buddhist Teachings of the Corporate Culture and Social Impact

Ting-Ming Chen
President, Dharma Drum Institute of Liberal Arts

Kang-Cheng Tsai
Doctoral student (corresponding author), Graduate Institute of Asian Humanities, Huafan University

Feng-Wei Cheng
Master's Degree, Social Enterprise and Innovation, Dharma Drum Institute of Liberal Arts

Abstract

This study explores the societal impact of integrating Buddhist principles into business management by corporate leaders, focusing on a Taiwanese publicly-listed company manufacturing electronic components, referred to as Company C. The study examines how Company C's chairman, a devout Buddhist, incorporates Buddhist teachings into the company's culture, and its benefits and influence on both the company and society. Through in-depth interviews, focus groups, and surveys among stakeholders of Company C, the study conducts an inductive analysis.

The findings reveal that applying Buddhist principles not only fosters personal growth and leadership skills of corporate leaders but also generates positive social values and external effects, positively impacting individuals, organizations, and society as a whole. Particularly during the economic disruptions caused by the COVID-19 pandemic, Company C not only saw growth in performance and a decrease in employee turnover but also an increase in employee cohesion. The integration of Buddhism into the corporate culture significantly benefits sustainable business development and the practice of social responsibility. Based on these findings, the study recommends that corporate leaders actively learn and implement Buddhist principles in business management to promote a symbiotic relationship between business and society, achieving both self-beneficial and altruistic goals.

Keywords: Corporate Leaders, Buddhist Teachings, Corporate Culture, Social Impact

兒童宗教參與對父母宗教親職的影響
——以法鼓山悟寶兒童營為例

釋演本
法鼓文理學院兼任助理教授

▍摘要

兒童是全球所有宗教團體都努力接引的對象。法鼓山從一九九三年開始,在全臺各分支道場舉辦兒童營,至今已邁入第三十年。一九九三年剛好是法鼓山創辦人聖嚴法師正式向臺灣社會提出「心靈環保」運動的重要時刻,因此法鼓山兒童營從開辦以來,就秉持法鼓山「心靈環保」的核心理念,以小朋友喜歡的授課方式,例如戲劇表演、手作等,在輕鬆有趣的互動中,讓小朋友很自然把「四種環保」、「心五四」等法鼓山理念,內化到生命中。二〇一七年法鼓山青年院推出悟寶兒童營教案,在全臺各分院或據點推廣。這套教案大獲好評,參與悟寶兒童營的人數逐年增加。本研究將參與法鼓山悟寶兒童營視為兒童營學員家長的宗教親職過程中之重要生命事件,探討當家長幫孩子報名悟寶兒童營後,兒童的宗教參與,如何透過親子互動,影響兒童父母的教養方式和宗教參與。本研究也探討父母如何透過教養,將宗教的信仰和實踐方法傳遞給子女。

關鍵詞：宗教親職、生命事件、宗教的代際傳遞、反思、法鼓山悟寶兒童營

一、緒論

　　兒童一直是宗教團體努力接引的對象，因為童年對人格發展非常重要，兒童時期的學習經驗，會影響人一輩子的發展❶。從宗教團體的角度，如果讓兒童在童年就接觸宗教，兒童長大後，就有很大的機會，將宗教信仰融入自己的日常生活中，讓宗教實踐融入到食、衣、住、行等日常生活細節中。

　　宗教團體普遍透過舉辦兒童夏令營的營隊方式，接引兒童參與宗教。臺灣第一個宗教性的兒童夏令營，是基督教青年會（YMCA）在一九五〇年，於龜山舉辦的第一屆兒童夏令營。❷臺灣第一個舉辦接引兒童學佛的佛教團體是佛光

---

❶ 重要心理學家愛力克・艾瑞克森（Erik Erikson）深具影養力的八階段心理社會發展理論（Eight Stages of Psychosocial Development）中，指出童年是人類開始向家庭之外的世界建立關係的重要學習階段，特別是七至十歲的兒童，這時候他們的發展任務是透過教育來培養對新事物的學習能力，主要的學習管道是學校。兒童學習成就感的重要來源是他人的鼓勵。七至十歲的兒童，正好是法鼓山悟寶兒童營的招生對象。整理自網站《教育百科》對《心理社會理論_艾里克森》的解釋。取自：https://pedia.cloud.edu.tw/Entry/WikiContent?title=%E5%BF%83%E7%90%86%E7%A4%BE%E6%9C%83%E7%90%86%E8%AB%96_%E8%89%BE%E9%87%8C%E5%85%8B%E6%A3%AE%28E._Erikson%29&search=%E5%BF%83%E7%90%86%E7%A4%BE%E6%9C%83%E7%90%86%E8%AB%96_%E8%89%BE%E9%87%8C%E5%85%8B%E6%A3%AE%28E._Erikson%29。

❷ 見陳盛雄，《現代臺灣露營活動的變遷與營隊的地理位置關係研究》，未出版碩士論文，東京：日本東京農業大學，2004 年；黃睿宏，《美國紐澤西州"Y"CAMPS 營隊經營管理之研究》，臺北：國立臺灣師範大學

山，佛光山創辦人星雲法師於一九五三年，在宜蘭成立第一個兒童學佛班，並於一九七九年，在佛光山臺北別院舉辦第一屆佛教兒童夏令營，是臺灣佛教界首次舉辦兒童夏令營。❸因為宗教團體舉辦的兒童教育營隊很受歡迎，所以可以看到每年的一月到二月，還有七月和八月，學期結束後的寒假和暑假期間，許多家長會帶著孩子去參加全臺各地宗教團體舉辦的兒童冬令營或夏令營。父母希望孩子能在宗教團體的兒童活動中玩得開心，甚至可以讓兒童更認識自己，知道如何妥善處理自己的情緒，培養與他人合作的團隊能力。

雖然讓兒童參加宗教性的兒童活動在臺灣很盛行，但臺灣學界對兒童參與宗教活動的研究很少。❹法鼓山雖然在一九八九年就開始舉辦兒童營隊，而且幾乎法鼓山全世界的各分支道場，都有舉辦兒童教育活動，廣受兒童和家長的好評和肯定，但直到最近，才有學者對法鼓山的兒童營進行研究，分析法鼓山悟寶兒童營的社會投資報酬率。❺

運動與休閒管理研究所碩士論文，2006 年。
❸ 見釋星雲，〈第二十課　佛教的第一〉，《佛光教科書 7　佛教常識》，《星雲大師全集》增訂版 77 冊，https://books.masterhsingyun.org/ArticleDetail/artcle8869。
❹ 見龔蕙瑛，《佛教團體教育的實況與評估——以高雄市元亨寺學佛營為例》，高雄：國立高雄師範大學教育類研究所碩士論文，1997 年；何綿山，〈試論當代臺灣佛教界對青少年教育的介入與影響〉，《宗教哲學》第 46 期，2008 年，頁 109-132；游麗萍，《台灣萬國兒童佈道團基督教教育對基督教青少年學生之影響》，臺中：東海大學教育研究所碩士論文，2013 年。
❺ 見江洛迄、張雅晴、陳可欣、林和萱、林劉函、張浩耘、黃渝文，《兒童營隊之社會投資報酬率分析——以法鼓山線上悟寶兒童營為例》，新

Walther 等指出「做」「不應該理解為個人的行動，而應該視為是一個互動或集體的實踐」。「做」「不只牽涉到許多個人在事件中的同時存在，但也包含在特殊的社會情境中，那些影響實踐的制度和論述層次的現象」（Walther, Stauber, and Settersten, 2022: 7）。因此透過在生命事件中，去了解與生命事件相關的行動者如何「做轉變」的過程，可以發現行動者生命轉變的建構，是透過與其他行動者之間，分享彼此的生命體驗，共同且持續創造出來的。❼換句話說，「一個人的生命影響了其他人，也被其他人所影響，特別容易被他們生命中最重要和親密的人所影響。一個人的生命轉變，能夠創造其他人的生命轉變」（Walther, Stauber, and Settersten, 2022: 6）。

　　生命轉變是一種互為主體性的接合建構，特別是行動者在他們的重要他人（significant others）引導下，進行生命的轉化。行動者的重要他人扮演守門人（gatekeepers）的角色，引領行動者將這個生命事件所帶來的意義，融入到行動者的生命中。行動者在生命的轉變過程中會進行反思（reflexivity）。行動者的反思是關係性的，反思內容包含自己的個人生活、與他人的人際關係和社會制度脈絡。關係的反思包含主體如何透過互動，在與重要他人的關係中，考量他人對自己的回饋，來定位他們自身扮演的角色，該如何在

---

❼ 「做轉變」這個觀念，跟 Elder（1985, 1994）提出的「連結的生命」（linked lives）有同樣的意思，指人的生命和他人的生命是互相依存的。

關係中運作。這個定位自身角色的過程,包含了自我監督和評估的過程(Donati, 2013; Donati and Archer, 2015; Meliou and Edwards, 2018)。

本研究將 Walther 等(2022)的做轉變這個觀念連結到宗教的親職(parenting),並採用藍佩嘉(2014, 2019)對親職的分析角度,把親職「視為反思的實作」,這是指「父母會把自己的生命經驗當成對象來看待與反省,從而定位自己的教養態度與實作」(藍佩嘉,2019:31)。當父母讓孩子參加法鼓山悟寶兒童營,自身和孩子同樣經歷兒童營這個生命事件後,父母對自身的反思會開始建立新的宗教親職敘事,這是指父母透過觀察自己孩子在法鼓山悟寶兒童營學習後的身心狀況,開始反思自己和孩子的親子關係,以及整理「自己過去的生命經驗,定位現在的親職認同與教養方式,以及想像孩子的未來」(藍佩嘉,2019:31)。做轉變這個觀念可用來解釋父母建立宗教親職敘事的過程,因為父母是透過與兒童營相關的不同類型的人際關係一起建構宗教親職敘事,這些人際關係包括父母的家人(小孩以及小孩的祖父母)、支援兒童營的法鼓山地區分會義工、帶領兒童營的青年義工(被稱為大哥哥、大姊姊),還有法鼓山的法師等。

本研究後續安排如下:第二部分是文獻回顧,包含對法鼓山兒童營的發展歷史,還有宗教親職的文獻整理;第三部分說明本研究的研究方法;第四部分為研究結果;第五部分是結論。

二、文獻回顧：探討宗教親職

本單元整理此研究最相關的觀念：宗教親職。宗教親職指的是父母在教養子女的過程中，會用宗教的各種面向來養育和栽培，例如宗教的信仰、態度、價值和實踐方法。本研究以宗教親職中的五個面向，來探討法鼓山悟寶兒童營的家長如何將宗教的觀念和方法傳遞給子女，包括宗教社會化、宗教的代際傳遞、宗教的親職型態、祖父母在教養上的角色，以及佛教的宗教親職。這五個面向是互相影響的。宗教的代際傳遞是此研究的核心。悟寶兒童營的父母讓孩子在成長過程中接觸宗教，在教養的過程中，讓佛教的觀念和方法內化為孩子日常生活的行為模式。祖父母在悟寶兒童營學員的宗教社會化中扮演重要角色，因為許多兒童的父母需要工作而請祖父母照顧孩子。已經在學佛和在法鼓山當義工的祖父母，就有機會帶領他們的孫子女接觸法鼓山和認識佛教。

（一）宗教社會化

父母在養育孩子過程中，會透過社會化的方式，將上一代文化中的規範和價值觀傳給下一代。父母對孩子的社會化主要可分為三類。第一類是階級的遺產，指父母將孩子安放在與家庭財富和教育相關的社會經濟脈絡中，讓孩子可以擁有跟父母一樣的社經地位；第二類是社會的學習和角色扮演；第三類是父母對子女的情感和支持。親子彼此間的情感凝聚（affectual solidarity）程度，是最能預測宗教是否能夠在代間傳遞的指標。這三類社會化的方式，都可以應用到父母

將他們自身對宗教的理解和實踐傳給自己的子女（Bengtson et al., 2009）。宗教社會化是一個動態的過程，促進下一代可以接受上一代宗教性的規範和價值，並讓下一代的人內化宗教的信仰、價值和實踐方式，成為下一代人日常生活的行為模式（Klingenberg and Sjö, 2019; Taggart et al., 2018）。當兒童接觸宗教時，對兒童進行宗教社會化的來源有很多，例如宗教組織、兒童的朋友、兒童的家人等，在所有能對兒童進行宗教社會化的角色中，父母這個角色的影響力是最大的（Smith and Adamczyk, 2021; Vermeer, 2014）。

（二）宗教的代際傳遞（Intergenerational religious transmission）

在宗教親職中，父母相信宗教能幫助自己的子女成功地面對未知的挑戰，因為宗教能提供道德的指導、情感的支持和一個安全的避風港。因此父母會在教養中將宗教的實踐方式、價值觀和倫理跟孩子分享。這個過程就叫作宗教的代際傳遞（Smith and Adamczyk, 2021: 12）。Smith and Rotolo（2020）指出有三種文化的模型會影響父母對子女的宗教傳遞：1. 孩子的本質：這是指每個孩子都想成為最好的自己。父母的任務是幫助孩子實現他們的潛能；2. 親職的任務：好的父母為他們的孩子準備能克服生活困難的資源、基礎知識和學習條件；3. 宗教集會的適當角色：宗教集會在宗教的代間傳遞上是扮演次要的角色，父母則是扮演主要的角色。宗教集會是加強父母在家裡所教的，而不是決定父母要教什麼給孩子。最成功的宗教集會是提供孩子一個積極的體驗和舒

適的社群。宗教集會所舉辦的活動,要讓孩子覺得好玩,讓孩子願意投入時間參加宗教集會。

父母的宗教性(religiosity)是影響父母傳遞宗教給子女的重要因素。Petro 等(2017)系統性整理七十八篇從二〇〇四到二〇一四共十年內研究宗教對親職影響的文章後發現,父母的宗教性會影響他們的孩子的宗教行為和信仰,特別是對還未進入青少年的兒童來說,父母的宗教性對兒童的幸福有巨大的影響力。在親子互動上,Petro 等(2017)發現宗教因素對男人承諾好好照顧子女上,扮演重要的角色。當有宗教參與的父親積極投入時間照顧孩子時,他們會對孩子強調家庭關係的重要性。此外,宗教團體會形塑有宗教參與的父母的家庭關係和親職實踐的方式。有宗教參與的父母在教養子女時,教養的內容會加入自己參與的宗教團體所提倡的宗教理念。在有宗教參與的父母的家庭關係上,Petro 等(2017)發現這些父母都提到他們自己父母的宗教參與和信仰會影響他們的親職方式和生活選擇。不過,Bartkowski 等(2019)發現父母的宗教性對兒童的發展混合的(mixed)影響,意指有正面也有負面的影響。他們以國小三年級兒童為研究對象,探討父母的宗教參與和家庭的宗教環境(例如親子對宗教的討論)對三年級兒童學習發展的影響。Bartkowski 等(2019)的研究發現,父母的宗教參與對子女的正面影響,包括提高兒童的心理調整能力(例如自我控制)、社會適應能力和學習能力,但父母的宗教參與會降低兒童在學校學業上的表現,包括閱讀、數學和科學等。

(三)宗教的親職型態（religious parenting styles）

目前被大家廣為接受的親職型態分類有四種（Smith and Adamczyk, 2021）：

1. 權威型（authoritarian）

父母很死板、很嚴格、要求孩子服從命令。他們不接受雙向的討論，很少根據孩子的需求調整規則和標準，不會給孩子溫暖的關懷。

2. 威恩並施型（authoritative）

對孩子立下高標準，但也會對孩子表達高度的溫暖，並願意和孩子討論事情。他們對孩子的生活積極介入，提供很多指導和監督。他們會根據孩子的個性調整。

3. 放任型（permissive）

父母會給予孩子溫暖的情緒支持，但不會對孩子有太多的期待和要求。他們對孩子寬容和有彈性，也會嘗試避開衝突。

4. 忽略型（less engaged）

父母不負擔教養責任，給孩子的培育很少。

Smith and Adamczyk（2021）指出，良好的親子關係有助於父母傳遞宗教信仰或觀念給自己的子女。四種教養中，父母採用威恩並施方式的教養，子女最快樂，社交關係也最良好。

（四）祖父母在教養上的角色

祖父母在二十一世紀的家庭宗教生活扮演愈來愈重要

的角色,因為現在世界各國都面臨人口老化的問題,祖父母和既有家庭成員有更多時間相處在一起;此外祖父母能適當填補家庭成員需要照顧的功能,特別在兒童的教養與養育上。很多父母委託自己的父母照顧剛出生的小孩,因為父母需要外出工作,因此在家的祖父母能促進代際間的團結(Bengtson, 2001)。Bengtson 等(2009)指出祖父母對孩子的宗教親職有很大影響,包括能夠增強或替代父母在孩子心中的宗教影響力,甚至顛覆改變孩子原本的宗教價值觀,例如父母本身對宗教沒有興趣,但因為祖父母在家裡對孩子進行宗教教育,讓孩子願意跟著祖父母一起進行參與宗教活動。Moore(2021)指出祖父母能夠成功傳遞宗教給他們的孫子的關鍵是對話。如果祖父母願意分享他們在宗教上的體驗給孫子,代際間的對話(intergenerational conversations)讓孫子不僅更有信心適應未來的生活,也更願意參加宗教活動。

(五)佛教的宗教親職

聖嚴法師認為家庭是培養兒童宗教信仰的最重要場域,父母應該要讓自己的小孩,從兒童時期就開始接觸佛菩薩和佛教高僧大德慈悲濟世的故事,培養感恩心,奠定兒童的道德觀念和宗教信仰。❽聖嚴法師在二〇一一年的《大法鼓》

---

❽ 見釋聖嚴,《我願無窮——美好的晚年開示集》,臺北:法鼓文化,2011 年;釋聖嚴,《法鼓山的方向:關懷》,《法鼓全集》9-4,臺北:法鼓文化,2020 紀念版;釋聖嚴,《法鼓山的方向:萬行菩薩》,《法

節目〈小孩子如何薰習佛法〉開示中提到：

> 學佛的父母要如何跟小孩分享佛法？
> 1. 從小讓小孩有佛教信仰，透過父母跟小孩分享，讓小孩在耳濡目染下，對佛教產生信心，例如讓小孩知道觀世音菩薩的重要、信仰的力量。
> 2. 從小要讓小孩有感恩的心，知道我們得到的東西，我們要感謝，我們將來也要給人。現在人家給我們，將來我們也要給人，因果的觀念，就這樣培養起來的。
> 3. 父母講佛或菩薩或高僧的故事給孩子聽，讓小孩培養慈悲心，打下信仰的基礎，長大以後，一定不會做壞事，是善良、樂於助人的人！❾

此外，聖嚴法師在二〇一二年的《大法鼓》節目〈管教孩子的三原則〉中指出，做為一個佛教徒的父母，在教養孩子時，可以把握三個原則：

> 1. 要關心，不要擔心。
> 關心，是讓孩子感覺到溫暖。在家裡面，要讓孩子感受有一股力量在支持他。
> 2. 要商量，不用權威。

鼓全集》9-6，臺北：法鼓文化，2020 紀念版。
❾ 釋聖嚴，〈小孩子如何薰習佛法〉，《聖嚴法師-大法鼓0284》，https://www.youtube.com/watch?v=Bsb6yXjBgRw，2011 年 8 月 4 日。

孩子的年齡有自己的想法。父母不要說：「我就是這樣子過來的，你一定要這樣做才行。」孩子一定會抗拒，不可以用高壓的手段。

3. 要誘導，不要控制。

誘導的意思，要跟他做朋友，循循善誘，不要控制孩子，愈想控制孩子，孩子愈想跑，跑到最後會離家出走不回來。❿

三、研究方法

本研究將悟寶兒童營視為悟寶兒童營學員家長宗教親職過程中的重要生命事件，採用質性研究中的訪談法蒐集研究資料，並採用 Lieblich 等人（1998）所提出的敘事研究「類別—內容」的分析方法做資料分析，研究期間自二〇二二年六月十三日到二〇二三年六月十二日。接下來說明本研究的研究參與者、資料蒐集、研究倫理，以及資料整理與分析方法。

（一）研究參與者

本研究採取立意抽樣的方式選擇訪談對象，也就是根據研究者的主觀經驗、研究的需要以及研究目的，從總體樣本中，選擇那些被判斷為最能代表總體的單位做樣本。

本研究邀請訪問的對象，是曾參與過法鼓山青年院所舉

---

❿ 釋聖嚴，〈管教孩子的三原則〉，《聖嚴法師 - 大法鼓 1064》，https://www.youtube.com/watch?v=ogJ7U7n3JSY，2012 年 2 月 22 日。

辦的悟寶兒童營學員家長，從目前有舉辦悟寶兒童營的全臺二十五（北部十七、中部二、南部五、東部一）個分院或分會或共修處中選出共八個（北部五、中部一、南部二）做研究。八個選擇的法鼓山據點涵蓋三個選擇標準，包含：1. 分布在全臺灣各地；2. 位在城市或位在鄉下；3. 剛成立不久的新據點，或已經成立很久的舊據點。

　　八個據點選出後，從每一個分會或分院或共修處邀請學員的家長共二位參與研究。實際邀約進行時，會同時邀請被抽樣選中的學員父親和母親受訪，如果此學員的父母僅有一位願意參與，也接受並列入成為此研究的邀請受訪對象。本研究總共完成十七份訪談，包括十五個家庭中的十七位父母（母十四、父三），其中包括二對夫妻。

（二）資料蒐集

　　本研究蒐集的資料，是與悟寶兒童營和宗教親職相關的資料。研究以二種方法進行研究：

1. 文件分析法

　　研究者認為了解法鼓山創辦人聖嚴法師對兒童營，以及佛教的宗教親職與親子關係的看法，是能掌握法鼓山青年院舉辦悟寶兒童營精神的關鍵。因此研究時，大量閱讀網路版《法鼓全集》的資訊，尋找聖嚴法師對兒童營和親子關係的開示。此外，研究者也跟悟寶兒童營的主辦單位法鼓山青年院，申請悟寶兒童營的相關資訊，以便了解悟寶兒童營的全貌。最後，研究者從法鼓山青年院負責法師口中，得知之前有做過悟寶兒童營的研究，透過管道取得這些研究報告。因

為這些研究報告是近三年內完成的，可以進一步了解最新悟寶兒童營的研究發現，對本研究幫助很大。

2.訪談法

本研究的研究參與者，是全臺二十五個有舉辦悟寶兒童營的法鼓山分院、分會或共修處的曾參與過兒童營的學員家長。雖然這些據點都屬於法鼓山，但法鼓山每一個道場的負責法師（監院）或是負責義工（召委），都有自主決定是否願意讓研究者訪問的權利。因此在蒐集受訪對象上，研究者先以電話、email、Line或面對面等方式，邀請各分院或各分會負責人參與本研究計畫。取得他們的同意後，再由其介紹悟寶兒童營活動承辦人，請提供適合受訪的兒童營學員父母。研究者先提供悟寶兒童營活動承辦人本研究的研究計畫書，以及研究參與者知情同意書。承辦人依這兩份文件去邀請他們認為適合的學員父母，詢問是否同意參與本研究計畫。如果學員父母同意參與，就由承辦人幫研究參與者和研究者協調見面受訪的時間，讓研究者對研究參與者進行訪問。

在進行訪談時，研究者會讓研究參與者簽署知情同意書。這次研究所有受訪的地點都在法鼓山各地區分會或分院。訪談採取半結構式訪談，先擬定訪談大綱，再進行訪問。訪談的主題，是以悟寶兒童營這個生命事件為中心，了解悟寶兒童營這個事件發生的前後，父母與孩子之間的關係有什麼變化？父母如何將宗教信仰和實踐方法帶入到親職教育中？以及父母如何將宗教傳遞給自己的子女？

（三）研究倫理

此部分整理本研究過程中可能遭遇的倫理議題，並提出相對應的處理方法：

1. 人體研究倫理審查

本研究的研究方法是訪談法。在進行訪談前，先將研究計畫送到人體研究倫理審查委員會進行審查。審查通過後才開始招募研究參與者，以及進行訪談相關的研究程序。

2. 知情後同意

本研究進行施測訪問前，研究者會先跟研究參與者詳細說明此研究的內容、目的、訪談時會進行的程序、參與研究會花費的時間、研究可能發生的風險及造成損害時的救濟措施、研究預期的效益、研究參與者的相關權益、訪談資料的使用範圍和期限等問題。研究者會讓研究參與者充分理解研究的相關訊息，回應研究參與者對研究計畫的各種問題，取得研究參與者同意後，研究者和研究參與者都在研究參與者知情同意書上簽名後，才開始進行訪談。

3. 匿名與保密

研究者在訪談和使用資料上，會遵守隱私保密原則，確保研究參與者的身分，在研究過程的每一個步驟都不外洩。訪談前，研究者會詳細告知研究參與者有關隱私和保密的原則，並在研究結果上，將研究參與者以匿名方式呈現，研究結束後，銷毀所有錄音檔和紙本資料。

4. 尊重研究參與者的意願

訪談的整個過程以研究參與者為主，尊重研究參與者對

於訪談內容、訪談時間、訪談地點選擇等的意願。另外，研究參與者在參與過程中，有權利隨時停止參與研究。

（四）資料整理與分析

本研究的資料整理、分類和分析過程如下：

1.訪談逐字稿謄寫

訪談錄音完後，接著將錄音檔謄寫成逐字稿，謄寫原則是將所有的語言和表情都記錄在文字稿上，保留訪談時的原始情境。

2.編碼

當逐字稿謄寫完成後，開始進行編碼。編碼內容分成兩部分。編碼的第一碼指研究參與者的代號，以英文字母依序編號，十七位研究參與者的編號分別從 A 到 Q，例如第一位研究參與者代號為 A，第二位研究參與者代號為 B。此外，編碼的第二碼是每位研究參與者文本的行數碼，例如 A035，代表 A 研究參與者文本第三十五行。

3.資料編輯與整理

這部分可以分成幾個步驟：[11]

（1）將錄音檔逐字轉換成文字檔

（2）開始編碼

將文本根據研究問題以及受訪者的敘事內容分割裁切成較小的單位，並進行歸類。

---

[11] 吳啟誠、張瓊云，〈主題分析在教育研究上的應用〉，《特殊教育發展期刊》第 69 期，2020 年，頁 29-42。

（3）將編碼歸納成主題

找出與研究有關的重要句子,將註記重要句子所表達的概念歸納成主題。

（4）主題修正與精緻化

針對初步歸納的主題反覆檢視和確認主題,並將與主題相關的資訊分成幾個子題。

（5）主題的界定與命名

檢查不同主題、子題之間的關聯性,與整個研究蒐集到的訪談資料是否吻合,能否回應所設定的研究問題,進行歸納整理,從中提出來進行分析。

（6）撰寫研究結果

4. 資料分析

本研究採取敘事探究的分析方法。敘事指描述人類經驗的現象,人類的經驗透過故事的形式被建構出來,而故事會持續地因為加入新的事件,而被與事件相關的人、社會制度和環境重新建構出來（Patricie and Leonard, 2022）。因此敘事可看成是一個組織人類在時間序列中所發生事件的過程（Polkinghorne, 1995）。敘事包含個人與團體。敘事「有助於了解人類經驗的複雜性,透過敘事,我們的聲音會引發在社會文化世界中其他人的回響,我們見證了文化的形成,是透過我們講述個人生命經驗的故事來的」（Patricie and Leonard, 2022: 2）。Clandinin 和 Connelly（2000）指出敘事探究的研究是根據三個面向來進行思考：（1）互動：個人與社會,內在與外在的交互作用；（2）時間：過去、現在與未來的連續性；（3）情境：在地情境的地域性。范信

賢（2013: 139）指出敘事探究可「提供一種理解個體經驗與感悟社會脈絡的途徑」，在研究上讓「個體經驗和社會脈絡二者之間進行緊密交織，以掌握經驗的整體意義」。綜合以上學者對敘事探究的整理，可看出敘事探究非常適合用來做社會學的個案分析，因為敘事探究和社會學的切入點一樣，都是在探索個人、人際關係和社會制度或文化等三者之間的交互作用關係。

　　本研究適合敘事探究的原因，是因為研究對象是曾參加過悟寶兒童營學員的家長，因為疫情的緣故，悟寶兒童營停辦三年（2020－2022），加上悟寶兒童營普遍的年齡限制在七至十歲，也就是國小一年級到三年級的學生才能參加，因此這些家長在談論自己孩子參與悟寶兒童營這件事時，是用類似進行特殊事件的生命史敘事在分享，講述父母從開始注意到悟寶兒童營，到實際讓小孩參加，到觀察孩子這幾年變化的生命故事。而從家長分享生命史經歷的時間長度來看，大約從三年到七年不等。敘事分析能幫助這些學員父母知悉在教養子女的過程中，當父母經歷到悟寶兒童營這個重要的生命事件時，內心產生什麼樣的反思與整理，還有與自己孩子和環境互動後，如何互為主體地建構新的自我敘事。

　　本研究分析的方法，採用敘事研究中的「類別—內容」分析法（Lieblich et al., 1998）。「類別—內容」分析法重視受訪者的生命事件，從文本中摘要與整理歸納出不同類別，以呈現故事的縮影。⓬

⓬ 吳芝儀編譯，《敘事研究：閱讀、詮釋與分析》（Amia Lieblich, Rivka

四、研究結果與討論

本研究將法鼓山悟寶兒童營家長讓子女參加悟寶兒童營，視為父母宗教親職的重要生命事件，探討這個事件對親子關係、父母對孩子的宗教代際傳遞，還有家長自己的宗教參與上產生什麼樣的轉變。

（一）法鼓山與兒童宗教教育

1. 聖嚴法師的佛教兒童教育理念

辦教育是法鼓山創辦人聖嚴法師推動漢傳佛教現代化的方法。他曾說：「今日不辦教育，佛教就沒有明天。」聖嚴法師以心靈環保的觀念為核心推動三大教育，包括大學院教育、大普化教育、大關懷教育。[13]聖嚴法師認為佛教教育要從兒童時期就開始做，他認為人小時候的教養，會影響這個人長大後的發展。如果兒童能從小接受佛教教育，這些受佛教教育長大的兒童，聖嚴法師相信他們能與人建立良好和諧的關係，減少很多社會問題，如聖嚴法師所說：「從兒童解事開始，就應灌輸佛菩薩慈悲濟世的精神，使之日後不至成為問題青少年，並且奠定他們道德觀念和宗教信仰的基礎。」[14]

Tuval-Mashiach, Tamar Zilber, *Narrative Research: Reading, Analysis, and Interpretation*, 1994），嘉義：濤石文化，2007 年。

[13] 見釋聖嚴，《法鼓山的方向：理念》，《法鼓全集》9-1，臺北：法鼓文化，2020 紀念版。

[14] 見釋聖嚴，《明日的佛教》，《法鼓全集》3-8，臺北：法鼓文化，2020 紀念版，頁 188。

聖嚴法師把舉辦兒童營視為大關懷教育的一部分，透過辦兒童營來教育兒童和他們的家長，並透過教育來關懷兒童和他們的家長。另外，聖嚴法師也指出，兒童營屬於大普化教育的一部分，透過兒童營，讓心靈環保、心五四、禪修和佛法觀念等，接引七至十歲的兒童學佛。❶⓯

聖嚴法師對兒童教育的重視，可從他在一九八九年創立法鼓山的同一年就開始創立兒童營隊，以實際行動接引兒童學佛看出來。❶⓰ 為了讓兒童能理解吸收他提出的心靈環保觀念，❶⓱ 聖嚴法師從一九九三年開始，在農禪寺舉辦以心靈環保為課程主軸的三天兩夜兒童夏令營，❶⓲ 課程內容包括生活

⓯ 見釋聖嚴，《法鼓山的方向：創建》，《法鼓全集》9-2，臺北：法鼓文化，2020 紀念版。

⓰ 見林其賢，《聖嚴法師年譜》，《法鼓全集》相關著作，臺北：法鼓文化，2020 網路紀念版，頁 758：「六月三十日至七月十五日，農禪寺假臺北縣觀音山凌雲禪寺舉辦第一屆「法鼓山兒童佛七夏令營」，兩梯次共五百名學童參加。」取自：https://ddc.shengyen.org/?doc=11-02-065。

⓱ 心靈環保是聖嚴法師以現代熟悉的語言，將傳統佛法觀念進行現代化轉譯的努力成果。聖嚴法師推廣佛法的目標，是希望現代人能夠將佛法運用到日常生活中，而禪修就是佛法觀念在日常生活中應用的方法。聖嚴法師指出禪修是心靈環保落實在日常生活中的方法，因為透過「禪修的方法，來放鬆身心、體驗身心、放下身心的自我中心，便能夠使得自己的心不再被任何誘惑及刺激所搖動、汙染了，這便是心靈環保。」（〈禪學與心靈環保〉，《禪的理論與實踐》，《法鼓全集》4-18，臺北：法鼓文化，2020 紀念版，頁 52-53。）

⓲ 見《聖嚴法師年譜》，頁 906：「七月二十八日至八月一日、八月四日至八日，於法鼓山上舉行二梯次『兒童學佛營』。每梯次有三百位小朋友參加。七月三十一日計有三百位小朋友皈依三寶，由法師主持皈依儀式。（〈法鼓山農禪寺舉辦兒童學佛營〉，《法鼓》雜誌，44 期，1993 年 8 月 15 日，版 1）」。取自：https://ddc.shengyen.

教育、心靈成長、人文素養和自然環保。聖嚴法師透過舉辦兒童夏令營來接引兒童學佛。聖嚴法師（2015）指出，兒童佛學夏令營讓兒童快速對佛教有基本的認識，並能在佛法的觀念和方法實踐這兩個方面，對孩子提供幫助：

（1）在觀念上

讓他們知道要愛人，要減少自己的困擾，要幫助他人，用佛法給他們教育。

（2）在方法實踐上

練習拜佛、唱歌、打坐、念佛，這些是修行活動，有動態有靜態。

雖然只有很少數的研究調查兒童夏令營舉辦的成效，[19]但從全球法鼓山愈來愈多據點開始舉辦兒童營隊或課程，可以推斷愈來愈多臺灣兒童的父母，覺得法鼓山兒童營的內容，對他們孩子的成長有幫助。

2.悟寶兒童營的佛學教育

悟寶兒童營是法鼓山體系從二〇一七年開始推廣的新型兒童教育。與上一段提到的兒童夏令營是過夜活動相比，悟寶兒童營只有三小時，更適合臺灣社會家長和在學兒童普遍

---

org/?doc=11-02-067。

[19] 見江洛彣、張雅晴、陳可欣、林和萱、林劉函、張浩耘、黃渝文，《兒童營隊之社會投報酬率分析——以法鼓山線上悟寶兒童營為例》，新北：天主教輔仁大學會計學系第十九屆專題研究成果報告，2022年；鐘紳榮、古路雪、于佳佑、賴仁傑、吳啟嘉、林浚瑋、董于瑄，《兒童營隊之社會投資報酬率分析——以法鼓山悟寶兒童營為例》，新北：天主教輔仁大學會計學系第十八屆專題研究成果報告，2021年。

忙碌的生活型態。此外，悟寶兒童營的特殊性展現在它是以一套固定的教案，拿到法鼓山各地分支道場去接引兒童學習佛法。之前都是法鼓山各地分支道場以舉辦兒童夏令營的方式設計自己的兒童教育教案。悟寶兒童營是法鼓山護法總會的青年院和服務處兩個單位共同承辦。青年院負責課程設計和隊輔培訓，培訓招募的對象是十八至四十歲的青年；服務處協調讓全臺有意承辦悟寶兒童營的分會和分寺院，支援活動所需要的宣傳招生、隊輔招募和行政事務。

悟寶兒童營目前一年舉辦三到四次，半年舉辦二次，約兩個月舉辦一次。悟寶兒童營接引的對象主要是國小一至三年級（七至十歲）的學生，也有一些地區接引國小四至六年級的學生。課程設計可分成四大系列：

（1）兒童自我認識系列

透過表演話劇、手作以及團隊遊戲的方式，讓孩童學習團隊合作的精神、培養品格教育，同時也讓學員們更認識自我。

（2）兒童靜心系列

透過兒童瑜珈、托水缽等遊戲，讓學員學習專注、放鬆和自我覺察。

（3）兒童基本佛學系列

透過表演話劇、繪本分享的方式，讓學員在看戲劇或聽故事的過程中，自然把佛法故事吸收進去，建立學員正確的佛法知見。

（4）兒童梵唄系列

透過兒童佛曲教唱、學習梵唄和法器，培養學員的宗教

情操。

因為悟寶兒童營的課程進行不開放讓家長參與，有些分會會額外舉辦家長課程，讓家長在把孩子送到分會參加悟寶營後的下午，在另一間教室參加家長課程。家長課程的內容跟悟寶兒童營的課程有關，讓家長能了解自己的孩子在學什麼。

悟寶兒童營的舉辦目標，是希望讓參與的兒童學員回家後能夠：

（1）在生活中能夠珍惜、欣賞自己所擁有的。
（2）懂得團隊合作。
（3）對他人能產生更深刻的同理心。

（二）宗教親職與親子關係

父母把悟寶兒童營視為宗教親職的一部分。當子女到了可以參加悟寶兒童營的年紀（七至十歲），父母會幫孩子報名悟寶兒童營。本研究發現父母報名悟寶兒童營這個決定，深受父母本身的人際關係所影響，不完全是自己一個人所決定的。有35%的受訪父母表示是自己的決定，12%的父母表示父母推薦加上自己本身就想讓孩子參加，41%的父母表示是父母或配偶的父母推薦，12%的父母表示是受朋友推薦。根據這次研究可以發現，65%的父母表示讓孩子參加悟寶兒童營，是受自己家人或朋友的影響，這代表父母做出讓孩子參加法鼓山悟寶兒童營的決定，身受父母所處的人際關係和社會脈絡所影響。父母在幫孩子報名悟寶兒童營前，會跟他們的重要他人進行討論，了解悟寶兒童營在做什麼，反

思兒童營對自己教養和自己孩子的意義。本研究對父母報名悟寶兒童營的統計如下表所示。

幫孩子報名悟寶營的原因	受訪者人數	受訪者占全體受訪人數百分比
自己的決定	6	35%
父母推薦加上自己本身就想	2	12%
父母或配偶的父母推薦	7	41%
朋友推薦	2	12%
總數	17	100%

1. 悟寶兒童營與宗教親職

有些父母表示是自己決定要讓孩子參加悟寶兒童營，例如以下三位父母的分享：

> 當初是因為想讓他們接觸佛法！我一直覺得可以讓小孩子去參加，可以種學佛的種子，真的是很重要！讓他們體驗一下靜坐、禪繞畫，都可以，讓他們可以去了解一下，就是種善根！[20]

> 我們來共修，剛好有悟寶的課程！我們想說，既然來了，也讓他們接觸一下，讓他們認識一下法鼓山和佛教是什麼。[21]

> 我覺得這是正向的東西！我覺得法鼓山舉辦課程，會對

---

[20] 整理自訪談逐字稿（A:036-040）。
[21] 整理自訪談逐字稿（F:057-058）。

小孩有幫助。㉒

　　本研究發現,這些自己決定讓孩子參加悟寶兒童營的父母中,83%的父母表示自己的孩子在參加悟寶兒童營之前,就已經接觸過法鼓山這個佛教組織,而且這幾位父母都是從小孩出生之後,就帶孩子參與法鼓山的各種活動,例如法鼓山每年在總本山舉辦的除夕撞鐘。這表示這些父母的孩子,在參與法鼓山悟寶兒童營時,對法鼓山或佛教是不陌生的,因為他們從小就透過父母接觸到法鼓山和一些佛教的觀念方法,例如E和J這兩位母親分享她們小孩對法鼓山和佛教的觀感:

> 他們對法鼓山很親切,雖然他們不知道那是什麼東西,但他們知道媽媽去法鼓山上課跟休息。㉓

> 他們小時候對禮佛、念佛,或者是有佛這件事情,對他們來講不突兀。他們很小,大概兩三歲,就有帶他們到那個環境,他們基本上不太陌生。㉔

　　因為這些父母平日就有參與法鼓山活動,這些父母的宗教參與經驗對這些父母生命很重要,例如J表示她從當媽

㉒ 整理自訪談逐字稿(L:009)。
㉓ 整理自訪談逐字稿(E:027-028)。
㉔ 整理自訪談逐字稿(J:023-025)。

媽前就參加法鼓山活動，成為法青並在法鼓山皈依，甚至宗教參與成為父母的重要生命事件，讓他們產生重大的生命改變，例如 E 提到，是因為參與法鼓山的福田班才讓她有小孩，因此他們會想把宗教傳遞給自己的孩子，把宗教融入到養育孩子的過程中。在與孩子分享宗教觀念時，他們不會用艱深的宗教術語，而會用孩子程度可以理解的語言跟他們溝通與分享佛法：

> 我覺得教養小孩，跟我在法鼓山接觸到的一些觀念還滿雷同的，法鼓山的觀念很生活化，例如聖嚴法師的開示「需要的不多，想要的太多」，我會跟孩子分享，例如文具購買，平常帶他們去賣場，他們會有想要的東西，例如公主花樣的橡皮擦，我會說你有幾枝筆了，這樣夠不夠了？我說，如果你沒有買它的話，你夠用嗎？你真的很想要嗎？他說是，他要用自己的零用錢來買，我就說如果是非常需要的學用品媽媽買，如果是你自己想要的，你就要用你的零用錢來買！他們都可以接受。就是這種小地方。㉕

> 有時候跟小朋友講禪的東西，太深了，他們沒有辦法去了解，那東西很虛幻，我和我太太不會跟小朋友講到禪，我會跟他講說要把握當下，當下這一刻你的感覺是什麼，

㉕ 整理自訪談逐字稿（E:006-018）。

要清清楚楚!要記住當下發生的事情、當下的心情,把這個記錄下來!小朋友很容易分心,我們跟他講,念頭一定會拉出去,但告訴自己要拉回來。㉖

從宗教親職的角度來看,不是每一位自己決定幫孩子報名悟寶營的父母,都會把宗教帶入日常生活中的教養。L表示她在不會將宗教帶入親子關係,是因為L「不是很精進的人」,這代表L平常很少進行宗教實踐,例如不常學習佛教的觀念,或練習佛教的方法。由L的敘事可看出,L的宗教參與狀況影響她對孩子進行宗教傳遞的意願。此外,A的例子顯示,婚姻關係會影響父母是否會把宗教帶入日常生活的教養中:

平常我們沒有跟小朋友講佛法。我覺得家裡的因素影響很大!我先生是外籍人士,他是日本人,他沒有宗教信仰。㉗

A是一位媽媽。她從小就皈依佛教,日常生活中遇到困難時,會用佛教的修行方法來處理困難,例如念阿彌陀佛佛號或抄寫《心經》,這代表A認為宗教信仰和實踐,對她的生命是重要的。參與法鼓山悟寶兒童營對A的家庭來說,是一個重要的生命事件,這個生命事件讓A的家庭與宗教產生

㉖ 整理自訪談逐字稿(L:053-054)。
㉗ 整理自訪談逐字稿(A:049-072)。

新的連結,讓宗教開始轉變 A 的親子關係,因為 A 透過讓孩子報名悟寶兒童營的方式,成功對孩子進行宗教的代際傳遞,讓 A 的孩子開始接觸佛法,A 將宗教帶入她的教養中。

2.祖父母的宗教實踐與宗教的代際傳遞

本研究中,53% 的悟寶兒童營學員家長表示,他們是因為家人推薦而讓孩子參加兒童營,是受訪家長所占比例最高的。這些家人是指受訪家長的父母或是配偶的父母親,也就是孩子的祖父母。本研究發現,這些家長的家庭狀況有一個共通點,就是他們的孩子都是被祖父母照顧長大的,也就是說,從孩子出生後,這些家長就請他們的父母或配偶的父母照顧,等於孩子成長的最初幾年間,可能幾乎是二十四小時與祖父母朝夕相處。這幾位受訪的父母表示,這些兒童的祖父母目前都還在法鼓山擔任義工,而且都已經擔任義工很長一段時間,有些甚至是法鼓山某些義工團體的領導人。因為祖父母和這些兒童的互動時間很多,加上祖父母本身都有很長的宗教參與時間和宗教體驗,祖父母在養育孫子時,會很自然分享佛教的觀念和方法給他們,並且會把孫子帶到法鼓山道場來一起參加活動,甚至一起當義工。根據這些受訪父母的訪談內容可以發現,這些祖父母實際上已經進行了對孩子的宗教代際傳遞,非常成功地帶領他們的孫子參與宗教活動,學習宗教的觀念和方法,甚至一起進行宗教實踐。以下是 O、D 和 K 描述孩子的祖父母如何把宗教傳遞給孫子:

> 我小孩一出生,我媽媽就帶來法鼓山。我小孩之前常常來道場。之前我媽媽來這邊打掃,或是有活動,我媽媽都

會帶他來,所以他對這個環境是認識的。我媽媽也是把法鼓山的精神融入於生活,因為之前我上班,所以都是媽媽在帶,所以生活中的教養,跟法鼓山的很雷同,息息相關了。㉘

　　平常我們會捐功德款,從我媽接觸法鼓山後,漸漸我小孩都習慣了。我媽媽之前會帶我兒子去繳功德款和收功德款。之後我小孩身上有一些長輩給的獎金,他就跟我說他要捐功德款。我就拿了小沙彌回去,跟他說你要捐多少自己投。他之前超熱衷這件事。我覺得我小孩可以做到這個地步,我滿感動的!㉙

　　結婚後,因為媽媽本身是很虔誠的佛教徒,所以在太太受孕的時期,我們用了一個小喇叭,對著太太的肚子,每天聽〈普門品〉,整天都在聽〈普門品〉,聽到小孩子生出來,出生後小朋友的晚安曲就是〈普門品〉,他聽到睡著,家裡就是在這樣的環境下,對佛教這部分的教導。我媽媽在農禪寺做志工,我媽媽會帶我的小朋友一起去做義工。㉚

㉘ 整理自訪談逐字稿(O:033-039)。
㉙ 整理自訪談逐字稿(D:068-072)。
㉚ 整理自訪談逐字稿(K:003-015)。

（三）悟寶兒童營促成父母的宗教參與

本研究顯示，那些表達因為朋友推薦而讓孩子參加悟寶兒童營的父母有個共通點，就是這些朋友都是孩子的老師。除此之外，他們都把讓孩子參加悟寶兒童營這件事，當成自己的重要生命事件，他們都表示，因為讓孩子參加悟寶兒童營後，自己才開始認真學佛，才開始用心體會如何把佛法落實到生活中。因此，讓孩子參加悟寶兒童營這個事件，是家長接觸宗教的轉折點，宗教促成家長的生命轉變，家長開始有宗教參與，學習佛法的觀念和知識，並開始宗教實踐。例如 I 和 G 描述讓孩子參加悟寶兒童營對她們的影響：

> 我是來這邊才認識聖嚴法師，有一位菩薩跟我提到四它，我開始去翻這邊的書去了解。這是影響我比較深，因為我會把四它帶到我生活中，我沒辦法記那麼多，但是我把影片存下來，當我在工作遇到問題的時候，我會把它點開來看！[31]

> 我覺得四它，是我接觸法鼓山時，第一次知道四它。我個人覺得接受與放下很受用！前面兩個是因為後來又接觸到一些大人世界的事情，會有所感慨，覺得這四句話真的沒有錯！真的可以處理生活上大大小小的事情。[32]

---

[31] 整理自訪談逐字稿（I:052-054）。
[32] 整理自訪談逐字稿（G:155-158）。

父母生命轉變的效果,最直接反應在父母的宗教親職和親子關係上。以 G 為例,自從她開始學佛後,應用四它的觀念讓她有更好的生活,她開始將宗教融入教養中。G 更表示,她宗教實踐和體驗增強她和孩子的親子關係:

> 應用佛法變成我生活中的一部分,當有衝突的時候,有時候不是只有我跟他,我們聽到他同學發生的事情,或是大人世界的事情,我會跟哥哥分享我的想法是什麼,我會想聽聽小孩的想法是什麼?畢竟他們比較單純!有時候我們真想多了,聽聽他的說法,他也會說法師提到什麼,或者是不要想那麼多,佛會帶你們往好的方向去!我說對,我們一起往好的方向走!㉝

當 G 和她的孩子的親子關係因為分享佛法變得更緊密後,G 表示良好的親子關係提昇她的宗教體驗,她覺得自己跟孩子學到很多,與孩子的互動幫助她進行生命的轉變,孩子是自己宗教實踐上的老師:

> 我必須說,有時候孩子的確是帶領著我們!在心靈上,的確是他們帶領著我們!或是自己心裡面那個結打不開的時候,小孩真的就是會用法鼓山的四它來安慰我,我會覺得小孩真的長大了!㉞

㉝ 整理自訪談逐字稿(G:152-183)。
㉞ 整理自訪談逐字稿(G:184-186)。

（四）悟寶兒童營、親子關係與宗教的代際傳遞

法鼓山舉辦悟寶兒童營的目的，是希望臺灣的下一代從小就有機會認識佛教信仰。但因為悟寶兒童營的活動時間只有三小時，兒童不容易有宗教體驗，更不容易將內化的宗教體驗帶回日常生活中。兒童父母是兒童宗教社會化的重要他人，兒童日常的宗教實踐，需要父母的陪伴與支持。本部分從親子關係和父母的宗教參與這兩個面向，來分析宗教的代際傳遞效果。

1. 反思宗教親職的重要性

（1）孩子在悟寶兒童營的收穫

因為法鼓山悟寶兒童營是學員家長幫學員報名的，家長們把悟寶兒童營視為他們宗教親職的重要生命事件，因此家長們會關心自己孩子參加完有什麼感受。本研究發現孩子普遍跟父母提到，讓他們最有印象的悟寶兒童營活動是手作和遊戲，而且每一位受訪者的孩子都表示喜歡參與悟寶兒童營，許多孩子都跟他們的父母說玩得「很開心！」㉟從孩子的回饋反應，可以說家長們讓孩子參加悟寶兒童營，是他們宗教親職上成功的安排，讓孩子能認同且喜歡。但是家長也反應，自己孩子的「敘述無法講得很鉅細靡遺說今天收到了什麼」，㊱但感覺孩子「對佛法有新的概念」，㊲而且孩子

㉟ 整理自訪談逐字稿（A:043、B:045、N:053）。
㊱ 整理自訪談逐字稿（I:015-016）。
㊲ 整理自訪談逐字稿（D:031）。

「學習的成果會呈現在作品上」。㊳

（2）家長們對悟寶兒童營的評價

家長們會根據自己孩子分享對悟寶營的收穫，還有觀察悟寶營後孩子的身心狀況，還有家長們比較他們在教養上的價值觀，和悟寶兒童營課程設計的差異等角度，來評估讓孩子參與悟寶兒童營的效果。例如家長（C）和家長（N）都分享情緒教育是她們教養孩子的重點。她們對悟寶兒童營的評價，都包含對兒童營課程有納入情緒教育的肯定：

> 我覺得悟寶兒童營滿有系統的！在規畫上面，都有掌握到孩子，有動的，也有靜態的，參加兩次三次之後，發現孩子除了分享之外，在情緒上面也會比較穩定。所以如果一直有這樣子的活動，我都會讓他們參加。藉由為孩子舉辦的活動，讓孩子可以用他們適合的方式，還有他們喜歡的方式接觸佛法，我覺得很棒！㊴

> 我覺得這個活動不錯，因為它把聖嚴師父平常要教導我們的一些情緒的觀念，都已經帶入整場活動裡面，製作東西的過程中，是教小孩專注在做一件事情，覺得這個活動還滿好的！㊵

㊳ 整理自訪談逐字稿（F:068）。
㊴ 整理自訪談逐字稿（C:016-064）。
㊵ 整理自訪談逐字稿（N:026-028）。

雖然家長們普遍肯定悟寶兒童營對孩子的幫助，但是這些受訪的父母們也表示，因為悟寶兒童營的活動時間只有三小時，這個時間太短了：

> 我覺得時間太短了！短時間乖一下，然後就被社會習俗帶回去。他回歸到原來的現實生活。㊶

> 剛回來那幾天會有些不一樣，過幾天就完全忘了這回事！回來幾天會比較貼心。㊷

在親子關係上，家長們普遍認為，自己孩子參與悟寶兒童營後，她們孩子對自己的互動方式沒什麼改變，主要是因為「小孩忘得滿快的」（N:071）。這些父母們表示，悟寶兒童營對孩子的影響，需要一點時間才能看出來。父母願意陪伴孩子一起成長學習很重要，因為小孩的收穫，需要父母的引導和深化。家長（G）和家長（H）分享自己在宗教親職上，對孩子這幾年成長的觀察：

> 孩子沒有辦法活動結束，馬上就有行為的改善，但是會需要一點點時間！㊸

㊶ 整理自訪談逐字稿（A:049-051）。
㊷ 整理自訪談逐字稿（D:108）。
㊸ 整理自訪談逐字稿（G:134）。

我覺得它是一個循序漸進的過程。應該是說，她就是在我的規畫之內，就像我計畫她到某個程度，就要來參加悟寶。㊹

　　家長們對自己孩子經過幾年的觀察後，有幾位家長分享他們感受到孩子因為參與悟寶兒童營後的轉變，主要呈現在能夠更具體、更有信心地表達自己的想法，還有多一點為別人著想的心：

　　我小孩參加完後，我覺得他比較會表達，講一些事情會比較完整，小的時候講話會很片段，有時候我要去猜你上一句是什麼？下一句的結尾是什麼？我們常常需要用猜的，現在他比較可以表達一個完整的句子。㊺

　　我覺得悟寶對小孩的幫助，是多一點不一樣的想法，他會敢去跟你講，他會敢於表達他想表達的東西，不會說不講話。㊻

　　我覺得他們現在都會多一份為別人想的心。除了比較穩定之外，也感覺到他們比較柔軟。㊼

㊹ 整理自訪談逐字稿（H:109-110）。
㊺ 整理自訪談逐字稿（K:062-064）。
㊻ 整理自訪談逐字稿（L:030-031）。
㊼ 整理自訪談逐字稿（Q:118-126）。

2. 兒童的宗教參與與父母的自我轉化

對很多受訪的法鼓山悟寶兒童營學員家長來說，當初這些父母讓孩子參與兒童營的目的，是著眼於教養孩子上，他們覺得讓孩子參與悟寶兒童營，對小孩的發展和成長是加分的。但許多受訪的父母經歷了參與悟寶兒童營這個事件後有很意外的發現，也是這些父母在這事件上最大的收穫，就是讓孩子參加悟寶兒童營，促成父母自己因這個事件而有生命轉變。這個轉變，具體呈現在父母與孩子的親子關係上，因為大部分受訪的父母表示養育小孩是他們生活的重心，以及投入最多時間的事。而父母的宗教參與，是父母的生命因為這個事件開始轉變的重要原因和動力。父母因為感受到孩子參與悟寶兒童營有收穫，也發現悟寶兒童營的課程跟自己的宗教親職教育內容吻合，父母會陪伴孩子把悟寶兒童營所學到的宗教觀念和方法，落實到孩子的日常生活中。在陪伴的過程中，父母開始用心學習佛法的觀念和方法，透過自身實際的宗教體驗和宗教實踐，了解佛法如何能幫助自己解決日常生活上的問題，再把這樣的體驗與孩子分享，就能幫助孩子解決他們在學佛上遇到的問題。Q是一個沒有宗教信仰的母親。她讓孩子報名悟寶營的原因，是因為先生的媽媽推薦，她先生和先生母親都是佛教徒。Q表示，她是因為孩子參與悟寶兒童營後才開始學佛，在陪伴自己孩子學習成長，與反思她的家人在參與悟寶兒童營後的轉變，發現自己在這幾年間有新的生命轉變。Q的生命轉變，是透過她與其他人的互動，和自身的反思調整下產生的，包括她與孩子和與先生的關係，都變得更融洽：

我小孩參加之後,因為我想了解他們在做什麼,我也開始對佛教或法鼓山有一些理解,也可以算是對這邊新的認識。我覺得是因為我的小孩,讓我想要對法鼓山了解更多、想要發掘更多,就是跟我原本想像的宗教是不一樣的。我覺得這邊就是提供一個很正向,它就只是提供一個很正向的觀念給你,沒有要灌輸什麼東西強迫你接受,我覺得很多東西,生活上好像都可以用得到的。

我覺得參加法鼓山,對我們一家都有正向的幫助。我和我先生比較會反省自己,因為比較沒有耐性,又要上班,小孩子又很皮,對小孩比較沒有耐性,現在比較會反省自己,就是我這樣跟小朋友講話,是不是太兇了?我這樣跟我老公講話,是不是太兇了?我可能過了一陣子,不一定會說對不起,可是會跟他說,我剛講話有點兇,你要不要吃什麼?就是我們感受到對方做出的一些改變,我覺得關係會愈來愈好。不論對我先生,對我小孩也是,對小孩說:「媽媽剛剛說錯了,記錯了,對不起!你可以原諒我嗎?下次你發現媽媽忘記了,要跟我講。」我會說我也會做錯事,你也會做錯事,我們兩個要互相提醒。我覺得這是以前沒有辦法開口跟小朋友說的話,可是現在也覺得沒什麼,我們都在成長,那天有把哥哥當大人在跟他聊天:「爸爸媽媽現在也是在學習如何當爸爸媽媽,我們也從你們身上學很多,是當爸爸媽媽後才知道的!以前我們不知道,所以我們也要跟你身上學很多東西。」有時候你不小心又忘記了,對他兇,他會可以體諒你,說我知道你不是

故意的，你只是又忘記了。有時候滿感謝他們的！㊽

五、研究結論

悟寶兒童營是法鼓山知名度很高，能成功向臺灣社會推廣法鼓山佛教理念的兒童宗教活動。相當高比例的兒童營學員曾參加過兒童營，代表兒童普遍喜歡這個宗教活動才會再次參加。雖然兒童營的活動目的是接引兒童學佛，但本研究鎖定的研究對象是法鼓山悟寶兒童營學員的父母，研究問題是父母在讓孩子參與悟寶兒童營上，扮演什麼角色。此章節首先整理出研究結論，並提出本研究的研究限制，以及對未來可能的研究方向提出建議。

（一）研究結論

本研究以 Walther 等（2022）提出的「做轉變」這個觀念來探討宗教親職的建構，將父母讓孩子參與法鼓山悟寶兒童營，視為家庭成員的生命事件，從父母的宗教參與、親子關係，和父母對子女的宗教代際傳遞這三個面向，探討參與法鼓山悟寶兒童營對父母和兒童產生什麼樣的生命轉變？主要研究發現可整理成兩部分：

1.悟寶兒童營、宗教親職與宗教代際傳遞

兒童營學員父母將孩子參與悟寶兒童營，視為宗教親職

㊽ 整理自訪談逐字稿（Q:050-158）。

的一部分,是父母在教養孩子中加入宗教信仰的重要生命事件。這個特殊事件的發生和進行是一個關係的建構,身受父母所處的人際關係和社會脈絡所影響,是由與悟寶兒童營有關的每一個角色,包括兒童、兒童父母、兒童的祖父母、支援兒童營的法鼓山地區義工、帶領兒童營的青年義工,還有法鼓山的法師等共同建構完成。65% 的父母表示他們人際關係中的重要他人促成他們讓孩子參與兒童營,這些重要他人包括朋友和孩子的祖父母。這個決定是在這些重要他人推薦下,與這些重要他人討論後所做的共同決定。研究發現兒童的祖父母是兒童能參加悟寶兒童營的最重要角色,是統計比例最高的影響參與兒童營原因,高達 41%。這是因為這些兒童的祖父母從兒童剛出生就照顧他們。這些祖父母都是積極投入的法鼓山義工,祖父母在養育小孩時帶小孩到法鼓山的寺院一起做義工,在家裡會分享佛法給小孩,帶領小孩念佛打坐。這些祖父母透過隔代教養與宗教親職,在教養孩子時融入宗教信仰,成功對兒童進行宗教的代際傳遞,將宗教的觀念和方法傳遞給他們的孫子。此外,研究也發現能對孩子進行宗教親職的父母,他們在讓孩子參與悟寶兒童營前就已經學佛多年,在孩子到了可參加悟寶兒童營的年紀(七歲)前,就已經將宗教信仰融入到教養中,孩子對佛教和法鼓山都不陌生,跟父母一起參加過很多法鼓山活動。最後,研究發現有兩個因素影響父母將宗教信仰帶入教養中,包括父母本身的宗教參與狀況,還有婚姻關係。如果父母自己平日沒有參與宗教活動,他們雖然讓孩子參與悟寶兒童營,但他們不會在教養中與孩子談論宗教信仰。如果夫妻兩人有不同的

宗教信仰，為了婚姻關係的和諧，他們在教養中不一定會與孩子分享宗教的觀念與方法。

2.悟寶兒童營、親子關係與父母的宗教參與

兒童參與悟寶兒童營會促成學員和學員家長的生命轉變，而親子關係的親密程度，是影響兒童和兒童父母生命轉變的最重要因素。對兒童營的學員來說，他們很難在短短三小時的課程內有很具體的收穫，大部分的回應是表示參與活動很開心，但無法具體講出到底學到什麼。本研究發現親子關係是兒童能真正從悟寶兒童營有收穫的關鍵因素，因為孩子在悟寶兒童營的收穫，需要父母的引導和深化。換言之，孩子在兒童營的收穫，需要時間來證明，以及需要父母陪伴一起學習成長。從兒童營父母的角度，他們為了要幫助孩子將悟寶兒童營學到的佛法觀念和方法落實到日常生活中，父母開始用心學佛，透過自身實際的宗教體驗和宗教實踐，了解佛法如何能幫助自己解決日常生活上的問題，再把這樣的體驗與孩子分享，就能幫助孩子解決他們在學佛上遇到的問題。而在陪伴孩子學佛的過程中，父母體驗到他們的生命開始轉變。有些受訪的父母表示，他們是因為孩子參與悟寶兒童營才開始學佛、接觸宗教。他們覺得在宗教參與以及宗教體驗上，是孩子帶領他們往前走，他們跟孩子學到很多。這些父母會將自身的宗教體驗帶入親子關係中，提昇親子的互動關係，讓他們與孩子有更緊密更良好的互動。換句話說，從悟寶兒童營家長的宗教親職敘事中，可以印證「一個人的生命影響了其他人，也被其他人所影響，特別容易被他們生命中最重要和親密的人所影響。一個人的生命轉變，能夠

創造其他人的生命轉變」（Walther, Stauber, and Settersten, 2022: 6）。

（二）研究限制

本研究有三點研究上的限制：

1. 研究時間

研究者因為本身既有的工作很忙碌，只有很少的時間可以做研究，導致無法對這個研究進行更深入的分析。

2. 研究人數

因為悟寶兒童營的學員父母來自各個不同的行業，但此研究的成功受訪人數只有十七人，樣本數不夠多，使得兒童父母的宗教親職的多樣性受到限制。

3. 研究範圍

研究者這次只有限定研究悟寶兒童營的學員父母，並沒有將悟寶兒童營的課程設計納入研究。

（三）研究建議

1. 法鼓山的兒童課程納入家長一起參加

本研究發現悟寶兒童營的學員需要靠父母陪伴和支持他們學習佛法，學員才能將悟寶兒童營所學落實到日常生活中，用佛法解決他們遇到的困難。但因為目前悟寶兒童營的課程沒有納入家長參與陪伴，以至於學員的父母無法精準掌握孩子的學習狀況，無法評估悟寶兒童營的課程設計對孩子是否真的有幫助。建議法鼓山僧團開辦父母可以一起參加的兒童課程，有助於設計更貼近兒童需要的課程，接引更多兒

童學習佛法。未來研究可以針對悟寶兒童營的課程設計進行深入研究。

2.悟寶兒童營學員家長參與法鼓山活動的延伸研究

本研究最重要的發現是舉辦悟寶兒童營，收穫最多的是兒童營學員的父母，而不是兒童營學員，父母因為孩子參與了兒童營而有機會開始學佛，並開始有顯著的生命轉化。這些兒童父母都是四十歲左右的年輕人，而法鼓山需要接引年輕人學佛，才能將創辦人聖嚴法師的人間淨土理念繼續推廣下去。因此可以本研究的成果為基礎，調查悟寶兒童營學員家長的宗教體驗和宗教參與狀況。

參考文獻

一、中文

《人間福報》,〈20 年建設弘法時期 1977-1986〉。網址:https://www.merit-times.com/NewsPage.aspx?unid=436764,2016 年。

江洛彣、張雅晴、陳可欣、林和萱、林劉函、張浩耘、黃渝文,《兒童營隊之社會投資報酬率分析——以法鼓山線上悟寶兒童營為例》,新北:天主教輔仁大學會計學系第十九屆專題研究成果報告,2022 年。

何綿山,〈試論當代臺灣佛教界對青少年教育的介入與影響〉,《宗教哲學》第 46 期,2008 年,頁 109-132。

吳芝儀編譯,《敘事研究:閱讀、詮釋與分析》(Amia Lieblich, Rivka Tuval-Mashiach, Tamar Zilber, *Narrative Research: Reading, Analysis, and Interpretation*, 1994),嘉義:濤石文化,2007 年。

吳啟誠、張瓊云,〈主題分析在教育研究上的應用〉,《特殊教育發展期刊》第 69 期,2020 年,頁 29-42。

林其賢,《聖嚴法師年譜》,《法鼓全集》相關著作,臺北:法鼓文化,2020 網路紀念版。取自:https://ddc.shengyen.org/?doc=11-02-065。

范信賢,〈敘事探究的社會學想像:個體經驗與社會脈絡的交織〉,《課程與教學季刊》第 16 卷第 1 期,2013 年,頁 139-158。

陳盛雄,《現代臺灣露營活動的變遷與營隊的地理位置關係研究》,未出版碩士論文,東京:日本東京農業大學,2004 年。

游麗萍,《台灣萬國兒童佈道團基督教教育對基督教青少年學生之影響》,臺中:東海大學教育研究所碩士論文,2013 年。

黃睿宏，《美國紐澤西州 "Y"CAMPS 營隊經營管理之研究》，臺北：國立臺灣師範大學運動與休閒管理研究所碩士論文，2006年。

釋星雲，〈第二十課　佛教的第一〉，《佛光教科書 7　佛教常識》，《星雲大師全集》增訂版 77 冊，https://books.masterhsingyun.org/ArticleDetail/artcle8869。

釋聖嚴，《我願無窮──美好的晚年開示集》，臺北：法鼓文化，2011 年。

釋聖嚴，〈兒童佛學夏令營〉，《聖嚴法師 - 大法鼓 0258》，https://www.youtube.com/watch?v=8ULej1eBwC8&t=435s，2015 年 1 月 19 日。

釋聖嚴，〈小孩子如何薰習佛法〉，《聖嚴法師 - 大法鼓 0284》，https://www.youtube.com/watch?v=Bsb6yXjBgRw，2011 年 8 月 4 日。

釋聖嚴，〈管教孩子的三原則〉，《聖嚴法師 - 大法鼓 1064》，https://www.youtube.com/watch?v=ogJ7U7n3JSY，2012 年 2 月 22 日。

釋聖嚴，《明日的佛教》，《法鼓全集》3-8，臺北：法鼓文化，2020 紀念版。https://ddc.shengyen.org/?doc=03-08-001&tree_id=j1_770，檢索日期：2023/6/30。

釋聖嚴，《禪的理論與實踐》，《法鼓全集》4-18，臺北：法鼓文化，2020 紀念版。https://ddc.shengyen.org/?doc=04-18-001&tree_id=j1_1767#top，檢索日期：2023/6/30。

釋聖嚴，《法鼓山的方向：理念》，《法鼓全集》9-1，臺北：法鼓文化，2020 紀念版。https://ddc.shengyen.org/?doc=09-01-001&tree_id=j1_4633，檢索日期：2023/6/30。

釋聖嚴，《法鼓山的方向：創建》，《法鼓全集》9-2，臺北：法鼓文化，2020 紀念版。https://ddc.shengyen.org/?doc=09-02-

001&tree_id=j1_4661，檢索日期：2023/6/30。

釋聖嚴，《法鼓山的方向：關懷》，《法鼓全集》9-4，臺北：法鼓文化，2020紀念版。https://ddc.shengyen.org/?doc=09-04-001&tree_id=j1_4761，檢索日期：2023/6/30。

釋聖嚴，《法鼓山的方向：萬行菩薩》，《法鼓全集》9-6，臺北：法鼓文化，2020紀念版。https://ddc.shengyen.org/?doc=09-06-001&tree_id=j1_4832，檢索日期：2023/6/30。

釋聖嚴，《平安的人間》，臺北：法鼓文化，2023年三版。

鐘紳榮、古路雪、于佳佑、賴仁傑、吳啟嘉、林浚瑋、董于瑄，《兒童營隊之社會投資報酬率分析——以法鼓山悟寶兒童營為例》，新北：天主教輔仁大學會計學系第十八屆專題研究成果報告，2021年。

藍佩嘉，〈做父母、做階級：親職敘事、教養實作與階級不平等〉，《台灣社會學》第27期，2014年，頁97-140。

藍佩嘉，《拚教養：全球化、親職焦慮與不平等童年》，臺北：春天出版社，2019年。

龔蕙瑛，《佛教團體教育的實況與評估——以高雄市元亨寺學佛營為例》，高雄：國立高雄師範大學教育類研究所碩士論文，1997年。

二、西文

Bartkowski, John. P., X. Xu., and S. Bartkowski.(2019). "Mixed Blessing: The Beneficial and Detrimental Effects of Religion on Child Development among Third-Graders." *Religions,* 10(37): 1-18. DOI:10.3390/rel10010037.

Bengtson, V. L. (2001). "Beyond the Nuclear Family: The Increasing Importance of Multigenerational Bonds."*Journal of Marriage and the Family,* 63: 1-16.

Bengtson V. L., C. E. Copen, N. M. Putney and M. Silverstein.(2009). "A longitudinal study of the intergenerational transmission of religion." *International Sociology,* 24(3): 325-345.

Bengtson V. L., N. M. Putney and S. Harris. (2013). *Families and Faith: How Religion is Passed Down Across Generations.* New York: Oxford University Press.

Clandinin, D. J., and F. Michael Connelly. (2004). *Narrative inquiry: Experience and story in qualitative research.* San Francisco: Jossy-Bass Publishers.

Donati, P. (2013). "Social Engagement: The viewpoint of relational sociology", *International Journal of Sociology and Anthropology,* 5(4): 84-99.

Donati, P., and M. Archer. (2015). *The Relational Subject.* Cambridge: Cambridge University Press.

Elder, G. H. (1985). "Perspectives on the life course."In G. H. Elder (Ed.), *Life course dynamics. Trajectories and transitions,* 1968-1980, pp. 21-49. Ithaca, NY: Cornell University Press.

Elder, G. H., Jr. (1994). "Time, agency, and social change." *Social Psychology Quarterly,* 57: 4-15. https://doi.org/10.2307/2786971

Klingenberg, M., and S. Sjö. (2019). "Theorizing religious socialization: a critical Assessment."*Religion*, 49(2): 163-178, DOI: 10.1080/0048721X.2019.1584349.

Macmillan, R., B. J. McMorris., C. Kruttschnitt. (2004). "Linked Lives: Stability and Change in Maternal Circumstances and Trajectories of Antisocial Behavior in Children." *Child Development,* 75(1): 205-220.

Meliou, E., and T. Edwards. (2018). "Relational practices and reflexivity: Exploring the responses of women entrepreneurs to changing household dynamics." *International Small Business Journal: Researching Entrepreneurship*, 36(2): 149-168.

Moore, D. L. (2021). "Grandparents matter: The power of intergenerational faith development for young people", from https://www.youthscape.co.uk/research/news/grandparents-faith-development

Petro, M. R., E. G. Rich., C. Erasmus and N. V. Roman.(2017). "The effect of religion on parenting in order to guide parents in the way they parent: a systematic review." Journal of Spirituality in Mental Health, http://dx.doi.org/10.1080/19349637.2017.1341823

Polkinghorne, D. E. (1995). "Narrative configuration in qualitative analysis."in D. J. Clandinin (Eds.) *Handbook of narrative inquiry: Mapping a methodology* (pp.3-34). California: Sage.

Smith, C. (2005) *Soul Searching: The Religious and Spiritual Lives of American Teenagers*. New York: Oxford University Press.

Smith, C., B. Ritz and M. Rotolo. (2020). *Religious Parenting: Transmitting Faith and Values in Contemporary America.* Princeton: Princeton University.

Smith, C., and A. Adamczyk. (2021). *Handing Down the Faith: How Parents Pass Their Religion on to the Next Generation.* New York: Oxford University Press.

Taggart, T., N. Gottfredson., W. Powell., S. Ennett and M. Linda. (2018). "The Role of Religious Socialization and Religiosity in African American and Caribbean Black Adolescents'Sexual Initiation." *Journal of Religion and Health*, 57(5): 1889-1904. DOI: 10.1007/s10943-018-0605-3.

Patricie, M., and W. Leonard. (2022). *Using Narrative Inquiry as a Research Method.* New York: Routledge.

Vermeer, P. (2014). "Religion and Family Life: An Overview of Current Research." *Religions*, 5: 402-421.

Walther, A., B. Stauber and Richard A. Settersten Jr. (2022). "Doing Transitions: A New Research Perspective." in *Doing Transitions in the Life Course: Processes and Practices*, pp. 3-18. Cham: The Springer.

附錄

附錄一：受訪者基本資料

代號	性別	年齡	教育程度	職業	是否夫妻一起受訪	居住地
A	女	42	大學	餐飲服務業	否	臺南市
B	女	40	大學肄業	房屋仲介	否	臺南市
C	女	40	二專	幼稚園老師	否	新北市
D	女	39	專科	保全	否	新北市
E	女	41	大學	家管	是	新北市
F	男	45	大學	科技業	是	新北市
G	女	48	大學	家管	否	臺北市
H	女	50	碩士	金融業	否	臺北市
I	女	43	大專	科技業	否	新北市
J	女	45	碩士	科技業	否	新北市
K	男	46	高職	礦業	否	新北市
L	女	42	大專	保險業	否	新北市
M	女	43	碩士	老師	否	新北市
N	女	41	大學	金融保險業	否	屏東市
O	女	39	大學	長照服務業	否	屏東市
P	男	39	大專	木工	是	臺中市
Q	女	35	二專	網路零售業	是	臺中市

附錄二：訪談大綱

訪談編號：　　　　　　　　　時間：
訪談者　　　　　　　　　　　地點：
受訪者：

親愛的先生 / 小姐：

　　本研究探討兒童參與法鼓山青年院舉辦的悟寶兒童營後，如何透過親子互動，影響兒童父母的教養方式和宗教參與。本研究也探討父母如何透過教養，將宗教的信仰和實踐方法傳遞給子女。這份研究的結果將幫助法鼓山設計更貼近家長和兒童需求的兒童營教材。本研究將採用半結構式的深度訪談。為保障您的權益，先為您說明「受試者說明暨同意書」內容，請您在了解後確認同意參與這次的訪談及簽署同意書後，才正式進行訪談。

　　非常地感謝您的參與！

研究計畫共同主持人釋演本合十

- 請問您會幫孩子報名法鼓山悟寶兒童營的原因？
- 請問您孩子參加悟寶兒童營回家後，他們跟您分享了什麼？
- 請問您覺得您孩子參加悟寶兒童營後，他們有什麼轉變？
- 請問孩子跟您分享他們從悟寶兒童營學到的觀念後，對您有什麼影響？
- 請問孩子跟您分享他們從悟寶兒童營學到的觀念後，您和您孩子互動的方式有什麼改變？

- 請問您孩子參加法鼓山悟寶兒童營這件事，對您教育孩子有什麼影響？
- 請問您平常在教育自己的孩子時，重點擺在哪邊？
- 您如何看待孩子接觸宗教這件事情？如果您覺得宗教對孩子的發展是重要的，您如何引導他們認識宗教？
- 平日您在教育孩子時，宗教占據的比例大概有多少？
- 請問您本身有宗教信仰嗎？
- 請問您平日投入宗教性活動的狀況？
- 您平日如何和您孩子分享佛法的觀念，或者帶領他們參與法鼓山的活動？（如果有宗教信仰的話）

The Effect of Children's Religious Attendance on Religious Parenting:
The Study of Dharma Drum Wubao Children's Workshop

Yanben, Shi

Adjunct Assistant Professor, Dharma Drum Institute of Liberal Arts

▌ Abstract

All religious organizations make great efforts on promoting their religious beliefs to children. Since 1993, Dharma Drum Mountain has established summer camps for kids at many branches around Taiwan. 1993 was the turning point for the development of Dharma Drum Mountain, because the founder of Dharma Drum Mountain—Master Sheng Yen—promoted his idea of protecting spiritual environment to Taiwanese Society. Therefore, Dharma Drum Mountain's kids' camps make use of popular teaching methods like drama or DIY in terms of its core concept of protecting spiritual environment to instill Buddhist faith and practice into children. In 2017, Dharma Drum Mountain's Youth Development Section promoted Wubao Children's Workshop to the public and it has become one of the most popular annual activities of Dharm Drum Mountain. The purpose of this study is to treat attending Dharma Drum Wubao Children's Workshop as the critical life events of workshop students' parents for childrearing and explore how the effect of children's attendance on Dharma Drum Wubao Children's Workshop on parenting and parental religious involvement. In addition, this study also investigates how parents pass their religion on to their children.

Keywords: Religious Parenting, life events, religious intergenerational transmission, reflexivity, Dharma Drum Wubao Children's Workshop

法鼓山僧團瑜伽焰口施食儀之傳承發展研究

陳省身
玄奘大學宗教文化學系兼任助理教授

▎摘要

聖嚴法師（1930－2009）為法鼓山開山方丈，他深知經懺佛事為佛法深入庶民社會的重要元素，期望透過法會來進行佛法的普及教育與信眾關懷。由於瑜伽焰口施食儀軌，為法鼓山的重要普濟佛事，僧團會在法會之中落實教育理念，加上學界尚未針對此施食儀式在法鼓山的傳承進行研究，因此筆者便想以此課題進行研究。本文運用儀式現場田野調查，僧團法師訪談，僧團提供文獻資料，探究此儀軌在僧團的傳承發展，接著說明法師演法時如何融入禪法，達到身、口、意三密相應，如聖觀自在般，大悲心起，普濟幽冥。

關鍵詞：法鼓山、聖嚴法師、經懺佛事、瑜伽焰口、三密相應

一、前言

聖嚴法師為法鼓山開山方丈，與教育體系的創辦人，畢生以推動「提昇人的品質，建設人間淨土」為理念。並透過大學院教育，大普化教育，大關懷教育等三大教育事業來實踐其宗教教育的理念。❶ 經懺佛事為佛法融入庶民社會的重要元素，透過各種瑜伽顯密經懺科儀，發揮以事顯理的佛法教育功能。

聖嚴法師早年於中國，也過著非常辛苦的經懺僧涯，深知經懺佛事走向過分世俗化的後遺症。因此在他建立教團開啟弘化志業時，希望透過各式的佛教儀式，把佛法的教育落實在大普化教育與大關懷教育中。

瑜伽焰口施食法會，目前為法鼓山教團在大型法會的關鍵普濟佛事，聖嚴法師生前，必定會在此佛事前，對四眾弟子進行開示，並傳達他的經懺佛事教育理念於開示當中。僧團的法師也傳承聖嚴法師的理念，盡心堅持儀式的神聖性，運用各種平台加深參與信眾的佛法普及與關懷教育，兼具佛教儀式傳統性與現代性的宗教功能。

目前學界已有多篇論文與專書探討瑜伽焰口施食儀的相關研究。如郭玉茹的碩士論文《臺灣漢傳佛教瑜伽焰口儀式音樂之分析研究》中，則分別對藏經中有關《瑜伽焰口》文

---

❶ 釋聖嚴，「法鼓山的四大堅持」，摘自 2007 年 7 月 31 日聖嚴法師於雲來寺為專職菩薩的精神講話，網址：http://rsbc.ehosting.com.tw/bts/0906-3.htm（檢索日期：2024/4/10）。

本進行對比研究,接著是《瑜伽焰口》自唐代,經過宋代、西夏、元代、明清的變革探討,再來是針對不同版的《瑜伽焰口》的儀式結構進行分析研究。並針對《瑜伽焰口》的儀式音樂的類型和背景及臺灣《瑜伽焰口》「海潮音」與「鼓山音」唱腔的傳承進行探討。作者主要是音樂學的背景,因此可以針對不同的唱腔風格進行採譜記錄研究。是很大的學術貢獻。另外也針對不同時代的《瑜伽焰口》文本進行對比研究,有助於筆者對不同時代的文本變革有所了解。因此極具參考價值。❷

陳嘉慧(釋知頌),《瑜伽焰口儀軌法會之研究——以佛光山為例》❸、沈琮勝《臺灣府城瑜伽焰口施食儀式探微》❹、沈家弘《當代臺灣佛教施食儀軌研究:以《大甘露門施食要集》為例》❺,這幾本碩士論文分別從僧團、經典,施食儀軌歷史發過程,施食儀式的結構比對與儀軌內涵,另外是傳播到每個地區與教團的發展面向,進行詮釋分析。

---

❷ 郭玉茹,《臺灣漢傳佛教瑜伽焰口儀式音樂之分析研究》,嘉義:南華大學宗教學研究所碩士論文,2015 年。相關說明亦可參照陳省身,〈第一章 緒論〉,《臺灣儀式僧瑜伽燄口施食儀式研究》,臺北:中國文化大學史學系博士論文,2019 年,頁 11。
❸ 陳嘉慧(釋知頌),《瑜伽焰口儀軌法會之研究——以佛光山為例》,嘉義:南華大學宗教學研究所碩士論文,2021 年。
❹ 沈琮勝,《臺灣府城瑜伽焰口施食儀式探微》,臺南:臺南大學臺灣文化研究所碩士論文,2015 年。
❺ 沈家弘,《當代臺灣佛教施食儀軌研究:以《大甘露門施食要集》為例》,新北:天主教輔仁大學宗教學系碩士論文,2021 年。

再來陳省身曾以《臺灣當代佛教瑜伽燄口施食法會之研究》為碩士論文題目。當時針對臺灣的經懺僧儀式文本和儀式田野加以考查研究。這本碩論並改寫為《普濟幽冥瑜伽燄口施食》一書出版❻。而此書尚未對臺灣的香花僧儀式本文進行分析研究。因此在其博士論文《臺灣儀式僧瑜伽燄口施食儀式研究》中，便對臺灣「儀式僧」的組成和派別分類，及他們在臺灣的不同時代背景下，傳承發展和交流互動的現象，並以臺灣「儀式僧」中「香花僧」傳承瑜伽焰口施食科儀為例，進行解析。❼

　　在中國大陸有關瑜伽焰口施食儀式的研究，則以楊秋悅的《瑜伽焰口施食儀式音樂研究》來作代表。這本專書主要是對瑜伽焰口儀式的儀式結構和瑜伽焰口儀式文本，在中國歷代的發展進行考查分析。作者透過對《佛說救面燃餓鬼陀羅尼神咒經》、《佛說救拔焰口餓鬼陀羅尼經》、《施諸餓鬼飲食及水法》、《佛說施餓鬼甘露味陀羅尼經》、不空譯《瑜伽集要救阿難陀羅尼焰口軌儀經》、《瑜伽集要焰口施食儀》早期幾部譯本，與明、清兩代流行的幾本焰口施食文本，及目前通行的幾本瑜伽焰口文本，進行結構上的比較分

---

❻ 參見陳省身，《臺灣當代佛教瑜伽燄口施食法會之研究》，新北：私立天主教輔仁大學宗教學研究所碩士論文，2007 年。亦可參見由本碩士論文改寫出版的，陳省身，《普濟幽冥瑜伽燄口施食》，臺北：台灣書房，2012 年。
❼ 陳省身，《臺灣儀式僧瑜伽燄口施食儀式研究》，臺北：中國文化大學史學系博士論文，2019 年。

析，期能有助於了解瑜伽焰口施食儀在歷代的發展變化。❽

目前學界當未針對瑜伽焰口施食儀在法鼓山僧團傳承，擔任金剛上師的法師如何融合禪修經驗在演法觀修次第中，進行相關的探究。因此筆者便以此為題進行研究。本文❾研究範圍僅對法鼓山僧團傳承此科儀的發展進行說明；有關外聘法師在法鼓山道場舉行儀式的過往歷史，則不在本文的討論範疇之內。

透過本文了解此法儀在僧團如何傳承下去，在平時修學及演法當中，如何透過禪密合一的修學演法，以達到身、口、意三密相應，能如聖觀自在般，能大悲心起，普濟幽冥。最後明白法鼓山如何運用瑜伽焰口施食法會，發揮聖嚴法師所提倡的宗教教育功能。

---

❽ 楊秋悅，《瑜伽焰口施食儀式音樂研究》，北京：宗教文化出版社，2014 年。相關說明亦可參照陳省身，〈第一章　緒論〉，《臺灣儀式僧瑜伽餤口施食儀式研究》，臺北：中國文化大學史學系博士論文，2019年，頁 11。

❾ 本文能順利完稿，首先要感謝法鼓山退居方丈果東法師居中協調僧團與公關文宣中心，提供筆者在研究田調過程中的一切協助。再來感謝法鼓山方丈果暉法師、法鼓文理學院副校長果鏡法師、聖嚴教育基金會執行長楊蓓教授等師長，在筆者進行田調時的關懷期許；另外要感謝法鼓山文化中心提供聖嚴法師生前開示文稿，法鼓山僧團一九九七年中華佛教文化館暨農禪寺創辦人東初老和尚九秩冥誕及圓寂二十週年紀念法會照片。最後要感謝果醒法師、常護法師與常乘法師在百忙之中接受筆者訪談，並提供他們的〈焰口修行誌〉、學習〈焰口訣要心法筆記〉與他們學習與演法經驗，給予筆者參考。最後本稿能順利出刊要感謝三位審查委員提供筆者寶貴的建議，讓本文能更加完善。

二、瑜伽焰口施食儀在法鼓山的師承緣起

法鼓山僧團因一九九七年為中華佛教文化館暨農禪寺創辦人東初老和尚（1907－1977）九秩冥誕及圓寂二十週年，聖嚴法師向中華佛學研究所方甯書教授、李志夫所長與惠敏法師，三位前後任正副負責人，提起想辦紀念活動的想法，並向他們三人請教，希望他們能提供建議。他們三位建議聖嚴法師舉辦學術講座、學術研討會、出版論文專集以資紀念。當時在中華佛研所任教的慧嚴法師，亦建議聖嚴法師設立東初老人紀念獎學金，希望透過這些活動，緬懷東初老和尚慈悲濟世與對佛教文化教育事業的貢獻。

由於這些活動所費不貲，須募集大量善款，才有足夠的基金來支撐這些事項開支。法鼓山農禪寺在經過僧團執事會議後，便決定首次啟建梁皇寶懺大法會（圖一），以祈冥陽兩利，法會所得淨資由中華佛學研究所主辦東初老人紀念講座，及東初老人紀念獎學基金，藉此提昇佛教教育，培養後繼人才，以報老人畢生弘法度眾之恩德。❿

由於梁皇寶懺法會的圓滿日十月四日下午至晚上會舉行三大士瑜伽焰口施食法會（圖二）。法鼓山一向都是僧團自行主持法會，而僧團法師之前並未自行舉行過此儀軌，瑜伽焰口施食儀的演法次第相當繁瑣，不管是唱誦、手印、真言與觀想都有一定的難度，這其中包括讚偈的唱誦腔調技巧，

---

❿ 釋聖嚴，〈五五、東初老人紀念大法會〉，《空花水月》，《法鼓全集》6-10，臺北：法鼓文化，2020紀念版，頁198。

圖一：聖嚴法師於東初老人九秩冥誕及圓寂二十週年大法會上香
（法鼓山文化中心提供）

圖二：紀念東初老人的梁皇寶懺法會三大士瑜伽焰口施食（法鼓山文化中心提供）

多達一百多個手印的結法，還有相關的真言咒語如何發音，另外是相對應的觀想要旨，這都需要由主法經驗豐富的師長來教授，才有辦法學習到主法要領，若沒有經過師長的教授，很難無師自通。

因此聖嚴法師便禮請廣慈老和尚到法鼓山農禪寺，為僧團教授瑜伽焰口施食儀軌。

廣慈法師（1918－2024）（圖三）⓫，江蘇省如皋縣人，十二歲在南京棲霞山出家；一九四一年在南京棲霞山受戒；十八歲時到常州天寧寺天寧佛學院學習瑜伽焰口施食儀、水陸儀軌等梵唄唱誦；二十歲再到焦山定慧寺佛學院。畢業後再回天寧寺住禪堂參禪；二十四歲擔任天寧寺維那。天寧寺的人才很多，雖有八百多人，但異口同音，形成天寧寺的獨特唱腔。⓬

中國佛教音樂，大約可分為南、北兩大派別，北派以北京智化寺京音樂為代表，特點是融合民間音樂元素，較為高亢激昂，且大量使用笙管絲弦等樂器，是北派和南派最大區別。南派則以常州天寧寺梵唄為代表，曲調婉轉、優雅，除了少數打擊樂器，基本上以純音聲的面貌出現。⓭

法師在佛學院畢業後，亦曾四處參學應赴僧唱誦腔調與

⓫ 陳省身，〈時空傳承變化與現況〉，《普濟幽冥瑜伽燄口施食》，臺北：台灣書房，2012 年，頁 44。

⓬ 相關論述可參考陳省身，〈時空傳承變化與現況〉，《普濟幽冥瑜伽燄口施食》，臺北：台灣書房，2012 年，頁 44。

⓭ 觀粟，〈天寧寺僧侶 國際傳揚梵唄〉，《人間福報》，2006 年 11 月 17 日，https://www.merit-times.com.tw/NewsPage.aspx?unid=30514（檢索日期：2024/6/29）。

圖三：廣慈法師在華航空難超薦法會施放瑜伽焰口施食（筆者攝於基隆七堵法嚴寺，2004 年 5 月 25 日）

應酬佛事科儀，這些應赴僧的佛事規矩則與叢林道場有很大的不同。中國各地應赴僧的應酬佛事科儀，有別於寺院叢林較為一致性的唱腔與充滿著地方性民俗特色，有不少戲劇化的儀式動作，包括跑五方，弄鐃打鐃鈸花，唱誦也加入許多民間小調如揚州小調等。❹

他由當侍者學起，接著學會當執掌法器的悅眾法師，再來學會敲木魚當維那，才能有資格在瑜伽焰口法會時當陪坐金剛上師；最後手印、咒語都熟練通透後，才能有資格當首

---

❹ 根據陳省身，〈廣慈法師訪談紀錄〉，於臺北縣深坑鄉淨土宗法寶寺進行訪談，2005 年 3 月 15 日。

座金剛上師，法師於二十四歲時第一次登台於天寧寺當首座金剛上師放焰口。❶⁵廣慈老和尚後應聘到法鼓山僧團，教授僧眾梵唄與各式懺儀，水陸法會儀軌與瑜伽焰口施食儀軌。❶⁶

法鼓山僧團的男眾法師除了與廣慈老和尚學習外，也到新店妙法寺向戒德老和尚參學瑜伽焰口施食儀的相關手印演法次第，在學習過程中，也請戒老示範「兩把半」❶⁷手印的打法，並用錄影的方式記錄下來，方便擔任主法的金剛上師學習。❶⁸

戒德法師（1908－2011）（圖四），字天成，剃度名緣達，法名印宗，江蘇省江都縣人。❶⁹一九二三年，十五歲時在揚州福慶寺出家；一九二六年，十八歲時，在寶華山受具足戒。於寶華山受具足戒後，安居兩年，修學戒律和傳戒的規矩及律宗傳戒時的唱誦，當時寶華山的「大版焰口」最有

---

❶⁵ 根據陳省身，〈廣慈法師訪談紀錄〉，於臺北縣深坑鄉淨土宗法寶寺進行訪談，2005 年 3 月 15 日。相關論述亦可參考陳省身，〈時空傳承變化與現況〉，《普濟幽冥瑜伽瑽口施食》，臺北：台灣書房，2012 年，頁 44。
❶⁶ 根據陳省身，〈廣慈法師訪談紀錄〉，於臺北縣深坑鄉淨土宗法寶寺進行訪談，2005 年 3 月 15 日。
❶⁷ 要結手印前，雙手要先轉兩圈半的串場手印。
❶⁸ 陳省身，〈果醒法師訪談紀錄〉，於臺北市北投區法鼓山雲來別苑，2022 年 4 月 24 日。
❶⁹ 釋默如，〈史傳──戒德法師傳略〉，《默如叢書第五冊．雜著》，臺北：新文豐出版公司，1989 年 5 月，頁 714。陳省身，〈戒德老和尚訪談紀錄〉，於臺北縣新店市妙法寺進行訪談，2005 年 10 月 27 日。相關論述亦可參考陳省身，〈時空傳承變化與現況〉，《普濟幽冥瑜伽瑽口施食》，臺北：台灣書房，2012 年，頁 43-44。

圖四：戒德老和尚在新店妙法寺放焰口（筆者攝於新店妙法寺，2004年8月6日）

名，戒德老和尚也一併學下來。[20] 一九三五年到常州天寧寺學習水陸儀軌與唱誦；一九三七年，任常州天寧寺當家，戒德老和尚同時傳承天寧寺和寶華山的唱誦精華，在當時的梵唄唱誦極具標準性。因此於一九七一年，戒德老和尚六十三歲時，錄製了寶華山「大版焰口」的唱片，以供教界流通教

---

[20] 靈鷲山文化編著，〈台灣水陸耆老──戒德老和尚打水陸四十六年〉，《時間與空間的旅行──天地冥陽水陸普度大齋勝會》，臺北：靈鷲山般若文教基金會附設出版社，2001年8月，頁127-128。相關論述亦可參考陳省身，〈時空傳承變化與現況〉，《普濟幽冥瑜伽燄口施食》，臺北：台灣書房，2012年，頁43-44。

學。[21]

默如老和尚（1905－1991）生前曾於〈記大寶華山大版焰口靈音卡帶〉一文中，對寶華山「大版焰口」有一段簡要的說明：

> 焰口有小版，大版，半大版之三。純大版獨特而姻異其他各叢林者，全國只此一家，金陵大寶華山。小版大版不同點何在，小版唱念，名曰流水腔，有似順水而向下流之勢，鐺鎗是雙版，腔調柔滑性，取其輕便而少著力也。大版唱念，名曰律腔，森嚴而有棱角，鐘鼓是單版，腔調嚴整性，不稽假借，挺特而昂揚也。小版，敲版多而昔聲快；大版，敲版少而音聲慢，是其特異處。小版，四鐺兩鉛；大版，兩鐘一鼓，所以說小版是雙版，大版是單版。版愈多，昔聲愈隨和；版愈少，晉聲愈整肅。和則流於雜，整則達乎一，此所以大版通乎神明而感動諸佛者也。有所謂半大版者，原因，寶華山大版焰口，腔調獨特，不易習學，而全國其他叢林，雖皆心心嚮往，不能達到寶華腔調之高峰，如行路之只達於中途而已，所以名之半大版。半大版，大體類似寶華兩鐘一鼓單版之腔調，不若寶華之嚴整與規律，且未必各段概依准于單版者。至於鳴魚者提科，以及唱誦三遍真言，皆無法一準于寶華，姑譽之

---

[21] 釋默如，〈史傳——戒德法師傳略〉，《默如叢書第五冊・雜著》，臺北：新文豐出版公司，1989年5月，頁718-720。

半大版。此可見寶華山大版焰口之價值也。㉒

這是說明寶華山「大版焰口」腔調較為森嚴，唱誦較為緩慢嚴整規律，有別於天寧寺禪宗「小版焰口」唱腔柔滑而行雲流水；大眾也不易學習其唱腔，因此寶華山「大版焰口」的律腔焰口唱腔非常不易學習。

廣慈老和尚與戒德老和尚，傳授給法鼓山男眾僧團的瑜伽焰口施食儀，其法脈傳承為常州天寧寺的禪腔焰口與南京寶華山隆昌律寺的大版焰口演法規矩。

一九九七年九月初時，廣慈老和尚親自來到法鼓山農禪寺驗收僧團們的學習成果。法鼓山僧團以實際進入壇場啟建、設放三大士瑜伽焰口為演習方式，請廣慈老和尚驗收成果。廣慈老和尚在查驗後相當滿意。自此法鼓山農禪寺的僧團也奠定了信心，僧團為報答師公東初老和尚的法乳之恩，學會了如法、莊嚴、隆重的梁皇寶懺與瑜伽焰口施食儀軌，所以感到非常法喜。㉓

㉒ 默如，〈記大寶華山大版焰口錄音卡帶〉，《中國佛教》第 25 卷第 9 期，「佛教導航」，https://www.fjdh.cn/wumin/2009/04/22062565347.html（檢索日期：2024/6/29）。

㉓ 釋聖嚴，〈五五、東初老人紀念大法會〉，《空花水月》，《法鼓全集》6-10，臺北：法鼓文化，2020 紀念版，頁 200。

三、瑜伽焰口施食儀在法鼓山的傳承教學

（一）嚴謹如法傳承清淨

瑜伽焰口施食儀為顯密圓通的施食儀軌，具有一定的教理依據和歷史淵源。根據〈刻瑜伽佛事儀範序〉中除了於一開頭闡示瑜伽顯密之意、瑜伽焰口和水陸法會的歷史淵源外，並提到明太祖朱元璋（1328－1398）在明初時針對全中國的禪、講、教三大類的僧侶進行考核：

> 梵語瑜伽，此云相應，謂心境表裏如一也。然教有顯密，顯則直指，眾生本元心體，令其了悟，以脫生死之縛。密，乃諸佛心印，是為神呪，誦演則加持，令諸眾生頓脫劇苦，皆度生之儀軌也。真言本自灌頂部中，其所以拔幽冥。拯沈魄始於阿難尊者，夜坐林中，見面然鬼王，遂啟施食之教。至於呪水呪食，普濟河沙，皆出自西域神僧，而流於震旦，傳為故事。從不空三藏而宣密言，漸至於梁武帝，因郗氏夫人墮蟒身求度。帝請誌公和尚，集諸大德沙門，纂為水陸儀文，則通三界幽顯靈祇，靡不畢申其情。自此僧徒相因，為瑜伽佛事，其來久矣。至我聖祖，制以禪、講、瑜伽三科度僧。以楞伽、金剛、佛祖三經，以試禪講；以焰口施食、津濟疏文，以試瑜伽。能通其一，方許為僧。❷

---

❷ 侍者・福善日錄，門人・通炯編輯，嶺南弟子・劉起相重校，〈刻瑜伽

文中提到瑜伽教僧方面，則是以瑜伽焰口津濟施食和其相關疏文為考核標準，考核通過方使取得度牒，成為合法僧侶。㉕

瑜伽焰口施食儀因為其有繁複的手印、真言、觀想，必須能達到身、口、意三意相應，才能稱為主持瑜伽法事的金剛上師，所以也講求傳承。

根據在《瑜伽集要焰口施食起教阿難陀緣由》有提到焰口施食法的行法者，須為入壇受五智灌頂，和有傳承的瑜伽阿闍梨學習此法：

> 《瑜伽集要焰口施食起教阿難陀緣由》：佛告阿難：「若欲受持施食之法，須依瑜伽甚深三昧阿闍梨法。若樂修行者，應從瑜伽阿闍梨學，發無上大菩提心，受三昧戒，入大曼拏囉得灌頂者，然許受之。受大毘盧遮那如來五智灌頂，紹阿闍梨位，方可傳教也。若不爾者，遞不相許。設爾修行，自招殃咎，成盜法罪，終無功效。若受灌頂，依於師教，修習瑜伽威儀法式，善能分別了達法相，

佛事儀範序〉，《憨山老人夢遊集》，《卍新纂大日本續藏經》第73冊，中華電子佛典協會（CBETA），發行日期：2019年4月15日。相關論述亦可參見陳省身，〈第三章　臺灣儀式僧瑜伽燄口施食儀傳承發展〉，《臺灣儀式僧瑜伽燄口施食儀式研究》，臺北：中國文化大學史學系博士論文，2019年，頁78。

㉕ 相關論述亦可參見陳省身，〈第三章　臺灣儀式僧瑜伽燄口施食儀傳承發展〉，《臺灣儀式僧瑜伽燄口施食儀式研究》，臺北：中國文化大學史學系博士論文，2019年，頁77-78。

故名三藏阿闍梨,方得傳斯教也。……❷⁶

　　從這段經文的說明,即可理解,瑜伽焰口施食的行法者,是須領受大毘盧遮那如來五智灌頂,方能學習此法教。另外自己須獲得阿闍梨的傳承,才有資格教授此瑜伽焰口施食的法教,否則以此法教來進行教授,與進行相關的修學行法,即是犯了盜法重罪,自己行法亦將無所助益。

　　由於密續法教的學習,首重清淨沒有間斷的傳承,故修習瑜伽焰口施食的種種咒語、手印、觀想的修法次第,便須從其傳承之金剛阿闍梨處學習,才能明白瑜伽焰口施食法的甚深法教奧密。

　　廣慈老和尚在早年時,曾在時任中國佛教會理事長的格魯派蒙古活佛第七世章嘉呼圖克圖(1891－1957)座下,領受觀音菩薩壇城的大灌頂,在領受觀音菩薩壇城大灌頂時,同時也領受了「金剛阿闍梨灌頂」。成了主持瑜伽焰口施食法儀的權宜「金剛阿闍梨」。❷⁷

　　從一開始法鼓山僧團男眾法師負責瑜伽焰口施食儀的主法和尚,是在廣慈老和尚座下學習金剛上師的一切法儀,因

---

❷⁶ 唐・不空譯,《瑜伽集要焰口施食起教阿難陀緣由》,《大正新修大藏經》第21冊,臺北:新文豐出版社,1975年,頁472。相關論述亦可參見陳省身,〈第三章　臺灣儀式僧瑜伽燄口施食儀傳承發展〉,《臺灣儀式僧瑜伽燄口施食儀式研究》,臺北:中國文化大學史學系博士論文,2019年,頁78。

❷⁷ 根據陳省身,〈廣慈法師訪談紀錄〉,於臺北縣深坑鄉淨土宗法寶寺進行訪談,2005年3月15日。

此原則上,可以說是權宜地取得在主法瑜伽焰口施食「金剛阿闍梨」(即「金剛上師」)的傳承資格身分。另外像是目前亦擔任瑜伽焰口施食儀主法第二代「金剛上師」的常護法師,私下並與傳承自日本真言宗智山派的臺北奧明院㉘,一吉阿闍梨㉙參學相關真言密法,以利自己編寫教授培育未來「金剛上師」的觀修教材密訣法要。㉚

常護法師與一吉阿闍梨結下法緣,緣於二〇一九年時法師在美國東初禪寺以《顯密圓通成佛心要》為參考經軌,講授準提法門。當時法師雖然是以顯法為主,向信眾說明準提菩薩法門的殊勝之處與慈悲願力,但仍談到部分的準提真言密法,因此當時在場的一位信眾向法師提醒,若是要講授密法最好能得到密法的傳承會比較嚴謹如法。㉛

當常護法師於二〇二〇年回到臺灣時,就在該居士的引介之下,拜訪了一吉阿闍梨。阿闍梨非常慈悲地,傳授了常護法師相關的真言密法。常護法師並在一吉阿闍梨座下學習了梵文悉曇字的相關課程,也得到真言咒語梵文聲明發音的

㉘ 奧明院為釋一吉大阿闍黎在臺灣臺北創立的道場,別院為臺北八德密嚴講堂,及桃園中觀園區。引自「奧明院」網站:https://aumingyuan.com/about/(檢索日期:2024/6/29)。
㉙ 日本真言宗稱擁有行持密法資格的僧侶為阿闍梨,而藏傳佛教金剛乘則稱為金剛阿闍梨,兩者對擁有行持密法資格僧侶的稱謂有所不同。
㉚ 根據陳省身,〈常護法師的訪談紀錄〉,於臺北市北投區法鼓山雲來別苑進行訪談,2023 年 3 月 8 日。
㉛ 根據陳省身,〈常護法師的訪談紀錄〉,於臺北市北投區法鼓山雲來別苑進行訪談,2023 年 3 月 8 日。

傳授。㉜

　　因此法鼓山僧團在學習瑜伽焰口施食儀的傳承方面，早期除了透過廣慈長老上座教授法儀唱誦手印外，後來僧團法師也會觀看長老演法的教學影音教材學習。

　　由於瑜伽焰口施食儀中，包含許多密法的觀修次第，而這方面出身禪宗叢林的廣慈長老，能提供給僧團法師的法教便有所局限，因此常護法師才會向真言宗一吉阿闍梨，學習瑜伽焰口施食儀的相關密法，讓自己在主法的過程中更加如法如儀。

　　另外果醒法師則認為最好能去理解咒語的梵文內涵並以梵文來發音，比較能發揮瑜伽焰口施食儀的功能，故他會用心在梵文的學習與整理《瑜伽焰口祕笈》，以便在演法時能有最好的發揮，有關這部分下文再進行詳細的說明。

（二）融入禪修三密相應

　　法鼓山擔任金剛上師的男眾法師們，在學習探究瑜伽焰口施食儀軌時，在真言、手印、觀想方面學習與登座演法時，可以說是用盡心力。以下便透過法鼓山禪堂堂主，同時也是第一代金剛上師的果醒法師，在修學與演法時的體驗，理解他如何透過禪修以達到三密相應。

　　果醒法師，為了能在實際法會中全心全力地達到瑜伽三密相應，可以說是費盡苦心。他透過了解儀軌的咒、印、觀

㉜ 根據陳省身，〈常護法師的訪談紀錄〉，於臺北市北投區法鼓山雲來別苑進行訪談，2023 年 3 月 8 日。

內涵與修法次第,以儀軌每一段落的第一個字,編寫了〈瑜伽焰口口訣〉記誦,以利於把整本瑜伽焰口施食儀軌能背誦起來。果醒法師所編寫的〈瑜伽焰口口訣〉部分口訣如下:

瑜伽焰口口訣（2012/8/20）
一、七下五上坐著六,戒佛觀道楊一千,
　　會啟吉祥此香佛,五稽毘盧吽夫塵,
　　前行讚頌安五佛,定法音場枝聲華,
　　瑜伽會啟一雲面,方首如來唵水剎。
二、二印六瓶咒振七,加持十度禪定印,
　　智觀海水大悲瓶,淨點花杵鈴振左,
　　請聖淨瓶杵降魔,淨法點淨米鈴杵,
　　慧音震者咒水中,法淨米薩看鈴手。
三、五皈一性緣起三,我上孤嚕唵失利,
　　方勝一猶從苦稽,切以最勝阿難陀,
　　四皈性相緣阿難,法師三寶哩歌囉,
　　便會切如出火首,法不孤起自在王。
四、二寶四印供王五,夫三寶者志心禮,
　　遣伏火輪真空印,於花六字唵迴向,
　　三寶供養六字咒,難儘難揚佛法僧,
　　境蘊魔吽自性空,空香明王嘛水飯。
五、七施曼答二十七,麻烏普輪哩金南,
　　須斯哺的微咱沙,烏啞捄幹烏孤葛,
　　淨地結界建曼答,明答米鐵契剛北,
　　八象主馬女將輪,如寶日月傘幢唵。

六、三咒八供明王八，夜薩四寶斯麻囉，
　　甩轉米乳日鈴諦，先輪眾稽奉香釋。
七、叉答尊……㉝

　　這是果醒法師以儀軌的先後次第，將儀軌取前一字而成口訣如：戒、佛、觀、道、楊、一、千，這是指儀軌中迎請上壇場前的次第。包括先起腔「戒定真香」讚，再吟誦四句偈：「佛法僧寶，體遍十方，齋主虔誠，必蒙感應」的四句偈，接著是參禮面然大士後的吟四句偈：「道場成就，賑濟將成，齋主虔誠，上香設拜，壇內諸師，俱揚聖號。」然後要唱「楊枝淨水」讚，後面再白四句偈：「一聲傳佛號，法界普聞知；四生登九品，六道出三塗。」最後是唱「千華台上盧舍那佛」佛號，相互問訊後登台。㉞

　　果醒法師透過這樣的口訣就把儀軌內容全部背誦起來，因此就不會在演法的當下，一方面要翻儀軌看文字內容，一方面又要結印持咒觀想，這樣就容易分散心念無法三密相應。㉟法師以咒語能背熟、手印不用看經文就能打、並且知道要觀想什麼，做為他努力的目標。法師在背誦儀軌時，整天都拿著一本自己所整理的《瑜伽焰口祕笈》（圖五），邊走邊背邊唱，如背不出來，就趕快從口袋裡拿出祕笈看一

㉝ 釋果醒，〈瑜伽焰口口訣〉，2012 年 8 月 20 日。
㉞ 釋果醒，〈瑜伽焰口口訣〉，2012 年 8 月 20 日。
㉟ 釋果醒，〈日記：焰口心路歷程故事——背誦瑜伽焰口文／2011 年 10 月 18 日／星期二／DDRC〉。

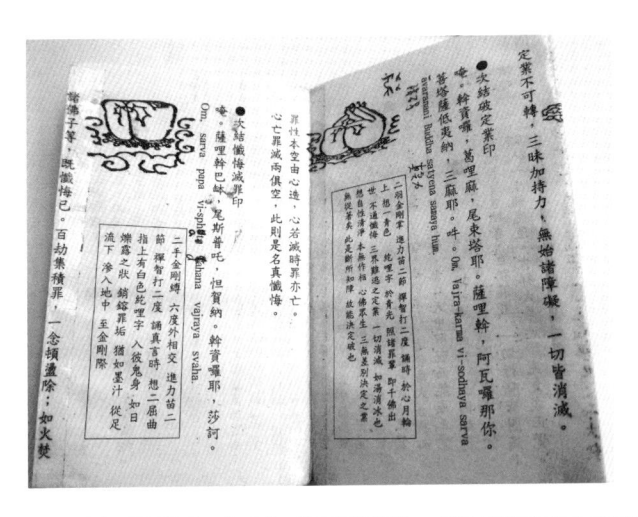

圖五：果醒法師提供之《瑜伽焰口祕笈》（筆者攝於臺北市法鼓山德貴學苑，2022 年 4 月 24 日）

看，連吃飯時也邊吃邊背。果醒法師以參話頭的方式全心投入記誦儀文，[36] 他指出：

> 若尚未把儀軌背起來前，法會時大眾唱的經文是經文，我打的手印是手印，咒語是咒語，三者好像不認識，而我只顧準備下一個手印怎麼打、咒語怎麼唱，至於手印咒語前後的經文內容，已經顧不了。把儀軌背起來以後，大眾唱的內容跟自己當下的手印、咒語便能搭配在一起，能幫助自己觀想，不會再像以前咒印、觀、三密各自分家，而

---

[36] 《法鼓僧報》編輯部，〈老果經驗談・果醒法師快樂誦・第一誦：焰口一放十五年〉，《法鼓僧報》，2012 年 3 月 21 日。果醒法師僧大訪談紀錄，內部資料。

無法達到身、口、意三密相應之境。㊲

　　果醒法師平時透過瑜伽焰口施食文的背誦觀修，感受到瑜伽焰口施食儀軌的內容充滿著慈悲，是借著觀音菩薩的願力、達到瑜伽的三密三應。而金剛上師身結手印、口誦密咒、心作觀想，而能自利利人，即是自己能提昇定慧，六道眾生能受到觀音菩薩的救濟。瑜伽焰口施食前後文皆在提醒及強調密咒、手印、觀想內涵，如此才能三密相應。㊳

　　另外，果醒法師為了了解瑜伽焰口施食的咒語意思與梵文發音以便觀想，特地查詢密教部的經典、搜尋一些大德的梵文咒語研究成果、梵文字典，查出這些真言咒語的意思，並在儀軌內註記這些梵文的拼音（圖六）。㊴法師舉例說明：

　　　像是真空咒後面的六妙供，香花燈塗果樂的 Sarva（一切）Tathagata（如來）saparivara（眷屬）Pratijaya（攝受）。若能從梵文了解到咒語原意，並以梵文拼音背咒語，一來咒語會比較好背，也比較好唱，二來咒語的意思也能幫助觀想。如同一個字「tathagata」，「如來」的音

㊲ 《法鼓僧報》編輯部，〈老果經驗談・果醒法師快樂誦・第一誦：焰口一放十五年〉，《法鼓僧報》，2012 年 3 月 21 日。果醒法師僧大訪談紀錄，內部資料。
㊳ 釋果醒，〈日記：焰口心路歷程故事——背誦瑜伽焰口文／2011 年 10 月 18 日／星期二／DDRC〉。
㊴ 釋果醒，〈日記：焰口心路歷程故事／2014 年 5 月 1 日／星期四／CMC〉。

譯，經本卻有「怛他阿耶多」、「塔達噶達」，「怛他也都耶」、「怛他葛多耶」、「答塔葛答」好幾種的翻法；「薩哩幹」、「薩幹」則都是「sarva」，「一切，所有」的意思；「拽乞徹」是「yaksa」，夜叉的音譯，這些字在漢梵字典裡就可以找得到。若是不懂梵文，用臺語念也會比較接近梵文語音。❹

圖六：果醒法師瑜伽焰口儀軌內所註記的梵文拼音（筆者攝於臺北市法鼓山德貴學苑，2022 年 4 月 24 日）

---

❹ 《法鼓僧報》編輯部，〈老果經驗談‧果醒法師快樂誦‧第四誦：練習焰口的訣竅——技巧篇〉，《法鼓僧報》，2012 年 4 月 18 日。果醒法師僧大訪談紀錄，內部資料。

另外由於瑜伽焰口施食儀軌的手印相當多，儀軌內的手印加起來大約四十個，再加上有些手印非常相像，只是雙手指印的外相交與內相交的不同；而有些是手印為豎中指與豎食指之間的差異，因此在結手印時，彼此手印的同異之處，必須熟記清楚，才不會造成混淆不清。另外，法師也提出他學習記誦結手印的心得，他表示：

> 最好把手印分門別類，有次第有系統的，整組整組把手印記起來。法師舉例說明如：七如來手印是一組；召請餓鬼、召罪、摧罪、滅定業、懺悔滅罪、施甘露、開咽喉等手印又是一組，當召請餓鬼印一打完，就能明白下一個召罪印應如何打。這些在平時練習時就需要下非常深的工夫。[41]

另外果醒法師在修習瑜伽焰口施食儀時的觀想，亦有其結合禪修心法的實修體悟。果醒法師以結摧罪印時的觀想說明：

> 結摧罪印時會觀想眾生以前造罪，造作黑業而全身變成黑色。其觀想次第是，先在心中出現一片黑鴉鴉的眾生，心中再觀想一個白色的紇利字（種子的自性，應該是心

---

[41] 《法鼓僧報》編輯部，〈老果經驗談・果醒法師快樂誦・第四誦：練習焰口的訣竅──技巧篇〉，《法鼓僧報》，2012 年 4 月 18 日。果醒法師僧大訪談紀錄，內部資料。

性）放出白光，再把所有眾生的黑業吸出來，就好像吸塵器一樣，眾生的黑業變成白業，面前轉為一片白淨顏色的眾生；接下來是進行摧罪的次第，罪業並沒有完全被吸乾淨，還要抖一抖，把殘餘的黑業抖掉。而吸掉黑業就是化為白色的光象徵白業，最後再化為變成白色的蓮華部種子字紇利字，回到心體。這是指眾生的黑業是從心體而來，又回到心體本身，所謂「心體」，就是每人都具有見聞覺知功能的當下這一個心，它不動，處於清清楚楚的狀態，但心體的見聞覺知是超越能所的覺知，不是有能有所的見聞覺知。❷

另外果醒法師指出：

定業本來不可轉，利用罪性本空，即三輪體空來滅定業，而滅罪不只滅現在的罪業，必須一直到成佛前的金剛喻定（金剛心），罪業全部沒有才算。因此這道理懂了以後，罪業需要一直化解，從現前的時空，延伸到無窮盡的未來際，最後觀想眾生的黑業轉為烏有。❸

---

❷ 《法鼓僧報》編輯部，〈老果經驗談‧果醒法師快樂誦‧第六誦：佛法的創意影片——觀想〉，《法鼓僧報》，2012 年 7 月 4 日。果醒法師僧大訪談紀錄，內部資料。
❸ 《法鼓僧報》編輯部，〈老果經驗談‧果醒法師快樂誦‧第六誦：佛法的創意影片——觀想〉，《法鼓僧報》，2012 年 7 月 4 日。果醒法師僧大訪談紀錄，內部資料。

果醒法師認為平時在排練瑜伽焰口施食儀時，務必要全心投入當作是真正在施放瑜伽焰口施食，要能全力以赴，不可掉以輕心。若只有短時間可練，更需要日常作息時，不論是走路、吃飯、做事，都能夠背誦及練習，並且準備祕笈放在身上，以便可以隨時核對背誦的內容是否正確。而在正式法會擔任金剛上師時，應該不能有其他空檔的念頭打妄想，要能身體打手印、口念咒語、心觀想相應的畫面，達到身、口、意三業都在同一個對象上，才能叫作三業相應，意即瑜伽三密相應之意。❹

　　果醒法師自二〇一六年起，在法鼓山上，發願獨自一週一次，或一天一次，施放利孤焰口（圖七、圖八），足足施放了一整年。在施放利孤焰口時，法師體悟焰口內跟禪宗祖師語錄沒兩樣。施食時等同於在開發自性，開發眾生自性，跟聖嚴法師提及的「他人見到我，會得到什麼好處」的三輪體空菩薩願，沒什麼差別。因此法師體悟似睡非睡的施放，結合一心的施放。更容易體驗到跟入流亡所的結合。❺果醒法師在進行「入觀音禪定」，隨文入觀時，曾體驗身心一致的禪定境界：

　　　　在下半場入定作觀想「入觀音三摩地時」，不是一心地

---

❹ 《法鼓僧報》編輯部，〈老果經驗談・果醒法師快樂誦・第三誦：練習焰口的訣竅——心態篇〉，《法鼓僧報》，2012 年 4 月 11 日。果醒法師僧大訪談紀錄，內部資料。
❺ 釋果醒，〈日記：焰口心路歷程故事——發願一週一次施放瑜伽焰口施食 / 2015 年 12 月 14 日 / 星期一 / HK-NY〉。

圖七：果醒法師示範施放利孤焰口壇場即景（筆者攝於臺北市法鼓山雲來別苑，2022 年 11 月 3 日）

想「觀想文」，而是一心地呈現「觀想文」的情境。語言即是心境。意即是「言滿天下無口過」。既有「觀想文」，又是「觀想境」。㊻

因此果醒法師指出：

施放瑜伽焰口前最好須有一段時間沉澱進行禪修，如靜坐或者打禪七。因此擔任主法的金剛上師，若以散亂

圖八：果醒法師示範施放利孤焰口結準提印即景（筆者攝於臺北市法鼓山雲來別苑，2022 年 11 月 3 日）

心施放焰口，在施放瑜伽焰口施食時的當下，就必須花一部分心神氣力去轉化妄想，否則不可能完全沒妄想。而幽冥眾生來到法會壇場接受甘露法食，可能吃到金剛上師所

㊻ 釋果醒，〈日記：焰口心路歷程故事——發願一週一次施放瑜伽焰口施食／2015 年 12 月 14 日／星期一／HK-NY〉。

發出的妄想。幽冥眾生本來是來聞法赴香齋，卻無法接收到連貫性的整體法味，而是拼拼湊湊不完整的法食。❹⁷

　　法鼓山的常護法師在整理儀軌密訣本時，也用心於在梵文種子字與其他佛像與表意圖像的觀想方面整理。由於法師在八、九歲聽到咒語時，就會有莫名的感動，再加上法師早年接觸到慧律法師的《安樂妙寶》，因此對這些咒印都有一些熟悉之感。常護法師在二〇二〇年與一吉阿闍梨學習梵文種子字，以便法師進行修法時的梵文種子字觀修。❹⁸

　　另外瑜伽焰口法本上除了梵文種子字須要觀想外，仍有大量佛像、聖像、供物等須要觀想的內容。因此法師透過每次出國主持禪七之解七後回國前的空檔機會，到美國大都會博物館，大英博物館，或是在臺灣的故宮博物院，拍攝與儀軌相關的圖像，以輔助法師上座修法時的觀修；另外他也上網蒐集相關資料，包括各版本的瑜伽焰口施食儀軌演法註解，並著手進行《瑜伽焰口施食觀想要訣》教材的編輯。

　　常護法師在編輯此《瑜伽焰口施食觀想要訣》（圖九、十、十一）時，每天用六到十個小時，持續一年的時間，獨自一人運用編輯軟體，把種子字與這些圖像、註解，對比現行儀軌，再加以融匯整理放大頁面圖像，編輯整理成電子

---

❹⁷ 《法鼓僧報》編輯部，〈老果經驗談・第三誦：練習焰口的訣竅——心態篇〉，《法鼓僧報》，2012 年 4 月 11 日。果醒法師僧大訪談紀錄，內部資料。

❹⁸ 陳省身，〈常護法師訪談紀錄〉，於臺北市北投區法鼓山雲來別苑，2023 年 3 月 8 日。

圖九（左）、十（中）、十一（右）：節錄自常護法師所編輯之《瑜伽焰口施食觀想要訣》（筆者攝於臺北市法鼓山雲來別苑，2023 年 3 月 8 日）

書，一方面有助於法師演法時能達到三密相應，另一方面也有助於提供給僧團，做為教育新一代的金剛上師的補助教材。㊾

常護法師認為施放瑜伽焰口施食的要旨和禪修的關係為：

> 施放瑜伽焰口施食，並非只是單純施食給幽冥眾生飽食而已，更重要的是要救度因造下種種惡業，在萬劫之中深陷水深火熱地獄的受苦眾生。因為惡趣眾生不明因果，充

㊾ 陳省身，〈常護法師訪談紀錄〉，於臺北市北投區法鼓山雲來別苑，2023 年 3 月 8 日。

滿貪、瞋、癡三種根本煩惱而受此業報。因此需要透過大眾莊嚴的共修力量,並結合金剛上師三密加持力,觀想本尊成就。因自己與觀音菩薩慈悲願力一念相應,讓清淨法音源源不絕地流入地獄之中。因大眾的虔敬之心,上師的三密相應,菩薩的悲心攝受,透過咒印觀三密之力,讓惡趣眾生能清淨惡業,有機會能在剎那脫離地獄惡趣之中。這就如同禪宗說的頓法,一彈指間就轉迷為悟。最後並能回歸到毘盧遮那佛的華嚴法界之中,意即整個法界都在諸佛菩薩的本心之上,與三世諸佛心心相應,如同《法華經》的一佛乘旨趣一般。❺⓿

同樣擔任法會主法金剛上師的常乘法師,也提到禪修與主持法會唱誦的重要性,他在二〇二二年十一月時,確診新冠病情,而接著當年十二月,就須擔任水陸法會的金剛上師,但他因確診後,一直有咳嗽的後遺症無法根治,一開始法師也深怕在法會過程中發出咳嗽聲,影響到法會的順暢性。由於法師平時有禪修的經驗,能讓自己當下的身心一直保持在輕安與專注的最佳狀態,因此在法師正式登壇,主法演揚瑜伽焰口施食儀時,因身心能充分放鬆,並保持身心的專一性,讓丹田的發聲能達到最好的效果;故法師當天並未因確診咳嗽的後遺症,影響到自己的結印觀修與咒語唱誦。❺❶

---

❺⓿ 陳省身,〈常護法師訪談紀錄〉,於臺北市北投區法鼓山雲來別苑,2023 年 3 月 8 日。

❺❶ 陳省身,〈常乘法師訪談紀錄〉,於臺北市北投區法鼓山雲來別苑,

這次的主法體驗,也讓常乘法師深信自己擔任金剛上師,是代佛宣揚佛陀法教給予眾生,只要自己保持身、口、意三密相應,將自己的身心保持專注與輕安,便能與佛菩薩的願力相應,帶給眾生最大的功德利益,讓六道眾生能究竟得到解脫,成就佛道,當下即是人間淨土。[52]

近代的虛雲老和尚認為瑜伽焰口施食等經懺法事,乃登地菩薩所能行之事,因此他主張:

> 瑜伽一法,乃登地菩薩利生之事,非初心凡夫所宜。惟是叢林淡薄,四事供應每虞缺乏,故不得已,乃略應念誦也。然進壇必須生道場想,對經像如對佛想,誦其文、思其義、行其事、踐其實,必使身與口合、口與心唯,不昏沉、不散亂、不懈怠、不貪利、明因果、知慚愧、兢兢業業。若是,則不期度人而自度人,不期利益而自利益。所謂人以財與我,我以法與人,等施無異,猶可權為。若鼓簫鐃而看經,舂杵碓而禮懺,身對尊像而目視他方,口誦經懺而心存別念,如是必招現前之譏謗,受未來之業報,使自利利他之法寶,反成自誤誤人之罪案,可不慎哉。[53]

2023 年 2 月 28 日。
[52] 陳省身,〈常乘法師訪談紀錄〉,於臺北市北投區法鼓山雲來別苑,2023 年 2 月 28 日。
[53] 釋虛雲,《虛雲和尚法彙・規約》,臺北:修元禪院,1997 年,頁 798。相關論述亦可參照陳省身,〈兼融並蓄的文化意涵〉,《普濟幽冥瑜伽餟口施食》,臺北:台灣書房,2012 年,頁 177。

因此佛寺道場在辦法會做經懺佛事時，不專心致志，使經懺法會流於形式主義失去內涵時，那麼未來是會受到因果的惡報的。因此這也是法鼓山僧團法師在學習瑜伽焰口施食時，都非常用心認真，深怕誤人。透過金剛上師施放焰口施食時，可說是財布施，而金剛上師引領法師、信眾以共修的方式進行，因此能達到唱誦利人天，三密相應行法布施的功能，進而孤魂、餓鬼、亡靈，及四眾弟子的生命都獲得安頓，亦是無畏布施；因此才能是一場具足財、法、無畏三種布施的經懺佛事。

四、法鼓山瑜伽焰口施食法會的教育功能

在吳永猛《台灣民間信仰儀式》一書之中，將宗教信仰、神職人員、儀式、信眾這四者之間的關係繪製如圖十二[54]。

說明宗教儀式的內涵：宗教信仰，神的存在與否，往往要透過神職專業人員，表演各種儀式，傳達給信徒，使信徒感受到神的存在。所以，神職人員經過表演各種儀式，目的在於促使信徒感覺到其宗教信仰的感動。[55]即神職人員透過

---

[54] 吳永猛，〈第十章　宗教科儀的意涵〉，《台灣民間信仰儀式》，臺北：國立空中大學出版中心，2005 年，頁 173。相關論述亦可參照陳省身，〈兼融並蓄的文化意涵〉，《普濟幽冥瑜伽餤口施食》，臺北：台灣書房，2012 年，頁 151。

[55] 吳永猛，〈第十章　宗教科儀的意涵〉，《台灣民間信仰儀式》，臺北：國立空中大學出版中心，2005 年，頁 174。相關論述亦可參照陳省身，〈兼融並蓄的文化意涵〉，《普濟幽冥瑜伽餤口施食》，臺北：台

法鼓山僧團瑜伽焰口施食儀之傳承發展研究・347・

```
        宗教
        信仰
       ╱    ╲
      ↙      ↘
 ┌─────┐   ┌─────┐   ┌─────┐
 │神職人員│→│ 儀 式 │→│ 信 徒 │
 └─────┘   └─────┘   └─────┘
```

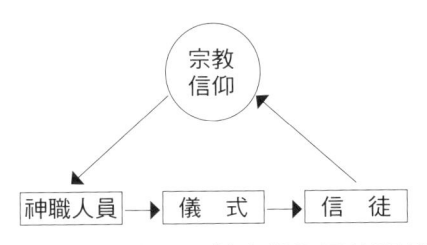

圖十二：宗教信仰、神職人員、儀式與信眾的關係

演出儀式，向信徒宣揚宗教信仰。所以神職人員即為人神交流的橋樑，要藉形形色色的道具，演法過程，化身為聖者，代天宣化。由此可知，神職人員借用：一幅畫、一曲子、一齣戲，各種各樣的道具，讓信徒看到神職人員借用這些道具，來進行儀式展演，達到宗教信仰的目的。[56]

　　吳永猛曾針對宗教科儀的意涵，論述宗教儀式的功能。他指出，功能（function），指的是事物的能力和發揮的效力。因此，瑜伽焰口施食演法的功能，簡單而論，就是指金剛上師和眾法師演法。而信徒的感受如何？有沒有效？[57]瑜伽焰口施食演法有：神職人員（金剛上師）主壇演法，加上執掌法器敲打的悅眾法師，信眾或觀眾在場參與，透過莊

灣書房，2012 年，頁 151。

[56] 吳永猛，〈第十章　宗教科儀的意涵〉，《台灣民間信仰儀式》，臺北：國立空中大學出版中心，2005 年，頁 174。相關論述亦可參照陳省身，〈兼融並蓄的文化意涵〉，《普濟幽冥瑜伽燄口施食》，臺北：台灣書房，2012 年，頁 151。

[57] 吳永猛，〈第十章　宗教科儀的意涵〉，《台灣民間信仰儀式》，臺北：國立空中大學出版中心，2005 年，頁 178。相關論述亦可參照陳省身，〈兼融並蓄的文化意涵〉，《普濟幽冥瑜伽燄口施食》，臺北：台灣書房，2012 年，頁 151。

嚴隆重的科儀展現，使法會表達出「真、善、美、聖」。也讓來參與的信眾，達到寓教於樂的功能。達到宗教入聖的目的，使之超越語言詮釋，進入神聖空間。[58]

現今臺灣瑜伽焰口施食法會，主持焰口法會的法師或是參與法會的信眾，若能透過了解瑜伽焰口施食儀法會的宗教目的和儀軌內涵，這樣信眾便能由法會中提昇宗教修為，便可達到焰口儀式的宗教教育目的。戒德老和尚也曾指出，身為金剛上師施放焰口施食的本懷為：

> 我們施放瑜伽焰口施食濟幽，應當專心一意，把觀音菩薩的精神意念表達出來，讓幽冥眾生們，能無有間斷的享用無遮法食，進而聽聞佛法超昇救度，最後能罪障盡消，心開意解，投生淨土，化身成佛。[59]

另外廣慈老和尚也與筆者談到金剛上師施食時觀想的重要性：

> 瑜伽焰口施食相當重視觀想，例若金剛上師在進行灑米與種種甘露法食，施食濟幽時，身為金剛上師不能只單

---

[58] 吳永猛，〈第十章　宗教科儀的意涵〉，《台灣民間信仰儀式》，臺北：國立空中大學出版中心，2005年，頁178。相關論述亦可參照陳省身，〈兼融並蓄的文化意涵〉，《普濟幽冥瑜伽燄口施食》，臺北：台灣書房，2012年，頁159。

[59] 根據陳省身，〈戒德老和尚訪談紀錄〉，於臺北縣新店市妙法寺進行訪談，2005年10月27日。

純做拋灑法食的動作,是必須透過種種觀想,將米觀想成飯山,要觀想成像須彌山一樣的巨大;灑水時,滴水化為無窮無盡的甘露乳海;經過金剛上師的如法觀想變食,幽冥眾生才能真的享受到甘露法食。因此我常告戒,擔任金剛上師的法師們,要承擔非常大的因果責任,不得不審慎以對,否則必遭惡果,因此才會有那句「短命因果」的警語。❻⓪

在法會儀式現場觀察中發現,法鼓山的焰口法會,是由法師們主持帶領放焰口,信眾也跟著一起誦念,除了若干咒語真言之外,信眾都是一起誦念。有別於其他道場信眾只有看著儀軌,並未一同參與唱誦共修,因為儀式內容都是佛經、佛語、佛號、菩薩名,即是一種宗教教育的應用。信眾在主法的金剛上師與悅眾法師的帶領下,齊聲唱誦,便能充分培養出宗教情懷。

另外在法鼓山的儀式壇場也會重視對信眾的教育,如面燃大士壇與孤魂壇中,會敬立《瑜伽焰口施食儀》的經變說法圖(圖十三、十四),以教育信眾說明瑜伽焰口施食法會的緣起與功德利益。另外亦在讚普區的供品擺放設計當中(圖十五),亦會設立讚普供品的說明告示(圖十六),透過這些讚普的供品,將法鼓山想要說明的佛法教育理念,傳達給參與共修法會的信眾明白,這些法會元素均是有別於

---

❻⓪ 根據陳省身,〈廣慈法師訪談紀錄〉,於臺北縣深坑鄉淨土宗法寶寺進行訪談,2005 年 3 月 15 日。

圖十三：《瑜伽焰口施食儀》的經變說法圖 1（筆者攝於法鼓山大悲心水陸法會圓滿焰口壇場，2022 年 12 月 4 日）

圖十四：《瑜伽焰口施食儀》的經變說法圖 2（筆者攝於法鼓山大悲心水陸法會圓滿焰口壇場，2022 年 12 月 4 日）

圖十五：讚普區富有教育意義的供品擺設（筆者攝於法鼓山大悲心水陸法會圓滿焰口壇場，2022 年 12 月 4 日）

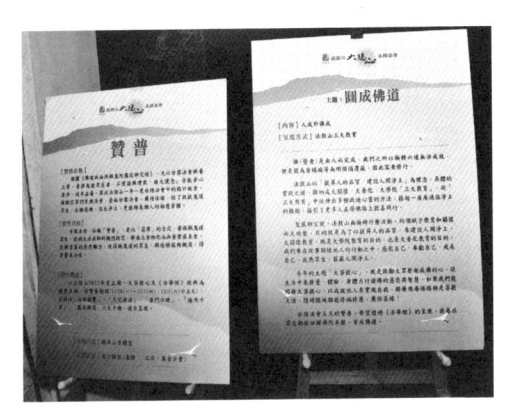

圖十六：讚普供品的佛法說明告示（筆者攝於法鼓山大悲心水陸法會圓滿焰口壇場，2022 年 12 月 4 日）

其他道場舉行的瑜伽焰口法會的最大特色。

聖嚴法師生前在法會時會對信眾進行佛法的開示，期望信眾在日常生活中，發揮焰口法會的普濟幽冥、關懷人間的精神。他認為，透過瑜伽焰口法會就是在度眾生，進行關懷的工作，關懷信眾的親人、眷屬，因此可以說是冥陽兩利。透過焰口施食法會，信眾可以同時與鬼道眾生、諸佛菩薩、護法龍天、先亡眷屬、累劫冤親，共結法緣，這樣的法會即可發揮教育的功能。透過布施給無祀孤魂，即是發揮關懷幽冥眾生的功能；信眾闔家參加法會感受到身心寧靜平安，即是發揮關懷信眾的功能。所以法鼓山的瑜伽焰口施食法會，即具有教育與關懷的雙重功能。❻❶

---

❻❶ 參考改寫自聖嚴法師，〈梁皇寶懺焰口法會聖嚴法師開示文稿〉，臺北：法鼓山農禪寺，2002 年 8 月 16 日，由法鼓山文化中心於 2022 年 4 月 21 日提供。由於筆者向法鼓山文化中心申請並獲核可取得之文件中，特別標註逐字稿內容僅為研究參考，不得以原文登錄引用，故筆者採取之方式為重新分析、歸類、詮釋〈梁皇寶懺焰口法會聖嚴法師開示文稿〉中的重要內容。

因此信眾在參加法會後,便能將法會的精神在生活中實踐。而這也是符合現代人的知性需求,要能知道這場法會的真實意義,且又能從中學習。這便是有別於傳統焰口法會的現代化特色。

例如果醒法師在二○一○年十一月二十九日法鼓山水陸法會第一天,三大士焰口時便對參與法會的信眾進行開示,要大眾能開發慈悲心:

> 參與焰口法會是自度度人,透過儀軌,跟著靈界眾生及在場參與的二千位菩薩結緣。根據懺本的內容,開發自己的慈悲心,希望眾生離苦得樂,捨棄慳貪。用布施把慳貪心布施掉。其實布施心生起,慳貪心自然就消失,叫做用布施把慳貪心布施掉。最後為達到最圓滿的效果,與會大眾須以最虔誠的心、專注的心,來參與進行這場瑜伽焰口施食法會。❻❷

這是果醒法師為大眾說明,參與瑜伽焰口施食法會是自度度人,大眾透過儀軌,跟著靈界眾生及在場參與的二千位菩薩結緣,根據儀軌懺本的內容,便能開發自己的慈悲心,希望六道眾生都能離苦得樂,捨棄慳貪。大眾學習用布施之心,把慳貪心布施掉,期許信眾都能用最虔敬的心與專注的心來參與法會共修,能夠法喜充滿。

---

❻❷ 釋果醒,《日記:焰口心路歷程故事》,果醒法師於 2022 年 6 月 27 日提供之內部資料。

法鼓山退居方丈果東法師，在法鼓山的瑜伽焰口法會時，編寫了《瑜伽焰口經說法》進行關懷教育；並以為基礎於二〇二二年編寫了《安心祝福：瑜伽焰口經說法》（圖十七），於二〇二二年法鼓山大悲心水陸法會期間進行兩場課程講述。

　　果東法師在講述過程中，透過四大主題：一、冥陽兩利，二、依儀起修，三、念定總持，四、人間實踐，運用他所撰述的《安心祝福語》中的開示法語、瑜伽焰口施食儀軌的演法次第，並結合聖嚴法師生前所提倡的理想佛事理念，以契機契理、隨緣應機方式講述《瑜伽焰口經》。

　　透過講綱，可以明白果東法師融合法鼓山心靈環保與人間佛教精神，慰勉因疫情造成大眾身心不安的情境，給予光明的祝福。透過此法門的熏習，大眾承先啟後，尊重生命，

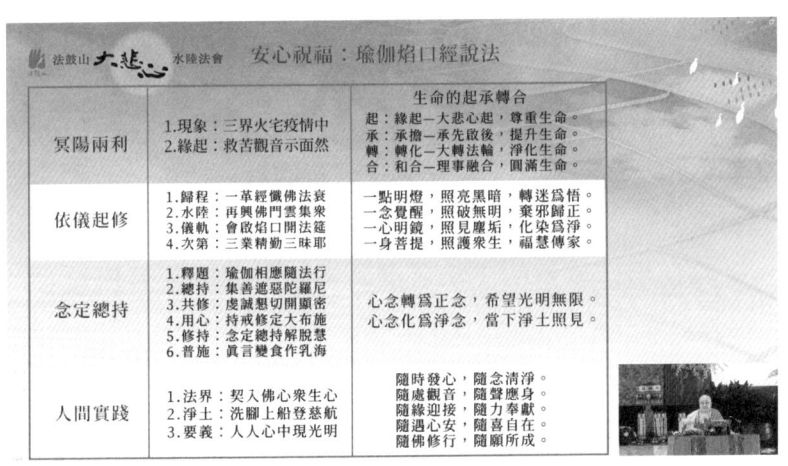

		生命的起承轉合
冥陽兩利	1.現象：三界火宅疫情中 2.緣起：救苦觀音示面然	起：緣起—大悲心起，尊重生命。 承：承擔—承先啟後，提升生命。 轉：轉化—大轉法輪，淨化生命。 合：和合—理事融合，圓滿生命。
依儀起修	1.歸程：一革繡懺佛法衰 2.水陸：再興佛門雲集眾 3.儀軌：會啟焰口開法筵 4.次第：三業精勤三昧耶	一點明燈，照亮黑暗，轉迷為悟。 一念覺醒，照破無明，棄邪歸正。 一心明鏡，照除塵垢，化染為淨。 一身菩提，照護眾生，福慧傳家。
念定總持	1.釋題：瑜伽相應顯法行 2.總持：集善遣惡陀羅尼 3.共修：虔誠懇切開顯密 4.用心：持戒修定大布施 5.修持：念定總持解脫慧 6.普施：真言變食作乳海	心念轉為正念，希望光明無限。 心念化為淨念，當下淨土可見。
人間實踐	1.法界：契入佛心眾生心 2.淨土：洗腳上船登慈航 3.要義：人人心中現光明	隨時發心，隨ংcleaning淨。 隨處觀音，隨聲應身。 隨緣迎接，隨力奉獻。 隨遇心安，隨喜自在。 隨佛修行，隨願所成。

圖十七：果東法師《安心祝福：瑜伽焰口經說法》影片截圖（筆者截圖自法鼓山僧團提供之影片檔案，2023 年 4 月 8 日）

提昇生命,齊發菩薩大悲心願,凡夫眾生便能淨化生命,進而大轉法輪。並以菩薩四攝之法,能理事圓融在人世間廣行菩薩道,圓滿生命究竟成佛。❻³

期許大眾能以菩提心十隨:「隨時發心,隨念清淨,隨處觀音,隨聲應身,隨緣迎接,隨力奉獻,隨遇心安,隨喜自在,隨佛修行,隨願所成。」發心立願,大眾透過心念轉為正念,便能希望光明無限,而大眾能把心念化為淨念,明白心、佛、眾生三無差別,故能契入佛心眾生心。自此人人心中現覺性光明,理解明空不二之道,人人都是觀音菩薩,當下的人間淨土即可照見。❻⁴

五、結語

法鼓山僧團於一九九七年中華佛教文化館暨農禪寺創辦人東初老和尚九秩冥誕及圓寂二十週年紀念時,首次由僧團於農禪寺啟建梁皇寶懺大法會,以籌募巨額的紀念活動經費。由於法會圓滿日須施放瑜伽焰口施食,但法鼓山僧團並不懂得如何禮拜梁皇寶懺與施放瑜伽焰口施食之法,故禮請廣慈老和尚來農禪寺教授僧團法師相關修法次第,與禮拜唱誦要訣。

瑜伽焰口施食的主法者稱為金剛上師,是須領受大毘

---

❻³ 釋果東,《瑜伽焰口經說法》講稿,果東法師於 2022 年 11 月 22 日提供之內部資料。

❻⁴ 釋果東,《瑜伽焰口經說法》講稿,果東法師於 2022 年 11 月 22 日提供之內部資料。

盧遮那如來五智阿闍梨灌頂，方能學習與教授此法教，故進行瑜伽焰口施食修法次第時的種種咒語、手印、觀想次第，便須從其傳承之金剛阿闍梨處學習，才能得其甚深的顯密圓通法教。而法鼓山僧團雖是以中華禪法鼓宗的道場自居，但僧團法師在學習瑜伽焰口施食儀時，仍會追求清淨如法的傳承；在不違禪宗理念的前提下，從不同師長座前，學習瑜伽焰口施食儀，並取得應有的顯密法教傳承。

聖嚴法師為法鼓山開山方丈，與教育體系的創辦人，畢生推動「提昇人的品質，建設人間淨土」，希望透過理經懺佛事，能發揮以事顯理的佛法教育與關懷信眾的功能。

法鼓山自開山聖嚴法師至之後的僧團法師，如退居方丈果東法師、果醒法師、常護法師、常乘法師等男眾法師，不管在透過瑜伽焰口施食儀軌以禪密一體來進行自我觀修，或是在法會時對大眾進行普化關懷教育，均是充分落實在佛法實修與生活實踐之上。由此可以明白法鼓山即是透過興辦各法會，一方面可以支付道場沉重的經濟負擔、進行道場建設；另一方面也能對信眾推廣宗教教育，同時鼓勵信眾布施道場，可以累積福慧資糧。

臺灣佛教有句名言「錢歸山門，福歸施主」，尤其在法會中布施金錢更可增福增慧。在法會中設置各式功德主等，雖是順應世俗行方便法，但不應過度強調以金錢來衡量功德大小，並有著不同的階級禮遇，這樣有違佛法平等濟施的精神。大家應隨分隨力，因為功德來自一念真誠，人有虔心，佛有所感，金錢是不能用來買功德和解脫的。因此佛寺道場在辦法會做經懺佛事時，不專心致志，一旦使經懺法會流於

形式主義，不管是主法的法師或是信眾，都無法理解儀軌的內涵時，無法透過儀軌修學，讓自己的身心都得到全面的提昇，這就失去祖師們制定儀軌教化眾生的苦心了。

　　是以法鼓山擔任瑜伽焰口施食法會的金剛上師們，本身平時對儀文的內容法義能夠深入了解，因此一方面能依文修觀，更重要的是能在法會時向廣大的與會信眾開示焰口的儀式意涵。這樣信眾除了知道法會能超度眾生外，更能明白儀軌中每一修法次第的功德，進而提昇經懺法會的心靈水準，才能真正發揮歷代傳承祖師所制定之法儀，在法會中對「六道眾生」進行「終極關懷」的核心價值。

參考文獻

一、經典及科儀抄本

唐・不空譯,《瑜伽集要焰口施食起教阿難陀緣由》,《大正新修大藏經》第 21 冊,臺北:新文豐出版社,1975 年。

侍者福善日錄,門人通炯編輯,嶺南弟子劉起相重校,〈刻瑜伽佛事儀範序〉,《憨山老人夢遊集》,《卍新纂大日本續藏經》第 73 冊,中華電子佛典協會(CBETA),發行日期:2019 年 4 月 15 日。

釋常護編輯之《瑜伽焰口施食觀想要訣》。

二、專書

周叔迦,《佛教的儀軌制度》,臺北:佛教書局,1975 年。

吳永猛,《台灣民間信仰儀式》,臺北:國立空中大學出版中心,2005 年。

陳省身,《普濟幽冥瑜伽燄口施食》,臺北:台灣書房,2012 年。

楊秋悅,《瑜伽焰口施食儀式音樂研究》,北京:宗教文化出版社,2014 年。

釋聖嚴,《空花水月》,《法鼓全集》6-10,臺北:法鼓文化,2020 紀念版。

釋默如,《默如叢書第五冊・雜著》,臺北:新文豐出版公司,1989 年 5 月。

釋虛雲,《虛雲和尚法彙》,臺北:修元禪院,1997 年。

靈鷲山文化編著,《時間與空間的旅行——天地冥陽水陸普度大齋勝會》,臺北:靈鷲山般若文教基金會附設出版社,2001 年 8 月。

三、學位論文

沈家弘,《當代臺灣佛教施食儀軌研究：以《大甘露門施食要集》為例》,新北：私立天主教輔仁大學宗教學系碩士論文,2021年。

沈琮勝,《臺灣府城瑜伽焰口施食儀式探微》,臺南：臺南大學臺灣文化研究所碩士論文,2015年。

郭玉茹,《臺灣漢傳佛教瑜伽焰口儀式音樂之分析研究》,嘉義：南華大學宗教學研究所碩士論文,2015年。

陳省身,《台灣當代佛教瑜伽燄口施食法會研究》,新北：私立天主教輔仁大學宗教學研究所碩士論文,2007年。

陳省身,《臺灣儀式僧瑜伽燄口施食儀式研究》,臺北：中國文化大學史學系博士論文,2019年。

陳嘉慧（釋知頌）,《瑜伽焰口儀軌法會之研究——以佛光山為例》,嘉義：南華大學宗教學研究所碩士論文,2021年。

四、開示文稿

釋聖嚴,〈梁皇寶懺焰口法會聖嚴法師開示文稿〉,臺北：法鼓山農禪寺,20020年8月16日。

釋果東,《瑜伽焰口經說法》講稿,果東法師於2022年11月22日提供之內部資料。

五、日誌筆記

釋果醒,〈瑜伽焰口口訣〉,果醒法師於2012年8月20日提供之內部資料。

釋果醒,〈日記：焰口心路歷程故事——背誦瑜伽焰口文／2011年10月18日／星期二／DDRC〉,內部資料。

釋果醒,〈日記：焰口心路歷程故事／2014年5月1日／星期四／CMC〉,內部資料。

釋果醒，〈日記：焰口心路歷程故事——發願一週一次施放瑜伽焰口施食／2015 年 12 月 14 日／星期一／HK-NY〉，內部資料。

六、法鼓山僧報

《法鼓僧報》編輯部，〈老果經驗談・果醒法師快樂誦・第一誦：焰口一放十五年〉，《法鼓僧報》，2012 年 3 月 21 日。果醒法師僧大訪談紀錄，內部資料。

《法鼓僧報》編輯部，〈老果經驗談・果醒法師快樂誦・第三誦：練習焰口的訣竅——心態篇〉，《法鼓僧報》，2012 年 4 月 11 日。果醒法師僧大訪談紀錄，內部資料。

《法鼓僧報》編輯部，〈老果經驗談・果醒法師快樂誦・第四誦：練習焰口的訣竅——技巧篇〉，《法鼓僧報》，2012 年 4 月 18 日。果醒法師僧大訪談紀錄，內部資料。

《法鼓僧報》編輯部，〈老果經驗談・果醒法師快樂誦・第六誦：佛法的創意影片——觀想〉，《法鼓僧報》，2012 年 7 月 4 日。果醒法師僧大訪談紀錄，內部資料。

七、訪談紀錄

陳省身，〈廣慈法師訪談紀錄〉，於臺北縣深坑鄉淨土宗法寶寺進行訪談，2005 年 3 月 15 日。

陳省身，〈戒德老和尚訪談紀錄〉，於臺北縣新店市妙法寺進行訪談，2005 年 10 月 27 日。

陳省身，〈果醒法師訪談紀錄〉，於臺北市北投區法鼓山雲來別苑，2022 年 4 月 24 日。

陳省身，〈常乘法師訪談紀錄〉，於臺北市北投區法鼓山雲來別苑，2023 年 2 月 28 日。

陳省身，〈常護法師的訪談紀錄〉，於臺北市北投區法鼓山雲來別苑進行訪談，2023 年 3 月 8 日。

八、網站資料

默如,〈記大寶華山大版焰口錄音卡帶〉,《中國佛教》第 25 卷第 9 期,「佛教導航」,https://www.fjdh.cn/wumin/2009/04/22062565347.html(檢索日期:2024/6/29)。

觀粟,〈天寧寺僧侶 國際傳揚梵唄〉,《人間福報》,2006 年 11 月 17 日,https://www.merit-times.com.tw/NewsPage.aspx?unid=30514(檢索日期:2024/6/29)。

釋聖嚴,「法鼓山的四大堅持」,摘自 2007 年 7 月 31 日聖嚴法師於雲來寺為專職菩薩的精神講話,網址:http://rsbc.ehosting.com.tw/bts/0906-3.htm(檢索日期:2024/4/10)。

奧明院網站:https://aumingyuan.com/about/(檢索日期:2024/6/29)。

Research on the Inheritance and Development of the Dharma Drum Mountain Sangha's Yoga Yankou Feeding Ceremony

Shing-Shen Chen
Adjunct Assistant Professor, Department of Religious Culture, Hsuan Chuang University

Abstract

Master Shengyan is the founder of Dharma Drum Mountain and the founder of the education system. The Yoga Flaming Mouth Giving Ceremony is a key Puji Buddhist event of the Dharma Drum Mountain Sect. The Sangha will implement the educational concept in the Dharma Assembly, and the academic circle has not yet conducted research on the inheritance of this feeding ceremony in Dharma Drum Mountain, so the author wants to conduct research on this topic. This research of the field trip, literary materials and interview by the monk, explore the inheritance and development of this ritual in the Sangha, how to use meditation, so as to achieve the three secrets of body, speech and mind, such as holy contemplation as if at ease, great compassion arises, helping the ghosts.

Keywords: Dharma Drum Mountain, Master Sheng Yen, scriptures and repentance, yoga flame mouth, three-secret correspondence

從自我到他者
——聖嚴法師宗教交流與對話之典範[*]

劉韋廷
淡江大學通識與核心課程中心兼任助理教授

▌摘要

聖嚴法師（1930－2009）是臺灣學術界在發展宗教學的重要人物之一，他不僅提倡人間淨土的理念，更推動不同宗教之間的對話與理解。一九六六年聖嚴法師受邀至高雄壽山佛學院教授「比較宗教學」課程，這是戒嚴時期少見的宗教學訓練，經過半年之後《比較宗教學》初稿完成，一九六八年正式出版，聖嚴法師採用人類學、社會學、歷史和哲學的觀點看待世界宗教，從客觀角度來研究宗教。本文主要分三主題：其一回顧國內宗教學知識如何系統化的教育建構；其二探討聖嚴法師以宗教學分析佛教以外的宗教，特別在基督宗教著力甚深，進行宗教對話，在當時引發廣大回響，再者以《比較宗教學》為研究文本，梳理聖嚴法師宗教學架構；其三借重相關宗教人物訪談，分析與法師有密切關係的宗教學者，凸顯法師對於臺灣宗教學扮演關鍵角色乃至及實踐宗

---

[*] 感恩會議發表時，辜琮瑜教授、釋常寬法師給予修改建議；又投稿時，承蒙匿名審查人提供寶貴意見，筆者衷心感謝（聯絡信箱：smooth7289@gmail.com）。

教交流、世界和平理念。

關鍵詞：聖嚴法師、比較宗教學、宗教對話、自我、他者

一、前言

　　我是一個極平凡的佛教僧侶,出生於民國十九年(1930)的冬天,那是江蘇省南通縣的農村,第二年的長江大水災,使我家被沖洗得一乾二淨,成為赤貧,隨著家族播遷到了長江的南岸。

　　我的求學歷程,崎嶇曲折,非常地不順,在狼山時,雖有兩位老師教讀,但我必須要做一個小沙彌須做的事,除了早晚課誦、撞鐘擊鼓,還要清潔環境、打掃庭院、整理廁廁,乃至於種菜燒飯和為老僧們洗衣服、倒夜壺。在那段時間裡,我學會了作為一個和尚所應具備的十八般武藝。我的少年時代,是在顛沛流離、出家、趕經懺、求學、失學中渡過。

——《聖嚴法師學思歷程》[1]

　　本文回顧聖嚴法師(1930－2009)做為臺灣當代重要佛教大師之一,對佛教學術界有極大貢獻與創見,特別是長期致力於臺灣的宗教學術,促進不同宗教間對話,將漢傳佛教的禪法與思想推展於國際舞台,成為名揚海內外的知名僧人,因行文方便,以下簡稱聖嚴。[2]根據相關傳記,聖嚴早

---

[1] 釋聖嚴,《聖嚴法師學思歷程》,臺北:正中書局,1993年,頁7、20。
[2] 李玉珍指出聖嚴在一九七〇至一九九〇年代在美國弘法,分別於美國大

年歷經戰亂,在艱困的環境中成長,十三歲時在中國江蘇出家,從此踏上修行之路。然而,他在十九歲時從軍入伍,跟隨國民黨政府輾轉來到臺灣,三十歲時二次出家,拜入佛教禪宗臨濟、曹洞法脈東初老和尚(1908－1977)座下出家,字號「慧空聖嚴」。❸此後,聖嚴長期為佛教書寫大量作品,直到圓寂,仍不斷地傳播佛法,推動世界和平。❹在其

學院校演講、帶領禪修,這樣的比例高達六成以上。他所接觸的對象不論西方學子或以臺灣留學生為主幹的華裔社群,皆是社會菁英。隨著禪修演講後的皈依所建立的師承關係,大大拓展了教團的力量。聖嚴雖然強調自己的禪師身分,但是擁有博士學位的學問僧身分,卻是締造他突出表現的主因之一,奠定他在美國學術社群的知名度。他相當了解上一輩中國法師在美國的處境,無法與美國學界接軌,如語言障礙即是一例。因此聖嚴以他自身對日本禪宗與現代學術界的運作方式以及教導西方人學禪打坐,再加上其出版的英文書籍大多教導禪修,有助於建立中國禪師的國際形象,促使佛教在美國社會的快速傳播。參見:李玉珍,〈禪修傳統的復興與東西交流——以聖嚴法師為例〉,收入聖嚴教育基金會學術研究部編,《聖嚴研究》第四輯,臺北:法鼓文化,2013年,頁 15-19。

❸ 林其賢編著,「一:聖嚴法師大事年表」,《聖嚴法師年譜》,臺北:法鼓文化,2016年,頁 2512。取自:https://ddc.shengyen.org/?doc=11-02-087。關於聖嚴法師傳記,參見:施叔青,《枯木開花——聖嚴法師傳》,臺北:時報文化,2000年;聖嚴法師,《雪中足跡——聖嚴法師自傳》,臺北:三采文化,2009年;聖嚴法師口述,胡麗桂整理,《美好的晚年》,臺北:法鼓文化,2010年。

❹ 聖嚴無時無地不在弘法,書寫是他弘法的方式之一,旅行書寫是他的一大特色。聖嚴明確指出,旅行所留下的見聞紀錄,除了反應學習、擴大學習之外,更是他的歷史責任,聖嚴以「旅行做為教學方法」。參見:王美秀,〈聖嚴法師旅行書寫中的歷史特質研究〉,收入聖嚴教育基金會學術研究部編,《聖嚴研究》第五輯,臺北:法鼓文化,2014年,頁 44。聖嚴自述說:「我寫報導文章及遊記,多半也是以每天的簡短

第二次出家之時,曾有閉關六年,閱讀《四分律》和《阿含經》等經典,認為這是佛法的基本信念,做為他日後進修的基礎。❺接著聖嚴前往日本留學,花費六年又九個月以《明末中國佛教之研究》取得日本立正大學文學博士,是民國以來第一位實際留學日本,接受正規課程取得博士學位的僧人,這在中日佛教交流史上具有特殊意義,並深化日後臺灣的佛教教育,成為名副其實的學問僧。❻其後一九八五年創辦「中華佛學研究所」推動培養高級佛學研究人才,本文探討其宗教教育思想。❼

　　日記為基礎。我在寫作的出發點上,只希望把自己所知的,也告訴人,而在實質上,寫過之後,受益最多的是我自己,若對經歷的事、見過的人、看過的書、處身過的環境,不把它們寫成文章,便不會留下深刻的印象,也不會成為真正的經驗。」參見:釋聖嚴,《聖嚴法師學思歷程》,臺北:正中書局,1993 年,頁 166。
❺ 釋聖嚴,《聖嚴法師學思歷程》,臺北:正中書局,1993 年,頁 64-74。
❻ 許育銘,〈民國以來留日學僧的歷史軌跡與聖嚴法師東渡留學〉,《東華人文學報》第 6 期,2004 年 7 月,頁 197。
❼ 聖嚴說:「本所是我國佛教教育史上,第一所以現代化的方式,培養高級佛學研究人才的機構,諸位研究生也是中國佛教史上第一批接受現代化佛學高級教育的人才,這是光榮的,也是艱苦的。將來中國佛教的高級教育之推動,佛教學術化,以及佛教學術研究的國際化,第一批的研究生,即是開路先鋒,任重而道遠。並且由於我們要求本所師生的素質及所教的各項科目,均能符合正軌教育的標準,乃至超過一般研究所的標準,所以通常的碩士課程,只需兩年,在美國更有一年修畢的碩士資格。本所則延長為三年,若非真正有心來研究的人,便不容易繼續讀下去。」參見:釋聖嚴,《教育‧文化‧文學》,臺北:法鼓文化,1999年,頁 224。關於中華佛學研究所的網址,參見:http://www.chibs.edu.tw/,相關研究可參考林煌洲教授以自身經驗回顧聖嚴在文化大學的教學

分析聖嚴法師對臺灣宗教學術研究的貢獻，可從其宗教學作品，如《基督教之研究》（1967）、《比較宗教學》（1968），配合相關學者史料，像是李志夫（1929－）、房志榮（1926－2021）、陸達誠（1935－）等宗教人物口述史，描繪聖嚴法師與臺灣宗教學之間脈絡，筆者藉由回顧過去為臺灣宗教學界記錄這段歷史，分三個主題。其一回顧國內宗教學發展歷史，討論宗教學的知識建構；其二探討聖嚴法師如何透過宗教學研究方法，剖析佛教以外的宗教文化，特別是基督宗教，法師戮力甚深，形成法師個人的研究特色，筆者以聖嚴的宗教學著作為探討對象；其三筆者採用國內宗教人物史料，這些宗教人物與法師有密切關係，回顧國內宗教學術的奠基過程，凸顯法師推動臺灣宗教學建立，倡導宗教對話之重要性。聖嚴從原先護教學（apologetics）研究自我立場，再與他者對話，亦即教外思想如何與佛教交涉。

進一步從聖嚴的宗教研究相關背景，開展臺灣宗教學術的脈絡軌跡，觀察戒嚴時一九八〇年代前後臺灣學術環境，承繼中國近代五四運動以來的人文知識分子看待宗教研究。像是前中央研究院院長胡適（1891－1962）、于斌樞機主教（1901－1978）、羅光總主教（1911－2004）等知識分子在臺灣建立不同於西方學術的宗教研究。特別是于斌在梵諦

過程。林煌洲，〈臺灣佛教高等教育的推手聖嚴法師——佛教學術教育之一例及我見〉，收入林煌洲等合著，《聖嚴法師思想行誼》，臺北：法鼓文化，2004 年，頁 9-55。

岡第二次大公會議（1962－1965）之前，於一九四三年與佛教太虛法師（1890－1947），基督教衛理公會陳文淵會督（1897－1968）、馮玉祥將軍（1882－1948），回教的白崇禧將軍（1893－1966）等人，在重慶組織了「中國宗教徒聯誼會」，促進與其他宗教的合作，這波浪潮影響到後來的臺灣宗教研究發展。❽

二、聖嚴法師與臺灣宗教學發展

　　有些國人目光短視，老以為一提起宗教，便是信仰的行為，殊不知在現代化教育開發的先進國家，早已將信仰的宗教行為和研究宗教的學術教育，分別進行。以致於國內固然無法造就出國際水準的研究宗教的人才，外國人要來我國研究中國的宗教，既無適當的研究環境，亦無足夠的研究資料，通常把來自外國的宗教學者，往佛教的寺院或道教的觀宮裡送，結果是使他們大失所望，以為中國人根本不知道如何研究自己的宗教，所以轉而去日本訪問者，時有所聞。

　　　　　　　　　──〈世界各國宗教教育現況及展望〉❾

---

❽ 參見：陳方中編著，《于斌樞機傳》，臺北：臺灣商務印書館，2001年，頁358。
❾ 釋聖嚴，《教育・文化・文學》，臺北：法鼓文化，1999年，頁74。

（一）國內宗教學發展與五四運動

在教育部承認的第一所宗教研究機構天主教輔仁大學宗教學研究所（簡稱輔大宗教所）成立之前，聖嚴於一九八一年發表上述談話，認為造就宗教研究人才是先進國家所重視的目標。在當時，許多西方國家已經成立宗教研究的學術機構，特別是美國哈佛大學是宗教研究的代表性學府之一。儒家學者杜維明回顧在哈佛大學宗教研究經驗，以關鍵人物史密斯教授（Wilfred C. Smith, 1916-2000）的構想，指出宗教研究應採取「歷史」和「比較」雙管齊下的方法：由前者來了解不同時代、不同文化背景、不同社會環境、不同政治形式，和不同經濟發展中，傳統的認同與適應；由後者來體會宗教信仰者的自我認識，自我定義，與自我理解。杜維明進一步說明，史密斯強調宗教學主要是研究人的學問，而不是脫離活生生的人而研究教義和組織的學問。❿

宗教學者黎志添認為宗教學的研究起點是尊重和承認

---

❿ 杜維明，〈宗教學——從神學到人文學〉，《當代》第 23 期，1988 年 3 月，頁 24-25。史密斯教授著作等身，其成名作為《宗教的意義與終結》，參見：Wilfred Cantwell Smith, *The meaning and end of religion: a new approach to the religious traditions of mankind.* New York: The New American Library, 1964. 這本書是筆者就讀輔大宗教所碩士班時期（2004），參加黃懷秋老師所帶領英文讀書會的第一本讀本，雖然是五十多年前的舊書，但讀來仍然獲益良多。另一個長期在芝加哥大學神學院任教的余國藩教授（Anthony C. Yu, 1938-2015），在一九八〇年代提到宗教研究與文學的密切關係，參見：余國藩原著，李奭學譯，〈宗教研究與文學史〉，《當代》第 23 期，1988 年 3 月，頁 30-48。

宗教是人類歷史的一種獨特的文化現象。換言之，宗教學者的主要任務乃是要呈現並解釋宗教與其他文化現象的不同之處，藉此解釋與揭示宗教這一文化現象的獨特意義性，目的在於要豐富我們對人類整體文化有更深的理解。但是，此項任務並不在於尋求說明或維護某一個宗教傳統所蘊涵的信仰成分，較其他文化更為神聖、更具真理，或更有永恆性。[11]因此，從上述這些學者所提出的觀點，可以了解宗教學與其他人文學科有其特殊的研究性，如何解釋人類歷史上的各種宗教文化及現象，是該學科所關注的焦點。不過這些是發生在西方學術界，反觀近代中國宗教研究起步甚晚，更遑論是後來在臺灣發展的宗教學。中央研究院院士李豐楙與道教學者謝世維曾對中華民國近一百年來的宗教發展歷史，說明宗教研究在二十世紀初期受到中國學者的懷疑，除了啟蒙思潮的啟發外，其中一個主要的原因就是「宗教研究」並未存在於中國傳統的學術範疇，即傳統儒士對鬼神採取理性態度，使得宗教在歷史上常只是輔助倫理教化或護國的角色，這些歷史因素，加上一九二〇年代興起的「非基督教運動」與「非宗教大同盟」，導致近代知識分子對宗教研究未加重視。這種現象較諸西方的學術傳統，即自古即重視西方宗教，特別是基督的經典、歷史、神學等研究，其後又擴及其他世界宗教的研究，並發展大學的「神學院」與大學的「宗教學系」

---

[11] 黎志添，〈宗教學對儀式研究方法的啟迪〉，收入黎志添主編，《華人學術處境中的宗教研究：本土方法的探索》，香港：香港三聯書店，2012年，頁51。

兩個學術傳統的形成，東、西方成為強烈的對照。在中華民國百年之中，有大半的時間，宗教研究都被附屬於相關的學科中，被視為歷史、文學、哲學的一體，或在人類學、社會學、民俗學僅做為社會生活的一部分。所以在引進西方的格致之學、社會學時，獨缺宗教學門，如教育家蔡元培（1868－1940）建議用美育取代宗教。❷

由此可知，宗教研究的出現，在中國是相當晚發生。❸ 歷史學者彭明輝認為在五四運動時期，是一個迷信方法與方法論的年代，知識分子相信方法與方法論的問題解決了，一切問題便迎刃而解。其中，五四時期知識分子對方法與方法論的思考並未分門別類，同樣的方法與方法論可以用在相異學門上，形成依一法多用的情形。當中的大成者是胡適，其提倡杜威（John Dewey, 1859-1952）實驗主義

---

❷ 李豐楙、謝世維，〈宗教研究百年發展〉，收入王汎森等著，《中華民國發展史：學術發展（上冊）》，臺北：國立政治大學、聯經出版，2011 年，頁 233。關於「宗教」概念傳入中國的發展，可參見：陳熙遠，〈「宗教」──一個中國近代文化史上的關鍵詞〉，《新史學》第 13 卷第 4 期，2002 年 12 月，頁 37-66；葛兆光，《交錯的東亞宗教》，臺北：中研院史語所，2015 年。

❸ 黎志添認為相比於西方學者過去一百多年在宗教研究理論和宗教比較史的豐碩成果，中國學者的學術研究成果較為薄弱。直到近代，許多中國學者似乎不太清楚理解和懂得判斷中國人宗教信仰的性質和價值觀等問題。參見：黎志添，〈自序〉，《宗教研究與詮釋學》，香港：香港中文大學，2003 年，頁 18。黎志添另外補充在現代西方大學教育制度，宗教研究的機構單位可以區分為兩類：一是大學導向型的神學院，如美國芝加哥大學神學院和哈佛大學神學院；二是大學的宗教系。這兩者強調要擺脫宗教團體的影響，而只屬於一種學術專業及非認信性的宗教研究。（頁 19）這在目前臺灣學界的宗教系所發展，還沒有非常明顯。

（pragmatism），可以說是五四時期影響中國學術界深遠的思想。胡適把杜威學說簡化成一種解決問題的方法論，他同時也將通俗文學列入研究範圍，在傳統中國學術多以經史為重心，輕視通俗文學，胡適將小說當成社會史、經濟史的材料，擴大了史學的範圍，這是胡適對近代史學界的貢獻，並考證佛教經典研究。❶

不過，五四的知識分子對宗教學術的想法，明顯反映在後來的臺灣教育當局，筆者以第一所宗教教育機構為例，輔大宗教所的成立過程中可窺見。根據輔大官方校史記載，輔大很早就有設立宗教系所或學院的想法，但中國教育體系自民初以來即有宗教與科學的對立，並視西方宗教為侵略中國及中國文化的帝國主義工具，影響所及，教會可興辦大學，但不能設神學院，也不准教授宗教課程。等到輔大在臺復校以來，一直為宗教學術於高等教育中的正名工作而努力。一九七〇年代在于斌校長時期，嘗試以「天主教神學系」、「天主教教義學系」的名義，向教育部申請立案，但都未能獲准。日後隨社會環境的逐漸開放，羅光透過各種方式不斷與政府及教育主管機關溝通，舉行學術研討會，探討宗教教育的合理性及有益於社會的功能。在經歷多年波折後，一九八八年獲准先行設立宗教研究所。❶

---

❶ 彭明輝，《臺灣史學的中國纏結》，臺北：麥田，2002年，頁17、33-35。

❶ 克思明主編，《天主教輔仁大學90年史稿——彰顯主榮的歷程與見證（1925-2015）》，新北：輔大書坊，2015年，頁104-105。後來輔大在二〇一一年成立天主教研修學士學位學程。這一段史料在胡國楨神父

（二）國內佛學研究機構發軔

在輔大成立宗教系所之前，佛教學術研究先行一步，中國文化學院（文化大學前身）就有佛教研究機構，聖嚴是當中重要人物。根據佛教學者李志夫回憶錄提及，早在一九七三年或一九七四年當中，文化學院附設有中華學術院，兩者皆為張其昀（1901－1985）創辦，他在學術院內又成立宗教研究所，自己兼任所長，當時除了佛教文化研究所曉雲法師（1912－2004），尚有印度研究所的星雲法師（1927－

的文章，寫得很清楚。他說在一九七〇年代于斌任校長時，就曾嘗試以「天主教神學系」及「天主教教義學系」的名義，多次向教育部申請立案，可惜沒有成功。一九八〇年代羅光總主教任校長期間，胡國楨奉召回神學院服務，並接院務祕書職，負責教務等工作。某日，法學院院長袁廷棟神父來到胡國楨的辦公室，交給他一張紙條，說是羅校長親自寫的，請他根據紙上所列科目，試擬一個四年的課程計畫。原來校方正在醞釀請校長，向輔大董事長蔣宋美齡女士，及總統蔣經國先生陳情，請求讓輔大成立宗教學院系，校長希望神學院方面，能先擬一個初步的課程計畫，好做為日後正式申請時的參考資料。相關資料來源，參見：胡國楨，〈羅光校長與輔大的宗教學術教育〉，收入《神學論集》第139期，「編者的話」，《神學論集》第139期，2004年春季，頁5-12。另外，首任所長房志榮神父回憶，教育部反對成立宗教研究所是基於中國傳統的影響，特別是新文化運動之後，中國學人像胡適、陳獨秀，對宗教存有消極看法，總覺得宗教不是學問，而是迷信。他們相信「人能勝天」，而信仰宗教就好像是自己站不住，無法面對問題，才去求神。五四運動以來，都是這樣想的。從這個傳統思維看來，也可以說中國文化世俗化的趨勢很大，就可以了解為什麼在大學成立宗教學術研究機構這麼不容易。參見：房志榮口述，林淑理撰稿，《志在榮主——你不知道的修道人　耶穌會士在台灣》，臺北：耕莘文教基金會，2010年，頁94。

2023），⓰ 以及佛學研究所的聖嚴法師在主持所務。可以看出當時在大學裡面成立宗教研究所是各宗教界的共識。⓱ 可惜後來因為經費不足和學校方針改變，使得三間研究所停辦。值得注意的是，這推動了聖嚴創辦中華佛學研究所的決心。聖嚴說道：

> 近一年來，政府對於宗教教育，已在留心關注，並且正在醞釀修改大學法之時，將宗教的學術研究，列為大學教育的一環，允許並鼓勵各公私立大學，開設宗教學院或宗教科系。此項法令何時能被立法機構通過，尚不知道，而其必將成為事實，乃是預料中事。本所首屆研究生的學位，自能夠獲得教育部的追認。比如張曉峯先生，初在華岡設立博士班，未被教育部當局所接受，所以他鼓勵研究生，不要為了一紙文憑而讀研究所，是為了有機會讀更多的書而來。結果在六年之後，文化大學的博士學位，成為

⓰ 星雲法師回憶當時至文化大學應聘：「中國文化大學創辦人張其昀先生的歷史和文學專業，都為我所欽佩。不知什麼因緣，一九八〇年有一天，他忽然找到我，要我去中國文化大學擔任一個董事的名義；他又一再的邀我到大學裡面，設立一個印度文化研究所，並擔任所長。我告訴他：『我沒有學歷啊！』張其昀做過教育部長，很有魄力，他告訴我說：『你沒有學歷，你做了以後不就有學歷了嗎？』給他這樣盛情邀請，不得辦法，我只依約去就任。」詳見：〈張其昀與印度文化研究所〉，《如是說 8》，《星雲大師全集》，頁 221，https://books.masterhsingyun.org/ArticleDetail/artcle19138。
⓱ 卓遵宏、侯坤宏訪問，《浮塵略影——李志夫先生訪談錄》，臺北：國史館，2013 年。

合法。既有例在先，憑我們師生的共同努力，我相信第一批以研究佛學而獲得教育部承認資格的人，便是本所的研究生。本所是開風氣之先的佛教教育機構，研究生的出路，必然樂觀，就以目前臺灣佛教界，從事教育及研究的人才而言，因為為數太少，所以極為忙碌，今後一旦各大學增設了宗教科系或宗教學院時，接受正規訓練而像本所畢業的人才，豈不受到普遍的重視與歡迎，比如日本的佛教教育，自西元一八八八年以來，培養了二百八十多位研究佛學的文學博士，碩士的人數，當在二十倍以上，所以他們對於佛教文獻的整理和發揚，已做得很多了，迄今仍在繼續做下去。⓲

中華佛研所培育出為數眾多的佛教研究人才，已經成為臺灣佛教研究界不可或缺的中流砥柱。二〇一四年「法鼓文理學院」（Dharma Drum Institute of Liberal Arts）成立，為教育部所承認之教育機構，成就其「大願興學」理想目標。⓳這

⓲ 釋聖嚴，《教育‧文化‧文學》，臺北：法鼓文化，1999 年，頁 225。
⓳ 一九八五年創立「中華佛學研究所」之後，體認佛教界須調整腳步，趕向時代的尖端，並結合社會大眾的脈動和需要，才能長久流傳。目前法鼓山僧伽教育的發展，這三十年間（1979－2009）配合僧團發展，從淳樸的農禪寺院生活，發展為以「心靈環保」為核心的三大教育（大學院、大普化、大關懷）事業體。由單純的師徒式僧伽教育，發展成學院式僧伽大學的基礎教育及僧團的終身教育體系。參見：釋果光，〈悲願傳承——法鼓山尼僧教育之回顧與展望〉，收入香光尼眾佛學院主編，《比丘尼的天空：佛教僧伽教育國際研討會論文集》，臺北：財團法人伽耶山基金會，2010 年，頁 115、117。

可呼應李志夫〈從張其昀先生之「聖教育」思想評議中國海峽兩岸之宗教教育〉指出對宗教教育,有四點改進目標,其中,包括最重要的承認學籍一事。❷

　　第一,宗教教育,正同哲學、藝術、文學教育一樣,它不是「職業教育」,而是深化人格、文化之神聖教育。即使視為「職業教育」,社會上所需之宗教人才,乃至國際間所需之宗教人才,遠大於哲學、藝術、文學之就業機會。就以現行教育部不承認之各宗教教育單位所培植之人才,各宗教也確定培植出很多人才,卻沒有教育部所顧慮之「失業情事,因為研究宗教學的人,從未視宗教教育為職業問題,以學習宗教學去找職業。反倒是教育部視文、哲、史…等為「職業問題」,而致使各大學文科學生容易發生職業問題,而多有失業,或學非所用。

　　第二,政府既不承認、各宗教所辦教育學生之學籍,於是,中國之宗教師須到國外去拿學位。基督教的牧師、神父到歐美去修學位,情有可原,因為其宗教盛行於歐美。而中國的法師到國外去拿學位、研究中國佛學,則就極為荒唐。尤其中國本土之「道教」,根本無處可以修學位,所以致使道教人才日後將更為寥落。這些都應歸咎於不重

---

❷ 李志夫,〈從張其昀先生之「聖教育」思想評議中國海峽兩岸之宗教教育〉,《第二屆國際華學研究會議論文集》,臺北:中國文化大學文學院,1992年5月,頁121-132。取自:http://www.chibs.edu.tw/ch_html/projects/Leezhifu/html/journal/j067.htm。

視宗教教育之結果。

第三,政府既不承認各宗教之教育,以致也不能監督各宗教之教育。結果,導至宗教教育沒有制度,各行其是,設備簡陋,師資及學生均程度低落。又舊有教制、道冠、叢林之嚴格教育已形解體,正式教育體制無由建立,神聖之宗教教育,而淪為宗教之「補習教育」。不能登正式教育之殿堂,國人之人性、靈性、人格無由發展,社會國家文化因之而頹廢。我們的社會充滿了暴戾之氣與功利主義。其原因也在此。

第四,由於政府不承認宗教學籍,也影響了與國際宗教文化之交流。學位已受到國際普通之重視,外國宗教人士想來中國留學,但是沒有學位可修,也沒有真正值得進入之宗教學府,使得中國之宗教、文化缺少了一個有力的傳播管道。我們應記得,中國文化深植在日本,就是因為隨著佛教而傳播出去的。

當輔大宗教所一九八八年創立,由房志榮神父擔任所長,其間過程艱辛,國內宗教界人士出力不少。大學部則在一九九二年設置,首屆系主任陸達誠神父回憶在輔大宗教學系正式成立之前,輔大神學院的教授們早已經討論規畫了整整一年,課程師資都討論妥當。後來邀請臺大教授恆清法師(1943－2024)、中華佛學研究所所長李志夫以及其他宗教的資深教授開會,討論創系企畫,所有的籌備工作由耶穌會胡國楨神父整理,編纂資料庫,由他牽線引見其他宗教的代表;其次,聖嚴創辦中華佛研所與輔大宗教有密切關係,

並提供佛教課程建議。當時任教於臺大哲學系的恆清法師關心國內宗教教育，以自身在教育三十年，認為宗教教育對國家、社會、個人、每個宗教，都非常重要，尤以「宗教研修學院」立法不易，耗去漫長時間。㉑根據李志夫訪談錄，一九九三年法鼓人文社會學院開始著手計畫，預計開辦宗教、外文、管理、社會福利系，偏向實用方面與社會結合。當初籌備委員有不少宗教學者參與，像是李豐楙院士、于君方院士、房志榮神父、鄭志明教授等人，目前學院現況除了佛教學系，另設有「法鼓文理學院人文社會學群」招生。㉒

（三）聖嚴與建立宗教系所

在經過解嚴後的十幾年，不少學校成立宗教系所，課程十分多樣，卻也面臨宗教系所課程結構建立學術主體性的問題。宗教學者蔡源林整理二○一○年臺灣宗教系所的課程，分析國內宗教學界存在著宗教「內部」（inside）與「外部」（outside）研究的區別，這兩者常被簡化成人文學取向與社會科學取向的宗教研究，此二分法常成為學界內部討論問題之預設立場。蔡源林整理課程結構，認為宗教經典是宗教課程的核心，包含宗教語言，再往外推是宗教傳統，再外一層則是宗教與社會文化，都包含理論與方法的課程，最外

㉑ 侯坤宏採訪，《杏壇衲履——恆清法師訪談錄》，臺北：五南，2009年，頁277-318。

㉒ 卓遵宏、侯坤宏訪問，《浮塵略影——李志夫先生訪談錄》，臺北：國史館，2013年，頁307-321。另參照法鼓文理學院網站：https://www.dila.edu.tw/history。

層則是非宗教課程，上述課程形成了目前國內宗教系所課程內容。然而，按各校狀況，目前宗教系所中，私立大學多於公立大學，造成宗教學術難以和宗教信仰擺脫關係的特殊現象，加上研究所遠多過大學部的數量，使得大學部的課程無法完整建構，形成宗教傳統與宗教文化的基礎知識都還欠缺就進入研究所就讀的情況，這些問題影響了宗教研究所之研究成果的結構性失衡。蔡源林進一步指出臺灣宗教研究的學術結構，徹底反映了臺灣的宗教文化現況及各宗教團體的資源與勢力之分配。此外，長期以來官方學術建置未積極推動宗教學術，宗教研究便任由臺灣的宗教市場機制運作，形成佛教與基督宗教兩大宗教分庭抗禮，而其他宗教（如道教、民間信仰）在缺乏教團的強力支持下，則相對弱勢，連帶地也影響宗教學術的研究成果。㉓

創建國內第一所國立大學宗教研究所的蔡彥仁教授（1956－2019）說明「宗教研究」是一個有主體性的「學術專業」，它並不排除非「宗教研究」學者的參與。相反地，「宗教研究」是一個「學門通稱」，邀集眾多不同學術領域

㉓ 蔡源林，〈國內宗教系所的教學與研究趨勢分析〉，《人文與社會科學簡訊》第 11 卷第 6 期，2010 年 3 月，頁 24、31-32。但也有學者認為宗教系所的成立對於臺灣道教學術的確立具有正面的意義，主因在於無論公、私立所設，在本土宗教課程中均需開設道教，所容納的道教人才既需進行學術研究，也需指導碩博士生，就此建立基本的人力資源。參見：李豐楙、謝世維、張超然，〈道教篇　開創與演變：百年臺灣道教學術的形成〉，收入楊儒賓等編，《人文百年・化成天下：中華民國百年人文傳承大展（文集）》，新竹：國立清華大學，2011 年，頁 456。

的學者，共同關注、參與討論這個複雜的人類「宗教性現象」。而且宗教研究是一門相當特殊的學科，一方面因為它是一門研究人的內心、精神、意識、情感，以及「超越」之類的學問，另一方面，它又是極需由具備同情心或甚至「入情」（empathetic）態度者來完成。致使長久以來，許多標榜客觀、科學的學者，對於宗教研究始終抱著懷疑的態度，認為這個學科空泛、主觀，研究的對象不但難以定義，而研究者更是經常流露個人情緒，或者多提不證自明的「宣稱」式論述而已，因此在更多具有宗教信仰背景者加入研究者行列之後，可能使得宗教學域更加不可信任。蔡彥仁認為這些批評並非全無道理，因宗教研究是屬於經驗研究勝於實證研究，而研究者也須具備「入情」精神，以貼近研究對象的主觀經驗。❷這可連結到筆者認為聖嚴在國內宗教系所的創建過程，是用行動具體支持不同宗教的交談。

聖嚴協助輔大宗教所的課程，推動宗教交談，這是輔大宗教系所自創立以來的精神，與他者進行對話交流。時任輔大副校長的詹德隆神父說明一九六八年輔大神學院剛從菲律賓搬到臺灣，有約定若將來輔大開神學系的課程，應優先請耶穌會的神父來辦，因此宗教系就放在耶穌會管理的社會科學院。這個系有一個堅持就是強調宗教交談，對於本地教育的特殊貢獻，就是把宗教文化引進到大學裡面。當時馬天賜神父（1927－2010）在輔大擔任校牧對佛教非常有興趣，不

---

❷ 蔡彥仁，〈台灣宗教研究的範疇建立與前景發展〉，《人文與社會科學簡訊》第 11 卷第 6 期，2010 年 3 月，頁 14、18。

做校牧後,開始專門做宗教交談,與他們做朋友,約有十幾年的時間,他是亞洲地區宗教交談的代表。[25]這項與神學院的約定使得「宗教交談」成為輔大宗教研究的特色之一,後來擔任輔大宗教系主任的黃懷秋教授認為在臺灣學界,宗教交談還有很多討論空間。例如宗教的「邊界」(boundary)問題,這也關乎宗教交談的「邊界」問題,討論宗教交談的可能性或不可能性,引伸出宗教交談絕非是一成不變的。[26]

三、聖嚴法師《比較宗教學》之時代意義

宗教,自有人類文明以來,就有宗教的需要和宗教的活動以及宗教的事實,它是人類最終的歸宿處,也是最早的原動力。因此,漸漸地,由各信各的保護神,而發展成為宇宙只有一個神的宗教。可見,唯一神的信仰,是從各信各的多神信仰會合的,因此,唯一神,不一定就是獨一無二,祂應該是無數神格的總稱,不是否定了無數的神格,而由一神來獨斷宇宙的真理。

——《聖嚴法師學思歷程》[27]

---

[25] 詹德隆口述,鍾美育撰稿,《路難行易——你不知道的修道人 耶穌會士在臺灣》,臺北:耕莘文教基金會,2012年,頁95。
[26] 黃懷秋,〈當代臺灣天主教的宗教交談〉,收入江燦騰主編,《當代臺灣宗教研究精粹論集:詮釋建構者群像》,臺北:博揚文化,2014年,頁312-313。
[27] 釋聖嚴,《聖嚴法師學思歷程》,臺北:正中書局,1993年,頁85。

（一）撰述宗教學因緣

聖嚴在一九六九年赴日攻讀博士之前，已有著述相關宗教學作品，例如《評駁佛教與基督教的比較》、《基督教之研究》、《比較宗教學》等。這些作品的寫作動機來自於一九六〇年代前後的臺灣，基督教界有些神職人員對佛教發起一連串挑戰的舉動，因而引發包括對印順法師在內的佛教作家的反擊。聖嚴也參與其中。因此《基督教的研究》、《比較宗教學》表面上看起來，都是跨宗教的研究，但實際上是在這樣的脈絡出版的，當中的部分詮釋，可能會令基督徒不快。❷值得注意的是，聖嚴對宗教之看法，他強調唯一神的信仰是多神信仰的會合，不一定是獨一無二，也不是否定了無數的神格。這樣的言論很明顯是與主張唯一真神的信仰有所衝突，特別是指涉基督宗教的信仰。聖嚴在《基督教之研究》比較西方與東方差異：

> 基督教的歷史雖晚於佛教，然以流傳地域之廣，信徒人數之眾，確占現存世界各大宗教之中的首位，如其沒有一定的價值，豈能歷久不衰。歐洲史上雖曾由於基督教教會的跋扈橫行，出現過黑暗的恐怖時代；相反地，倘若不是基督教的《舊約》倡導十誡，及《新約》所示的金律，歐洲社會便沒有道德生活的依準可循。故從歐美文化史的

---

❷ 溫金柯，〈聖嚴法師的思想特色〉，取自：http://www.unjinkr.url.tw/t_1.htm。

觀點，既可發現基督教的褊狹，也可肯定基督教的貢獻。雖然〈路加福音〉第六章第三十七節說：「你們不要論斷人，就不被論斷；你們不要定人的罪，就不被定罪；你們要饒恕人，就必蒙饒恕。」可是中國基督徒中的若干人士，依舊喜歡針對著佛教，做多樣性的論斷與抨擊，甚至到佛寺中散發傳單，也有基督徒發出中國全面基督化的論調。其實這些人，既無誠意理解佛教，也未真正理解基督教，僅憑狂熱的信心，形成一股排他揚己的氣焰而已。由於此種現象的推動，使我對於基督教產生了研究的興趣，結果寫成了本書，也寫成了另一本交給臺灣中華書局出版的《比較宗教學》，希望對於《新約》、《舊約》的品味，以及對於基督教教會史和教理思想史的探索，來認識基督。㉙

所以，站在佛教的立場，絕不否定基督教的應有價值。基督教的教化，如果除開它的專斷的唯神觀之外，在倫理的施設方面，佛教是不妨有條件地承認其相當於人乘及天乘的範圍。但願基督教徒們也能學到這樣的態度：強調其倫理方面的，弱化其神化方面的，以俾共同來為人天的福祉而努力。如果有一天，只剩下倫理的基督教，不見了神話的基督教，那才真正是人間的福音，也即是今日的宗教應走之路。㉚

㉙ 釋聖嚴，《基督教之研究》，臺北：法鼓文化，1999年，頁4-5。
㉚ 釋聖嚴，《基督教之研究》，臺北：法鼓文化，1999年，頁23-24。

正所謂「不打不相識」，聖嚴與基督教之間的因緣，起初為了捍衛佛教才開始對基督教產生興趣，進而寫成《基督教之研究》。這本書後來也促成聖嚴與其他宗教對談的起源。前文所提長期致力宗教交談的馬天賜神父，就是因為這本書與聖嚴結下深厚的緣分，兩人成為好朋友。㉛ 曾撰寫聖嚴傳記的作家施淑青提及聖嚴寫了《基督教之研究》，解開不同宗教觀的糾結。此書出版後，得到兩個極端的反應。聖嚴說：「一是佛教界鬆了一口氣，不再害怕基督徒闖進寺院送《聖經》發傳單了，二是神父牧師從此鳴金收兵，不過卻引起其他的基督徒把我視為眼中釘、心上的刺。」他一直相信宗教界應該互相肯定、尊重，必須增加溝通與了解。㉜ 在當時，聖嚴對基督教的批評頗為犀利，具有強烈批判性：

　　　　基督教在中國，不肯變成中國化，卻一味根據《新約》、《舊約》的教義，破壞中國傳統思想與倫理道德；

㉛ 陳世賢先生曾多年協助馬神父在宗教交談上的工作。他說明馬神父和所有佛教團體幾乎都是好朋友，天主教與佛教的良好互動，就建立在馬神父一步一腳印的努力。但是馬神父與法鼓山的聖嚴法師卻是從「不認同」開始的。一九七八年聖嚴取得博士學位歸國，神父去拜訪法師，表示之前看了《基督教之研究》覺得很難過，因為有許多地方寫得不對。神父說：「師父，你對基督宗教所寫的部分，我以天主教徒的身分實在沒辦法接受。」神父說這是很不禮貌的行為，但是法師也接受了。後來兩人互訪教堂跟佛寺，彼此學習，也有長期的合作。參見：陳世賢，《你的耶穌，我的佛陀》，臺北：光啟文化，2007 年，頁 149。

㉜ 施淑青，《枯木開花──聖嚴法師傳》，臺北：時報文化，2000 年，頁 109。

尤其一般只知討好基督，而不知中國國情的基督徒，所作所為，更不像話。我寫了這本書，希望一般只有迷信盲從而不曾研究過教理的基督徒們，應該可以醒醒了。㉝

　　雖以今日的學術眼光看聖嚴這番對基督教之評論有些強烈，但也顯示出他對其他宗教的研究是有心去認識的，強調本地化的重要性，這引發他後來寫《比較宗教學》一書動機。聖嚴在書中說明除了研究基督教，也寫基督教之外的信仰，也著手收集世界有關各種宗教的資料，並且主張各宗教的信從者，都應該有比較宗教學的常識，希望能夠編寫一部通識性的概論書，這可表示聖嚴對各宗教的理解，應要有客觀、正信的角度，而非盲從的迷信，建立信徒對自身宗教的認識。一九六六年的秋天，高雄壽山佛學院院長星雲法師，邀請聖嚴在他們的佛學院，教授這門比較宗教學課程。聖嚴根據當時能夠蒐集到的中、日文以及由外文翻譯成中文有關宗教的書籍和著作，邊教邊寫，在半年之中完成。後來這本書成為大學院校宗教課程教科書，銷售成績相當好，有中華書局、法鼓文化兩種版本，二〇二一年中華書局已經出版第十一刷，代表大眾閱讀市場對此知識仍有需求。

　　《比較宗教學》出版後，受到廣大回響，只是聖嚴並不滿意書的內容，原因有二：一是沒有做太多的比較研究，只有做了一些歷史關係、背景關係，及其源流的探索和展現

㉝ 釋聖嚴，〈評駁佛教與基督教的比較〉，收入氏著，《基督教之研究》，臺北：法鼓文化，1999年，頁336。

的說明;二是本身懂的外文太少,也可以說根本沒有辦法運用到更多外文的資料,不知多少宗教被遺漏了。聖嚴在書寫成之後,常常希望再寫一本,可惜因為事情太多,逐年衰老,再寫一本的可能性,相信已經沒有了。❸綜觀《比較宗教學》內容共有十章,分別是一、原始宗教,二、未開化民族的宗教,三、古代民族的宗教,四、印度的宗教,五、中國的宗教,六、少數人的宗教,七、猶太教,八、基督教,九、回教,十、佛教。每章均有諸多小節加以解釋是其優點,從緒言的「何謂比較宗教學」、「宗教學的範圍」、「宗教的分類」逐次建構這門學問領域範疇,定義學科範疇,接著以進化論式(evolution)觀點、地域式的說明,介紹各民族宗教文化。全書以歷史進路分析,按時間先後,搭配各大宗教經典、重要人物、神學思想等說明論述比較宗教學。本文認為該書較屬於「世界宗教史」的知識類型,而較少談論「比較」方法的操作與運用情形,因為若要涉及比較研究,就必須有實際上的交談,針對某一共同或相類似的神觀或經典概念,進行統整與分析,反觀這部著作較少這類論述。後來一九八八年,聖嚴出版在日本立正大學一九七五年寫成的博士論文《明末中國佛教之研究》,中文由關世謙(出家法名釋會靖)翻譯,當中已經提到佛教與道教,以及儒、佛、道三教同源論,再加上在中國的基督教如何與佛教產生衝突,這牽涉到宗教史研究的市場競爭理論(theory of

---

❸ 釋聖嚴,《比較宗教學》,臺北:法鼓文化,1999 年,頁 87-88。

religious Market）的概論。㉟雖然這本書是談明末佛教，如同譯者所言，聖嚴對於宋明理學、道教，乃至外道的活躍情形，甚至文化層面，都有客觀的分析與評論。㊱

（二）信仰與學術對話

筆者可以理解在當時的學術研究環境，進行「比較」是相當危險的，因為牽涉價值觀的不同，而有孰優孰劣的高下判斷，特別是講求精神層面超越的宗教，假使先前的歷史背景工作，了解不夠，就急於下手比較，相信得出的結論並不太具有客觀性，讓人無法信服。但是，聖嚴在該書已建構宗教分類，他以日本學者比屋根安定（1892－1970）為例，對於宗教分成自然的、倫理的、普遍的三種類別，再細緻區分原始的自然教、多神教、律法教以及倫理教。

現今吾人可以在聖嚴比較基礎上進行深化的比較宗教研究。圖一是筆者於二〇一六年一月九日與義大利佛教學者黃曉星教授（Ester Bianchi）訪談杜正民教授（1952－2016）時的紀錄，在場還有恆清法師提供宗教教育的建議。杜教授是早年跟隨聖嚴的弟子，杜教授認為聖嚴對於宗教學研究是從剛開始對基督教之駁斥，轉向比較宗教學研究，當中的態度從批評趨向平和。㊲後來聖嚴留學日本，接受正規學術

㉟ 釋聖嚴著，關世謙譯，《明末中國佛教之研究》，臺北：台灣學生書局，1988 年，頁 10-56。
㊱ 釋聖嚴著，關世謙（釋會靖）譯，〈譯序〉，《明末中國佛教之研究》，臺北：法鼓文化，2009 年，頁 9。
㊲ 聖嚴在自傳回憶，他在閉關的後期，接受楊白衣教授（1924－1986）的

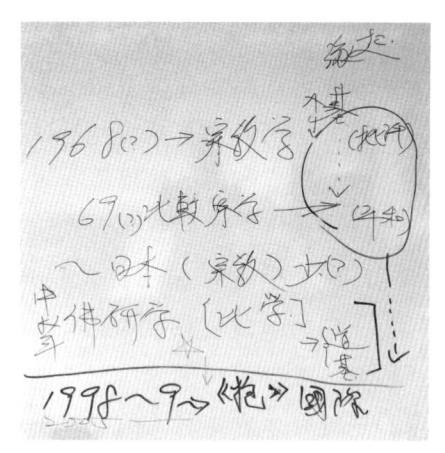

訓練，取得博士學位。回國後推動佛教學術研究，成立中華佛研所，將漢傳佛教推向世界，在美招收非華裔弟子，二〇〇五年成立中華禪法鼓宗，結合不同禪法自融一爐，符合現代人的修行需求。㊳這些佛教修行基礎，筆者推測與聖嚴長年研究宗教學

圖一：杜正民教授所述聖嚴思想轉變示意圖（2016年1月9日訪問）

有關，擴大研究視野，這本《比較宗教學》有其重大意義，聖嚴認為：

> 比較宗教學的內容，便是將各宗教的教主、教理、教

日本佛教贈書，看完之後停止撰寫批判的文章。當時南亭老和尚（1900－1982）鼓勵聖嚴改變這種作法，因為批判是沒有用的，只有自己站起來才有用。另外其師東初老人也說，如果你現在批評別人，你往後也會受到果報。聖嚴認為在閉關時，實際改變最大的是對人的態度，開始時會評論批判，不只是普遍性對人類，更是針對佛教在中國腐敗的情形做批判。然而，在閉關結束前，他停止了批判，了解到要求別人改變是沒有用的。改變自己才是唯一靠得住的。參見：釋聖嚴，《雪中足跡──聖嚴法師自傳》，臺北：三采文化，2009年，頁181-182。

㊳ 李玉珍，〈禪修傳統的復興與東西交流──以聖嚴法師為例〉，收入聖嚴教育基金會學術研究部編，《聖嚴研究》第四輯，臺北：法鼓文化，2013年，頁32。

儀、教史，做比較的研究和客觀的介紹。它可有兩種方式：一是舉出各個不同的專題做綜合性的研討；二是將各宗教單獨的分章介紹。不過，由古到今的各類宗教之間，性質頗有不同，採用第一方式寫來吃力，但又未必討好，所以本書是用的第二方式。

宗教學（Science of Religion），在我們中國來說，算是一門新知識，雖在傳統的文獻中保有很多關於這方面的資料，至於用科學方法及歷史角度來做專門論列的工作，到了近世才有少數人的著作出現，主要這還是受了西方學者的影響。在西方，過去所論的宗教，僅僅局限於基督教的範圍。近世以來始利用東方人的文獻，做廣泛的研究和比較，他們以考古學及語言學，對各民族的各宗教努力研究的成果，便是比較宗教學的誕生。

比較宗教學是一門人文科學及社會科學，它是從歷史的事實中求真理，又從彼此的同異中找問題，再以心理的分析來解答問題。所以，這門學問，能夠幫助我們回憶人類的過去，又能指導我們來做正確的信仰選擇。現代人中的知識分子，當然不乏宗教信徒，但也確有很多人並不喜歡宗教。實際上，人類的文化，無一不是從宗教中來；今人的日常生活，縱然沒有宗教心理的感受，卻又很難脫下宗教現象的遺形。㊴

㊴ 釋聖嚴，《比較宗教學》，臺北：法鼓文化，1999 年，頁 11-12。

聖嚴認為文字隨著語言，歷代均有變化，現代人即有了佛經口語化的要求。有些中國人，看不懂漢文的佛經，反而在歐美語文的譯本之中接觸到佛典，接受了佛法。聖嚴本人也覺得看日文標點以及日文譯本的佛典，要比看漢文原典來得省力，原因在於經過譯者的理解，用現代人的角度，口語化及定義化了的緣故。也就是說，向歐美介紹佛教固須將佛典譯成歐美語文，向現代人弘揚佛法，也有將佛經語體化的必要，而其翻譯者應當具備語文的能力及修持的經驗。㊵ 西方宗教學之父麥克斯・穆勒（Friedrich Max Müller, 1823-1900）曾言：「只知其一，一無所知。」（He who knows one, knows none.）認為「比較宗教學」是宗教學的核心，㊶ 聖嚴曾在書中清楚

㊵ 林其賢編著，《聖嚴法師年譜（第一冊）》，臺北：法鼓文化，2016年，頁 425。

㊶ 穆勒身處的時代背景是強調進化論思想，從一八五九到一八六九年的十年，是宗教研究領域中一種全新情況迅速發展的時期。整個情況可以用「進化」一詞做為令人醒目的標誌。參見：夏普（Eric J. Sharpe）著，呂大吉等譯，《比較宗教學——一個歷史的考察》（*Comparative religion: a history*），臺北：桂冠，1991 年，頁 35。宗教學者王鏡玲則認為，進化論的宗教起源說將解釋宗教的知識體系，由原先的神學轉為科學論述體系，並沒有擺脫原先基督宗教自我中心的優越意識型態，這在十九世紀、二十世紀初的人類學宗教研究可見一斑。參見：王鏡玲，《神聖的顯現——重構艾良德宗教學方法論》，臺北：國立臺灣大學哲學研究所博士論文，2000 年，頁 11；董芳苑，《宗教學暨神話學入門》，臺北：前衛，2012 年。宗教語言是穆勒的研究方法，筆者認為聖嚴曾受到穆勒治學態度的啟發。因為一八七三年穆勒出版《宗教學導論》主要是從比較語言學入手，嘗試擺脫過往哲學和神學的前設，依據語言的原始發展，追尋宗教的本源和本質。參見：黎志添，《宗教研究與詮釋學》，香港：香港中文大學，2003 年，頁 5；麥克斯・繆勒（Max Müller）

表明「比較宗教學就是宗教學」❷的意義，其認為：

> 宗教學是一門非常繁複和深奧的學問，我本人自從一九六八年，由中華書局為我出版《比較宗教學》一書以來，浸潤於宗教學的研究及教學，已三十多年，對於宗教學的認知，還是非常淺薄。我從一九四三年進入佛教的寺院，成為出家的僧侶以來，實踐宗教師的禪修生活，已歷五十五年，擔任禪修指導，也有二十多年，但我對於宗教內涵的體驗，還是極其有限。❸

這段引文看出聖嚴不僅在宗教研究的知識上，不斷地精進追求，並強調實踐的重要性，尤其是禪宗的修行，聖嚴擔任禪修指導，引人進佛門，成為名副其實的學問與修行僧。聖嚴弟子俞永峰教授（Jimmy Yu）認為在日本留學的經驗讓聖嚴的思想產生影響，在日本攻讀博士學位，對佛教的了解，漸漸從初期佛教轉移到後來的漢傳大乘佛教。俞永峰將這段時期（1969－1975）稱為聖嚴學思發展的融合期，這

著，陳觀勝、李培茱譯，《宗教學導論》，上海：上海人民出版社，1989 年。在穆勒之後的德國宗教學者瓦赫（Joachim Wach）則提出類型學（typological approach）來研究宗教現象。參見：蔡彥仁，〈宗教有本質嗎？──以瓦赫（Joachim Wach）之理論為例〉，收入黃冠閔、趙東明主編，《跨文化視野下的東亞宗教傳統：理論反思篇》，臺北：中研院文哲所，2012 年，頁 53。

❷ 釋聖嚴，《比較宗教學》，臺北：法鼓文化，1999 年，頁 13-14。
❸ 釋聖嚴等著，《聖嚴法師與宗教對話》，臺北：法鼓文化，2001 年，頁 192。

段期間對聖嚴產生影響,由於在日本的親身經歷,啟發他立志提昇漢傳佛教徒的教育水準;在對蕅益大師做深入研究之後,他對漢傳大乘佛教的了解改變了;他也接觸到以前所未知悉的佛教型態。❹聖嚴透過學術研究帶入佛教的領域,分出學術的佛教與信仰的佛教,強調以信仰為入門的經論研究,有其優點。

> 學術的佛教,是信仰的佛教的外圍體系,以學術為接引的方便,始不被視為迷信。以信仰為核心的目標,庶幾不致流為世間的學問。我們姑且不必追問誰與誰是學術的佛教者,誰和誰又是信仰的佛教者,大致上說,以歷史的方法論來治佛學的,便是學術的佛教者,以純信仰的傳統方式及其觀念來註釋並理解經論的,便是信仰的佛教者。其實以信仰為入門的經論的註釋工作,未必不好,而且這種工作已經延續了頭兩千年,甚至從今以後,仍然有其必要。但是,這樣的工作者的對象,他必須先已有了相當程度的宗教經驗的自內證的工夫,方夠資格。❺

聖嚴創辦中華佛研所,乃至前文所提「法鼓文理學

---

❹ 俞永峰,〈聖嚴法師與禪宗之現代化建構〉,《傳燈續慧——中華佛學研究所卅週年特刊》,臺北:中華佛學研究所,2010 年,頁 139-176,取自:https://www.chibs.edu.tw/ch_html/CHIBS30/。另參照:Yu, Jimmy, *Reimagining Chan Buddhism: Sheng Yen and the creation of the Dharma Drum lineage of Chan*, Abingdon, Oxon; New York, NY: Routledge, 2022.

❺ 釋聖嚴,《留日見聞》,臺北:法鼓文化,1999 年,頁 104。

院」都是在學術的基礎上研究佛教，使得佛教研究日益進步。聖嚴亦大力支持佛教經典數位化，如國際知名的CBETA（Comprehensive Buddhist Electronic Text Archive Foundation，佛教電子佛典基金會）資料庫，使得佛教研究者獲得極大便利。杜正民在其訪談錄說過中華佛學研究所是走在世界的前端，因為他們開設佛學資訊課程，希望未來成為佛學資訊組或佛學資訊系。這樣把佛學跟資訊整合在一起的學程內容，據杜正民所知這乃是世界上唯一作法。對法鼓山來講，資訊不等於電腦，電腦只是工具，資訊則是一種思考方法，也是一種研究方法。❹⁶換言之，這是聖嚴在留日所學習的異國經驗，再加上諸多因緣的促成，使得佛教研究蒸蒸日上。

> 當我出國之前，已經有人問我：留學回國之後將做什麼？很顯然的，就目前的環境而言，僅有兩項事業可做：**一是興辦私塾式的佛學院，一是接下一座寺院或另建一座寺院**。如果就這兩項事業的需要條件而論，何必要來日本

---

❹⁶ 卓遵宏、侯坤宏、闞正宗主訪，《臺灣佛教人物訪談錄（二）》，臺北：國史館，2011 年，頁 499。社會學者趙文詞（Richard Madsen）認為臺灣解嚴後，資訊發達，聖嚴透過多媒體宣傳，諸如書籍、小冊、錄音帶和錄影帶、光碟，一個時段固定的電視節目，以及多語種網站等，穩定地擴展著自己的聲譽。參見：趙文詞（Richard Madsen）著，黃雄銘譯註，《民主妙法：臺灣的宗教復興與政治發展》（*Democracy's dharma : religious renaissance and political development in Taiwan*），臺北：國立臺灣大學出版中心，2015 年，頁 189。

留學呢?來日之後,經常也有人問起我同樣的問題,我除了感謝他們的關心,實在無從答覆,因為連我自己也不知道何去何從。我只能向自己保證,我將沿著已走的路線,毫不猶豫地繼續向前走下去,至於能夠走出多寬多遠的一條路來,那是要待因緣來做決定的事了。做為一個出家人,最低限度尚有一條自甘寂寞的路可走。日本在明治末期,佛教界保送優秀青年出國深造,是為配合其國內佛教教育文化走向現代化的要求,各宗派在培植人才的同時,也為這批人才的事業做了安排。我們是不同的,我們出國是出於個人的志願,我們的事業是要靠個人的努力來實現的。❹

超過半世紀的努力,聖嚴在宗教學、佛教研究領域已有卓越貢獻,實踐宗教教育如何在臺灣生根茁壯。尤其在幾十年前資訊尚未發達,知識流通尚未普及,聖嚴以他一人之力,勤於著述寫作,盡可能蒐集資料,將所見所思,所想所論化成文字,推展佛教研究、宗教研究,流傳於世。這樣的毅力、決心,是筆者感到敬佩的地方,也值得推薦給有心在宗教研究的學術同道,努力學習之典範。

---

❹ 釋聖嚴,《留日見聞》,臺北:法鼓文化,1999 年,頁 82-83。

四、結論：促進宗教交談

> 如果不同的宗教之間，能夠互相尊重，彼此了解，減少猜疑，減少敵視，彼此觀摩，彼此學習，取長補短，世界的人類，才會真正地從宗教的信仰得到和平與幸福。
>
> ——《聖嚴法師學思歷程》[48]

> 早年聖嚴法師對基督宗教有很多誤解，批評很多。（輔大）宗研所成立後，他主動跟我們聯絡，後來就決定彼此交換，他到宗研所給我們上課，我到北投佛教研究所給他們上課。我上課時，他也在那裡聽，後來一起吃飯，有這樣交談的經驗。
>
> ——《志在榮主》[49]

本文基於以上研究，指出聖嚴早年從護教角度轉變成宗教比較，再到宗教對談，促進宗教對於世界和平之努力，再加上留日經驗，成為學問僧角色，推動佛學研究，深究推動原因有二：一方面他從傳統宗教歷史探討的歷時性分析（diachronic），著作等身；一方面則是以當代知識分子立場如何面對宗教，宗教學在臺灣深耕，進行共時性分析

---

[48] 釋聖嚴，《聖嚴法師學思歷程》，臺北：正中書局，1993 年，頁 86。
[49] 房志榮口述，林淑理撰稿，《志在榮主——你不知道的修道人　耶穌會士在台灣》，臺北：耕莘文教基金會，2010 年，頁 95。

（synchronicity）進而跟不同宗教對話，對臺灣大學院校宗教學系成立有貢獻。聖嚴除了在學問追求，更強調實踐、實用，運用禪宗修行教導信眾，甚至在海外成立禪學中心，是繼宣化法師（1918－1995）在美國弘法的拓荒者。從相關傳記與個人文集，看出聖嚴一生歷經三個時期，分別是宗教論諍的護教行動，以及宗教比較時期的兩個階段，此即個人撰寫宗教學作品的動力，透過對他者的理解，落實「只知其一，一無所知」研究目標，加深不同宗教之間的交流，世界宗教文化豐富多元，這引伸出後來聖嚴在推動宗教交談時期，此行動一直到晚年，無論是出席聯合國高峰會或與各宗教領袖會談，可以看出他主張要增進人類福祉，就必須改善人類心靈貧窮的問題，因此提倡心靈環保、建設人間淨土。在這一連串的人生轉折，聖嚴對於國內宗教教育，念茲在茲，展現在這三個時期的實踐，涵蓋原本護教的主張、到交流的認識，以及和平的推動。

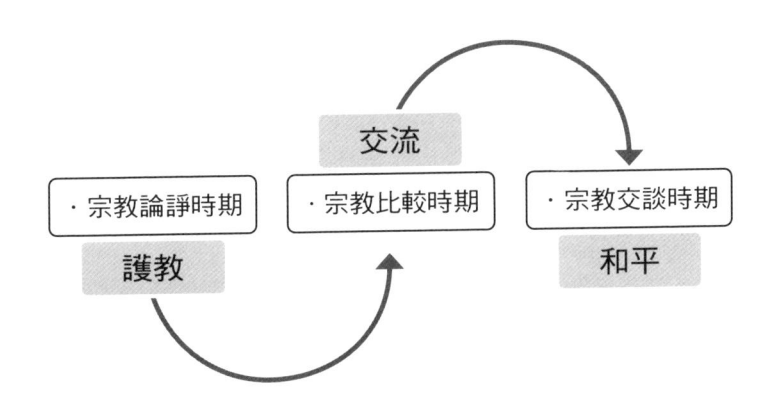

圖二：聖嚴法師三個時期的實踐

聖嚴看見國外對於宗教教育的支持，不僅限於佛教，其他的宗教研究在國外一樣受到重視，反觀國內宗教研究人才培育缺乏，民初五四運動以來知識分子的態度，宗教研究很晚進入高等教育，普羅大眾缺乏宗教基礎教育，聖嚴長期推動教育部成立宗教系所及宗教研修學院，持續書寫宗教學作品，讓更多人知道不同宗教之間，應要相互了解，彼此學習與觀摩，才能真正從宗教裡得到和平與幸福。本文藉由聖嚴學思歷程微觀佛教研究、宗教研究，這段從自我走向他者的艱辛過程，值得在臺灣宗教學術發展史留下紀錄，啟發後進有志於宗教學術者。

參考文獻

一、聖嚴法師著作

釋聖嚴，《從東洋到西洋》，臺北：東初出版社，1987 年。

釋聖嚴著，關世謙譯，《明末中國佛教之研究》，臺北：台灣學生書局，1988 年。

釋聖嚴，《聖嚴法師學思歷程》，臺北：正中書局，1993 年。

釋聖嚴，《基督教之研究》，臺北：法鼓文化，1999 年。

釋聖嚴，《比較宗教學》，臺北：法鼓文化，1999 年。

釋聖嚴，《留日見聞》，臺北：法鼓文化，1999 年。

釋聖嚴，《教育・文化・文學》，臺北：法鼓文化，1999 年。

釋聖嚴，《雪中足跡——聖嚴法師自傳》，臺北：三采文化，2009 年。

釋聖嚴著，關世謙（釋會靖）譯，《明末中國佛教之研究》，臺北：法鼓文化，2009 年。

二、專書、專書論文

王文霞主編，《三十而立：成功大學歷史系三十週年系慶專刊》，臺南：國立成功大學歷史系，1999 年。

王美秀，〈聖嚴法師旅行書寫中的歷史特質研究〉，收入聖嚴教育基金會學術研究部編，《聖嚴研究》第五輯，臺北：法鼓文化，2014 年，頁 9-49。

江燦騰主編，《當代臺灣宗教研究精粹論集：詮釋建構者群像》，臺北：博揚文化，2014 年。

克思明主編，《天主教輔仁大學 90 年史稿——彰顯主榮的歷程與見證（1925-2015）》，新北：輔大書坊，2015 年。

李玉珍,〈禪修傳統的復興與東西交流——以聖嚴法師為例〉,收入聖嚴教育基金會學術研究部編,《聖嚴研究》第四輯,臺北:法鼓文化,2013年,頁7-34。

李豐楙、謝世維,〈宗教研究百年發展〉,收入王汎森等著,《中華民國發展史:學術發展(上冊)》,臺北:國立政治大學、聯經出版,2011年,頁231-258。

卓遵宏、侯坤宏、闞正宗主訪,《臺灣佛教人物訪談錄(二)》,臺北:國史館,2011年。

卓遵宏、侯坤宏訪問,《浮塵略影——李志夫先生訪談錄》,臺北:國史館,2013年。

房志榮口述,林淑理撰稿,《志在榮主——你不知道的修道人 耶穌會士在台灣》,臺北:耕莘文教基金會,2010年。

林其賢編著,《聖嚴法師年譜(第一冊)》,臺北:法鼓文化,2016年。

林其賢編著,《聖嚴法師年譜(第二冊)》,臺北:法鼓文化,2016年。

林煌洲,〈臺灣佛教高等教育的推手聖嚴法師——佛教學術教育之一例及我見〉,收入林煌洲等合著,《聖嚴法師思想行誼》,臺北:法鼓文化,2004年,頁9-55。

侯坤宏、卓遵宏訪問,《六十感恩紀——惠敏法師訪談錄》,臺北:國史館,2014年。

侯坤宏採訪,《杏壇衲履——恆清法師訪談錄》,臺北:五南,2009年。

施叔青,《枯木開花——聖嚴法師傳》,臺北:時報文化,2000年。

香光尼眾佛學院主編,《比丘尼的天空:佛教僧伽教育國際研討會論文集》,臺北:財團法人伽耶山基金會,2010年。

陳方中編著,《于斌樞機傳》,臺北:臺灣商務印書館,2001年。

陳世賢，《你的耶穌，我的佛陀》，臺北：光啟文化，2007年。
陳志榮主編，《宗教知識教育基本教材：宗教概論——基督教、佛教、道教》，臺北：真理大學宗教系，2001年。
陸達誠口述，Killer撰稿，《誤闖臺灣藝文海域的神父——你不知道的修道人　耶穌會士在臺灣》，臺北：耕莘文教基金會，2009年。
麥克斯・繆勒（Max Müller）著，陳觀勝、李培茱譯，《宗教學導論》，上海：上海人民出版社，1989年。
彭明輝，《臺灣史學的中國纏結》，臺北：麥田，2002年。
楊儒賓等編，《人文百年・化成天下：中華民國百年人文傳承大展（文集）》，新竹：國立清華大學，2011年。
釋聖嚴等著，《聖嚴法師與宗教對話》，臺北：法鼓文化，2001年。
趙文詞（Richard Madsen）著，黃雄銘譯註，《民主妙法：臺灣的宗教復興與政治發展》（Democracy's dharma: religious renaissance and political development in Taiwan），臺北：國立臺灣大學出版中心，2015年。
葛兆光，《交錯的東亞宗教》，臺北：中研院史語所，2015年。
董芳苑，《宗教學暨神話學入門》，臺北：前衛，2012年。
詹德隆口述，鍾美育撰稿，《路難行易——你不知道的修道人　耶穌會士在臺灣》，臺北：耕莘文教基金會，2012年。
劉正，《海外漢學研究：漢學在20世紀東西方各國研究和發展的歷史》，武漢：武漢大學出版社，2002年。
蔡彥仁，〈宗教有本質嗎？——以瓦赫（Joachim Wach）之理論為例〉，收入黃冠閔、趙東明主編，《跨文化視野下的東亞宗教傳統：理論反思篇》，臺北：中研院文哲所，2012年，頁45-58。
黎志添，《宗教研究與詮釋學》，香港：香港中文大學，2003年。

黎志添主編，《華人學術處境中的宗教研究：本土方法的探索》，香港：香港三聯書店，2012年。

夏普（Eric J. Sharpe）著；呂大吉等譯，《比較宗教學——一個歷史的考察》（*Comparative religion: a history*），臺北：桂冠，1991年。

龔天民，《基督教與佛教的比較》，臺北：少年歸主社，1979年。

Hans G. Kippenberg; translated from German by Barbara Harshav, *Discovering religious history in the modern age.* Princeton: Princeton University Press, 2002.

Wilfred Cantwell Smith, *The meaning and end of religion: a new approach to the religious traditions of mankind.* New York: The New American Library, 1964.

Yu, Jimmy, *Reimagining Chan Buddhism: Sheng Yen and the creation of the Dharma Drum lineage of Chan.* Abingdon, Oxon. New York, NY: Routledge, 2022.

三、期刊論文

杜維明，〈宗教學——從神學到人文學〉，《當代》第23期，1988年3月，頁21-29。

余國藩原著，李奭學譯，〈宗教研究與文學史〉，《當代》第23期，1988年3月，頁30-48。

陳熙遠，〈「宗教」——一個中國近代文化史上的關鍵詞〉，《新史學》第13卷第4期，2002年12月，頁37-66。

許育銘，〈民國以來留日學僧的歷史軌跡與聖嚴法師東渡留學〉，《東華人文學報》第6期，2004年7月，頁195-222。

蔡彥仁，〈台灣宗教研究的範疇建立與前景發展〉，《人文與社會科學簡訊》第11卷第6期，2010年3月，頁12-19。

蔡源林，〈國內宗教系所的教學與研究趨勢分析〉，《人文與社會

科學簡訊》第 11 卷第 6 期，2010 年 3 月，頁 23-32。
蔡怡佳，〈臺灣高等教育宗教心理學課程建立及發展之探究〉，《課程與教學季刊》第 18 卷第 3 期，2015 年 7 月，頁 25-46。
輔仁大學宗教學系系刊編輯委員會，《清泉》第 2、3 期合訂本，1995 年 12 月。

四、學位論文

王鏡玲，《神聖的顯現──重構艾良德宗教學方法論》，臺北：國立臺灣大學哲學研究所博士論文，2000 年。

五、網路資料

《星雲大師全集》，取自：https://books.masterhsingyun.org/ArticleDetail/artcle12772。
李志夫，〈從張其昀先生之「聖教育」思想評議中國海峽兩岸之宗教教育〉，《第二屆國際華學研究會議論文集》，臺北：中國文化大學文學院，1992 年 5 月，頁 121-132。取自：http://www.chibs.edu.tw/ch_html/projects/Leezhifu/html/journal/j067.htm。
俞永峰，〈聖嚴法師與禪宗之現代化建構〉，《傳燈續慧──中華佛學研究所卅週年特刊》，臺北：中華佛學研究所，2010 年，頁 139-176，取自：https://www.chibs.edu.tw/ch_html/CHIBS30/。
胡國楨，〈羅光校長與輔大的宗教學術教育〉，《神學論集》第 139 期，2004 年春季，頁 5-12。
溫金柯，〈聖嚴法師的思想特色〉，取自：http://www.unjinkr.url.tw/t_1.htm。

From the Self to the Other:
Master Sheng Yen's Religious Communication and Dialogue

Wei-ting Liu

Adjunct Assistant Professor, Center for General Education and Core Curriculum, Tamkang University

▌ Abstract

Master Sheng Yen (1930-2009) was one of the important figures in the development of religious studies in Taiwanese academia. He not only advocated the concept of "Pure Land on Earth", but also promoted dialogue and understanding among different religions. In 1966, Master Sheng Yen was invited to teach the course "Comparative Religion" at Shou Shan Buddhist College in Kaohsiung. This was a rare religious training during the martial law period. After half a year, the first draft of "Comparative Religion" was completed and officially published in 1968. Master Sheng Yen used anthropological, sociological, historical and philosophical perspectives to view world religions and study religions from an objective perspective. This article is mainly divided into three themes: one is to review the systematic educational construction of Taiwan's religious knowledge; the other is to explore Master Sheng Yen's use of religious studies to analyze religions other than Buddhism, especially the use of Christianity to conduct religious dialogues, which has sparked a lot of discussions. And through "Comparative Religion" to sort out Master Sheng Yen's religious structure; thirdly, analyze the interviews with relevant religious figures and religious scholars who have close relations with Master Sheng Yen, highlighting that Master plays a key role in Taiwanese religious studies and even practices religious exchanges, world peace concept.

Keywords: Master Sheng Yen, Comparative Religion, Religious Dialogue, Self, Other

A Transnational Comparative Study of Fasting and Monetary Precepts in Contemporary Chinese Buddhism:
Taiwan, Mainland China, Myanmar, and Thailand

Tzu-Lung Chiu

Visiting Research Fellow, Center for The Study of Chinese Religions, National Chengchi University

Abstract

This study presents a critical examination of the interpretation and praxis of Buddhist monastic precepts, with a specific focus on fasting after midday and monetary handling, across Taiwan, Mainland China, Myanmar, and Thailand. A transnational comparative framework is employed, with extensive fieldwork forming a key component of the research. This includes 35 in-depth interviews across 11 monastic institutions in Taiwan and Mainland China, in addition to research conducted in 15 monasteries in Myanmar and Thailand. The research elucidates how these precepts are contextualised and reinterpreted in response to divergent sociopolitical, cultural, and religious milieus. While Chinese Mahāyāna monastics across these regions demonstrate a shared flexibility in precept observance, their practices are distinctly shaped by the influence of localised historical, political, and socio-economic dynamics. In comparison to their counterparts in Mainland China, Taiwanese monastics tend to adopt progressive and adaptive interpretations. Conversely, their Mainland Chinese counterparts demonstrate a more conservative and self-critical orientation. In Southeast Asia, particularly within Theravāda-dominant Myanmar and Thailand, Chinese Mahāyāna monastics engage in nuanced negotiations of religious boundaries, navigating local expectations and constraints. This is especially the case in

Myanmar, where their lack of official recognition contrasts with the more inclusive religious framework of Thailand. By challenging the reductionist dichotomy of "laxity" versus "strictness" in monastic discipline, this study highlights the complex interplay between fidelity to traditional precepts and pragmatic adaptations to contemporary circumstances. The findings contribute to a more profound comprehension of the dynamic evolution of Buddhist disciplinary practices within diverse cultural and institutional settings.

Keywords: Contemporary Chinese Mahāyāna Buddhism, Theravāda Buddhism, Vinaya Observance, Transnational Comparative Study, Buddhist Precepts, Fasting After Midday, Monetary Handling, Myanmar, Thailand, Taiwan, Mainland China

1. Introduction

In Buddhism, monastic rules represent the ideal framework for daily conduct, with Buddhist monks and nuns following precepts established nearly twenty-five centuries ago. A seminal text, *Sifen lü shanfan buque xingshi chao*, one of the most significant commentaries by Master Daoxuan (596-667), emphasizes the vital importance of monastic rules: "The Vinaya Piṭaka is about the lifespan of the Buddhist Dharma; as long as the Vinaya Piṭaka exists, the Dharma exists" (T40, no. 1804, p. 50b18-19). This sentiment resonates among contemporary scholars, with Michael Carrithers asserting that "[n]o Buddhism without the Sangha, and no Sangha without the Discipline" (1984: 133). Nevertheless, it is essential to recognize that these Buddhist precepts, originally formulated in ancient India, arose from a context vastly different from modern Chinese monastic settings. As Stuart Chandler notes, not many monastic members, in any Buddhist tradition, are doing exactly at all times what the Vinaya requires (2004: 165). This challenge of literal precept observance has been acknowledged by prominent Chinese masters, as noted by Master Zhumo in his preface to Shih Sheng Yen's classic work, ❶ *Jielü xue gangyao* (Essentials of the Study of Buddhist Discipline). Zhumo highlights the case of Master Hongyi, ❷ who, despite his renowned expertise in Vinaya studies and strict observance of monastic rules, considered himself unworthy of the titles bhikṣu,

---

❶ As a rule, most books and articles today use the *pinyin* system to transcribe Chinese names, places and terms. We have done the same throughout this article. Still, when referring to Taiwanese authors or masters, we have opted to use their personal Romanization, as they appear on their websites, books or articles.

❷ Ven. Hongyi 弘一 (1880-1942) is a famous Chinese Buddhist monk who deeply researched the *vinaya* and promoted the strict observance of monastic rules. For details, see Birnbaum (2003: 75-124).

śrāmaṇera, or even upāsaka (layman), having concluded that he could not perfectly observe even the five basic precepts (Cai, 1976: 1603; Shih Sheng Yen, 1997: 3). Similarly, the Ming Dynasty's Master Zibo, known for his rigorous ascetic practice of meditation throughout the night and abstaining from sleeping on beds for over four decades, declined to confer *bhikṣu* and *śrāmaṇera* precepts upon novice monks, citing his own perceived failures in following minor rules (Cai, 1976: 1461; Shih Sheng Yen, 1997: 3). The experiences of these revered masters, both celebrated in Chinese Buddhist history for their religious dedication, illustrate the profound challenges of strict precept adherence. Nonetheless, Master Zhumo asserts that despite the apparent impossibility of perfect observance, monastics should continue striving for full compliance (ibid: 4). As Chandler cogently argues, four general factors account for the disparities between theoretical precepts and actual monastic practice: "Some precepts have long been incompatible with the mores of particular indigenous cultures; others have no significance in particular social contexts; sometimes the Vinaya does not cover the needs of particular monasteries; and, finally, some precepts are at odds with important strands of twentieth-century thought" (2004: 166).

This study attempts to explore the modern monastic community's adherence to traditional precepts and their application in daily life, tracing from the perspective of Buddhist precepts from ancient Indian environments to contemporary Chinese culture and society. While Chinese Mahāyāna Buddhism predominates in both Taiwan and Mainland China, its manifestation in Taiwan has particularly flourished within a context of internationalization and progressive gender equality. Furthermore, distinctive cross-strait variations in politics, economics, culture, and religious policies have substantially influenced the religion's characteristics. These divergent policy frameworks and socio-cultural environments have profoundly shaped monastic communities' religious practices, resulting in distinct developmental trajectories for Chinese Buddhism in Taiwan and Mainland China. Consequently, this study aims to systematically analyze and compare the interpretation and application of traditional precepts within contemporary Buddhist circles across these two regions.

In recent years, Taiwan's New Southbound Policy has considerably enhanced its cooperation and exchange with the ASEAN countries in the spheres of trade, education, and culture. Numerous Taiwanese religious groups and leaders have also engaged in cross-religious cultural exchanges in Southeast Asia, including sangha offerings in Theravāda-majority societies that are aimed not only at enhancing cross-traditional understanding and communication, but also – potentially – at spreading a form of Mahāyāna Buddhism. Concurrently, Chinese Buddhism has experienced a marked resurgence, particularly in Mainland China. Although scholarship on Chinese Mahāyāna Buddhism is extensive (e.g., Welch 1967; Qin 2000; Pittman 2001; Zhe, Fisher and Laliberté 2019), existing research has predominantly maintained a Sinocentric perspective, with minimal ethnographic investigation of Chinese Buddhism beyond (Chinese) Mahāyāna territories. Consequently, scholarly examination of Chinese Mahāyāna Buddhism within Southeast Asian contexts remains notably limited. Responding to calls from McDaniel (2010), Hansen (2014), and Chia (2020) for broader investigation beyond Theravāda traditions in Southeast Asian Buddhist studies, this paper significantly examines the precept practices of contemporary Chinese Mahāyāna Buddhism specifically within Thailand and Myanmar. Through the lens of predominantly Theravāda Buddhist nations, the study also aims to analyze and contrast the disciplinary practices of overseas Chinese monastics from Mahāyāna monasteries against the backdrop of Theravāda-dominant sociocultural contexts, in light of the fact that Chinese Mahāyāna Buddhists' greater flexibility in rule observance has been critically judged by some monastics and/or laypeople in these countries. The investigation will explore how Thai and Burmese Chinese Mahāyāna Buddhists' observance of specific rules (such as fasting after midday and monetary handling precepts) has been modified by or adapted to indigenous traditions, while examining whether these adaptations are motivated by the necessity to secure local legitimacy and support for the Mahāyāna minority. This comparative analysis across regions and traditions will facilitate a more nuanced understanding of Vinaya interpretation and practice across Taiwan, Mainland China, and Southeast Asia, while illuminating broader patterns in the transmission and evolution of Mahāyāna Buddhism.

2. Research Site and Data Collection

While an exhaustive study of this topic is desirable, it would be a hopeless task (in the absence of a costly, large-scale statistical survey) to capture all of Taiwanese, Mainland Chinese, Thai and Burmese Buddhist monasticism in a short article, as well as impossible – within any reasonable timeframe – for one person to conduct thorough fieldwork in all monastic institutions and systematically compare their Vinaya practices among Taiwan, Mainland China, Myanmar and Thailand.

The selection of nunneries in Taiwan and Mainland China has been methodically curated to represent the primary typologies within the Chinese Buddhist context, each exemplifying distinct characteristics and approaches to disciplinary rules:

1. Vinaya-centric institutes, such as Nanlin Nisengyuan (Nantou, Taiwan), and Pushou Si (Wutaishan, Mainland China).
2. Buddhist nuns' colleges, such as Dingguang Si (Guangdong, Mainland China), Chongfu Si (Fuzhou, Mainland China), Zizhulin (Xiamen, Mainland China), Qifu Si (Chengdu, Mainland China), and Xiangguang Si (Chiayi, Taiwan).
3. Humanistic Buddhist institutes, such as *Fagushan*/Dharma Drum Mountain (Taipei, Taiwan), and *Foguangshan* (Kaohsiung, Taiwan).
4. A non-specific remainder category of institutes, such as Tongjiao Si and Tianning Si (both in Beijing, Mainland China).

The research methodology comprised in-depth interviews and field observations, complemented by contemporary monastic literature. The study encompassed 35 face-to-face interviews conducted across eleven monastic institutions—four in Taiwan and seven in Mainland China—with 15 and 20 interviews respectively. The analysis focused on interpreting both the nuns' interview responses and their independently articulated perspectives on Vinaya rules.

In the Theravāda-majority societies of Thailand and Myanmar, Chinese Mahāyāna Buddhism is a minority religion, but it nevertheless has given rise to a rich monastic scene. Given the impracticality of conducting comprehensive fieldwork across all Chinese monastic institutions in these two countries, the study strategically focused on Yangon, Mandalay, and Bangkok. These sites were selected not only for their significant ethnic-Chinese populations—predominantly descendants of early migrants from Fujian, Guangdong, and Yunnan provinces—but also for their concentration of Mahāyāna monasteries, established to serve first-generation Chinese immigrants. These metropolitan centers thus provide an optimal starting point for investigating Chinese Buddhism in Southeast Asia.

This investigation adopts a multiple-case study approach. The deliberate expansion of fieldwork sites enables both a more balanced overview of the subject matter and facilitates comparative analysis of subtle inter-institutional variations. However, as Stake observes, the inherent limitations of multiple-case studies typically preclude random sampling due to their "much too small" sample size (2005: 451). Most importantly, to avoid the risk of overgeneralization, an issue raised by Holmes Welch when discussing Chinese monasteries (1967: 126-127), I chose a wide range of research sites to gain a balanced overview of Buddhist institutions in Thailand and Myanmar. It is therefore crucial that the research select purposive samples of specific Chinese monasteries, to provide the requisite variety and balanced overview, especially given my research focus on nuanced, localised differences in religious practices. This approach facilitated a comprehensive overview of Buddhist institutions in Thailand and Myanmar while enabling detailed comparative analysis of their varying practices. The final selection encompassed seven monasteries in Yangon, four in Mandalay, and four in Bangkok, as detailed in Table 1.

Table 1: Interview sites, by region

Yangon	Mandalay	Bangkok
Shifang Guanyin Si 十方觀音寺	Jingming Chan Si 淨明禪寺	Longlian Si 龍蓮寺
Zangjing Lou 藏經樓	Dongmiu Guanyin Si 洞繆觀音寺	Pusong huangen Si 普頌皇恩寺
Daben Chan Si 達本禪寺	Yunnan huiguan 雲南會館	Yongfu Si 永福寺
Luohan Si 羅漢寺	Jinduoyan 金多堰	Pumen baoen Si 普門報恩寺
Zhonghua Si 中華寺		
Miaoyin Si 妙音寺		
Mahā Kusalā Yāma 靈鷲山緬甸法成就寺國際禪修中心		

Given the temporal constraints of interview processes and the defined scope of this paper, an exhaustive analysis of all precepts is not feasible. The study strategically focused on two specific monastic rules, particularly those governing fasting and monetary handling, selected for their significant scholarly attention and their noted complexity of observance in contemporary monastic contexts.

3. The Precept of Fasting after Midday in Taiwan and Mainland China

In Buddhism, *bhikṣu*s and *bhikṣuṇī*s are expressly forbidden to eat after midday by the *Vinaya*: If a [*bhikṣu*] ❸ eats at an improper time, [he] [commits] a *pācittika* (translated in Heirman, 2002: 534). ❹ The prohibition against eating after midday remains a source of sustained debate within Buddhism, with roots extending to the tradition's earliest period. This controversy emerged prominently during the Second Council, convened approximately a century after the Buddha's *parinirvāṇa*. ❺ The debate persists in contemporary Chinese Buddhist communities, where a clear division exists between adherents of strict observance, such as Master Hongyi and Master Chan Yun, ❻ who advocate complete abstinence from eating after midday, and proponents of more flexible interpretations, including Masters Shih Hsing Yun (2009:

---

❸ Because the *bhikṣuṇī* order came into existence after the *bhikṣu* order, some of the *bhikṣuṇī*s' rules have been taken from *bhikṣu*s'. For nuns, the rule against eating after midday is found in the *pācittika* rule 24 from the *bhikṣuṇīprātimokṣa* in the *Dharmaguptakavinaya* (T22, no. 1428, p. 735a27).

❹ A *pācittika* is a minor offence that needs to be expiated. See Heirman (2002: 141-147).

❺ *Dharmaguptakavinaya* (T22, no. 1428, p. 968c18-971c02), *Sarvāstivādavinaya* (T23, no. 1435, p. 450a27-456b08) and *Mahīśāsakavinaya* (T22, no. 1421, p. 192a26-194b20) all record this historical account of the Second Council (or so-called Council of *Vaiśālī*). For details, see Prebish (1974: 239-254). Eating after midday was one of the disputed practices in the Buddhist *saṃgha* in this Council. For details, see Pande (1995: 23); Reat (1996: 22); and Baruah (2000: 6).

❻ Ven. Chan Yun 懺雲 (1915-2009) is a well-known monk in Taiwan who strictly adhered to monastic rules and played a key role in introducing Buddhism to university students. He established *Zhaijie Xuehui* 齋戒學會 for Buddhist laity. For details, see Chün-fang Yü (2013: 93-97).

38) ❼ and Wu Yin ❽ (2001: 269). Scholarly examination of this prohibition's implementation within Chinese Buddhist contexts has proceeded through both historical analysis (Mather, 1981: 417-418; Tso, 1983: 327-344; Gao, 2002: 387-388) and empirical investigation (Welch, 1967: 111-112; Prip-Møller, 1982[1937]:221; Bianchi, 2001: 81), yet, the external factors that may have influenced the observance of this rule within Chinese contexts have come under considerable scrutiny.

Through contextual analysis of its interpretation and implementation in contemporary Chinese Mahāyāna Buddhist nunneries across Taiwan and Mainland China, this study has identified variations attributable to both institutional typology and crucial sociocultural factors, particularly regarding work obligations and vegetarian practices. While most interviewed nuns across both regions took a relatively flexible view of observance of the precept, several noted an increasing trend toward stricter fasting observance in contemporary Chinese Buddhist communities. Although the studied monasteries cannot be considered comprehensively representative of all Buddhist institutions in these regions, examination of specific regulations provides crucial insights into broader practice diversity and institutional patterns. Significantly, the prohibition against eating after midday practice resists reductionist binary categorization between observance and non-observance, given its multifaceted implications discussed

---

❼ Ven. Hsing Yun 星雲 (1927-2023) is the founder of Foguangshan monastery, one of the largest Buddhist institutions in Taiwan. He greatly promotes Humanistic Buddhism and stresses Buddhist education and services by opening numerous temples and universities for both monastic members and (lay) people worldwide. For details, see Chandler (2004).

❽ Ven. Wu Yin 悟因 (b. 1940) founded the Luminary Nunnery (also Luminary Buddhist Institute) in 1980. She is well known for her research on *vinaya*, and runs a Buddhist college that provides education for nuns. For details, see Yü (2013).

above. No single factor can be isolated as the primary determinant of Chinese nuns' perceptions and practices regarding this precept.

A comparative analysis of interview responses reveals subtle but significant regional distinctions: Taiwanese nuns generally articulate more progressive perspectives and demonstrate greater flexibility in precept interpretation, while their Mainland counterparts express more conservative viewpoints, often accompanied by self-reproach when unable to maintain strict observance. This distinction is further exemplified in their responses to questions about the contemporary relevance of traditional rules. Notably, no Mainland respondents suggested that ancient Indian Buddhist rules were anachronistic or impracticable in modern contexts. This pattern suggests a more conservative orientation among Mainland nuns compared to their Taiwanese counterparts, who demonstrate greater openness to adapting and reinterpreting traditional precepts within contemporary societal frameworks. These divergent approaches to precept interpretation and practice underscore the persistent influence of distinct sociopolitical contexts on religious observance and regulatory discourse.

4. The Precept of Fasting after Midday in Myanmar

Contemporary Buddhist nuns in Taiwan and Mainland China, with the exception of those in *Vinaya*-centric institutions, ❾ generally maintain a flexible approach to this regulation, emphasizing vegetarianism as the primary dietary focus within Chinese Mahāyāna tradition. This contrasts markedly with Theravāda Buddhist communities, where fasting appears to be

---

❾ *Vinaya*-centric institutions are distinguished by their rigorous interpretation and strict observance of Buddhist precepts.

the vital norm. ❿ A central objective of this research, therefore, is to examine how local religious ethos influences fasting practices among Burmese-Chinese Mahāyāna practitioners. The subsequent section will present a selection of Burmese-Chinese informants' perspectives on the precept of fasting after midday in Theravāda-majority contexts in Myanmar.

> **Monk (A):** Chinese Buddhists in many places eat supper since we are vegetarian. We, however, fast after midday on that day when we go out or take the bus from Yangon to Mandalay. It is unpleasant not to fast [outside the monastery] because everyone knows you as monastics. From Burmese people's viewpoint, monastics should fast after midday […]. Sometimes we take an evening flight and do not eat, even though they offer some biscuits or cakes during the journey […]. [W]e are treated like Theravāda monks and […] seated in the front row of seats. It is inappropriate to eat [under those conditions.]
>
> **Nun (A):** As for fasting after midday, I did not eat food and just had yogurt drinks on the way from upper Burma to here to avoid criticism. We generally don't eat dinner and do it privately inside the monastery.
>
> **Nun (B):** It is good to have fasting after midday […]. Some Theravāda monks have an opinion about this matter for their Chinese counterparts, but some more or less accept [that we eat dinner] since they traveled to Taiwan and Mainland

---

❿ Chiu (2015: 57-89) elaborates on this distinction. Within Theravāda contexts, monastics are expected to maintain strict adherence to fasting regulations. As Abeysekara (2002: 136) notes, particularly in Sri Lanka, public consumption of food by monastic members after midday is considered "highly offensive" within the cultural context.

China and saw them eating [in the evening]. However, Theravāda laypeople pay a lot of attention to fasting. If we go somewhere, they are eager to let us eat meals earlier, before midday. Local laity take fasting seriously when they follow the eight precepts. Burmese-Chinese laypeople know that we eat *Yaoshi* 藥石 (medicine stone) ⓫ as supper, and it is fine for them [that we do not fast] since they know Chinese Buddhists are vegetarians who feel hungry easily.

Nun (C): Most Chinese monastics here eat *Yaoshi*. Not fasting is a minor transgression that we can deal with through confession. Theravāda monks living around this temple know that Chinese ones eat dinner. Some of them came here to eat dinner with us together.

Monk (B): Eating after midday in Chinese Buddhism is public knowledge, and it is not a big problem [...]. The rule requiring fasting after midday has to be understood clearly in terms of what is allowable and what is prohibited, with exceptions under certain conditions [...]. The Buddha set up the precept and you offend it if you feel hungry for the body's needs and health [...]. Chinese Buddhists once observed this rule when Buddhism first spread to China, but they had problems involving alms-begging in local contexts. Chinese masters then utilized this maxim, "A day without work is a day without food", to maintain monastics' physical strength [...]. Burmese Chinese laypeople are okay with us not fasting, but some familiar with Theravāda

---

⓫ According to the Fo guang Dictionary, the Buddha dictates that monastic members should not consume food after midday. However, an evening meal is regularly served in Chan monasteries and it is euphemistically called "medicine stone", i.e., deems the food to be curative of the frailty of the body rather than nourishment in the ordinary sense (1988: 6691).

Buddhism may question our eating of dinner. Those Theravāda laity declare they are against it, saying, "They are monastics but eat food in the afternoon."

Monk (C): According to the *vinaya* rules, eating after midday is not allowable [...]. In Yangon I met one Burmese-Chinese layman who has been influenced by Theravāda tradition, who when he saw novices eating [dinner] said "You should keep the precept of fasting" [...]. This is not a serious transgression, so you can find a master for confession if you eat in a *vinaya*-centric monastery [...]. Keeping the rule of fasting should have a proper justification. In the Chinese temple we have large workloads, and also need to do Buddhist services for laypeople with exhausting chanting. Your physical condition could not bear it if you did not eat food [after midday].

The fieldwork data reveals several significant insights regarding the precept of fasting after midday and its relationship to monastic identity in Theravāda-majority Myanmar. Chinese monastics, both within Myanmar and elsewhere, typically prioritize vegetarianism over fasting restrictions, emphasizing the necessity of adequate nutrition for sustaining their work activities. ❶Many interviewees did not consider eating after midday as serious misconduct. ❸ Notably, some Burmese-Chinese laity's attitudes toward this practice generally aligned with those observed in other

---

❶ For detailed analysis of workload's impact on fasting-rule observance and dietary adaptations in Chinese Buddhism, see Chiu (2015: 69-78).
❸ The consumption of food at improper times constitutes a *pācittika* offense for monks and nuns (Heirman, 2002: 534), classified as a minor transgression requiring expiation. For comprehensive discussion, see Heirman (2002: 141-147).

regions where Chinese Buddhism predominates. ⓮

However, a significant cultural divergence emerges regarding dietary restrictions: while Chinese Buddhist tradition considers vegetarianism fundamental to monastic identity, this dietary restriction does not resonate within the local Burmese religious ethos. Field interviews revealed contrasting perspectives on this cultural disparity. While one senior Burmese informant indicated local acceptance of Chinese monastics' non-fasting practices, another respondent—a university student—identified this non-observance as the primary reason for local skepticism toward Chinese Buddhism. This latter perspective reflects deeper cultural tensions, particularly given that Burmese laypeople routinely observe the five precepts ⓯ daily, with more devout practitioners following the eight precepts ⓰ on specific days of the lunar calendar (including the 1st, 8th, 15th, and 23rd) and personal occasions such as birthdays. ⓱

The precept of fasting after midday holds multifaceted

⓮ Field observations in Mandalay witnessed widespread acceptance of eating after midday among Chinese Buddhist clergy. During a monastery ritual, Burmese-Chinese monks' afternoon dining was openly acknowledged by Yunnanese laity. Similar acceptance was observed in Taiwan, where monastics regularly dine in vegetarian establishments during afternoon and evening hours without public censure.

⓯ The Five Precepts represent Buddhism's fundamental ethical code for lay practitioners: abstention from killing, stealing, sexual misconduct, false speech, and intoxicants.

⓰ The Eight Precepts extend beyond basic moral prohibitions to encompass ascetic practices. These additional regulations include sexual abstinence, abstention from eating after midday, avoidance of entertainment and luxury (including ornaments, perfumes, music, and dance), and refraining from using elevated or luxurious beds. For detailed analysis, see Gomes (2004: 47-63).

⓱ For comprehensive examination of Burmese observance of the eight precepts during sacrificial days, see Spiro (1970: 214-219).

significance across Buddhist traditions. It appears as the sixth of the eight precepts for devoted lay practitioners, features among the ten precepts for Buddhist novices, and is included in both the 227 precepts for ordained Theravāda monks and the 250 precepts for Chinese Mahāyāna monks—though the latter typically observe it flexibly. One Burmese informant personally considered fasting to be important, on the grounds that a monk who eats three meals a day becomes fat and feels sleepy easily when studying or meditating; spends more time in preparing meals than his colleagues who eat less; and requires more donations for his support. "We don't like this point. This is the number-one reason [we are against Chinese Buddhism]." His statement underscores the fundamental disconnect between local Buddhist ethos and Chinese monastics' view of non-fasting as a minor transgression.

This cultural divergence can be better understood within broader Burmese historical and sociocultural contexts. Spiro's 1960s fieldwork in Burma revealed that fasting after midday was considered among the most challenging aspects of monastic life, often deterring novices from full ordination (Spiro 1970: 293). Though technically classified as a minor transgression, many former novices expressed deep concern about the karmic consequences of precept violation. As one informant noted, "Violation of the precepts is much more serious for the monk than for the layman [...]. But the monk must be very careful; he cannot violate the precepts [lest he go to hell]. It is hard, very hard" (Quoted in Spiro 1970: 331). Significantly, precept observance has historically served as the primary metric for evaluating monastic moral character since the Buddha's time (Spiro 1970: 365). This cultural emphasis manifested in 1960s Burma through lay preferences for offering alms to strictly observant monks, believing such donations generated greater merit than those made to less rigorous practitioners (Spiro 1970: 412).

Contemporary observations, however, reveal nuanced shifts in these practices. While Burmese monks and novices are generally expected to maintain strict fasting schedules, fieldwork data indicates varying degrees of adherence. According to my fieldwork observation and interview data, my informant monks and nuns living close to the Shwedagon Pagoda told me that a few Burmese monks openly went to restaurants for dinner, visited coffee shops to watch sport in the afternoon on TV, or ate food after midday privately in their rooms. While these findings may challenge conventional perceptions of Theravāda Buddhist fasting strictness, they more importantly suggest evolving cross-traditional dialogue around this sensitive topic—a marked shift from Spiro's era, when fasting observance was considered paramount by both monastic and lay communities.

The observance of fasting after midday holds profound implications for religious identity, particularly evident among *thilá-shin*, devout Burmese female practitioners. Their commitment to this precept is so fundamental to their religious identity that instances have been documented of ill nuns choosing to disrobe and leave their nunnery rather than violate the fasting rule for medical reasons (Kawanami 2013: 96-97). This cultural context helps explain why Burmese-Chinese monastics frequently face questioning from local people when observed consuming food after midday. From the Burmese lay perspective, monastic status inherently demands strict adherence to fasting practices. While Chinese monastic informants have made certain accommodations to these local expectations, primarily aimed at maintaining appearances and protecting Chinese Buddhism's public image. Through careful analysis of dietary schedules and food consumption patterns, we can identify distinctive characteristics differentiating Theravāda and Mahāyāna practitioners in Myanmar. [18]

---

[18] Similar cultural tensions regarding dietary practices have been observed in reverse contexts, where Theravāda Buddhists in Taiwan face criticism from local laity for consuming meat (Chai 2006: 79-80; Chen 2012: 168, 177).

5. The Precept of Fasting after Midday in Thailand

Fieldwork data from Bangkok reveals that Thai-Chinese monks across various Buddhist monasteries maintain flexible approaches to fasting observance, allowing individual choice based on personal circumstances and physical conditions. While their primary meal schedule aligns with Thai monastic practices, starting at 11:00 a.m., *yaoshi*, or the evening meal, is typically served around 5:00 p.m. Significantly, Thai-Chinese informants emphasized that evening meals are consumed privately within monastery confines, away from lay observation, acknowledging local Thai expectations of fasting after midday among Buddhist monastics. ⓴ The term *yaoshi* remains unfamiliar to local Thai practitioners, underscoring a cultural divide in dietary practices. From the above, it is clear that Thai-Chinese Mahāyāna monks, like their counterparts in Myanmar, adopt a strategy of refraining from public evening meals to avoid criticism, despite observing the precept of fasting with some flexibility. This illustrates how local socio-cultural contexts within Theravāda Buddhism significantly shape the dietary practices of Thai-Chinese Mahāyāna monks, who use expedient

---

⓴ It is noteworthy that the Thai sangha has collaborated with the country's health and medical authorities to facilitate health screening for monks in recent years. The screenings have revealed that monks are at a significantly elevated risk of developing chronic health conditions, including obesity, hypertension, hypercholesterolemia, and diabetes, in comparison to the general population. The strict monastic rules and codes of conduct that monks must adhere to prevent them from maintaining physical fitness through exercise, as lay people do. As a result, they strictly adhere to the rule of not eating after noon, which raises questions about whether this practice is beneficial to their physical and mental health. It is important that this fasting practice should be carefully evaluated from the perspective of modern medical science. For more details, see https://edition.cnn.com/2019/10/18/health/thailand-monks-vital-signs-wellness/index.html (accessed October, 10).

means to align with local expectations for Buddhist monastics. While overseas Chinese Mahāyāna monastics in Thailand and Myanmar generally do not observe fasting after midday—similar to most Buddhist communities in Taiwan and Mainland China—Thai-Chinese and Burmese-Chinese monastics approach this non-fasting practice with greater caution within Theravāda settings.

The differing socio-economic developments and policies towards the Chinese Buddhism in Thailand and Myanmar inevitably influence the vinaya practices of overseas Chinese monastics within the religious and social contexts of Theravāda Buddhism. Such impacts are significant and should not be overlooked. Theravāda Buddhism is the dominant religion in Thailand and Myanmar, and Buddhist monks are highly influential in both those countries. However, the development and status of Mahāyāna Buddhism differ sharply across the two territories. In Myanmar, the marginalised minority statuses of Sino-Burmese ethnicity and religion are coupled with a deep historical antagonism between the Mahāyāna and Theravāda schools, marked by claims that Mahāyāna Buddhism "was not taught by the Buddha" (*dasheng feifo shuo* 大乘非佛說) and frequent criticism of ethnic-Chinese Buddhists' funeral rituals. Moreover, only Theravāda Burmese monks are issued with monastic identity cards, as their Burmese-Chinese Mahāyāna counterparts have been de-recognised by Myanmar's Department of Religious Affairs. In short, it is clear that "in group"/"out group" differences have become deeply entrenched in Myanmar's Buddhist culture, and appear to be solidifying the ethno-religious boundaries between Chinese and local monks. This contrasts sharply with Thai Chinese Mahāyāna Buddhists' status and development, both past and present. Though Mahāyāna Buddhism is followed by only around 1.5% of the Thai population (Wu 2017: 171), Chinese monks enjoy equal religious status with local Thai monks: with both groups being treated on an equal footing both by the Thai royal family and the laity in general. Interaction between Mahāyāna and Theravāda communities during ceremonies and other events is also generally harmonious.

6. The Precept of not Accepting Gold, Silver and Money in Taiwan and Mainland China

In Buddhism, *bhikṣus* and *bhikṣuṇīs* are expressly forbidden by the Vinaya to accept "gold and silver": "If a [bhikṣu] personally takes gold and silver, or takes money, or instructs others to take it, or receives it by giving [his] permission orally, [he] [commits] a *niḥsargika pācittika*" (translated by Heirman 2002: 445). [20] Buddhist monastics are prohibited from handling money, as they are required to subsist solely on alms offered by laypeople, including necessities like robes, food, medicine, and bedding. However, the rule against accepting money has been a point of contention since the early days of Buddhism. [21] In the practical world, money serves as a critical medium for exchanging goods and services in nearly every society. Thus, the issue of monastics handling money requires careful contextualization within contemporary society. Taking into account the contemporary background of monastic practice, including socio-cultural factors, this section will explore how the traditional monastic rule against money handling is practiced by modern Buddhist institutions today in both Taiwan and Mainland China.

Through a detailed examination of how the rule against handling money is interpreted and practiced in contemporary Buddhist nunneries in Taiwan and Mainland China, we have identified variations attributable to both the typolgy of Buddhist

---

[20] T22, no. 1428, p. 618c22-619c25. A *niḥsargika pācittika* is an offence that concerns an unlawfully obtained object that needs to be given up. For details, see Heirman (2002: 138-141). Because the *bhikṣuṇī* order came into existence after the bhikṣu order, some of the *bhikṣuṇīs'* rules have been taken from the *bhikṣus'*. For nuns, the rule against money handling is found in *niḥsargika pācittika* rule 9 from the *bhikṣuṇīprātimokṣa* in the *Dharmaguptaka Vinaya* (T22, no. 1428, p. 728a20-a21).

[21] For details, see Schopen (2004).

institutions and contextual factors that influence the observance, interpretation, and practice of Buddhist precepts in Chinese Mahāyāna Buddhism. Most of the nuns I interviewed in Taiwan and Mainland China expressed broadly similar views on the challenges of observing the precept of not handling money in modern Chinese contexts. However, comparing the rhetoric of their responses reveals a nuanced distinction worth noting. Taiwanese nuns often adopt a progressive outlook, grounded in an ongoing historical debate, or take a more flexible stance on the precept (at times with a defensive tone). Conversely, Mainland Chinese nuns tend to respond more conservatively, often expressing feelings of shame and self-criticism when unable to uphold the rule.

Moreover, it is worth noting that the influence of bodhisattva ideals has notably shaped the practice of this rule within Chinese Buddhism. For instance, the concept of giving as a means of progressing along the bodhisattva path is strongly emphasized in contemporary Chinese Mahāyāna Buddhism. For those committed to this path, compromises on the rule against handling money may be considered acceptable if they serve the benefit of others. This influence of bodhisattva ideals has clearly impacted the application of this rule in Chinese Buddhism—a factor that researchers in this area have overlooked.

7. The Precept of not Touching Money in Myanmar

During my doctoral research from 2009 to 2016, most of the nuns I interviewed in Taiwan and Mainland China openly acknowledged the difficulties they faced in observing the precept against handling money, citing the lack of support for Buddhism in these Chinese contexts compared to Theravāda countries. Some interviewees attributed this to the social and cultural differences between Theravāda Buddhism and Chinese Mahāyāna Buddhism, noting (albeit not entirely accurately) that Buddhist monastics in South Asian Buddhist countries have the luxury of avoiding money-handling precisely because the local laity and *kalpikāras* ㉒ strive to provide them with all necessary support, including robes, food, medicine, and bedding. Against this backdrop, it is valuable to examine how Burmese-Chinese monastics perceive and practice this precept within the sociocultural setting of Theravāda-majority Myanmar, and to compare their experiences with those of their Taiwanese and Mainland Chinese counterparts.

> **Nun (A):** It is very difficult to observe this precept. How could I live my life without touching money? It is not workable to find a *kalpikāra* since you need to support her. For example, today I came here [from upper Burma] in a [private] car, and would have had to pay double fees if a *kalpikāra* were with me. How about taking flights? I do not have the [financial] capability to find a *kalpikāra* who will stay with me all the time […]. It is not possible for Theravāda Buddhists not to touch money either. They do touch it, otherwise, how do they live their lives? […] Only certain Burmese monastics who are very rich, high in status, and with many laymen's support have someone to help them handle money so that they can observe the precept […]. There are also many cases of money being stolen by *kalpikāras* employed by those observing the precept […]. From this, you may observe that the precept can cause others to commit bad actions. Money is like a tool for living life. I personally do not pay attention to it.

㉒ A *kalpikāra* (Pāli: *kappiya-kāraka*) serves as a lay intermediary managing financial transactions and economic activities for monastic members who are prohibited from direct monetary handling under Vinaya rules. As Richard Gombrich defines: "A monastery has a lay attendant called a *kappiya-kāraka*, which means 'suitable-maker'; he is someone who accepts gifts which monks are not allowed to accept, such as money, and uses them on their behalf" (1988: 92).

Nun (B): We [Chinese Mahāyāna Buddhists] do not observe this precept. Not all Theravāda monastics observe it either. Only a few prestigious monks do that. Ordinary ones accept it themselves. Do not think they are so sacred. Some of my Theravāda masters and classmates do not follow the precept. I know only one Burmese nun who does, and she has someone's assistance to manage money for her. Yet, observing the precept is useless in her case, since she is petty-minded when others do not give her red envelopes [...]. You could be frugal to manage [money] well, instead of bothering others [to handle money for you].

Monk (B): Nowadays, few Theravāda monastics could observe this precept [... except] famous masters who have attendants to help them observe it. It is hard for ordinary monks not to touch money themselves. [Donated money] coming from the ten directions will be returned to the ten directions in charity and education[.]

Monk (C): Now, it is difficult to follow the precept [...]. It is important to see how the money donated by the laity is used. Every cent has its cause and effect[.]

Nun (E): Burmese monks are paid monthly wages of 200,000 Burmese kyats [around US$133].

The above findings reveal that contemporary Burmese-Chinese monastics—like many of their counterparts in Taiwan and Mainland China—often handle money themselves, as they feel it would be unfeasible to fully observe this precept given their personal circumstances. At the same time, these insights challenge the stereotype held among Taiwanese and Mainland Chinese monastics and laypeople alike that Theravāda Buddhists strictly avoid handling money. In fact, it may surprise many non-Burmese Chinese individuals to learn that most ordinary Burmese monks do breach this precept, as they lack the resources to employ attendants. My fieldwork observations in Yangon corroborated this: while the dean of a Pāli College, Sayadaw U Tiloka Bhivamsa, did not personally handle donated money—his attendant collected envelopes with cash during an offering event—ordinary local monks did accept donations directly.

Importantly, scholarly Theravāda monks and nuns in Myanmar are granted certain privileges by the Ministry of Religious Affairs to support their welfare, [23] which may reduce their need to handle money, at least for transportation. In correspondence, U San Myint Aung, a senior Burmese layman familiar with the transportation costs and conditions for Buddhist monks, noted that free transportation is generally not available to monks in Myanmar. However, monks who pass the *Tipitakadhara* examination, the highest level of religious study, receive free travel passes for flights and trains, while those who pass a second advanced examination are entitled to three complimentary flights and train journeys. Other monks with honorable degrees are also eligible for free tickets. These benefits apply only to domestic transportation. [24] Additionally, monks and nuns with cars can travel toll-free over bridges and through toll gates, and they are exempt from road taxes. [25] This aligns closely with Kawanami's findings, which note that Burmese monks and nuns must present their *hmatpontin*— a document reflecting their monastic education level—when purchasing train or bus tickets (Kawanami 2013: 177).

Together, my interview and observation data suggest that both Burmese-Chinese monastics and most Burmese monks face

---

[23] This is further supported by my personal email correspondence with Hiroko Kawanami, an expert on Myanmar's monasticism.

[24] In 1960s Myanmar, in the morning, urban monks enjoy free bus rides on the way to taking alms (Spiro 1970: 308-309 n4).

[25] For the rewards and financial incentives monks received for their study historically, see also Spiro (1970: 362 n4).

challenges in observing the precept against handling money within Myanmar's Theravāda society. Notably, issues such as theft by *kalpikāras* echo remarks from the abbess of Luminary Nunnery, Ven. Wu Yin, who highlights the difficulty of finding capable and trustworthy laypeople for financial matters. As a result, she designates a nun or a small group of nuns to manage these responsibilities, which are not considered breaches of the money-handling precept, as they handle funds on behalf of the entire sangha rather than for an individual (Wu Yin 2001: 238). Regarding individual finances, the Theravāda and Mahāyāna traditions exhibit distinct approaches. While most Buddhist monastics in Taiwan ㉖ and Mainland China receive monthly stipends, ㉗ Burmese-Chinese monastics do not benefit from such a system, relying instead on donations from laypeople, primarily received through dharma services, according to one of my monk informants. Consequently, Burmese-Chinese monastics" personal finances in Myanmar are often less stable than those of Burmese monks, who do receive monthly stipends. A lay informant estimated that these stipends amount to 200,000 kyats—a sum considered sufficient for a monastic lifestyle in Myanmar. This disparity in income stability and state-provided "perks" between the two traditions significantly impacts monastic activities: Theravāda monks generally have ample time for contemplative practices such as chanting,

---

㉖ For example, Chung Tai Chan monastery (Zhongtaishan 中台禪寺), one of the three largest monastic institutions in Taiwan, provides everything to its monks and nuns, who for this reason do not receive a monthly stipend (Chandler 2004: 331n27).

㉗ It would be quite wrong to assume that it is exceptional for Buddhist monastics to receive payment in connection with their duties in modern Taiwan, or indeed Mainland China. According to Rahula (1956: 136, quoted in Gombrich 1988: 164), even Buddhist monks at the time of Mahinda IV in 10th-century Sri Lanka were given money for various types of work.

meditation, and prayer,❷❽ while many Burmese-Chinese monastics, I met, by contrast, often have busier schedules, needing to conduct liturgies and dharma services to sustain themselves financially. ❷❾

This stark difference in perceived monastic roles has led some local monastics and laypeople to view the Mahāyāna tradition critically, dismissing it as "chanting-and-repentance Buddhism." In summary, the practices surrounding precepts against eating after midday and handling money reflect how the religious lives of Burmese-Chinese monastics are continuously reshaped by the ethnic and religious boundaries between Myanmar's two primary Buddhist communities.

8. The Precept of not Touching Money in Thailand

Regarding the precept against handling money, my Thai-Chinese informants noted that fully avoiding money is difficult in modern times. Monastics generally have to cover their own transportation costs, with the exception of one designated bus route for monks in Bangkok. In certain monasteries, Thai-Chinese

---

❷❽ Spiro's fieldwork documents traditional monastic routines emphasizing study, meditation, and teaching (1970: 306-307). However, some monks engage in social work, cautioning against assumptions of universal labor abstention among Burmese Theravāda clergy.

❷❾ An in-depth discussion of dharma services and rituals conducted within Chinese Mahāyāna Buddhism for the Burmese-Chinese laity lies beyond the scope of this research. Generally speaking, however, Yunnanese community members attend dharma services on the 1st and 15th days of each lunar month. Other dharma services and rituals provided by Chinese Buddhist temples include the Avalokitesvara Bodhisattva Dharma Service (celebrating Guan Yin's Birthday, Renunciation, and Enlightenment), the Birthday of Venerable God Shakra, the Celebration of Shakyamuni Buddha's Birthday, Ullambana Festival, and the Anniversary of Shakyamuni Buddha's Enlightenment, among others.

novices also need to purchase personal essentials, such as soap and lotion. The abbots of Longlian Si and Huangen Si provide monthly stipends to those in administrative roles, with amounts varying by rank and position. Another informant mentioned that this precept—whether monastics should handle money—was already a point of contention during the Second Council after the Buddha's passing, highlighting a longstanding debate. To date, there is no universally accepted consensus on whether Buddhist monastics must observe this precept strictly. In summary, while contemporary Thai-Chinese monastics cannot fully observe the precept of not accepting money, many emphasize that it is permissible for monks to receive monetary offerings from laypeople as long as they do not misappropriate these funds for personal use.

A prevalent narrative exists among some Taiwan and Mainland China monastics regarding supposed differences between Theravāda and Chinese Mahāyāna Buddhist practices. They posit—somewhat inaccurately—that South Asian Buddhist monastics enjoy greater ability to abstain from monetary handling due to comprehensive lay and *kalpikāra* support systems. This perspective has evolved into an almost mythological understanding among certain Chinese Buddhist circles, suggesting that Theravāda monks' abstention from monetary handling stems directly from Buddhism's prosperity in their regions and robust lay support networks. This context makes contemporary Thai monks' actual practices particularly relevant for examination.

Most local Thai monks handle money, with exceptions among forest monks or those in Northern Thailand, where laypeople provide all necessities. Monks from the Dhammayuttika Nikaya claim not to handle money directly, relying on *kalpikāra* to deposit cash or checks into their personal bank accounts. In other words, while monks avoid physically touching money, their finances are managed and saved in banks. Ironically, local laity and *kalpikāra* assisted Thai monks with money matters, though some incidents of theft and misuse occurred in the past, similar to cases in Myanmar. One monk informant noted that relying on *kalpikāra* for financial handling can also disrupt their secular lives (e.g., family obligations), as there are insufficient *kalpikāra* or unpaid lay assistants to manage monastic finances. Overall, it is evident that, in modern times, most Buddhist monastics in Thailand—regardless of Theravāda or Mahāyāna tradition—do not strictly adhere to the precept against handling money.

9. Conclusion

The purpose of this multi-case study was to explore how Chinese Mahāyāna monastics interpret and practice vinaya rules in the contemporary contexts of Taiwan, Mainland China, Myanmar, and Thailand. Specifically, the study asked: (1) To what extent do monastic institutions maintain a sense of continuity with precepts on fasting and money handling, in both theory and practice? (2) How are these two precepts adapted to the specific local contexts of Chinese and/or Theravāda traditions? (3) Are there observable differences in monastic discipline between Mainland Chinese and Taiwanese nuns and Burmese-Chinese and Thai-Chinese monastics? The following sections discuss the major findings of this research.

Chinese Mahāyāna monastics in Taiwan, Thailand, Myanmar, and Thailand exhibit similar practices in flexibly observing the precepts of fasting after midday and abstaining from handling money. Discussions about vinaya are prevalent in Buddhist monasticism today, particularly when comparing Mahāyāna and Theravāda practices. Some scholars have indicated that Theravāda monastics generally view Chinese Mahāyāna Buddhists as lax in their adherence to vinaya rules. However, the data from this study's fieldwork suggest that accusations of lax discipline may oversimplify a more complex reality, reducing the issue to a dichotomy of rule observance versus non-observance. My observations indicate that nunneries centered on vinaya observance (e.g., Nanlin and Pushou Si) rigorously interpret and enforce vinaya rules, adhering strictly to some precepts (such as fasting and/or money abstention) that non-vinaya-centric monasteries may observe more flexibly. However, it would be inaccurate to assume that non-vinaya-centric monasteries are lax or not vinaya-based; rather, they often prioritize distinctive characteristics and focus on varied aspects of religious practice. Thus, the typology of monasteries, as an internal monastic factor, strongly influences vinaya practices. Additionally, the specific Chinese context and the prevailing ethos of the laity—considered external contextual factors—also play key roles in how certain rules are observed and adapted. For example, some vinaya rules are adjusted to align with local norms or are followed expediently as a balance between vinaya observance and Chinese cultural context. The situation is therefore more nuanced than a simple observance/non-observance binary.

A typical example of this complexity is the practice of offering red envelopes containing money to monks or nuns at religious rites or on special days—a common Chinese custom despite vinaya prohibitions against monastics handling money. Such cultural traditions significantly influence the practical application of this precept. Furthermore, it is worth noting that the mere 348 rules of the Dharmaguptakavinaya cannot fully address the complexities of contemporary nuns' daily lives. Broader interpretations of rules (e.g., extending prohibitions on alcohol consumption to include drug use) and flexible adaptations to account for modern-day contexts (such as the use of chamber pots) are applied by some nuns to address the realities of religious life today, which differs substantially from the environment of ancient India, where vinaya rules were first compiled. Overall, vinaya observance in modern Chinese contexts carries multifaceted implications, and no single factor can be isolated as the primary influence on contemporary nuns' perspectives on vinaya practices.

Although Taiwan and Mainland China share similar contexts of Chinese Mahāyāna Buddhism, Buddhism in these two regions manifests differently due to distinct historical, political, and socio-economic developments. Notably, the political policies and contexts of each region exert significant influence on nuns' religious practices and precept observance. While Taiwanese and Mainland Chinese nuns may practice differently, my informants expressed broadly similar views on the challenges of observing certain precepts (e.g., money handling and fasting after midday) in modern Chinese contexts. However, their responses reveal a subtle but important distinction: Taiwanese nuns are more likely to espouse progressive ideas or take a flexible approach to precepts, while Mainland Chinese nuns tend to respond conservatively, often expressing feelings of shame and self-criticism when unable to observe certain rules. In short, it is essential to recognize that socio-political contexts have historically shaped—and continue to shape—nuns' diverse approaches to religious practice and their ways of describing, interpreting, and adhering to precepts.

While Myanmar and Thailand both share Theravāda Buddhist contexts, Chinese Mahāyāna Buddhism manifests differently in each country, shaped by divergent historical, political, and socio-economic developments. Most importantly, national political policies and contexts significantly impact the religious practices of contemporary Thai-Chinese and Burmese-Chinese monastics. For instance, a monk informant at Shifang Guanyin Si in Yangon explicitly indicated that Burmese-Chinese Mahāyāna monastics, to some unknowable but positive degree, have more flexibility in the management of their institutional personnel systems (e.g., appointments as abbots) than their local Burmese counterparts do,[30] as well as more freedom to hold religious activities without supervision, provided that these are confined to their

---

[30] While Theravāda Buddhism is recognized and supported by the government, some well-known and powerful monks and monasteries are nevertheless firmly controlled and monitored due to the local regime fearing them as threats to its power.

monasteries.㉛ In sharp contrast, Thai-Chinese monks I met in Bangkok are actively involved in various forms of religious service for both local Thai and Thai-Chinese communities, both within and beyond their monasteries.

Myanmar's social, political, and economic landscape differs considerably from Thailand's. Fieldwork conducted in Yangon and Mandalay indicated that the social status and development of local Burmese-Chinese Mahāyāna Buddhists, both past and present, differ markedly from their counterparts in Thailand. A key point here is the difference in monastic status and social recognition. Although Chinese Mahāyāna Buddhism remains a minority religion in Thailand, with only about 1.5% of the population following it, Thai-Chinese monks enjoy nearly equal religious status with local Thai monks, receiving respect from both the Thai royal family and the general public. In Myanmar, however, Chinese Mahāyāna Buddhism is neither recognized by the national Department of Religion nor listed as a local religion, preventing Burmese-Chinese monks and nuns from obtaining official monastic identity cards. Consequently, Myanmar's strict Theravāda Buddhist framework excludes Chinese Mahāyāna Buddhism from formal recognition, effectively allowing greater flexibility for Chinese Buddhists in Myanmar regarding religious and lifestyle practices. In light of this, the legal context surrounding Chinese Mahāyāna Buddhism's development warrants further exploration, especially given the lack of political support and formal religious recognition from Myanmar's governing bodies.

In summary, while my informants across Taiwan, Mainland China, Myanmar, and Thailand shared similar views on the challenges of observing specific precepts (such as money handling

---

㉛ According to Jayde Lin Roberts' research on contemporary Sino-Burmese life in Rangoon (also known as Yangon), religious activities such as ritual ceremonies for Hungry Ghost Day in the local Chinese Kuanyin Temple were limited due to political pressure (2016: 135-139).

and fasting after midday) in modern Mahāyāna and/or Theravāda contexts, Chinese monastics in different regions exhibit diverse religious practices shaped by distinct historical, political, and socio-economic contexts that should not be overlooked.

References

Abbreviations: *Taishō shinshū daizōkyō* 大正新脩大藏經. 85 vols, Edited by Junjirō Takakusu 高楠順次郎 and Kaigyoku Watanabe 渡邊海旭. Tokyo: Taishō Issaikyō Kankōkai, 1924-1934.

Abeysekara, Ananda. 2002. *Colors of the Robe: Religion, Identity, and Difference.* South Carolina: University of South Carolina Press.

Baruah, Bibhuti. 2000. *Buddhist Sects and Sectarianism.* New Delhi: Sarup & Sons.

Bianchi, Ester. 2001. *The Iron Statue Monastery «Tiexiangsi» A Buddhist Nunnery of Tibetan Tradition in Contemporary China.* Firenze: L. S. Olschki.

Birnbaum, Raoul. 2003. 'Master Hongyi Looks Back: A Modern Man Becomes a Monk in Twentieth-Century China'. In *Buddhism in the Modern World: Adaptations of an Ancient Tradition*, edited by Steven Heine and Charles Prebish, 75-124. New York: Oxford University Press.

Cai, Niansheng 蔡念生. 1976. *Hongyi dashi faji* 弘一大師法集 (Dharma Collection of Great Master Hongyi). Vol.2, Taipei: Xinwenfeng chubangongsi.

Carrithers, Michael B. 1984. 'They will be Lords upon the Island: Buddhism in Sri Lanka.' In *The World of Buddhism: Buddhist Monks and Nuns in Society and Culture*, edited by Heinz Bechert and Richard Gombrich, 133-146. London: Thames and Hudson.

Chai, Chen-Hsiao 翟振孝. 2006. *Migration, Cultures and Identities: The Social Construction and Transnational Networks of Burmese-Chinese Immigrant Communities in Yangon, Jhong-he, and Toronto* 遷移，文化與認同：緬華移民的社群建構與跨國網絡. Ph.D. Dissertation, National Tsing Hua University, Taiwan.

Chandler, Stuart. 2004. *Establishing a Pure Land on Earth: The Foguang Buddhist Perspective on Modernization and Globalization.* Honolulu: University of Hawai'i Press.

Chia, Meng-Tat. 2020. *Monks in Motion: Buddhism and Modernity across the South China Sea*. Oxford: Oxford University Press.

Chiu, Tzu-Lung. 2015. The Practice of Fasting after Midday in Contemporary Chinese Nunneries. *Journal of the Oxford Centre for Buddhist Studies* 9: 57-89.

Chen, Chia-Luen 陳家倫. 2012. The development and influence of Theravada Buddhism in Taiwan: A globalization perspective 南傳佛教在台灣的發展與影響：全球化的分析觀點, *Taiwanese Sociology* 24: 155-206.

Fo guang da ci dian 佛光大辭典 (Fo guang Dictionary). 1988. Ed. *Fo guang da zang jing bian xiu wei yuan hui* 佛光大藏經編修委員會. Kaohsiung, Taiwan: Foguang Cultural Enterprise Co.

Gao, Qian 高啟安. 2002. "Wantang wudai dunhuang sengren yinshi jielü chutan 晚唐五代敦煌僧人飲食戒律初探 ── 以「不食肉戒」為中心" (A Preliminary Investigation on the Dietary Discipline of Dunhuang Monastics in Later Tang Dynasty and Five Dynasties). In *Dunhuang fojiao yishu wenhua lunwenji* 敦煌佛教藝術文化國際學術研討會論文集 *(The Proceeding of the International Conference on Dunhuang Art and Culture of Buddhism)*, edited by Binglin Zheng 鄭炳林. Lanzhou: Lanzhou University Press.

Gombrich, Richard. 1988. *Theravada Buddhism: A Social History from Ancient Benares to Modern Colombo*. London: Routledge.

Gomes, Jacquetta. 2004. The development and use of the Eight Precepts for lay practitioners, Upasakas and Upasikas in Theravada Buddhism in the West. *Contemporary Buddhism: An Interdisciplinary Journal* 5(1): 47-63.

Hansen, Anne Ruth. 2014. Modern Buddhism in Southeast Asia. In *Routledge Handbook of Southeast Asian*, edited by Norman Owen, 224-34. New York: Routledge.

Heirman, Ann. 2002. *The Discipline in Four Parts, Rules for Nuns According to the DharmaguptakaVinaya*. 3 vols. Delhi: Motilal Banarsidass.

Kawanami, Hiroko. 2013. *Renunciation and Empowerment of Buddhist Nuns in Myanmar-Burma: Building a Community of Female Faithful*. Leiden and Boston: Brill.

Mather, Richard. 1981. "The Bonze's Begging Bowl: Eating Practice in Buddhist Monasteries of Medieval India and China." *American Oriental Society* 101 (4):417-424.

McDaniel, Justin Thomas. 2010. Buddhists in Modern Southeast Asia. *Religion Compass* 4: 657-68.

Pande, G. C. 1995. "The Message of Gotama Buddha and its Earliest Interpretations." In *Buddhist Spirituality: Indian, Southeast Asian, Tibetan and Early Chinese*, edited by Takeuchi Yoshinori, 3-33. London: SCM Press Ltd.

Pittman, Don A. 2001. *Toward a Modern Chinese Buddhism: Taixu's Reforms.* Honolulu: University of Hawai'i Press.

Prebish, Charles S. 1974. "A Review of Scholarship on the Buddhist Councils." *Journal of Asian Studies* 33(2): 239-254.

Prip-Møller, Johannes. 1982. *Chinese Buddhist Monasteries.* Hong Kong: Hong Kong University Press.

Qin, Wenjie. 2000. The Buddhist Revival in Post-Mao China: Women Reconstruct Buddhism on Mt. Emei. Ph.D. dissertation, Harvard University, Cambridge, MA, USA.

Rahula, Walpola. 1956. *History of Buddhism in Ceylon: The Anuradhapura Period.* Colombo, Sri Lanka: MD Gunasena & Company.

Reat, Noble Ross. 1996. "The Historical Buddha and His Teachings." In *Encyclopedia of Indian Philosophies: Abhidharma Buddhism to 150 A.D.*, edited by Karl H. Potter, 3-58. Delhi: Motilal Banarsidass.

Roberts, Jayde. 2016. *Mapping Chinese Rangoon: Place and Nation among the Sino-Burmese.* Seattle: University of Washington Press.

Schopen, Gregory. 2004. *Buddhist Monks and Business Matters: Still More Papers on Monastic Buddhism in India.* Honolulu: University of Hawai'I Press.

Shih, Hsing Yun 釋星雲. 2009. *Renjian fojiao de jie ding hui* 人間佛教的戒定慧 (Śīla (Discipline), Samādhi (Meditation), and Prajñā (Wisdom) of Humanistic Buddhism). Taipei: Gandha Samudra Culture Company.

Shih, Sheng Yen 釋聖嚴. 1997. *Jielü xue gangyao* 戒律學綱要 (Essentials of the Study of Buddhist Discipline). Taipei: Fagu wenhua.

Spiro, Melford E. 1970. *Buddhism and Society: A Great Tradition and its Burmese Vicissitudes.* New York: Harper & Row.

Stake, Robert. 2005. Qualitative Case Studies. In *The Sage Handbook of Qualitative Research*, edited by Norman K. Denzin and Yvonna S. Lincoln, 443-66. Thousand Oaks: Sage,

Tso, Sze-Bong 曹仕邦. 1983. "The Practice of "No Eating after Noontime" as Recorded in Chinese Sangha History and the Problems It Faces." *Hua-Kang Buddhist Journal* 6: 327-344.

Welch, Holmes. 1967. *The Practice of Chinese Buddhism 1900-1950*. Cambridge: Harvard University Press.

Wu, Zhibin 吳志彬. 2017. The development of Chinese Nikaya Mahayana Buddhism in Thailand 泰國北傳佛教之華宗發展狀況. *Chinese Studies Journal Kasetsart University 10*(2): 170-185.

Wu Yin. 2001. *Choosing Simplicity: Commentary on the Bhikshuni Pratimoksha*. New York: Snow Lion Publications.

Yü, Chün-fang 于君方. 2013. *Passing the Light: The Incense Light Community and Buddhist Nuns in Contemporary Taiwan*. Honolulu: University of Hawai'i Press.

Zhe, Ji, Fisher, Gareth, & Laliberté, André (Eds.). 2019. *Buddhism after Mao: Negotiations, continuities, and reinventions*. Honolulu, HI: University of Hawai'i Press.

當代漢傳佛教戒律實踐之跨區域比較研究
——過午不食戒與金錢戒在臺灣、中國大陸、緬甸與泰國之考察

邱子倫

國立政治大學華人宗教研究中心客座研究員

▌摘要

　　世界上多數宗教會根據各個不同的生命倫理觀而制定戒律，戒律於是為宗教體制內的法律。佛教的比丘、比丘尼須遵守佛陀所制定的戒律；而戒律的制定，除了增進出家人修行的幫助外，更對正法久住提供了關鍵的因素。所謂「僧依戒住，僧住則法住」，強調了戒律對於僧團及佛法永存之重要性。然而，不可忽視的是，佛教戒律是二千多年前於印度所制定的法規制度，與當今的時空背景、地域環境，有非常大的不同，最初所能遵守的規範戒條，並不見得適用於當今風俗民情。

　　本研究探討當代佛教僧侶戒律在臺灣、中國大陸、緬甸和泰國的詮釋與實踐，特別聚焦於過午不食和持金錢戒。本研究闡明了這些戒律如何在不同的社會政治、文化與宗教背景中被情境化與重新詮釋。儘管華人北傳佛教僧侶普遍在戒律實踐上展現了靈活性，其具體操作顯然受到地方性歷史、政治及社會經濟動態的深刻影響。通過挑戰「鬆散」與「嚴

格」戒律實踐的簡化二分法,本研究強調了對傳統戒律的遵守與對當代需求的實用性調整之間的複雜互動,並有助於理解佛教戒律如何在不同文化環境中演變。

本研究欲打破傳統「漢傳佛教」和「東南亞佛教」的藩籬。學術界對漢傳佛教的研究琳瑯滿目,但多數視角僅著重於其在臺灣和中國大陸之地域範圍。反之,幾位學者（如 McDaniel 2010; Hansen 2014; Chia 2020）則呼籲學術界在研究東南亞佛教時,不能僅限於關注南傳上座部佛教（Theravada Buddhism）。此研究項目在一定程度上是對上述這些呼籲做出回應,本文宗旨將東南亞納入漢傳佛教研究領域,將漢傳佛教帶入東南亞研究中,開闢了一條新的研究路徑。此研究重要性在於它的觀察角度,讓人們得以一窺這個過去鮮少有人研究、關於邊緣化少數群體宗教生活之戒律實踐議題。

關鍵字：佛教戒律、當代漢傳佛教、上座部佛教、跨國比較研究、不非時食、不持金銀戒、緬甸、泰國、臺灣、中國大陸

清虛休靜儒佛會通論的特點及意義
——以〈儒家龜鑑〉為主

任洧廷

國立臺灣大學中國文學研究所博士候選人

▌摘要

　　清虛休靜（1520－1604）是十六世紀朝鮮的高僧，他的著作《三家龜鑑》探討儒、佛、道三家思想，〈儒家龜鑑〉是其中的一篇，顯示休靜對儒學的理解以及其儒佛會通意識。〈儒家龜鑑〉的論述方式與朝鮮前期的儒佛會通論述有所不同，休靜不直接反駁儒者的闢佛論，而是在儒家典籍中抽出可做為修行者的典範的核心文句。其中，有關《中庸》的內容顯示休靜對朱子學的理解，本論文通過〈儒家龜鑑〉考察休靜對《中庸》的理解，將其論述與朱熹比較，刻畫出休靜儒佛會通論的意義及特點。

　　首先，休靜通過〈儒家龜鑑〉企圖補助學佛者的修行並超越區分儒家與佛家的界線，其獨特的論述方式與十六世紀朝鮮的政教環境有關。在政治方面，十六世紀朝鮮在國家法制上廢除佛教要素，但現實中無法全面消除佛教的宗教功能以及對民眾的影響力，由此在朝廷中經常發生有關佛教政策的爭論。而在學術方面，儒者對闢佛論的關懷逐漸減少，而著眼於朱子學學術的深化發展。休靜目睹如此的現實，不選

擇直接針對儒者排佛論的方式，而是以選取有益於學佛者的儒家格言的方式，來間接地表示會通儒佛的觀點。

其次，休靜在〈儒家龜鑑〉中不僅論述子思《中庸》的原文，也參考朱熹的《中庸章句》，採用朱子學的理論體系，而以佛學的立場選取其論點。休靜不僅直接引用朱熹的言說，也採用朱熹的「心統性情」、「居敬」工夫以及區分「已發」與「未發」的思想體系。然而，休靜的論述就省略有關禮樂刑政等制度之問題，也未論及「窮理」工夫，可說他以佛學的角度選取朱熹的思想。

再次，休靜撰寫〈儒家龜鑑〉時，開頭與末尾皆論及「無極」與「太極」，「太極」與「中庸」聯結，導引儒佛兩邊的會合。休靜認為修養自己的「心」就是體現天道的方法，而休靜對《中庸》的論述著重於心性的修養問題，說明「中庸」是與萬物會合的理想狀態。休靜將心性論的「中庸之道」與宇宙論的「無極而太極」結合，主張宇宙的根源就是在我心中，將佛家的「心」與儒家的「天」結合。

關鍵詞：清虛休靜、儒家龜鑑、儒佛會通論、中庸、朱子學

一、前言

清虛休靜（1520－1604）是十六世紀朝鮮的高僧，努力於統合禪教兩宗，在壬辰倭亂中立下許多戰功，由此同時受到儒佛兩方尊崇的人物。清虛休靜選寫《三家龜鑑》，探討儒、佛、道三家思想，〈儒家龜鑑〉是其中的一篇，顯示休靜對儒學的理解以及其儒佛會通意識。❶

目前學界專門探討休靜〈儒家龜鑑〉的論文不多，而既有研究通過〈儒家龜鑑〉分析休靜對性理學的理解，指出其論述有兩種特點：第一，休靜明確了解性理學的核心結構是本體論與工夫論。朝鮮初期儒者主要關注性理學的倫理規範，而至於十六世紀朝鮮儒學進入成熟階段，開始深入探討性理學的理論根據，談論本體論與工夫論，休靜對儒學的理解則反映如此的學術潮流。第二，休靜對儒學的理解不是以朱子學為主。雖然休靜談本體論與工夫論，論及周敦頤、蔡沈等宋儒的名字，但並未論及朱熹的名字或言說，也未積極探討朱子學的核心理論。例如，〈儒家龜鑑〉並未談論理氣

---

❶ 目前在韓國留下的木板本《三家龜鑑》有兩本，一本藏在首爾高麗大學；另一本藏在大邱啟明大學。《三家龜鑑》的高麗大學所藏本與啟明大學所藏本的內容差不多，皆沒有序文，卷上〈儒教〉有六十四條；卷中〈道教〉有三十六條；卷下〈佛教〉有一百六十條。兩本的總目次分別以〈儒教〉、〈道教〉、〈佛教〉為標題，但在當前學界中通常分別稱為〈儒家龜鑑〉、〈道家龜鑑〉及〈禪家龜鑑〉。因此，本論文將以〈儒家龜鑑〉稱呼《三家龜鑑》的〈儒教〉篇，以〈道家龜鑑〉稱呼〈道教〉篇，以〈禪家龜鑑〉稱呼〈佛教〉篇。

論，也未論述《大學》與格物致知工夫。❷ 如此的研究不是以三教會通論上釋論〈儒家龜鑑〉，而是闡明休靜儒學思想本身的特點，有其重要意義。

然而，筆者發現上述的研究成果依然有未竟之處。首先，本體論與工夫論是性理學的重要體系，但不是性理學獨有的，如早期禪宗已有本體的概念以及修養工夫的理論。❸ 因此，對僧人休靜而言，以本體論及工夫論說明儒學理論，可能不是適用性理學的理論根據，而是以佛學的角度釋論其內容的。其次，雖然休靜在〈儒家龜鑑〉中未論及朱熹的名字，也未提到格物致知工夫，但還是不能斷言休靜完全未參考朱熹的儒學理論。例如，休靜在〈儒家龜鑑〉中屢次引用朱熹《中庸章句》的言說，也引述「心統性情」──朱熹心性論的核心架構。由此而見，為了證明休靜對儒學的理解與朱子學關係，需要論證休靜的說法與朱子學有何異同。

本論文以既有研究未談論的問題為起點，將釋論以下幾個問題：首先，休靜為何選寫〈儒家龜鑑〉？休靜所活動的十六世紀朝鮮的佛教政策上經常有變動，若將〈儒家龜鑑〉的內容與當時政教環境進行對照，應該能刻畫出其意義。其

---

❷ 金基柱，〈從《儒家龜鑑》來看休靜對性理學的理解〉（「儒家龜鑑」을 통해서 본 휴정의 성리학 이해），《哲學研究》第122輯，大韓哲學會，2012年，頁29-48。
❸ 如六祖惠能的《六祖壇經》言：「何期自性，本自清淨；何期自性，本不生滅；何期自性，本自具足；何期自性，本無動搖；何其自性，能生萬法。」惠能著，李申釋譯，《六祖壇經》，高雄：佛光，1997年，頁50。

次,休靜對儒學與《中庸》的理解,與朱子學有何關係,他的論述與朱熹有何不同?若將休靜對《中庸》的說法與朱熹的言說進行比較,闡明兩者的相同之處與不同之處,應該能更明顯刻畫出休靜儒佛會通論的特點。再次,〈儒家龜鑑〉中屢次引述《中庸》的內容,其意義何在?〈儒家龜鑑〉是約有一千字的短篇文章,但其中不少部分論述有關《中庸》的內容。可見休靜撰述〈儒家龜鑑〉時多參見《中庸》,休靜的儒佛會通論中《中庸》占有重要角色。

二、十六世紀朝鮮佛教與休靜對儒佛思想的理解

清虛休靜是十六世紀朝鮮高僧,《清虛堂集》有他的行狀〈金剛山退隱國一都大禪師禪教都惣攝賜紫扶宗樹教兼登階普濟大師清虛堂行狀〉❹,如此長的題目則顯示他的生平及履歷。「金剛山退隱」指休靜隱居於金剛山的事。休靜在明宗(1545－1567在位)代歷任了禪教兩宗判事,但為了充實於修行者的本分,在一五五六年辭職退去,隱居於金剛山。「國一都大禪師」是對國家有大貢獻的大師,宣祖(1567－1608在位)於一五九三年將此稱號賜給休靜。「禪教都惣攝」是指揮義僧軍的職稱,壬辰倭亂時,朝鮮僧團各地組織義僧軍,宣祖任命休靜為「八道禪教十六宗都惣攝」,讓他指揮全國僧軍。「賜紫」指稱宣祖將紫色袈裟賜給休靜的事,紫色官服原來只有正三品以上堂上官穿的服

---

❹ 朝鮮・清虛休靜,《清虛集補遺》,《韓國佛教全書》第7冊,首爾:東國大學校出版部,1986年,頁735。

色。因為休靜在壬辰倭亂中對國家立下了赫赫功勳，所以宣祖授予休靜正二品的品級。「扶宗樹教」是扶持宗旨並樹立教旨，「登階」指登上最高階級，「普濟大師」指救濟諸眾生的法師。可見休靜不僅在朝鮮佛教界深受尊敬，也對國家有莫大貢獻，在朝鮮歷史上占有重要地位的高僧。

休靜生活的時候，朝鮮官方的佛教政策經常有變動，而其基本方向在於縮小佛教在政治上的影響力。朝鮮的前一代高麗王朝的國家理念原本是佛教，但高麗末期佛教界的弊端多造成社會的腐壞，因此，開創新王朝的朝鮮士大夫努力把佛教的政治功能代替為儒教，朝鮮開國就標榜儒教為國教。然而，朝鮮開國君主太祖（1392－1398在位）原本是虔誠的佛教徒，朝鮮的法典《經國法典》有規定佛教禪教兩宗體系，所以雖然個別國王對佛教的喜好有偏差，朝鮮前期王室以此為根據持續措施宮內的佛教儀禮，而臣僚就反對王室舉行佛事，朝廷中經常產生相關的議論。臣僚對佛教政策的旨趣主要是在國家的公共領域、國家體系上刪除佛教的要素。朝鮮士大夫認為，如果在國家與王室中消除佛教要素，徹底實行聖學明德的價值，百姓就會順應聖學的意志而能夠被教導，不會流入於異端。結果在一五一六年，中宗（1506－1544在位）下令廢除王室的忌晨齋❺，也允許在《經國法典》中刪除有關僧徒的條目，由此朝廷正式在王室的公共領域上清除了佛教的要素。❻

---

❺ 拜祭先王的佛教儀式。
❻ 손성필（Son, Seong-pil），《16-17世紀佛教政策與佛教界的動向》

但即使在國家的公共領域上解除佛教,也不能在整個朝鮮社會中消除佛教,其實,朝廷臣僚不久就遭遇「在現實中無法絕滅佛教」的問題。在法典中刪除有關佛教制度的條目之後,朝廷不直接管制佛教,只放任佛教界的活動。由此,僧人與寺院繼續存續於朝鮮社會,即使國家法律上已經廢止了忌晨齋,也不能阻止宮內私下的供佛,管理王室財政的內需司繼續籌集經費,暗中支援內殿所舉辦的佛事。結果,至於一五三〇年左右,朝廷認識到僧人與佛寺增加的現象,開始討論解決方案。而在其過程中就產生兩種不同見解:因為在現實上無法絕滅佛教,所以需要制定法制來管制佛教;因為在現實上無法絕滅佛教,所以更不可制定認可僧人的政策。由於難以調整兩種立場的對立,中宗代的朝廷長時間不能導出最有實效的方案。❼

　　而至於明宗即位,朝廷重新復原以前的佛教制度。因為明宗即位時只是十二歲的少年,所以他的母親文定王后替他攝政,而文定王后敬信佛教,積極推行了振興佛教的政策。而明宗代推行佛教政策的名分主要在於處理僧人與寺院增加的現實,若重新措施《經國法典》的佛教制度,得以管制僧人與寺院。❽ 由此,朝廷在一五五〇年就恢復禪教兩宗體系,在一五五一年重新措施禪科,在一五五三年再開始發布

　　（16-17세기 불교정책과 불교계의 동향）,東國大學史學科博士學位論文,2013年,頁51-57。
❼ 同上註,頁78-79。
❽ 同上註,頁83。

度牒。❾ 然而，如此的趨勢讓許多儒臣擔憂佛教政治影響力的擴大，在一五六五年文定王后逝世後，臣僚要求朝廷廢止佛教政策，一五六六年禪教兩宗制度再次被廢止。

如上所述，即使朝鮮王朝宣布儒教為正統，將佛教規定為異端，在國家法制上廢除了佛教要素，但現實中無法阻止佛教的宗教功能以及對民眾的影響力，由此，休靜所生活的十六世紀朝鮮朝廷中經常發生圍繞著佛教政策的爭論。從休靜的詩文中亦可看出當時的情景及休靜的想法。休靜在其詩〈感興〉中言：

> 斷髮青山開一夢，方知曾誤著麻衣。
> 蟪蛄自古爭春夏，儒佛如今謾是非。
> 形影競馳分道術，夔蚿相笑裂天機。
> 乘槎欲向津頭問，杳杳烟霞悵落輝。❿

休靜論述「蟪蛄自古爭春夏，儒佛如今謾是非」，因為蟪蛄不能活到秋天，所以它只知道春夏，而不知道秋冬的存在及四季的循環，休靜認為爭執儒佛的是非也是如此偏僻。在整個詩文當中，可看出休靜認為儒佛之間的爭辯卻導致道術與天機的紛亂，指出論爭儒家與佛家的是非並不恰當。

---

❾ 朝鮮中宗二年（1507）原本被廢止的禪科，至於明宗六年（1551）就恢復，休靜在一五五二年及第了禪科。
❿ 朝鮮・清虛休靜，〈感興〉，《清虛堂集》卷1，《韓國佛教全書》第7冊，頁674。

又，休靜在其詩〈次李方伯韻〉中言：

> 緬惟卝歲號狂童，心緒紛紛轉若蓬。
> 懸石離飢緣惑網，盃蛇得疾為疑籠。
> 碎儒碎釋虛無外，驅死驅生寂寞中。
> 二十年來無一事，雲邊長喚主人公。❶

休靜所說的「盃蛇」，是晉樂廣把酒杯中弓的陰影誤認為蛇，心生恐懼得病，但後來知道真相後恢復正常的事。❷ 如此，我們對事物的識別及分辨，其實很容易產生誤解，經常讓我們無法掌握真面目，反而產生煩惱及痛苦。休靜認為分辨儒家與佛家也是如此，只產生許多糾紛及困擾而已，因此，如佛家超越生死苦惱，也要超越儒佛的差距。而「主人公」原本是禪宗的常用語，屢見於公案中，即為自性。禪師問人主人公何在，即與明心見性的工夫有關，認識佛性本在自身而不用向外追求。休靜所謂的「長喚主人公」，正是意指其二十年來對儒佛的各種修行與認識，都只是為了明心見性，亦可說儒佛種種宗旨都在於明心見性，此即為休靜站在禪宗立場會通儒佛的論述。

從休靜的詩中可見他抱有超越區分儒佛的界線，縫合糾紛的意願，而休靜的〈儒家龜鑑〉則顯示他對儒學的理解以及儒佛

---

❶ 同上註 〈次李方伯韻〉，頁 675。
❷ 唐・房玄齡，〈樂廣傳〉，《晉書》卷 43，《景印摛藻堂四庫全書薈要》史部・正史類，第 13 冊，臺北：世界書局，1986 年。

會通意識。值得一提的是,〈儒家龜鑑〉的寫作方式與前代朝鮮的儒佛會通論有所不同。略看休靜以前朝鮮前期的儒佛會通論,其論點主要在於反駁儒者的排佛論。朝鮮開國功臣鄭道傳(1342－1398)選寫《佛氏雜辨》❸,批判佛教損壞倫理綱常,以輪迴說、地獄說的虛妄迷惑民眾,有害於治國之道。鄭道傳的論辯廣泛地被士大夫階層所接受,由此崇儒抑佛成為朝鮮思想界的主流風潮。而為了對抗儒者對佛教的攻擊,佛教界也提出辯護佛教的理論,如涵虛己和(1376－1433)選寫《顯正論》❹與《儒釋質疑論》❺,雪岑金時習(1435－1494)在其《雜

---

❸ 鄭道傳《佛氏雜辨》的主要篇章為:〈佛氏輪廻之辨〉、〈佛氏因果之辨〉、〈佛氏心性之辨〉、〈佛氏作用是性之辨〉、〈佛氏心跡之辨〉、〈佛氏昧於道器之辨〉、〈佛氏毀棄人倫之辨〉、〈佛氏慈悲之辨〉、〈佛氏真假之辨〉、〈佛氏地獄之辨〉、〈佛氏禍福之辨〉、〈佛氏乞食之辨〉、〈佛氏禪教之辨〉、〈儒釋同異之辨〉、〈佛氏入中國〉、〈事佛得禍〉、〈舍天道而談佛果〉、〈事佛至謹年代尤促〉、〈闢異端之辨〉等十九篇。
朝鮮・鄭道傳,《佛氏雜辨》,《三峯集》卷9,《韓國文集叢刊》第5冊,首爾:民族文化推進會,1990年,頁447-463。

❹ 《顯正論》共有十五項目,其總論說明正覺、菩薩、三乘、五乘等佛教的基本教理,比較儒佛之不同,指出儒學以賞罰為中心,而佛教以德行為中心。其後,以問答的方式談論十四個主題:1. 婚姻與孝、2. 忠誠國家、3. 犧牲與殺生、4. 飲酒齋戒、5. 布施與因果應報、6. 靈魂不滅與天堂地獄、7. 喪事與葬禮、8. 生死與三世、9. 佛道與華夷、10. 佛道與災異、11. 生產與教化、12. 佛僧與修行、13. 佛書與修己治人、14. 儒、佛、道三教的同異及會通的線索。見손흥철(Son, Heung-chul),〈涵虛得通的儒佛會通論淺析〉(涵虛 得通의 儒佛會通論淺析),《東西哲學研究》第69號,韓國東西哲學會,2013年,頁1-14。

❺ 《儒釋質疑論》上卷有七項目,下卷有十二項目,共有十九項目,以問答的方式論十九個主題:1. 儒佛的心性論、2. 僧人的服役、3. 批判排佛

著》❶中論述儒佛的共同性，辯護佛教並說明儒佛的會通。他們的論點主要在於證明佛教的價值，說明佛教的迷信有道理，證明佛教有益於實際生活與政治。

但休靜〈儒家龜鑑〉的論述方向與前代的涵虛己和、金時習有所不同，不直接針對儒者的排佛論點。若看休靜的另外一部代表著作《禪家龜鑑》的序，可見休靜主要目的在於選取儒家學說的要旨，以補助學佛者的修行。休靜言：

> 古之學佛者，非佛之言不言，非佛之行不行也。故所寶者，惟貝葉靈文而已。今之學佛者，傳而誦則士大夫之句，乞而持則士大夫之詩，至於紅綠色其紙，美錦粧其軸，多多不足以為至寶。吁！何古今學佛者之不同寶也。余雖不肖，有志於古之學，以貝葉靈文為寶也。然其文尚繁，藏海汪洋，後之同志者頗不免摘葉之勞。故文中撮其要且切者數百語，書于一紙，可謂文簡而義周也。如以此

論、4. 佛教是西戎之教、5. 解釋出家與涅槃、6. 論三身與圖書、7. 論佛教傳入中國、8. 三才與五行、9. 論河圖洛書、10. 論盈虛與寒署、11. 論三世因果與報應、12. 惡的報應、13. 善惡果報、14. 神咒加持法、15. 淨土修行、16. 戒‧定‧慧、17. 參話頭、18. 區分禪法傳授的正邪、19. 地理山川裨補寺刹說。見朴暎基，《儒釋質疑論研究》，東國大學佛教學科碩士學位論文，1984 年，頁 19-20。

❶ 金時習的《梅月堂文集》卷十七《雜著》討論儒佛的會通，其小題分為〈天形第一〉、〈北辰第二〉、〈性理第三〉、〈上古第四〉、〈修真第五〉、〈服氣第六〉、〈龍虎第七〉、〈鬼神第八〉、〈弭災第九〉、〈喪葬第十〉。（朝鮮‧金時習，《梅月堂文集》卷 17，《韓國文集叢刊》第 13 冊，首爾：民族文化推進會，1988 年，頁 341-359）

語,以為嚴師,而研窮得妙,則句句活釋迦存焉,勉乎哉。雖然離文字一句格外奇寶,非不用也,且將以待別機也。❼

「龜鑑」有榜樣、典範的意思,休靜為了提供修行者學佛的典範,從各種經典中抽出最重要的文句,收集為《禪家龜鑑》。他不僅收錄《大藏經》或祖師語錄的重要語句,也附加註解及評語,以便讀者了解。❽雖然休靜未寫《三家龜鑑》的序文,但《三家龜鑑》的內容與體系與《禪家龜鑑》有密切關係,❾可見〈儒家龜鑑〉在儒家典籍中抽出重要的內容,以便讀者理解儒家思想的精髓,做為修行者的典範。

休靜如此以其獨特的方式表現儒佛會通思想,其原因似乎與十六世紀朝鮮的政教與學術環境有關。如宣祖即位後,在朝廷中說:

> 儒生以闢佛上疏。上批答曰:「在首善之地,常自講論者,道理也;期待者程、朱也。宜益勤心忍性,切磋琢

---

❼ 朝鮮・清虛休靜,〈禪門龜鑑序〉,《清虛堂集》卷6,《韓國佛教全書》第7冊,頁710。
❽ 공미숙(Gong, Mi-sook),《西山休靜《禪家龜鑑》研究──以思想方面為主》(서산 휴정의 선가귀감에 대한 연구-사상적 측면을 중심으로),釜山大學哲學系碩士學位論文,2013年,頁3。
❾ 《禪家龜鑑》與《三家龜鑑》的〈禪家龜鑑〉在其內容上有密切關係,《三家龜鑑》的〈禪家龜鑑〉總共收錄一百六十條的大文,《禪家龜鑑》的八十一章大文都見於《三家龜鑑》的〈禪家龜鑑〉。

磨，敬義夾持，表裏交養，為他日真儒，立於朝廷，上輔寡君，下澤斯民，使治隆而俗美，則吾道之衰，異端之盛，不足慮也。何必區區講論，如太武誅沙門、毀佛寺者之為哉？」[20]

有些儒生上疏奏請闢佛，而宣祖說不必要。宣祖認為若遵循程朱理學，修養心性，以輔弼國王，則能教化風俗，儒家自然不會衰落，佛教也不會興盛。因此，他反對採取強硬政策壓迫佛教。如上所述，朝鮮儒者排斥佛教的主要目的在於縮小佛教的政治影響力，而至於十六世紀，在國家的公共領域上佛教要素已經被廢除，朱子學就確立為獨一無二的國家理念，所以儒者對闢佛論的關懷逐漸減少，而多著眼於朱子學學術的深化發展。[21] 由此而見，休靜不必選擇直接批判儒者排佛論的方式，而是以選取有益於學佛者的儒家格言的方式，來間接地表示會通儒佛的觀點，並促進佛教內部的成長。

---

[20] 朝鮮・宣祖，宣祖 4 年 3 月 6 日，《朝鮮王朝實錄・宣祖實錄》卷 5，國編影印本，第 21 冊，頁 234。

[21] 十六世紀朝鮮儒者的代表性闢佛論有栗谷李珥（1537－1584）的〈論妖僧普雨疏〉，李珥在〈論妖僧普雨疏〉中，指出佛教引起社會、經濟上的弊端，並挫折儒家士人之氣象，警戒佛教對政治的干涉。但相對於朝鮮初期鄭道傳的闢佛論，李珥闢佛論的內容很簡潔。由於朝鮮儒者的闢佛已逐漸取得成果，明宗時文定王后逝世後，朝鮮佛教完全被排除在國家制度之外，所以李珥沒有必要盡力批判佛教，而專心於研究性理學理論。任泑廷，《朝鮮前期「闢佛論」研究──朱熹思想的受容及變容》，國立臺灣大學中國文學研究所碩士學位論文，2020 年，頁 110。

三、休靜的〈儒家龜鑑〉與朱熹的《中庸章句》

（一）〈儒家龜鑑〉中的《中庸章句》

休靜在儒家典籍中選別要旨，以此撰寫〈儒家龜鑑〉，而值得一提的是，其中不少部分是有關《中庸》的內容。在〈儒家龜鑑〉中，有關《中庸》的部分如表一。

表一：

《中庸章句》	〈儒家龜鑑〉
天命之謂性，率性之謂道，脩道之謂教。[22]（子思）	《中庸》性、道、教三句，亦名異而實同，體用備焉。<u>此乃孔孟傳授心法</u>。
子程子曰：「不偏之謂中，不易之謂庸。中者，天下之正道，庸者，天下之定理。」<u>此篇乃孔門傳授心法</u>，子思恐其久而差也，故筆之於書，以授孟子。[24]（朱熹）	道由性而出，言道而不言性，則人不知道之本源。道由教而明，言道而不言教，則人不知道之功用。故道之一字，包性包教，推其本原必歸之天命。《大學》之三綱八目，亦不外乎是也。 《周易》先言道而後言性，此道字是統體一太極；子思先言性而後言道，此道字各具一太極。世之言道者，高則入於荒唐，卑則滯於形氣，今言道字非他，循性之謂也。[23]

---

[22] 宋・朱熹，《中庸章句》，《四書章句集注》，臺北：國立臺灣大學出版中心，2016年，頁22。

[23] 朝鮮・清虛休靜：〈儒教〉，《三家龜鑑》，木板本，高麗大學所藏，刊行年不詳，頁6。

[24] 宋・朱熹，《中庸章句》，《四書章句集注》，頁22。

道也者，不可須臾離也，可離非道也。是故君子戒慎乎其所不睹，恐懼乎其所不聞。莫見乎隱，莫顯乎微，故君子慎其獨也。喜怒哀樂之未發，謂之中；發而皆中節，謂之和。中也者，天下之大本也；和也者，天下之達道也。㉕（子思）	戒懼是保守天理，幾未動之敬也；慎獨是撿防人欲，幾已動之敬也。故君子之心常存敬畏。謹獨一念已發時工夫，戒懼一念未發前工夫。然纔知未發，便是已發，即不中，中則天地萬物為一體。㉖
道者，日用事物當行之理，皆性之德而具於心，無物不有，無時不然，所以不可須臾離也。若其可離，則為外物而非道矣。是以君子之心常存敬畏，雖不見聞，亦不敢忽，所以存天理之本然，而不使離於須臾之頃也。㉗	
右第一章。子思述所傳之意以立言：首明道之本原出於天而不可易，其實體備於己而不可離，次言存養省察之要，終言聖神功化之極。㉘（朱熹）	涵養靜工夫，一箇主宰嚴肅也；省察動工夫，情念纔發覺治也。故曰精以察之，一以守之，即所謂顧諟天之明命。㉙
心之虛靈知覺，一而已矣。㉚（朱熹）	心必操意必誠，言必謹動必慎，內外交修之道。一念之善，慶雲景星；一念之惡，烈風暴雨。堯舜桀紂，在此一句，然心之虛靈知覺，一而已矣。㉛

㉕ 同上註。
㉖ 朝鮮・清虛休靜，〈儒教〉，《三家龜鑑》，木板本，高麗大學所藏，頁 7。
㉗ 宋・朱熹，《中庸章句》，《四書章句集注》，頁 23。
㉘ 同上註，頁 22。
㉙ 朝鮮・清虛休靜，〈儒教〉，《三家龜鑑》，木板本，高麗大學所藏，頁 7。
㉚ 宋・朱熹，《中庸章句》，《四書章句集注》，頁 19。
㉛ 朝鮮・清虛休靜，〈儒教〉，《三家龜鑑》，木板本，高麗大學所藏，頁 8。

| 詩曰:「德輶如毛」,毛猶有倫。「上天之載,無聲無臭」,至矣!㉜(子思) | 文王之詩,無聲無臭之天,子思子亦引之,以結中庸之義。呀!即吾渾然未發之中也。此周茂叔所謂太極本無極也。㉝ |

　　表一是〈儒家龜鑑〉中有關《中庸》的部分,若將其內容與朱熹的《中庸章句》對照,可見休靜不僅論及子思的《中庸》原文,也引述朱熹的《中庸》註解。例如,「此篇乃孔門傳授心法」、「存養省察」、「心之虛靈知覺,一而已矣」皆是朱熹的語言,而休靜的〈儒家龜鑑〉也引用此點。雖然休靜未直接論及朱熹的名字,但的確參考了朱熹的《中庸章句》。然則,休靜的《中庸》解釋,與朱熹是否一致?以下進一步分析此問題。

(二)休靜引用並接受朱熹的思想體系

　　《中庸》言:「道也者,不可須臾離也,可離非道也。是故君子戒慎乎其所不睹,恐懼乎其所不聞。莫見乎隱,莫顯乎微,故君子慎其獨也。喜怒哀樂之未發,謂之中;發而皆中節,謂之和。中也者,天下之大本也;和也者,天下之達道也。」㉞關於此點,休靜言:

> 戒懼是保守天理,幾未動之敬也;慎獨是撿防人欲,

㉜ 宋・朱熹,《中庸章句》,《四書章句集注》,頁 53。
㉝ 朝鮮・清虛休靜,〈儒教〉,《三家龜鑑》,木板本,高麗大學所藏,頁 14。
㉞ 宋・朱熹,《中庸章句》,《四書章句集注》,頁 22。

幾已動之敬也。故君子之心常存敬畏。謹獨一念已發時工夫，戒懼一念未發前工夫。㉟

上文中休靜所說的「君子之心常存敬畏」是引用朱熹《中庸章句》的話。㊱朱熹強調「敬」工夫，言：「敬有甚物，只如『畏』字相似。不是塊然兀坐，耳無聞，目無見，全不省事之謂。只收斂身心，整齊純一，不恁地放縱，便是敬。」㊲休靜認為「戒懼」與「慎獨」皆是存敬畏的「敬」工夫，此處他採用朱熹的「敬」工夫。休靜又言：「涵養靜工夫，一箇主宰嚴肅也；省察動工夫，情念纔發覺治也。」㊳他論述儒家工夫論的時候，區分「已發」與「未發」，也分開「動」與「靜」來說明，如此的說法也採取朱熹的方式。㊴

休靜還有以為「戒懼（戒慎恐懼）」是未發時的「存天理」工夫，「慎獨（君子其慎獨）」是已發時的「去人欲」工夫，以下表二整理休靜的說法。

㉟ 朝鮮・清虛休靜，〈儒教〉，《三家龜鑑》，木板本，高麗大學所藏，頁 7。
㊱ 參見本論文表一。
㊲ 宋・朱熹，〈學六・持守〉，《朱子語類》卷 12，《朝鮮整版朱子語類》，臺北：大化書局，1988 年，頁 149。
㊳ 朝鮮・清虛休靜，〈儒教〉，《三家龜鑑》，木板本，高麗大學所藏，頁 7。
㊴ 如朱熹在《朱子全書》〈答張敬夫〉中言：「蓋心主乎一身，而無動靜語默之間，是以君子之於敬，亦無動靜語默而不用其力焉。未發之前是敬也，固已主乎存養之實，已發之際是敬也，又常行於省察之間。」（宋・朱熹，〈答張敬夫〉，《朱子全書》卷 2，《古香齋朱子全書》上卷，臺北：財團法人臺北市廣學社印書館，1977 年，頁 65）

表二：

戒懼	慎獨
保守天理（存天理）	撿防人欲（去人欲）
未動之敬	已動之敬
一念未發	一念已發

對「戒慎恐懼」與「慎獨」，朱熹言：

> 所不聞，所不見，不是合眼掩耳，只是喜怒哀樂未發時。凡萬事皆未萌芽，自家便先恁地戒慎恐懼，常要提起此心，常在這裡，便是防於未然，不見是圖底意思。❹

> 獨者，人所不知而己所獨知之地也。言幽暗之中，細微之事，跡雖未形而幾則已動，人雖不知而己獨知之，則是天下之事無有著見明顯而過於此者。是以君子既常戒懼，而於此尤加謹焉，所以遏人欲於將萌，而不使其滋長於隱微之中，以至離道之遠也。❹

> 戒慎一節，當分為兩事。戒慎不睹，恐懼不聞，如言聽於無聲，視於無形，是防於未然，以全其體。謹獨是察之於將然，以審其幾。❹

---

❹ 宋・朱熹，〈中庸一・第一章〉，《朱子語類》卷 62，《朝鮮整版朱子語類》，頁 941。
❹ 宋・朱熹，《中庸章句》，《四書章句集注》，頁 23。
❹ 宋・朱熹，〈中庸一・第一章〉，《朱子語類》卷 62，《朝鮮整版朱子語類》，頁 943。

對朱熹而言,「戒慎恐懼」是喜怒哀樂未發時的工夫,「慎獨」是「跡雖未形而幾則已動」、「將然」的工夫。可見朱熹區分「戒懼」與「慎獨」工夫,其基準是「已發」與「未發」。㊸可見休靜對「戒懼」與「慎獨」的解釋也受容朱熹的解釋。

此外,休靜在〈儒家龜鑑〉中言「心統性情,君子存心,恆若鑑空衡平,與天地合其德」㊹,亦與朱熹思想相合。「心統性情」是朱熹思想的關鍵,朱熹言:

「心統性情」,故言心之體用,嘗跨過兩頭未發、已發處說。㊺

㊸ 休靜解釋「戒懼」與「慎獨」時,以「一念」的已發未發說明之,朱熹解釋「戒懼」與「慎獨」時,也提到「一念」。《朱子語類・中庸一》中言:
問:「『慎獨』,莫只是『十目所視,十手所指』處,也與那闇室不欺時一般否?」先生是之。又云:「這獨也又不是恁地獨時,如與眾人對坐,自心中發一念,或正或不正,此亦是獨處。」……「戒慎不睹,恐懼不聞」,非謂於睹聞之時不戒懼也。言雖不睹不聞之際,亦致其慎,則睹聞之際,其慎可知。此乃統同說,承上「道不可須臾離」,則是無時不戒懼也。然下文慎獨既專就已發上說,則此段正是未發時工夫,只得說「不睹不聞」也。「莫見乎隱,莫顯乎微,故君子必慎其獨。」上既統同說了,此又就中有一念萌動處,雖至隱微,人所不知而己所獨知,尤當致慎。如一片止水,中間忽有一點動處,此最緊要著工夫處!
宋・朱熹,〈中庸一・第一章〉,《朱子語類》卷 62,《朝鮮整版朱子語類》,頁 944-945。
㊹ 朝鮮・清虛休靜,〈儒教〉,《三家龜鑑》,木板本,高麗大學所藏,頁 14。
㊺ 宋・朱熹,〈性理二・性情心意等名義〉,《朱子語類》卷 5,《朝鮮

> 惻隱、羞惡、辭讓、是非，情也。仁、義、禮、智，性也。心，統性情者也。端，緒也。因其情之發，而性之本然可得而見，猶有物在中而緒見於外也。㊻

> 心者，主乎性而行乎情。故「喜怒哀樂未發則謂之中，發而皆中節則謂之和」，心是做工夫處。㊼

朱熹指出心的活動有未發、已發狀態，未發之前的心之體是「性」；已發時有心之用，心主乎性而行乎情而有四端；心不主乎性而有七情㊽，心為主性而出情的關鍵，所以言「心統性情」。雖然休靜在〈儒家龜鑑〉中未詳細解釋「心統性情」的具體結構，但後面就說「君子存心，恆若鑑空衡平，與天地合其德」，如此的論述就採用朱熹思想。朱熹在《大學或問》中說：

> 人之一心，湛然虛明，如鑑之空，如衡之平，以為一身之主者，固其真體之本然，而喜怒憂懼，隨感而應，妍蚩俯仰，因物賦形者，亦其用之所不能無者也。故其未感

整版朱子語類》，頁 80。
㊻ 宋・朱熹，〈公孫丑章句上〉，《孟子集註》，《四書章句集注》，頁 329。
㊼ 宋・朱熹，〈性理二・性情心意等名義〉，《朱子語類》卷 5，《朝鮮整版朱子語類》，頁 80。
㊽ 「四端」是《孟子》所說的惻隱、羞惡、辭讓、是非之心；「七情」是《禮記》所說的喜、怒、哀、懼、愛、惡、欲。

之時，至虛至靜，所謂鑑空衡平之體，雖鬼神有不得窺其際者，固無得失之可議。及其感物之際，而所應者又皆中節，則其鑑空衡平之用，流行不滯，正大光明，是乃所以為天下之達道，亦何不得其正之有哉？㊾

朱熹認為人的心是一身之主，就有鑑空衡平的本體，未感應的時候就保持至虛至靜的狀態；有感應的時候就鑑空衡平就發揮作用，保持中節，流行不滯，與天下之道理會合。可見「存心」意為使心之鑑空衡平的功能持續發揮，休靜所講的「君子存心，恆若鑑空衡平，與天地合其德」的主旨在於說明心的作用與理相合，也就是配合朱熹在《中庸章句》中所說的「君子之心常存敬畏，雖不見聞，亦不敢忽，所以存天理之本然」㊿、「道者，日用事物當行之理，皆性之德而具於心」(51)。可見休靜採用朱熹的說法，解釋「心」的本體與作用。

四、休靜以《中庸》會通儒佛兩家

（一）休靜以佛學的立場選取朱熹的解釋

如上所述，休靜在〈儒家龜鑑〉中參考《中庸章句》，

㊾ 宋·朱熹撰，黃珅校點，《大學或問·下》，《四書或問》，上海：上海古籍出版社，2001 年，頁 30。

㊿ 宋·朱熹，《中庸章句》，《四書章句集注》，頁 23。

(51) 同上註。

引用朱熹註解並採用朱熹的思想體系。然而,細看〈儒家龜鑑〉的論述,休靜其實以佛學的角度選取朱熹的思想。

例如,休靜對《中庸》性、道、教三句的解釋與朱熹有所不同。《中庸》性、道、教三句是「天命之謂性,率性之謂道,脩道之謂教」❷,關於此點,休靜引用朱熹所說的「此乃孔孟傳授心法」,並說明性、道、教的關係,言:

> 《中庸》性、道、教三句,亦名異而實同,體用備焉。此乃孔孟傳授心法。道由性而出,言道而不言性,則人不知道之本源。道由教而明,言道而不言教,則人不知道之功用。故道之一字,包性包教,推其本原必歸之天命。❸

休靜以體用論來說明《中庸》性、道、教三句,「性」是「道」之本源(本體);「教」是「道」之功用(作用)。休靜認為「性」與「教」是「道」的不同狀態、不同名稱,都以「天命」為本源。而朱熹言:

> 命,猶令也。性,即理也。天以陰陽五行化生萬物,氣以成形,而理亦賦焉,猶命令也。於是人物之生,因各得其所賦之理,以為健順五常之德,所謂性也。率,循也。道,猶路也。人物各循其性之自然,則其日用事物之間,

---

❷ 同上註,頁22。
❸ 朝鮮・清虛休靜,〈儒教〉,《三家龜鑑》,木板本,高麗大學所藏,頁6。

莫不各有當行之路,是則所謂道也。脩,品節之也。性、道雖同,而氣稟或異,故不能無過不及之差,聖人因人物之所當行者而品節之,以為法於天下,則謂之教,若禮、樂、刑、政之屬是也。蓋人之所以為人,道之所以為道,聖人之所以為教,原其所自,無一不本於天而備於我。學者知之,則其於學知所用力而自不能已矣。故子思於此首發明之,讀者所宜深體而默識也。❺

朱熹說「性即理」,「性」有本體之意。朱熹又言「大本者,天命之性,天下之理皆由此出,道之體也」❺,說明「天命之性」是「道」之本體。然而,朱熹的「道」之作用不是與「教」一致,朱熹言「達道者,循性之謂,天下古今之所共由,道之用也」❺,「道」之作用是「循性」,而不是「教」。朱熹認為雖然聖人與凡人的性、道皆同,但有氣稟的差異,由此產生過、不及的偏差。因此,朱熹將「脩道」的「脩」解釋為「品節」,將「教」解釋為如禮樂刑政的法度,以法度節制自己的行為,糾正過、不及的偏差,挖掘並體現自己所具備的性、道。換言之,朱熹所說的「脩道之謂教」的「教」不是「道」的作用,而是從外面來的規範。可見休靜對「教」的解釋與朱熹不同,並未把「教」解釋為禮樂刑政等的外部規範。

---

❺ 宋・朱熹,《中庸章句》,《四書章句集注》,頁 23。
❺ 同上註,頁 52。
❺ 同上註,頁 23。

此外,休靜論述「敬」工夫的時候,未提到「窮理」的工夫。朱熹言:「學者工夫,唯在居敬、窮理二事,此二事互相發,能窮理,則居敬工夫益進;能居敬,則窮理工夫日益密。」❺❼朱熹的「居敬」是向內心體察天理的工夫,「窮理」是向外的探究天理的工夫,兩者是互相闡發的不同工夫。但休靜在〈儒家龜鑑〉中只談到「居敬」,未探討「窮理」。之所以如此的原因,似乎是因為休靜在〈儒家龜鑑〉中以佛學的角度選取朱熹的思想。若將性、道、教三句的「教」解釋為禮樂刑政的法度,或強調向外的探究天理的「窮理」工夫,如此的說法就有非常濃厚的儒家色彩,難以與佛學會合。佛家也有戒律,也有佛性、佛法、佛道的概念,但基本上以「空」為本質,不追求特定的格式或標準,不設想任何真理的存在,而儒家所講的禮樂刑政以及朱熹所強調的「理」,就追求能夠安頓社會秩序的法則,設想特定真理的存在。因此,休靜選寫〈儒家龜鑑〉時,不必論及禮樂刑政以及「窮理」的問題。

(二)休靜以《中庸》聯結「心」與「天」

休靜在〈儒家龜鑑〉中屢次引述朱熹《中庸章句》,接受的朱熹思想的結構,但休靜其實在朱熹言說中挑選符合於佛學的內容,以佛學的觀點重釋《中庸》。在休靜的儒佛會通論中,《中庸》有其重要意義,休靜通過《中庸》聯結

---

❺❼ 宋・朱熹,《朱子語類・學三・論知行》卷9,頁114。

「心」與「天」，藉此說明儒佛的會通。

休靜撰寫〈儒家龜鑑〉時，開頭與末尾皆論及周敦頤的「無極而太極」❺❽。首先，在〈儒家龜鑑〉的首句中，休靜論述「無極而太極」，說儒家的道理皆出自「心」。休靜言：

> 孔子曰「天何言哉」，董仲舒曰「道之大原出於天」，蔡沈曰「天者嚴其心之所自出」，此即周茂叔所謂無極而太極也。❺❾

休靜引用孔子、董仲舒的說法，說明「天」是「道」的根源，也引用蔡沈的說法，修養自己的「心」就是體現天道的方法。休靜在〈儒家龜鑑〉中屢次論及「心」，言：

> 書傳序曰：「精一執中，堯舜禹相傳之心法也。建中建極，商湯周武相傳之心法也。曰德，曰仁，曰敬，曰誠，言雖殊而理則一，無非所以明此心之妙也。」吁！「心之德，其盛矣」乎。❻⓿

---

❺❽ 周敦頤《太極圖說》言：「無極而太極，太極動而生陽，動極而靜，靜而生陰，靜極復動。一動一靜，互為其根；分陰分陽，兩儀立焉。」（宋・周敦頤，《太極圖說》，《諸子集成續編》第 2 冊，成都：四川人民出版社，1998 年，頁 115）
❺❾ 朝鮮・清虛休靜：〈儒教〉，《三家龜鑑》，木板本，高麗大學所藏，頁 5。
❻⓿ 同上註。

> 心必操意必誠，言必謹動必慎，內外交修之道。一念之善，慶雲景星；一念之惡，烈風暴雨。堯舜桀紂，在此一句，然心之虛靈知覺，一而已矣。❻¹

休靜引用蔡沈《書經集傳》的說法，也引用朱熹《中庸章句》的「心之虛靈知覺，一而已矣」，說明儒家的道理無非「心」，「心」乃是脩道的重點。❻²

其次，休靜〈儒家龜鑑〉的尾句言「太極本無極」，說明「中庸」是與萬物會合的理想狀態。休靜說：

> 文王之詩，無聲無臭之天，子思子亦引之，以結中庸之義。吁！即吾渾然未發之中也。此周茂叔所謂太極本無極也。❻³

休靜指出「渾然未發之中」是「中庸之道」，這就是「無聲無臭之天」，也是周敦頤所說的「太極本無極」。休

---

❻¹ 同上註，頁 8。
❻² 原來蔡沈在《書經集傳》的序文中論述：「禮樂教化，心之發也；典章文物，心之著也；家齊國治而天下平，心之推也。心之德，其盛矣。」但休靜省略中間有關禮樂刑政的內容，只留下有關「心」的部分。休靜論及朱熹的部分也是如此，雖然朱熹在「心之虛靈知覺，一而已矣」的後面論述人心、道心的差異，但休靜未論述到此點。休靜如此做的原因，很可能是因為他在儒家的論述中抽出與佛學比較容易會通的論述。（宋·蔡沈，《書經集傳》，臺北：啟明書局，1952 年，頁 1）
❻³ 朝鮮·清虛休靜，〈儒教〉，《三家龜鑑》，木板本，高麗大學所藏，頁 14。

靜曾說「然纔知未發，便是已發，即不中，中則天地萬物為一體」❻，若真正保持自己心的未發狀態，則能體現中庸之道，也可以與天地萬物會合。可見他認為中庸之道不僅是修養「心」的道理，也是會合天地萬事萬物的道理。

　　休靜企圖聯結「心」與「天」，通過中庸之道論證兩者的會合，其背後的目的應該在於儒佛的會通。其實，周敦頤的「無極而太極」主張太極是無形、無限的萬物之原始狀態，而如此的說法與佛教的「無自性」近似，無法確定固定不變的一個本體。而休靜將心性論的「中庸之道」與宇宙論的「無極而太極」結合，主張宇宙的根源就是在我心中。休靜將佛家的道理「心」與儒家的道理「天」結合，藉此導引儒佛的會通。

五、小結

　　清虛休靜是十六世紀朝鮮的高僧，他的著作《三家龜鑑》探討儒、佛、道三家思想，〈儒家龜鑑〉是其中的一篇，顯示休靜對儒學的理解以及其儒佛會通意識。〈儒家龜鑑〉的論述方式與朝鮮前期的儒佛會通論述有所不同，休靜不直接反駁儒者的闢佛論，而是在儒家典籍中抽出可做為修行者的典範的核心文句。其中，有關《中庸》的內容則顯示休靜對朱子學的理解，本論文通過〈儒家龜鑑〉考察休靜對《中庸》的理解，將其論述與朱熹比較，刻畫出休靜儒佛會

---

❻ 同上註，頁7。

通論的意義及特點。在前言中筆者提出了兩個問題：第一，休靜為何選寫〈儒家龜鑑〉？第二，休靜對《中庸》及儒學的理解，與朱子學有何關係？第三，〈儒家龜鑑〉中屢次引述《中庸》的內容，其意義何在？以下綜述對這三個問題的回答。

首先，休靜通過〈儒家龜鑑〉企圖補助學佛者的修行並超越區分儒家與佛家的界線，其獨特的論述方式與十六世紀朝鮮的政教環境有關。第一，在政治方面，十六世紀朝鮮在國家法制上廢除佛教要素，但現實中無法全面消除佛教的宗教功能以及對民眾的影響力，由此在朝廷中經常發生有關佛教政策的爭論，休靜目睹如此的現實，願意超越並解決圍繞著儒佛是非問題的糾紛。第二，在學術方面，朝鮮儒者已達成了縮小佛教政治影響力的目標，朱子學就確立為獨一無二的國家理念，所以儒者對闢佛論的關懷逐漸減少，而著眼於朱子學學術的深化發展。因此，休靜不必選擇直接針對儒者排佛論的方式，而是以選取有益於學佛者的儒家格言的方式，來間接地表示會通儒佛的觀點，並促進佛教內部的成長。

其次，休靜在〈儒家龜鑑〉中不僅論述子思《中庸》的原文，也參考朱熹的《中庸章句》，採用朱子學的理論體系，而以佛學的立場選取其論點。休靜解釋《中庸》的時候，直接引用朱熹的言說，如「此乃孔孟傳授心法」、「君子之心常存敬畏」、「心之虛靈知覺，一而已矣」等。不僅如此，休靜也採用朱熹的「心統性情」、「居敬」工夫以及區分已發未發的思想體系。休靜所講的「心統性情，君子存

心,恆若鑑空衡平,與天地合其德」說明心的作用與理相合,就配合朱熹的說法。休靜指出「戒懼」與「慎獨」皆是存敬畏的「敬」工夫,也區分「已發」與「未發」,如此的說法也是採取朱子學理論架構的。但休靜的論述就省略有關禮樂刑政等制度之問題,也未論及「窮理」工夫,可說他以佛學的角度選取朱熹的思想。

再次,休靜撰寫〈儒家龜鑑〉時,開頭與末尾皆論及「無極」與「太極」,把宇宙論的「太極」與心性論的「中庸」聯結,導引儒佛兩邊的會合。休靜說明「天」是「道」的根源,修養自己的「心」就是體現天道的方法,而休靜對《中庸》的論述著重於心性的修養問題,說明「中庸」是與萬物會合的理想狀態。休靜將心性論的「中庸之道」與宇宙論的「無極而太極」結合,主張宇宙的根源就是在我心中。可見休靜將佛家的道理「心」與儒家的道理「天」結合,通過中庸之道論證儒佛的會合。

參考文獻

唐・唐太宗御撰,《晉書》卷43,列傳第13,《景印擷藻堂四庫全書薈要》史部・正史類,第13冊,臺北:世界書局,1986年。

唐・惠能著,李申釋譯,《六祖壇經》,高雄:佛光,1997年。

宋・周敦頤,《太極圖說》,《諸子集成續編》第二冊,成都:四川人民出版社,1998年。

宋・朱熹,《古香齋朱子全書》,臺北:財團法人臺北市廣學社印書館,1977年。

宋・朱熹撰,宋・黎靖德編,《朝鮮整本朱子語類》,臺北:大化書局,1988年。

宋・朱熹,《四書章句集注》,臺北:國立臺灣大學出版中心,2016年。

宋・朱熹撰,黃珅校點,《四書或問》,上海:上海古籍出版社,2001年。

宋・蔡沈,《書經集傳》,臺北:啟明書局,1952年。

朝鮮・鄭道傳,《佛氏雜辨》,《三峯集》卷9,《韓國文集叢刊》5,首爾:民族文化推進會,1990年。

朝鮮・金時習,《梅月堂文集》卷17,《韓國文集叢刊》13,首爾:民族文化推進會,1988年。

朝鮮・清虛休靜,《三家龜鑑》,木板本,高麗大學所藏,刊行年不詳。

朝鮮・清虛休靜,《禪家龜鑑》,《韓國佛教全書》第7冊,首爾:東國大學校出版部,1986年。

朝鮮・清虛休靜,《三家龜鑑》,《韓國佛教全書》第7冊,首

爾：東國大學校出版部，1986 年。
朝鮮・清虛休靜，《清虛堂集》，《韓國佛教全書》第 7 冊，首爾：東國大學校出版部，1986 年。
朝鮮・宣祖，《宣祖實錄》，《朝鮮王朝實錄》，國編影印本，第 21 冊。
西山休靜傳述・靜山法真譯註，《西山的三家龜鑑、禪教釋、禪教訣》（서산의 삼가귀감，선교석，선교결），首爾：韓國佛教禪理研究院，2008 年。
金基柱，〈從《儒家龜鑑》來看休靜對性理學的理解〉（「儒家龜鑑」을 통해서 본 휴정의 성리학 이해），《哲學研究》第 122 輯，大韓哲學會，2012 年，頁 29-48。
朴暎基，《儒釋質疑論研究》，東國大學佛教學科碩士學位論文，1984 年。
任洧廷，《朝鮮前期「闢佛論」研究──朱熹思想的受容及變容》，國立臺灣大學中國文學研究所碩士學位論文，2020 年。
공미숙（Gong, Mi-sook），《西山休靜《禪家龜鑑》研究──以思想方面為主》（서산 휴정의 선가귀감에 대한 연구 - 사상적 측면을 중심으로），釜山大學哲學系碩士學位論文，2013 年。
손성필（Son, Seong-pil），《16-17 世紀佛教政策與佛教界的動向》（16-17 세기 불교정책과 불교계의 동향），首爾：東國大學史學科博士學位論文，2013 年。
손흥철（Son, Heung-chul），〈涵虛得通的儒佛會通論淺析〉（涵虛得通의 儒佛會通論淺析），《東西哲學研究》第 69 號，韓國東西哲學會，2013 年，頁 1-14。

Characteristics and Significance of Cheongheo Hyujeong (清虛休靜)'s Confucianism-Buddhism convergence theory:
Focusing on "*The Mirror of Confucianism* (儒家龜鑑)"

Yu-jeong Im
Ph.D Candidate, Department of Chinese Literature, National Taiwan University

▎Abstract

Cheongheo Hyujeong (清虛休靜, 1520-1604) was a prominent monk in 16th-century Joseon who explored the philosophies of Confucianism, Buddhism, and Taoism in his work *The Mirror of Three Teachings* (三家龜鑑). Among its chapters, *The Mirror of Confucianism* (儒家龜鑑) reveals Hyujeong's understanding of Confucianism and his awareness of Confucian-Buddhist convergence. The approach in *The Mirror of Confucianism* differs from earlier discussions of Confucian-Buddhist convergence in Joseon. Instead of directly countering Confucian critiques of Buddhism, Hyujeong extracted key passages from Confucian texts that could serve as exemplary models for practitioners. This study examines Hyujeong's interpretation of *The Doctrine of the Mean* (中庸) as presented in *The Mirror of Confucianism*, comparing his discourse with Zhu Xi (朱熹)'s commentary, and highlighting the characteristics and significance of Hyujeong's theory of Confucian-Buddhist convergence.

Firstly, Hyujeong aimed to support Buddhist practitioners and transcend the boundaries between Confucianism and Buddhism through *The Mirror of Confucianism*. His unique style reflects the political and religious environment of 16th-century Joseon. Politically, while the state officially abolished Buddhist elements in its legal system, it could not completely eliminate Buddhism's religious functions or its influence on the populace, leading to frequent debates over Buddhist policies in court. Academically, Confucian scholars were less concerned with critiquing Buddhism and more focused on advancing Neo-Confucian studies, particularly Zhu Xi's philosophy. Observing these realities, Hyujeong chose not to confront anti-Buddhist arguments directly. Instead, he selected Confucian maxims beneficial to Buddhist practice, indirectly expressing his view on Confucian-Buddhist integration.

Secondly, in *The Mirror of Confucianism*, Hyujeong not only analyzed the original text of *The Doctrine of the Mean* by Zisi(子思) but also referenced Zhu Xi's *Chapters and Sentences of the Doctrine of the Mean* (中庸章句), adopting Zhu Xi's theoretical framework while selecting points that aligned with Buddhist perspectives. Hyujeong directly quoted Zhu Xi's words and adopted concepts such as "the mind governing nature and emotions (心統性情)," the practice of "living in reverence (居敬)," and the distinction between the "manifested (已發)" and "unmanifested (未發)." However, Hyujeong's discussion omitted institutional topics such as rites, music, punishment, and politics, as well as Zhu Xi's method of "investigating principles (窮理)." These omissions reflect his selective use of Zhu Xi's ideas from a Buddhist standpoint.

Lastly, Hyujeong discussed "Non-Ultimate (無極)" and "Supreme Ultimate (太極)" at the beginning and end of *The Mirror of Confucianism*, linking "Supreme Ultimate" with *The Doctrine of the Mean* and guiding the convergence of Confucianism and Buddhism. Hyujeong believed that cultivating one's "mind" was the way to embody the Dao of Heaven. His interpretation of *The Doctrine of the Mean* emphasized the cultivation of the mind and nature, describing the *Doctrine of the Mean* as the ideal state of unity with all things. By combining the moral cultivation in *The Doctrine of the Mean* with the cosmology of "Non-Ultimate and Supreme Ultimate," Hyujeong argued that the root of the universe lies within one's mind, integrating the Buddhist concept of the "mind" with the Confucian concept of "heaven."

Keywords: Cheongheo Hyujeong, The Mirror of Confucianism, Confucianism-Buddhism convergence theory, The Doctrine of the Mean, Neo-Confucianism

聖嚴思想論叢 17

聖嚴研究 第十七輯
Studies of Master Sheng Yen Vol.17

編者	聖嚴教育基金會學術研究部
出版	法鼓文化
主編	辜琮瑜
封面設計	胡琡珮
地址	臺北市北投區公館路186號5樓
電話	(02)2893-4646
傳真	(02)2896-0731
網址	http://www.ddc.com.tw
E-mail	market@ddc.com.tw
讀者服務專線	(02)2896-1600
初版一刷	2025年4月
建議售價	新臺幣680元
郵撥帳號	50013371
戶名	財團法人法鼓山文教基金會—法鼓文化
北美經銷處	紐約東初禪寺 Chan Meditation Center (New York, USA) Tel: (718)592-6593 E-mail: chancenter@gmail.com

法鼓文化

本書如有缺頁、破損、裝訂錯誤，請寄回本社調換。
版權所有，請勿翻印。

國家圖書館出版品預行編目資料

聖嚴研究. 第十七輯 / 聖嚴教育基金會學術研究部編. -- 初版. -- 臺北市 : 法鼓文化, 2025. 04
面； 公分
ISBN 978-626-7345-68-9（平裝）

1.CST: 釋聖嚴 2.CST: 學術思想 3.CST: 佛教哲學 4.CST: 文集

220.9208　　　　　　　　　　　　114001813